LITAUISCH
WORTSCHATZ

FÜR DAS SELBSTSTUDIUM

DEUTSCH
LITAUISCH

Die nützlichsten Wörter
Zur Erweiterung Ihres Wortschatzes und
Verbesserung der Sprachfertigkeit

9000 Wörter

Wortschatz Deutsch-Litauisch für das Selbststudium - 9000 Wörter
Von Andrey Taranov

T&P Books Vokabelbücher sind dafür vorgesehen, beim Lernen einer Fremdsprache zu helfen, Wörter zu memorieren und zu wiederholen. Das Wörterbuch ist nach Themen aufgeteilt und deckt alle wichtigen Bereiche des täglichen Lebens, Berufs, Wissenschaft, Kultur etc. ab.

Durch das Benutzen der themenbezogenen T&P Books ergeben sich folgende Vorteile für den Lernprozess:

- Sachgemäß geordnete Informationen bestimmen den späteren Erfolg auf den darauffolgenden Stufen der Memorisierung
- Die Verfügbarkeit von Wörtern, die sich aus der gleichen Wurzel ableiten lassen, erlaubt die Memorisierung von Worteinheiten (mehr als bei einzeln stehenden Wörtern)
- Kleine Worteinheiten unterstützen den Aufbauprozess von assoziativen Verbindungen für die Festigung des Wortschatzes
- Die Kenntnis der Sprache kann aufgrund der Anzahl der gelernten Wörter eingeschätzt werden

Copyright © 2018 T&P Books Publishing

Alle Rechte vorbehalten. Auszüge dieses Buches dürfen nicht ohne schriftliche Erlaubnis des Herausgebers abgedruckt oder mit anderen elektronischen oder mechanischen Mitteln, einschließlich Photokopierung, Aufzeichnung oder durch Informationsspeicherung- und Rückgewinnungssysteme, oder in irgendeiner anderen Form verwendet werden.

T&P Books Publishing
www.tpbooks.com

ISBN: 978-1-78314-726-7

Dieses Buch ist auch im E-Book Format erhältlich.
Besuchen Sie uns auch auf www.tpbooks.com oder auf einer der bedeutenden Buchhandlungen online.

31. Kopf	37
32. Menschlicher Körper	38

Kleidung & Accessoires 39

33. Oberbekleidung. Mäntel	39
34. Herren- & Damenbekleidung	39
35. Kleidung. Unterwäsche	40
36. Kopfbekleidung	40
37. Schuhwerk	40
38. Textilien. Stoffe	41
39. Persönliche Accessoires	41
40. Kleidung. Verschiedenes	42
41. Kosmetikartikel. Kosmetik	42
42. Schmuck	43
43. Armbanduhren Uhren	44

Essen. Ernährung 45

44. Essen	45
45. Getränke	46
46. Gemüse	47
47. Obst. Nüsse	48
48. Brot. Süßigkeiten	49
49. Gerichte	49
50. Gewürze	50
51. Mahlzeiten	51
52. Gedeck	52
53. Restaurant	52

Familie, Verwandte und Freunde 53

54. Persönliche Informationen. Formulare	53
55. Familienmitglieder. Verwandte	53
56. Freunde. Arbeitskollegen	54
57. Mann. Frau	55
58. Alter	55
59. Kinder	56
60. Ehepaare. Familienleben	57

Charakter. Empfindungen. Gefühle 58

61. Empfindungen. Gefühle	58
62. Charakter. Persönlichkeit	59
63. Schlaf. Träume	60
64. Humor. Lachen. Freude	61
65. Diskussion, Unterhaltung. Teil 1	61
66. Diskussion, Unterhaltung. Teil 2	62
67. Diskussion, Unterhaltung. Teil 3	64
68. Zustimmung. Ablehnung	64
69. Erfolg. Alles Gute. Misserfolg	65
70. Streit. Negative Gefühle	65

Medizin	**68**
71. Krankheiten	68
72. Symptome. Behandlungen. Teil 1	69
73. Symptome. Behandlungen. Teil 2	70
74. Symptome. Behandlungen. Teil 3	71
75. Ärzte	72
76. Medizin. Medikamente. Accessoires	72
77. Rauchen. Tabakwaren	73

LEBENSRAUM DES MENSCHEN	**74**
Stadt	**74**
78. Stadt. Leben in der Stadt	74
79. Innerstädtische Einrichtungen	75
80. Schilder	76
81. Innerstädtischer Transport	77
82. Sehenswürdigkeiten	78
83. Shopping	79
84. Geld	80
85. Post. Postdienst	81

Wohnung. Haus. Zuhause	**82**
86. Haus. Wohnen	82
87. Haus. Eingang. Lift	83
88. Haus. Elektrizität	83
89. Haus. Türen. Schlösser	83
90. Landhaus	84
91. Villa. Schloss	84
92. Burg. Palast	85
93. Wohnung	85
94. Wohnung. Saubermachen	86
95. Möbel. Innenausstattung	86
96. Bettwäsche	87
97. Küche	87
98. Bad	88
99. Haushaltsgeräte	89
100. Reparaturen. Renovierung	89
101. Rohrleitungen	90
102. Feuer. Brand	90

AKTIVITÄTEN DES MENSCHEN	**92**
Beruf. Geschäft. Teil 1	**92**
103. Büro. Arbeiten im Büro	92
104. Geschäftsabläufe. Teil 1	93
105. Geschäftsabläufe. Teil 2	94
106. Fertigung. Arbeiten	95
107. Vertrag. Zustimmung	96
108. Import & Export	97

WORTSCHATZ DEUTSCH-LITAUISCH
für das Selbststudium

Die Vokabelbücher von T&P Books sind dafür vorgesehen, Ihnen beim Lernen einer Fremdsprache zu helfen, Wörter zu memorieren und zu wiederholen. Der Wortschatz enthält über 9000 häufig gebrauchte, thematisch geordnete Wörter.

- Der Wortschatz enthält die am häufigsten benutzten Wörter
- Eignet sich als Ergänzung zu jedem Sprachkurs
- Erfüllt die Bedürfnisse von Anfängern und fortgeschrittenen Lernenden von Fremdsprachen
- Praktisch für den täglichen Gebrauch, zur Wiederholung und um sich selbst zu testen
- Ermöglicht es, Ihren Wortschatz einzuschätzen

Besondere Merkmale des Wortschatzes:

- Wörter sind entsprechend ihrer Bedeutung und nicht alphabetisch organisiert
- Wörter werden in drei Spalten präsentiert, um das Wiederholen und den Selbstüberprüfungsprozess zu erleichtern
- Wortgruppen werden in kleinere Einheiten aufgespalten, um den Lernprozess zu fördern
- Der Wortschatz bietet eine praktische und einfache Lautschrift jedes Wortes der Fremdsprache

Der Wortschatz hat 256 Themen, einschließlich:

Grundbegriffe, Zahlen, Farben, Monate, Jahreszeiten, Maßeinheiten, Kleidung und Accessoires, Essen und Ernährung, Restaurant, Familienangehörige, Verwandte, Charaktereigenschaften, Empfindungen, Gefühle, Krankheiten, Großstadt, Kleinstadt, Sehenswürdigkeiten, Einkaufen, Geld, Haus, Zuhause, Büro, Import & Export, Marketing, Arbeitssuche, Sport, Ausbildung, Computer, Internet, Werkzeug, Natur, Länder, Nationalitäten und vieles mehr...

INHALT

Leitfaden für die Aussprache	11
Abkürzungen	13

GRUNDBEGRIFFE	14
Grundbegriffe. Teil 1	14

1. Pronomen 14
2. Grüße. Begrüßungen. Verabschiedungen 14
3. Jemanden ansprechen 15
4. Grundzahlen. Teil 1 15
5. Grundzahlen. Teil 2 16
6. Ordnungszahlen 17
7. Zahlen. Brüche 17
8. Zahlen. Grundrechenarten 17
9. Zahlen. Verschiedenes 17
10. Die wichtigsten Verben. Teil 1 18
11. Die wichtigsten Verben. Teil 2 19
12. Die wichtigsten Verben. Teil 3 20
13. Die wichtigsten Verben. Teil 4 21
14. Farben 21
15. Fragen 22
16. Präpositionen 23
17. Funktionswörter. Adverbien. Teil 1 23
18. Funktionswörter. Adverbien. Teil 2 25

Grundbegriffe. Teil 2 26

19. Wochentage 26
20. Stunden. Tag und Nacht 26
21. Monate. Jahreszeiten 27
22. Zeit. Verschiedenes 29
23. Gegenteile 30
24. Linien und Formen 31
25. Maßeinheiten 32
26. Behälter 33
27. Werkstoffe 34
28. Metalle 35

DER MENSCH	36
Der Mensch. Körper	36

29. Menschen. Grundbegriffe 36
30. Anatomie des Menschen 36

109.	Finanzen	97
110.	Marketing	98
111.	Werbung	99
112.	Bankgeschäft	99
113.	Telefon. Telefongespräche	100
114.	Mobiltelefon	101
115.	Bürobedarf	101
116.	Verschiedene Dokumente	102
117.	Geschäftsarten	103

Arbeit. Geschäft. Teil 2   105

118.	Show. Ausstellung	105
119.	Massenmedien	106
120.	Landwirtschaft	107
121.	Gebäude. Bauabwicklung	108
122.	Wissenschaft. Forschung. Wissenschaftler	109

Berufe und Tätigkeiten   110

123.	Arbeitsuche. Kündigung	110
124.	Geschäftsleute	110
125.	Dienstleistungsberufe	111
126.	Militärdienst und Ränge	112
127.	Beamte. Priester	113
128.	Landwirtschaftliche Berufe	113
129.	Künstler	114
130.	Verschiedene Berufe	114
131.	Beschäftigung. Sozialstatus	116

Sport   117

132.	Sportarten. Persönlichkeiten des Sports	117
133.	Sportarten. Verschiedenes	118
134.	Fitnessstudio	118
135.	Hockey	119
136.	Fußball	119
137.	Ski alpin	121
138.	Tennis Golf	121
139.	Schach	121
140.	Boxen	122
141.	Sport. Verschiedenes	122

Ausbildung   125

142.	Schule	125
143.	Hochschule. Universität	126
144.	Naturwissenschaften. Fächer	127
145.	Schrift Rechtschreibung	127
146.	Fremdsprachen	128

147. Märchenfiguren 129
148. Sternzeichen 130

Kunst 131

149. Theater 131
150. Kino 132
151. Gemälde 133
152. Literatur und Dichtkunst 134
153. Zirkus 134
154. Musik. Popmusik 135

Erholung. Unterhaltung. Reisen 137

155. Ausflug. Reisen 137
156. Hotel 137
157. Bücher. Lesen 138
158. Jagen. Fischen 140
159. Spiele. Billard 141
160. Spiele. Kartenspiele 141
161. Kasino. Roulette 141
162. Erholung. Spiele. Verschiedenes 142
163. Fotografie 142
164. Strand. Schwimmen 143

TECHNISCHES ZUBEHÖR. TRANSPORT 145
Technisches Zubehör 145

165. Computer 145
166. Internet. E-Mail 146
167. Elektrizität 147
168. Werkzeug 147

Transport 150

169. Flugzeug 150
170. Zug 151
171. Schiff 152
172. Flughafen 153
173. Fahrrad. Motorrad 154

Autos 155

174. Autotypen 155
175. Autos. Karosserie 155
176. Autos. Fahrgastraum 156
177. Autos. Motor 157
178. Autos. Unfall. Reparatur 158
179. Autos. Straßen 159
180. Verkehrszeichen 160

MENSCHEN. LEBENSEREIGNISSE 161
Lebensereignisse 161

181. Feiertage. Ereignis 161
182. Bestattungen. Begräbnis 162
183. Krieg. Soldaten 162
184. Krieg. Militärische Aktionen. Teil 1 163
185. Krieg. Militärische Aktionen. Teil 2 165
186. Waffen 166
187. Menschen der Antike 168
188. Mittelalter 168
189. Führungspersonen. Chef. Behörden 170
190. Straße. Weg. Richtungen 171
191. Gesetzesverstoß Verbrecher. Teil 1 172
192. Gesetzesbruch. Verbrecher. Teil 2 173
193. Polizei Recht. Teil 1 174
194. Polizei. Recht. Teil 2 175

NATUR 177
Die Erde. Teil 1 177

195. Weltall 177
196. Die Erde 178
197. Himmelsrichtungen 179
198. Meer. Ozean 179
199. Namen der Meere und Ozeane 180
200. Berge 181
201. Namen der Berge 182
202. Flüsse 182
203. Namen der Flüsse 183
204. Wald 183
205. natürliche Lebensgrundlagen 184

Die Erde. Teil 2 186

206. Wetter 186
207. Unwetter Naturkatastrophen 187
208. Geräusche. Klänge 187
209. Winter 188

Fauna 190

210. Säugetiere. Raubtiere 190
211. Tiere in freier Wildbahn 190
212. Haustiere 191
213. Hunde. Hunderassen 192
214. Tierlaute 193
215. Jungtiere 193
216. Vögel 194
217. Vögel. Gesang und Laute 195
218. Fische. Meerestiere 195
219. Amphibien Reptilien 196

220.	Insekten	197
221.	Tiere. Körperteile	197
222.	Tierverhalten	198
223.	Tiere. Lebensräume	198
224.	Tierpflege	199
225.	Tiere. Verschiedenes	200
226.	Pferde	200

Flora 202

227.	Bäume	202
228.	Büsche	202
229.	Pilze	203
230.	Obst. Beeren	203
231.	Blumen. Pflanzen	204
232.	Getreide, Körner	205
233.	Gemüse. Grünzeug	206

REGIONALE GEOGRAPHIE 207
Länder. Nationalitäten 207

234.	Westeuropa	207
235.	Mittel- und Osteuropa	209
236.	Frühere UdSSR Republiken	210
237.	Asien	211
238.	Nordamerika	213
239.	Mittel- und Südamerika	213
240.	Afrika	214
241.	Australien. Ozeanien	215
242.	Städte	215
243.	Politik. Regierung. Teil 1	217
244.	Politik. Regierung. Teil 2	218
245.	Länder. Verschiedenes	219
246.	Wichtige Religionsgruppen. Konfessionen	220
247.	Religionen. Priester	221
248.	Glauben. Christentum. Islam	221

VERSCHIEDENES 224

249.	Verschiedene nützliche Wörter	224
250.	Bestimmungswörter. Adjektive. Teil 1	225
251.	Bestimmungswörter. Adjektive. Teil 2	227

500 WICHTIGE VERBEN 230

252.	Verben A-D	230
253.	Verben E-H	232
254.	Verben I-R	234
255.	Verben S-U	236
256.	Verben V-Z	238

LEITFADEN FÜR DIE AUSSPRACHE

Buchstabe	Litauisch Beispiel	T&P phonetisches Alphabet	Deutsch Beispiel
Aa	adata	[a]	schwarz
Ąą	ąžuolas	[a:]	Zahlwort
Bb	badas	[b]	Brille
Cc	cukrus	[ts]	Gesetz
Čč	česnakas	[tʃ]	Matsch
Dd	dumblas	[d]	Detektiv
Ee	eglė	[æ]	ärgern
Ęę	vedęs	[æ:]	verschütten
Ėė	ėdalas	[e:]	Wildleder
Ff	fleita	[f]	fünf
Gg	gandras	[g]	gelb
Hh	husaras	[ɣ]	Vogel (Berlinerisch)
I i	ižas	[i]	ihr, finden
Į į	mįslė	[i:]	Wieviel
Yy	vynas	[i:]	Wieviel
J j	juokas	[j]	Jacke
Kk	kilpa	[k]	Kalender
L l	laisvė	[l]	Juli
Mm	mama	[m]	Mitte
Nn	nauda	[n]	nicht
Oo	ola	[o], [o:]	wohnen, oft
Pp	pirtis	[p]	Polizei
Rr	ragana	[r]	richtig
Ss	sostinė	[s]	sein
Šš	šūvis	[ʃ]	Chance
Tt	tėvynė	[t]	still
Uu	upė	[u]	kurz
Ųų	siųsti	[u:]	Zufall
Ūū	ūmėdė	[u:]	Zufall
Vv	vabalas	[ʊ]	Invalide
Zz	zuikis	[z]	sein
Žž	žiurkė	[ʒ]	Regisseur

Anmerkungen

- Macron (ū), ogonek (ą, ę, į, ų) kann verwendet werden, um lange Vokale in der modernen litauischen anzugeben. Akuter Stress (Áá Ą́ą́), Gravis (Àà) und Tilde (Ãã Ą̃ą̃) - Umlaute werden verwendet, um die System-Töne geben. Diese Zeichen werden in der Regel nur in Wörterbüchern und Lehrbüchern verwendet.

ABKÜRZUNGEN
die im Vokabular verwendet werden

Deutsch. Abkürzungen

Adj	- Adjektiv
Adv	- Adverb
Amtsspr.	- Amtssprache
f	- Femininum
f, n	- Femininum, Neutrum
Fem.	- Femininum
m	- Maskulinum
m, f	- Maskulinum, Femininum
m, n	- Maskulinum, Neutrum
Mask.	- Maskulinum
n	- Neutrum
pl	- Plural
Sg.	- Singular
ugs.	- umgangssprachlich
unzähl.	- unzählbar
usw.	- und so weiter
v mod	- Modalverb
vi	- intransitives Verb
vi, vt	- intransitives, transitives Verb
vt	- transitives Verb
zähl.	- zählbar
z.B.	- zum Beispiel

Litauisch. Abkürzungen

dgs	- Plural
m	- Femininum
m dgs	- Femininum plural
v	- Maskulinum
v dgs	- Maskulinum plural

GRUNDBEGRIFFE

Grundbegriffe. Teil 1

1. Pronomen

ich	aš	['aʃ]
du	tù	['tu]
er	jìs	[jɪs]
sie	jì	[jɪ]
wir	mẽs	['mʲæs]
ihr	jũs	['juːs]
sie	jiẽ	['jiɛ]

2. Grüße. Begrüßungen. Verabschiedungen

Hallo! (ugs.)	Sveikas!	['svʲɛɪkas!]
Hallo! (Amtsspr.)	Sveikì!	[svʲɛɪˈkʲɪ!]
Guten Morgen!	Lãbas rýtas!	[ˈlʲaːbas ˈrʲiːtas!]
Guten Tag!	Labà dienà!	[lʲaˈba dʲiɛˈna!]
Guten Abend!	Lãbas vãkaras!	[ˈlʲaːbas ˈvaːkaras!]
grüßen (vi, vt)	sveikintis	[ˈsvʲɛɪkʲɪntʲɪs]
Hallo! (ugs.)	Lãbas!	[ˈlʲaːbas!]
Gruß (m)	linkėjimas (v)	[lʲɪŋˈkʲɛjɪmas]
begrüßen (vt)	sveikinti	[ˈsvʲɛɪkʲɪntʲɪ]
Wie geht's?	Kaĩp sẽkasi?	[ˈkʌɪp ˈsʲækasʲɪ?]
Was gibt es Neues?	Kàs naũjo?	[ˈkas ˈnɑʊjɔ?]
Auf Wiedersehen!	Ikì pasimãtymo!	[ɪkʲɪ pasʲɪmatʲiːmoː!]
Bis bald!	Ikì greĩto susìtikimo!	[ɪˈkʲɪ ˈɡrʲɛɪtɔ susʲɪtʲɪˈkʲɪmɔ!]
Lebe wohl! Leben Sie wohl!	Lìkite sveikì!	[ˈlʲɪkʲɪtʲɛ svʲɛɪˈkʲɪ!]
sich verabschieden	atsisveikinti	[atsʲɪˈsvʲɛɪkʲɪntʲɪ]
Tschüs!	Ikì!	[ɪˈkʲɪ!]
Danke!	Ãčiū!	[ˈaːtʂʲuː!]
Dankeschön!	Labaĩ ãčiū!	[lʲaˈbʌɪ ˈaːtʂʲuː!]
Bitte (Antwort)	Prãšom.	[ˈpraːʃom]
Keine Ursache.	Nevertà padėkõs.	[nʲɛvertʲa padʲeːˈkoːs]
Nichts zu danken.	Nėrà ùž kã.	[nʲeːˈra ˈʊʒ kaː]
Entschuldige!	Atlei̇sk!	[atʲˈlʲɛɪsk!]
Entschuldigung!	Atlei̇skite!	[atʲˈlʲɛɪskʲɪtʲɛ!]
entschuldigen (vt)	atlei̇sti	[atʲˈlʲɛɪstʲɪ]
sich entschuldigen	atsiprašýti	[atsʲɪpraˈʃʲɪːtʲɪ]

Verzeihung!	Máno atsiprãšymas.	['ma:nɔ atsʲɪ'pra:ʃɪ:mas]
Es tut mir leid!	Atléiskite!	[at'lʲɛɪskʲɪtʲɛ!]
verzeihen (vt)	atléisti	[at'lʲɛɪstʲɪ]
Das macht nichts!	Niẽko baisaũs.	['nʲɛkɔ bʌɪ'sɑʊs]
bitte (Die Rechnung, ~!)	prãšom	['pra:ʃom]
Nicht vergessen!	Nepamĩrškite!	[nʲɛpa'mʲɪrʃkʲɪtʲɛ!]
Natürlich!	Žìnoma!	['ʒʲɪnoma!]
Natürlich nicht!	Žìnoma nè!	['ʒʲɪnoma nʲɛ!]
Gut! Okay!	Sutinkù!	[sʊtʲɪŋ'kʊ!]
Es ist genug!	Užtèks!	[ʊʒ'tʲɛks!]

3. Jemanden ansprechen

Entschuldigen Sie!	Atsiprašau, ...	[atsʲɪpra'ʃɑʊ, ...]
Herr	Pónas	['po:nas]
Frau	Póne	['po:nʲɛ]
Frau (Fräulein)	Panẽlė	[pa'nʲælʲe:]
Junger Mann	Ponáiti	[po'nʌɪtʲɪ]
Junge	Berniùk	[bʲɛr'nʲʊk]
Mädchen	Mergáitė	[mʲɛr'gʌɪtʲe:]

4. Grundzahlen. Teil 1

null	nùlis	['nʊlʲɪs]
eins	víenas	['vʲiɛnas]
zwei	dù	['dʊ]
drei	trìs	['trʲɪs]
vier	keturì	[kʲɛtʊ'rʲɪ]
fünf	penkì	[pʲɛŋ'kʲɪ]
sechs	šešì	[ʃɛ'ʃɪ]
sieben	septynì	[sʲɛptʲi:'nʲɪ]
acht	aštuonì	[aʃtʊɑ'nʲɪ]
neun	devynì	[dʲɛvʲi:'nʲɪ]
zehn	dẽšimt	['dʲæʃɪmt]
elf	vienúolika	[vʲiɛ'nʊɑlʲɪka]
zwölf	dvýlika	['dvʲi:lʲɪka]
dreizehn	trýlika	['trʲi:lʲɪka]
vierzehn	keturiólika	[kʲɛtʊ'rʲolʲɪka]
fünfzehn	penkiólika	[pʲɛŋ'kʲolʲɪka]
sechzehn	šešiólika	[ʃɛ'ʃolʲɪka]
siebzehn	septyniólika	[sʲɛptʲi:'nʲolʲɪka]
achtzehn	aštuoniólika	[aʃtʊɑ'nʲolʲɪka]
neunzehn	devyniólika	[dʲɛvʲi:'nʲolʲɪka]
zwanzig	dvìdešimt	['dvʲɪdʲɛʃɪmt]
einundzwanzig	dvìdešimt víenas	['dvʲɪdʲɛʃɪmt 'vʲiɛnas]
zweiundzwanzig	dvìdešimt dù	['dvʲɪdʲɛʃɪmt 'dʊ]
dreiundzwanzig	dvìdešimt trìs	['dvʲɪdʲɛʃɪmt 'trʲɪs]

dreißig	trìsdešimt	['trʲɪsdʲɛʃɪmt]
einunddreißig	trìsdešimt víenas	['trʲɪsdʲɛʃɪmt 'vʲiɛnas]
zweiunddreißig	trìsdešimt dù	['trʲɪsdʲɛʃɪmt 'dʊ]
dreiunddreißig	trìsdešimt trìs	['trʲɪsdʲɛʃɪmt 'trʲɪs]

vierzig	kẽturiasdešimt	['kʲæturʲæsdʲɛʃɪmt]
einundvierzig	kẽturiasdešimt víenas	['kʲæturʲæsdʲɛʃɪmt 'vʲiɛnas]
zweiundvierzig	kẽturiasdešimt dù	['kʲæturʲæsdʲɛʃɪmt 'dʊ]
dreiundvierzig	kẽturiasdešimt trìs	['kʲæturʲæsdʲɛʃɪmt 'trʲɪs]

fünfzig	peñkiasdešimt	['pʲɛŋkʲæsdʲɛʃɪmt]
einundfünfzig	peñkiasdešimt víenas	['pʲɛŋkʲæsdʲɛʃɪmt 'vʲiɛnas]
zweiundfünfzig	peñkiasdešimt dù	['pʲɛŋkʲæsdʲɛʃɪmt 'dʊ]
dreiundfünfzig	peñkiasdešimt trìs	['pʲɛŋkʲæsdʲɛʃɪmt 'trʲɪs]

sechzig	šẽšiasdešimt	['ʃæʃæsdʲɛʃɪmt]
einundsechzig	šẽšiasdešimt víenas	['ʃæʃæsdʲɛʃɪmt 'vʲiɛnas]
zweiundsechzig	šẽšiasdešimt dù	['ʃæʃæsdʲɛʃɪmt 'dʊ]
dreiundsechzig	šẽšiasdešimt trìs	['ʃæʃæsdʲɛʃɪmt 'trʲɪs]

siebzig	septýniasdešimt	[sʲɛp'tʲiːnʲæsdʲɛʃɪmt]
einundsiebzig	septýniasdešimt víenas	[sʲɛp'tʲiːnʲæsdʲɛʃɪmt 'vʲiɛnas]
zweiundsiebzig	septýniasdešimt dù	[sʲɛp'tʲiːnʲæsdʲɛʃɪmt 'dʊ]
dreiundsiebzig	septýniasdešimt trìs	[sʲɛptʲiːnʲæsdʲɛʃɪmt 'trʲɪs]

achtzig	aštúoniasdešimt	[aʃtʊɑnʲæsdʲɛʃɪmt]
einundachtzig	aštúoniasdešimt víenas	[aʃtʊɑnʲæsdʲɛʃɪmt 'vʲiɛnas]
zweiundachtzig	aštúoniasdešimt dù	[aʃtʊɑnʲæsdʲɛʃɪmt 'dʊ]
dreiundachtzig	aštúoniasdešimt trìs	[aʃtʊɑnʲæsdʲɛʃɪmt 'trʲɪs]

neunzig	devýniasdešimt	[dʲɛ'vʲiːnʲæsdʲɛʃɪmt]
einundneunzig	devýniasdešimt víenas	[dʲɛ'vʲiːnʲæsdʲɛʃɪmt 'vʲiɛnas]
zweiundneunzig	devýniasdešimt dù	[dʲɛ'vʲiːnʲæsdʲɛʃɪmt 'dʊ]
dreiundneunzig	devýniasdešimt trìs	[dʲɛ'vʲiːnʲæsdʲɛʃɪmt 'trʲɪs]

5. Grundzahlen. Teil 2

einhundert	šim̃tas	['ʃɪmtas]
zweihundert	dù šimtaĩ	['dʊ ʃɪm'tʌɪ]
dreihundert	trìs šimtaĩ	['trʲɪs ʃɪm'tʌɪ]
vierhundert	keturì šimtaĩ	[kʲɛtʊ'rʲɪ ʃɪm'tʌɪ]
fünfhundert	penkì šimtaĩ	[pʲɛŋ'kʲɪ ʃɪm'tʌɪ]
sechshundert	šešì šimtaĩ	[ʃɛ'ʃʲɪ ʃɪm'tʌɪ]
siebenhundert	septynì šimtaĩ	[sʲɛptʲiːnʲɪ 'ʃɪmtʌɪ]
achthundert	aštuonì šimtaĩ	[aʃtʊɑ'nʲɪ ʃɪm'tʌɪ]
neunhundert	devynì šimtaĩ	[dʲɛvʲiːˈnʲɪ ʃɪm'tʌɪ]

eintausend	tū́kstantis	['tuːkstantʲɪs]
zweitausend	dù tū́kstančiai	['dʊ 'tuːkstantʂʲɛɪ]
dreitausend	trỹs tū́kstančiai	['trʲiːs 'tuːkstantʂʲɛɪ]
zehntausend	dẽšimt tū́kstančių	['dʲæʃɪmt 'tuːkstantʂʲuː]
hunderttausend	šim̃tas tū́kstančių	['ʃɪmtas 'tuːkstantʂʲuː]
Million (f)	milijõnas (v)	[mʲɪlʲɪ'jɔːnas]
Milliarde (f)	milijárdas (v)	[mʲɪlʲɪ'jardas]

6. Ordnungszahlen

der erste	pirmas	['pʲɪrmas]
der zweite	antras	['antras]
der dritte	trečias	['trʲætʃʲæs]
der vierte	ketvirtas	[kʲɛt'vʲɪrtas]
der fünfte	penktas	['pʲɛŋktas]
der sechste	šeštas	['ʃæʃtas]
der siebte	septintas	[sʲɛp'tʲɪntas]
der achte	aštuntas	[aʃ'tʊntas]
der neunte	devintas	[dʲɛ'vʲɪntas]
der zehnte	dešimtas	[dʲɛ'ʃɪmtas]

7. Zahlen. Brüche

Bruch (m)	trupmena (m)	['trʊpmʲɛna]
Hälfte (f)	viena antroji	['vʲiɛna an'troːjɪ]
Drittel (n)	viena trečioji	['vʲiɛna trʲɛ'tʃʲoːjɪ]
Viertel (n)	viena ketvirtoji	['vʲiɛna kʲɛtvʲɪr'toːjɪ]
Achtel (m, n)	viena aštuntoji	['vʲiɛna aʃtʊn'toːjɪ]
Zehntel (n)	viena dešimtoji	['vʲiɛna dʲɛʃɪm'toːjɪ]
zwei Drittel	dvi trečioosios	[dvʲɪ 'trʲætʃʲoosʲos]
drei Viertel	trys ketvirtosios	['trʲiːs kʲɛt'vʲɪrtosʲos]

8. Zahlen. Grundrechenarten

Subtraktion (f)	atimtis (m)	[atʲɪm'tʲɪs]
subtrahieren (vt)	atimti	[a'tʲɪmtʲɪ]
Division (f)	dalyba (m)	[da'lʲiːba]
dividieren (vt)	dalinti	[da'lʲɪntʲɪ]
Addition (f)	sudėjimas (v)	[sʊdʲeː'jɪmas]
addieren (vt)	sudėti	[sʊ'dʲeːtʲɪ]
hinzufügen (vt)	pridėti	[prʲɪ'dʲeːtʲɪ]
Multiplikation (f)	dauguba (m)	[dɑʊ'gʲiːba]
multiplizieren (vt)	dauginti	['dɑʊgʲɪntʲɪ]

9. Zahlen. Verschiedenes

Ziffer (f)	skaitmuõ (v)	[skʌɪt'mʊɑ]
Zahl (f)	skaičius (v)	['skʌɪtsʲʊs]
Zahlwort (n)	skaitvardis (v)	['skʌɪtvardʲɪs]
Minus (n)	minusas (v)	['mʲɪnʊsas]
Plus (n)	pliusas (v)	['plʲʊsas]
Formel (f)	formulė (m)	['formʊlʲeː]
Berechnung (f)	išskaičiãvimas (v)	[ɪʃskʌɪ'tʃʲævʲɪmas]
zählen (vt)	skaičiuoti	[skʌɪ'tʃʲʊɑtʲɪ]

berechnen (vt)	apskaičiúoti	[apskʌɪˈtsʲʊatʲɪ]
vergleichen (vt)	sulýginti	[sʊˈlʲiːɡʲɪntʲɪ]

Wie viel, -e?	Kíek?	[ˈkʲiɛk?]
Summe (f)	sumà (m)	[sʊˈma]
Ergebnis (n)	rezultãtas (v)	[rʲɛzʊlʲˈtaːtas]
Rest (m)	likùtis (v)	[lʲɪˈkʊtʲɪs]

einige (~ Tage)	kẽletas	[ˈkʲælʲɛtas]
wenig (Adv)	nedaũg ...	[nʲɛˈdaʊɡ ...]
Übrige (n)	vìsa kìta	[ˈvʲɪsa ˈkʲɪta]
anderthalb	pusañtro	[pʊˈsantrɔ]
Dutzend (n)	tùzinas (v)	[ˈtʊzʲɪnas]

entzwei (Adv)	per pùsę	[ˈpʲɛr ˈpʊsʲɛː]
zu gleichen Teilen	põ lýgiai	[ˈpoː lʲiːɡʲɛɪ]
Hälfte (f)	pùsė (m)	[ˈpʊsʲeː]
Mal (n)	kártas (v)	[ˈkartas]

10. Die wichtigsten Verben. Teil 1

abbiegen (nach links ~)	sùkti	[ˈsʊktʲɪ]
abschicken (vt)	išsiųsti	[ɪʃˈsʲuːstʲɪ]
ändern (vt)	pakeìsti	[paˈkʲɛɪstʲɪ]
andeuten (vt)	užsimìnti	[ʊʒsʲɪˈmʲɪntʲɪ]
Angst haben	bijóti	[bʲɪˈjotʲɪ]

ankommen (vi)	atvažiúoti	[atvaˈʒʲʊatʲɪ]
antworten (vi)	atsakýti	[atsaˈkʲiːtʲɪ]
arbeiten (vi)	dìrbti	[ˈdʲɪrptʲɪ]
auf ... zählen	tikétis ...	[tʲɪˈkʲeːtʲɪs ...]
aufbewahren (vt)	sáugoti	[ˈsaʊɡotʲɪ]

aufschreiben (vt)	užrašinéti	[ʊʒraʃɪˈnʲeːtʲɪ]
ausgehen (vi)	išeìti	[ɪˈʃɛɪtʲɪ]
aussprechen (vt)	ištar̃ti	[ɪʃˈtartʲɪ]
bedauern (vt)	gailétis	[ɡʌɪˈlʲeːtʲɪs]
bedeuten (vt)	reĩkšti	[ˈrʲɛɪkʃtʲɪ]
beenden (vt)	užbaĩgti	[ʊʒˈbʌɪktʲɪ]

befehlen (Milit.)	nurodinéti	[nʊrodʲɪˈnʲeːtʲɪ]
befreien (Stadt usw.)	išláisvinti	[ɪʃˈlʲʌɪsvʲɪntʲɪ]
beginnen (vt)	pradéti	[praˈdʲeːtʲɪ]
bemerken (vt)	pastebéti	[pasteˈbʲeːtʲɪ]
beobachten (vt)	stebéti	[steˈbʲeːtʲɪ]

berühren (vt)	čiupinéti	[tsʲʊpʲɪˈnʲeːtʲɪ]
besitzen (vt)	mokéti	[moˈkʲeːtʲɪ]
besprechen (vt)	aptarinéti	[aptarʲɪˈnʲætʲɪ]
bestehen auf	reikaláuti	[rʲɛɪkaˈlʲaʊtʲɪ]
bestellen (im Restaurant)	užsakinéti	[ʊʒsakʲɪˈnʲeːtʲɪ]

bestrafen (vt)	baũsti	[ˈbaʊstʲɪ]
beten (vi)	mel̃stis	[ˈmʲɛlʲstʲɪs]

bitten (vt)	prašýti	[pra'ʃɪːtʲɪ]
brechen (vt)	láužyti	['lʲauʒʲiːtʲɪ]
denken (vi, vt)	galvóti	[galʲ'votʲɪ]
drohen (vi)	grasìnti	[gra'sʲɪntʲɪ]
Durst haben	norėti gérti	[no'rʲeːtʲɪ 'gʲærtʲɪ]
einladen (vt)	kviẽsti	['kvʲɛstʲɪ]
einstellen (vt)	nustóti	[nʊ'stotʲɪ]
einwenden (vt)	prieštaráuti	[prʲiɛʃta'rautʲɪ]
empfehlen (vt)	rekomendúoti	[rʲɛkomʲɛn'dʊatʲɪ]
erklären (vt)	paaiškìnti	[pa'ʌɪʃkʲɪntʲɪ]
erlauben (vt)	léisti	['lʲɛɪstʲɪ]
ermorden (vt)	žudýti	[ʒʊ'dʲiːtʲɪ]
erwähnen (vt)	minėti	[mʲɪ'nʲeːtʲɪ]
existieren (vi)	egzistúoti	[ɛgzʲɪs'tʊatʲɪ]

11. Die wichtigsten Verben. Teil 2

fallen (vi)	krìsti	['krʲɪstʲɪ]
fallen lassen	numèsti	[nʊ'mʲɛstʲɪ]
fangen (vt)	gáudyti	['gaʊdʲiːtʲɪ]
finden (vt)	ràsti	['rastʲɪ]
fliegen (vi)	skrìsti	['skrʲɪstʲɪ]
folgen (Folge mir!)	sèkti ...	['sʲɛktʲɪ ...]
fortsetzen (vt)	tẽsti	['tʲɛːstʲɪ]
fragen (vt)	kláusti	['klʲaustʲɪ]
frühstücken (vi)	pùsryčiauti	['pʊsrʲiːtʂʲɛʊtʲɪ]
geben (vt)	dúoti	['dʊatʲɪ]
gefallen (vi)	patìkti	[pa'tʲɪktʲɪ]
gehen (zu Fuß gehen)	eĩti	['ɛɪtʲɪ]
gehören (vi)	priklausýti	[prʲɪklʲaʊ'sʲiːtʲɪ]
graben (vt)	raũsti	['raʊstʲɪ]
haben (vt)	turėti	[tʊ'rʲeːtʲɪ]
helfen (vi)	padėti	[pa'dʲeːtʲɪ]
herabsteigen (vi)	léistis	['lʲɛɪstʲɪs]
hereinkommen (vi)	įeĩti	[iː'ɛɪtʲɪ]
hoffen (vi)	tikėtis	[tʲɪ'kʲeːtʲɪs]
hören (vt)	girdėti	[gʲɪr'dʲeːtʲɪ]
hungrig sein	norėti válgyti	[no'rʲeːtʲɪ 'valʲgʲiːtʲɪ]
informieren (vt)	informúoti	[ɪnfor'mʊatʲɪ]
jagen (vi)	medžióti	[mʲɛ'dʐʲotʲɪ]
kennen (vt)	pažinóti	[paʒʲɪ'notʲɪ]
klagen (vi)	skųstis	['skuːstʲɪs]
können (v mod)	galėti	[ga'lʲeːtʲɪ]
kontrollieren (vt)	kontroliúoti	[kontroʲlʲʊatʲɪ]
kosten (vt)	kainúoti	[kʌɪ'nʊatʲɪ]
kränken (vt)	įžeidinėti	[iːʒʲɛɪdʲɪ'nʲeːtʲɪ]
lächeln (vi)	šypsótis	[ʃɪːp'sotʲɪs]

lachen (vi)	juõktis	['juɐktʲɪs]
laufen (vi)	bė́gti	['bʲeːkt̯ʲɪ]
leiten (Betrieb usw.)	vadováuti	[vado'vɐʊtʲɪ]

lernen (vt)	studijúoti	[stʊdʲɪ'jʊɐtʲɪ]
lesen (vi, vt)	skaitýti	[skʌɪ'tʲiːtʲɪ]
lieben (vt)	myléti	[mʲiː'lʲeːtʲɪ]
machen (vt)	darýti	[da'rʲiːtʲɪ]

mieten (Haus usw.)	núomotis	['nʊamotʲɪs]
nehmen (vt)	im̃ti	['ɪmtʲɪ]
noch einmal sagen	kartóti	[kar'totʲɪ]
nötig sein	bū́ti reikalìngu	['buːtʲɪ rʲɛɪka'lʲɪngʊ]
öffnen (vt)	atidarýti	[atʲɪda'rʲiːtʲɪ]

12. Die wichtigsten Verben. Teil 3

planen (vt)	planúoti	[plʲa'nʊatʲɪ]
prahlen (vi)	gìrtis	['gʲɪrtʲɪs]
raten (vt)	patarinéti	[patarʲɪ'nʲeːtʲɪ]
rechnen (vt)	skaičiúoti	[skʌɪ'tʂʲʊatʲɪ]
reservieren (vt)	rezervúoti	[rʲɛzʲɛr'vʊatʲɪ]

retten (vt)	gélbėti	['gʲælʲbʲeːtʲɪ]
richtig raten (vt)	atspė́ti	[at'spʲeːtʲɪ]
rufen (um Hilfe ~)	kviẽsti	['kvʲɛstʲɪ]
sagen (vt)	pasakýti	[pasa'kʲiːtʲɪ]
schaffen (Etwas Neues zu ~)	sukùrti	[sʊ'kʊrtʲɪ]

schelten (vt)	bárti	['bartʲɪ]
schießen (vi)	šáudyti	['ʃɑʊdʲiːtʲɪ]
schmücken (vt)	puõšti	['pʊɐʃtʲɪ]
schreiben (vi, vt)	rašýti	[ra'ʃɪːtʲɪ]
schreien (vi)	šaũkti	['ʃɑʊktʲɪ]
schweigen (vi)	tylė́ti	[tʲiː'lʲeːtʲɪ]
schwimmen (vi)	plaũkti	['plʲɑʊktʲɪ]
schwimmen gehen	máudytis	['mɑʊdʲiːtʲɪs]
sehen (vi, vt)	matýti	[ma'tʲiːtʲɪ]

sein (vi)	bū́ti	['buːtʲɪ]
sich beeilen	skubė́ti	[skʊ'bʲeːtʲɪ]
sich entschuldigen	atsiprašinéti	[atsʲɪpraʃɪ'nʲeːtʲɪ]

sich interessieren	dométis	[do'mʲeːtʲɪs]
sich irren	klýsti	['klʲiːstʲɪ]
sich setzen	sė́stis	['sʲeːstʲɪs]
sich weigern	atsisakýti	[atsʲɪsa'kʲiːtʲɪ]
spielen (vi, vt)	žaĩsti	['ʒʌɪstʲɪ]

sprechen (vi)	sakýti	[sa'kʲiːtʲɪ]
staunen (vi)	stebė́tis	[stʲe'bʲeːtʲɪs]
stehlen (vt)	võgti	['voːktʲɪ]
stoppen (vt)	sustóti	[sʊs'totʲɪ]
suchen (vt)	ieškóti	[ɪɛʃ'kotʲɪ]

13. Die wichtigsten Verben. Teil 4

Deutsch	Litauisch	Aussprache
täuschen (vt)	apgaudinėti	[apgɑʊdʲɪ'nʲeːtʲɪ]
teilnehmen (vi)	dalyváuti	[dalʲiːˈvɑʊtʲɪ]
übersetzen (Buch usw.)	ve̅rsti	['vʲɛrstʲɪ]
unterschätzen (vt)	nejvértinti	[nʲɛɪːˈvʲɛrtʲɪntʲɪ]
unterschreiben (vt)	pasirašinéti	[pasʲɪraʃɪˈnʲeːtʲɪ]

vereinigen (vt)	apjùngti	[aˈpjʊŋktʲɪ]
vergessen (vt)	užmi̅ršti	[ʊʒˈmʲɪrʃtʲɪ]
vergleichen (vt)	lýginti	['lʲiːgʲɪntʲɪ]
verkaufen (vt)	pardavinéti	[pardavʲɪˈnʲeːtʲɪ]
verlangen (vt)	reikaláuti	[rʲɛɪkaˈlʲɑʊtʲɪ]

versäumen (vt)	praleidinéti	[pralʲɛɪdʲɪˈnʲeːtʲɪ]
versprechen (vt)	žadéti	[ʒaˈdʲeːtʲɪ]
verstecken (vt)	slėpti	['slʲeːptʲɪ]
verstehen (vt)	supràsti	[sʊpˈrastʲɪ]
versuchen (vt)	bandýti	[banˈdʲiːtʲɪ]

verteidigen (vt)	gi̅nti	['gʲɪntʲɪ]
vertrauen (vi)	pasitikéti	[pasʲɪtʲɪˈkʲeːtʲɪ]
verwechseln (vt)	suklýsti	[sʊkˈlʲiːstʲɪ]
verzeihen (vi, vt)	atléisti	[atˈlʲɛɪstʲɪ]
verzeihen (vt)	atléisti	[atˈlʲɛɪstʲɪ]
voraussehen (vt)	numatýti	[nʊmaˈtʲiːtʲɪ]

vorschlagen (vt)	siū̅lyti	['sʲuːlʲiːtʲɪ]
vorziehen (vt)	teĩkti pirmenýbę	['tʲɛɪktʲɪ pʲɪrmʲɛˈnʲiːbʲeː]
wählen (vt)	išsirinkti	[ɪʃsʲɪˈrʲɪŋktʲɪ]
warnen (vt)	pérspėti	['pʲɛrspʲeːtʲɪ]
warten (vi)	láukti	['lʲɑʊktʲɪ]
weinen (vi)	ve̅rkti	['vʲɛrktʲɪ]

wissen (vt)	žinóti	[ʒɪˈnotʲɪ]
Witz machen	juokáuti	[jʊɑˈkɑʊtʲɪ]
wollen (vt)	noréti	[noˈrʲeːtʲɪ]
zahlen (vt)	mokéti	[moˈkʲeːtʲɪ]
zeigen (jemandem etwas)	ródyti	['rodʲiːtʲɪ]

zu Abend essen	vakarieniáuti	[vakarʲiɛˈnʲæʊtʲɪ]
zu Mittag essen	pietáuti	[pʲiɛˈtɑʊtʲɪ]
zubereiten (vt)	gami̅nti	[gaˈmʲɪntʲɪ]
zustimmen (vi)	sutìkti	[sʊˈtʲɪktʲɪ]
zweifeln (vi)	abejóti	[abʲɛˈjotʲɪ]

14. Farben

Farbe (f)	spalvà (m)	[spalʲˈva]
Schattierung (f)	ãtspalvis (v)	['aːtspalʲvʲɪs]
Farbton (m)	tònas (v)	['tonas]
Regenbogen (m)	vaivórykštė (m)	[vʌɪˈvorʲiːkʃtʲeː]
weiß	baltà	[balʲˈta]

| schwarz | juodà | [juɑˈda] |
| grau | pilkà | [pʲɪlʲˈka] |

grün	žalià	[ʒaˈlʲæ]
gelb	geltóna	[gʲɛlʲˈtona]
rot	raudóna	[rɑuˈdona]

blau	mėlyna	[ˈmʲeːlʲiːna]
hellblau	žydrà	[ʒʲiːdˈra]
rosa	rõžinė	[ˈroːʒˈɪnʲeː]
orange	orànžinė	[oˈranʒˈɪnʲeː]
violett	violètinė	[vʲɪjoˈlʲɛtʲɪnʲeː]
braun	rudà	[rʊˈda]

| golden | auksìnis | [ɑukˈsʲɪnʲɪs] |
| silbrig | sidabrìnis | [sʲɪdaˈbrʲɪnʲɪs] |

beige	smėlio spalvõs	[ˈsmʲeːlʲo spalʲˈvoːs]
cremefarben	krèminės spalvõs	[ˈkrʲɛmʲɪnʲeːs spalʲˈvoːs]
türkis	tùrkio spalvõs	[ˈturkʲo spalʲˈvoːs]
kirschrot	vỹšnių spalvõs	[vʲiːʃnʲuː spalʲˈvoːs]
lila	alỹvų spalvõs	[aˈlʲiːvuː spalʲˈvoːs]
himbeerrot	aviẽtinės spalvõs	[aˈvʲɛtʲɪnʲeːs spalʲˈvoːs]

hell	šviesì	[ʃvʲiɛˈsʲɪ]
dunkel	tamsì	[tamˈsʲɪ]
grell	ryškì	[rʲiːʃkʲɪ]

Farb- (z.B. -stifte)	spalvótas	[spalʲˈvotas]
Farb- (z.B. -film)	spalvótas	[spalʲˈvotas]
schwarz-weiß	juodaì baltas	[juɑˈdʌɪ ˈbalʲtas]
einfarbig	vienspalvis	[vʲiɛnsˈpalʲvʲɪs]
bunt	įvairiaspalvis	[iːvʌɪrʲæsˈpalʲvʲɪs]

15. Fragen

Wer?	Kàs?	[ˈkas?]
Was?	Ką̃?	[ˈkaː?]
Wo?	Kur̃?	[ˈkʊr?]
Wohin?	Kur̃?	[ˈkʊr?]
Woher?	Ìš kur̃?	[ɪʃ ˈkʊr?]
Wann?	Kadà?	[kaˈda?]
Wozu?	Kám?	[ˈkam?]
Warum?	Kodė̃l?	[kɔˈdʲeːlʲ?]
Wofür?	Kám?	[ˈkam?]
Wie?	Kaĩp?	[ˈkʌɪp?]
Welcher?	Kóks?	[ˈkoks?]

Wem?	Kám?	[ˈkam?]
Über wen?	Apiẽ ką̃?	[aˈpʲɛ ˈkaː?]
Wovon? (~ sprichst du?)	Apiẽ ką̃?	[aˈpʲɛ ˈkaː?]
Mit wem?	Sù kuõ?	[ˈsʊ ˈkʊɑ?]
Wie viel? Wie viele?	Kíek?	[ˈkʲiɛk?]
Wessen?	Kienõ?	[kʲiɛˈnoː?]

16. Präpositionen

mit (Frau ~ Katzen)	sù ...	['sʊ ...]
ohne (~ Dich)	bė	['bʲɛ]
nach (~ London)	į̃	[iː]
über (~ Geschäfte sprechen)	apiẽ	[aˈpʲɛ]
vor (z.B. ~ acht Uhr)	iki̇̀	[ɪˈkʲɪ]
vor (z.B. ~ dem Haus)	priẽš	[ˈprʲɛʃ]
unter (~ dem Schirm)	põ	[ˈpoː]
über (~ dem Meeresspiegel)	vi̇̃rš	[ˈvʲɪrʃ]
auf (~ dem Tisch)	añt	[ˈant]
aus (z.B. ~ München)	i̇̀š	[ɪʃ]
aus (z.B. ~ Porzellan)	i̇̀š	[ɪʃ]
in (~ zwei Tagen)	põ ..., ùž ...	[ˈpoː ...], [ˈʊʒ ...]
über (~ zaun)	per̃	[ˈpʲɛr]

17. Funktionswörter. Adverbien. Teil 1

Wo?	Kur̃?	[ˈkʊr?]
hier	čià	[ˈtsʲæ]
dort	teñ	[ˈtʲɛn]
irgendwo	kažkur̃	[kaʒˈkʊr]
nirgends	niẽkur	[ˈnʲɛkʊr]
an (bei)	priẽ ...	[ˈprʲɛ ...]
am Fenster	priẽ lángo	[ˈprʲɛ ˈlʲangɔ]
Wohin?	Kur̃?	[ˈkʊr?]
hierher	čià	[ˈtsʲæ]
dahin	teñ	[ˈtʲɛn]
von hier	i̇̀š čià	[ɪʃ tsʲæ]
von da	i̇̀š teñ	[ɪʃ tʲɛn]
nah (Adv)	šalià	[ʃaˈlʲæ]
weit, fern (Adv)	toli̇̀	[toˈlʲɪ]
in der Nähe von ...	šalià	[ʃaˈlʲæ]
in der Nähe	arti̇̀	[arˈtʲɪ]
unweit (~ unseres Hotels)	netoli̇̀	[nʲɛˈtolʲɪ]
link (Adj)	kairỹs	[kʌɪˈrʲiːs]
links (Adv)	i̇̀š kairė̃s	[ɪʃ kʌɪˈrʲeːs]
nach links	į̃ kai̇̃rę	[iː ˈkʌɪrʲɛː]
recht (Adj)	dešinỹs	[dʲɛʃɪˈnʲiːs]
rechts (Adv)	i̇̀š dešinė̃s	[ɪʃ deʃɪˈnʲeːs]
nach rechts	į̃ dẽšinę	[iː ˈdʲæʃɪnʲɛː]
vorne (Adv)	pri̇́ekyje	[ˈprʲɛkʲiːjɛ]
Vorder-	pri̇́ekinis	[ˈprʲɛkʲɪnʲɪs]

vorwärts	pirmỹn	[pʲɪr'mʲiːn]
hinten (Adv)	galè	[ga'lʲɛ]
von hinten	ìš gãlo	[ɪʃ 'gaːlʲɔ]
rückwärts (Adv)	atgãl	[at'galʲ]

Mitte (f)	vidurỹs (v)	[vʲɪdʊ'rʲiːs]
in der Mitte	peř vìdurį	['pʲɛr 'vʲɪːdʊrʲɪː]

seitlich (Adv)	šóne	['ʃonʲɛ]
überall (Adv)	visuř	[vʲɪ'sʊr]
ringsherum (Adv)	aplìnkui	[ap'lʲɪŋkʊi]

von innen (Adv)	ìš vidaũs	[ɪʃ vʲɪ'dɑʊs]
irgendwohin (Adv)	kažkuř	[kaʒ'kʊr]
geradeaus (Adv)	tiẽsiai	['tʲɛsʲɛɪ]
zurück (Adv)	atgãl	[at'galʲ]

irgendwoher (Adv)	ìš kuř nórs	[ɪʃ 'kʊr 'nors]
von irgendwo (Adv)	ìš kažkuř	[ɪʃ kaʒ'kʊr]

erstens	pìrma	['pʲɪrma]
zweitens	antra	['antra]
drittens	trẽčia	['trʲætʂʲæ]

plötzlich (Adv)	staigà	[stʌɪ'ga]
zuerst (Adv)	pradžiõj	[prad'ʒʲoːj]
zum ersten Mal	pìrmą kartą	['pʲɪrmaː 'kartaː]
lange vor...	daũg laĩko priẽš ...	['dɑʊg 'lʲʌɪkɔ 'prʲɛʃ ...]
von Anfang an	ìš naũjo	[ɪʃ 'nɑʊjɔ]
für immer	visám laĩkui	[vʲɪ'sam 'lʲʌɪkʊi]

nie (Adv)	niekadà	[nʲɪɛkad'a]
wieder (Adv)	vė̃l	['vʲeːlʲ]
jetzt (Adv)	dabař	[da'bar]
oft (Adv)	dažnaĩ	[daʒ'nʌɪ]
damals (Adv)	tadà	[ta'da]
dringend (Adv)	skubiaĩ	[skʊ'bʲɛɪ]
gewöhnlich (Adv)	įprastaĩ	[iːpras'tʌɪ]

übrigens, ...	bejè, ...	[bɛ'jæ, ...]
möglicherweise (Adv)	įmãnoma	[iː'maːnoma]
wahrscheinlich (Adv)	tikė́tina	[tʲɪ'kʲeːtʲɪna]
vielleicht (Adv)	gãli bū̃ti	['gaːlʲɪ 'buːtʲɪ]
außerdem ...	be tõ, ...	['bʲɛ toː, ...]
deshalb ...	todė̃l ...	[to'dʲeːlʲ ...]
trotz ...	nepaísant ...	[nʲɛ'pʌɪsant ...]
dank ...	... dė́ka	[... dʲeː'ka]

was (~ ist denn?)	kàs	['kas]
das (~ ist alles)	kàs	['kas]
etwas	kažkàs	[kaʒ'kas]
irgendwas	kažkàs	[kaʒ'kas]
nichts	niẽko	['nʲɛkɔ]

wer (~ ist ~?)	kàs	['kas]
jemand	kažkàs	[kaʒ'kas]

irgendwer	kažkàs	[kaʒ'kas]
niemand	niẽkas	['nʲɛkas]
nirgends	niẽkur	['nʲɛkʊr]
niemandes (~ Eigentum)	niẽkieno	['nʲɛ'kʲiɛnɔ]
jemandes	kažkieñō	[kaʒkʲiɛ'noː]
so (derart)	taĩp	['tʌɪp]
auch	taĩp pàt	['tʌɪp 'pat]
ebenfalls	ir̃gi	['ɪrgʲɪ]

18. Funktionswörter. Adverbien. Teil 2

Warum?	Kodėl?	[kɔ'dʲeːlʲ?]
aus irgendeinem Grund	kažkodėl	[kaʒkɔ'dʲeːlʲ]
weil ...	... todėl, kad	[..., tɔ'dʲeːlʲ, 'kad]
zu irgendeinem Zweck	kažkodėl	[kaʒkɔ'dʲeːlʲ]
und	ir̃	[ɪr]
oder	arbà	[ar'ba]
aber	bèt	['bʲɛt]
zu (~ viele)	pernelýg	[pʲɛrnʲɛ'lʲiːg]
nur (~ einmal)	tiktaĩ	[tʲɪk'tʌɪ]
genau (Adv)	tiksliaĩ	[tʲɪksˈlʲɛɪ]
etwa	maždaũg	[maʒ'dɑʊg]
ungefähr (Adv)	apýtikriai	[a'pʲiːtʲɪkrʲɛɪ]
ungefähr (Adj)	apýtikriai	[a'pʲiːtʲɪkrʲɛɪ]
fast	beveĩk	[bʲɛ'vʲɛɪk]
Übrige (n)	vìsa kìta (m)	['vʲɪsa 'kʲɪta]
jeder (~ Mann)	kiekvíenas	[kʲiɛk'vʲiɛnas]
beliebig (Adj)	bèt kurìs	['bʲɛt kʊ'rʲɪs]
viel	daũg	['dɑʊg]
viele Menschen	daũgelis	['dɑʊgʲɛlʲɪs]
alle (wir ~)	visì	[vʲɪ'sʲɪ]
im Austausch gegen ...	mainaĩs į̃ ...	[mʌɪ'nʌɪs iː ..]
dafür (Adv)	mainaĩs	[mʌɪ'nʌɪs]
mit der Hand (Hand-)	rañkiniu būdù	['raŋkʲɪnʲʊ buːˈdʊ]
schwerlich (Adv)	kažì	[ka'ʒʲɪ]
wahrscheinlich (Adv)	tikriáusiai	[tʲɪk'rʲæʊsʲɛɪ]
absichtlich (Adv)	týčia	['tʲiːtʂʲæ]
zufällig (Adv)	netýčia	[nʲɛ'tʲiːtʂʲæ]
sehr (Adv)	labaĩ	[lʲa'bʌɪ]
zum Beispiel	pãvyzdžiui	['paːvʲiːzdʒʲʊɪ]
zwischen	tar̃p	['tarp]
unter (Wir sind ~ Mördern)	tar̃p	['tarp]
so viele (~ Ideen)	tiẽk	['tʲɛk]
besonders (Adv)	ypač	['ɪːpatʂ]

Grundbegriffe. Teil 2

19. Wochentage

Montag (m)	pirmădienis (v)	[pʲɪrˈmaːdʲiɛnʲɪs]
Dienstag (m)	antrădienis (v)	[anˈtraːdʲiɛnʲɪs]
Mittwoch (m)	trečiădienis (v)	[trʲɛˈtʂʲædʲiɛnʲɪs]
Donnerstag (m)	ketvirtădienis (v)	[kʲɛtvʲɪrˈtaːdʲiɛnʲɪs]
Freitag (m)	penktădienis (v)	[pʲɛŋkˈtaːdʲiɛnʲɪs]
Samstag (m)	šeštădienis (v)	[ʃɛʃˈtaːdʲiɛnʲɪs]
Sonntag (m)	sekmădienis (v)	[sʲɛkˈmaːdʲiɛnʲɪs]
heute	šiañdien	[ˈʃændʲiɛn]
morgen	rytoj	[rʲiːˈtoj]
übermorgen	porýt	[poˈrʲiːt]
gestern	vãkar	[ˈvaːkar]
vorgestern	užvakar	[ˈʊʒvakar]
Tag (m)	dienà (m)	[dʲiɛˈna]
Arbeitstag (m)	dárbo dienà (m)	[ˈdarbɔ dʲiɛˈna]
Feiertag (m)	šveñtinė dienà (m)	[ˈʃvɛntʲɪnʲeː dʲiɛˈna]
freier Tag (m)	išeiginė dienà (m)	[ɪʃɛɪˈgʲɪnʲeː dʲiɛˈna]
Wochenende (n)	savaĩtgalis (v)	[saˈvʌɪtgalʲɪs]
den ganzen Tag	vìsą diẽną	[ˈvʲɪsa: ˈdʲɛna:]
am nächsten Tag	sẽkančią diẽną	[ˈsʲɛkantʂʲæː ˈdʲɛna:]
zwei Tage vorher	priẽš dvì dienàs	[ˈprʲɛʃ ˈdvʲɪ dʲiɛˈnas]
am Vortag	išvakarėse	[ˈɪʃvakarʲeːse]
täglich (Adj)	kasdiẽnis	[kasˈdʲɛnʲɪs]
täglich (Adv)	kasdiẽn	[kasˈdʲɛn]
Woche (f)	savaĩtė (m)	[saˈvʌɪtʲeː]
letzte Woche	praeitą savaĩtę	[ˈpraʲɛɪta: saˈvʌɪtʲɛː]
nächste Woche	ateĩnančią savaĩtę	[aˈtʲɛɪnantʂʲæː saˈvʌɪtʲɛː]
wöchentlich (Adj)	kassavaĩtinis	[kassaˈvʌɪtʲɪnʲɪs]
wöchentlich (Adv)	kàs savaĩtę	[ˈkas saˈvʌɪtʲɛː]
zweimal pro Woche	dù kartùs peř savaĩtę	[ˈdʊ karˈtʊs pʲɛr saˈvʌɪtʲɛː]
jeden Dienstag	kiekvíeną antrădienį	[kʲiɛkˈvʲɪːɛna: anˈtraːdʲɪːɛnʲɪː]

20. Stunden. Tag und Nacht

Morgen (m)	rýtas (v)	[ˈrʲiːtas]
morgens	rytè	[rʲiːˈtʲɛ]
Mittag (m)	vidùrdienis (v)	[vʲɪˈdʊrdʲiɛnʲɪs]
nachmittags	popiẽt	[poˈpʲɛt]
Abend (m)	vãkaras (v)	[ˈvaːkaras]
abends	vakarè	[vakaˈrʲɛ]

Nacht (f)	naktìs (m)	[nakˈtʲɪs]
nachts	nãktį	[ˈnaːktiː]
Mitternacht (f)	vidùrnaktis (v)	[vʲɪˈdʊrnaktʲɪs]

Sekunde (f)	sekùndė (m)	[sʲɛˈkʊndʲeː]
Minute (f)	minùtė (m)	[mʲɪˈnʊtʲeː]
Stunde (f)	valandà (m)	[valʲanˈda]
eine halbe Stunde	pùsvalandis (v)	[ˈpʊsvalʲandʲɪs]
Viertelstunde (f)	ketvìrtis valandõs	[kʲɛtˈvʲɪrtʲɪs valʲanˈdoːs]
fünfzehn Minuten	penkiólika minùčių	[pʲɛŋˈkʲolʲɪka mʲɪˈnʊtʂʲuː]
Tag und Nacht	parà (m)	[paˈra]

Sonnenaufgang (m)	sáulės patekėjimas (v)	[ˈsɑʊlʲeːs patʲɛˈkʲɛjɪmas]
Morgendämmerung (f)	aušrà (m)	[ɑʊʃˈra]
früher Morgen (m)	ankstývas rýtas (v)	[aŋkˈstʲiːvas ˈrʲiːtas]
Sonnenuntergang (m)	saulėlydis (v)	[sɑʊˈlʲeːlʲiːdʲɪs]

früh am Morgen	ankstì rytė̃	[aŋkˈstʲɪ rʲiːˈtʲɛ]
heute Morgen	šiañdien rytė̃	[ˈʃændʲiɛn rʲiːˈtʲɛ]
morgen früh	rytój rytė̃	[rʲiːˈtoj rʲiːˈtʲɛ]
heute Mittag	šiañdien diẽną	[ˈʃænˈdʲɛn ˈdʲiɛnaː]
nachmittags	popiẽt	[poˈpʲɛt]
morgen Nachmittag	rytój popiẽt	[rʲiːˈtoj poˈpʲɛt]
heute Abend	šiañdien vakarè	[ˈʃændʲiɛn vakaˈrʲɛ]
morgen Abend	rytój vakarè	[rʲiːˈtoj vakaˈrʲɛ]

Punkt drei Uhr	lýgiai trẽčią vãlandą	[ˈlʲiːɡʲɛɪ ˈtrʲætʂʲæː ˈvaːlanda:]
gegen vier Uhr	apiẽ ketvìrtą vãlandą	[aˈpʲɛ kʲɛtvʲɪrta: vaːlʲanda:]
um zwölf Uhr	dvýliktai vãlandai	[ˈdvʲiːlʲɪktʌɪ ˈvaːlandʌɪ]

in zwanzig Minuten	ùž dvidešimtiẽs minùčių	[ˈʊʒ dvʲɪdʲɛʃɪmˈtʲɛs mʲɪˈnʊtʂʲuː]
in einer Stunde	ùž valandõs	[ˈʊʒ valʲanˈdoːs]
rechtzeitig (Adv)	laikù	[lʲʌɪˈkʊ]

Viertel vor ...	bè ketvìrčio	[ˈbʲɛ ˈkʲɛtvʲɪrtʂʲo]
innerhalb einer Stunde	valandõs bė́gyje	[valʲanˈdoːs ˈbʲeːɡʲiːje]
alle fünfzehn Minuten	kàs penkiólika minùčių	[ˈkas pʲɛŋˈkʲolʲɪka mʲɪˈnʊtʂʲuː]
Tag und Nacht	vìsą pãrą (m)	[ˈvʲɪsa: ˈpaːra:]

21. Monate. Jahreszeiten

Januar (m)	saũsis (v)	[ˈsɑʊsʲɪs]
Februar (m)	vasáris (v)	[vaˈsaːrʲɪs]
März (m)	kovàs (v)	[kɔˈvas]
April (m)	balañdis (v)	[baˈlʲandʲɪs]
Mai (m)	gegužė̃ (m)	[ɡʲɛɡʊˈʒʲeː]
Juni (m)	biržẽlis (v)	[bʲɪrˈʒʲælʲɪs]

Juli (m)	líepa (m)	[ˈlʲiɛpa]
August (m)	rugpjū́tis (v)	[rʊɡˈpjuːtʲɪs]
September (m)	rugsė́jis (v)	[rʊɡˈsʲɛjɪs]
Oktober (m)	spãlis (v)	[ˈspaːlʲɪs]
November (m)	lãpkritis (v)	[ˈlʲaːpkrʲɪtʲɪs]
Dezember (m)	grúodis (v)	[ˈɡrʊɑdʲɪs]

Frühling (m)	pavãsaris (v)	[pa'va:sarʲɪs]
im Frühling	pavãsarį	[pa'va:sarʲɪ:]
Frühlings-	pavasarìnis	[pavasa'rʲɪnʲɪs]

Sommer (m)	vãsara (m)	['va:sara]
im Sommer	vãsarą	['va:sara:]
Sommer-	vasarìnis	[vasa'rʲɪnʲɪs]

Herbst (m)	ruduõ (v)	[rʊ'dʊɑ]
im Herbst	rùdenį	['rʊdʲɛnʲɪ:]
Herbst-	rudenìnis	[rʊdʲɛ'nʲɪnʲɪs]

Winter (m)	žiemà (m)	[ʒʲiɛ'ma]
im Winter	žiẽmą	['ʒʲɛma:]
Winter-	žiemìnis	[ʒʲiɛ'mʲɪnʲɪs]

Monat (m)	ménuo (v)	['mʲe:nʊɑ]
in diesem Monat	šį ménesį	[ʃɪ: 'mʲe:nesʲɪ:]
nächsten Monat	kìtą ménesį	['kʲɪ:ta: 'mʲe:nesʲɪ:]
letzten Monat	praeitą ménesį	['praʲɛɪta: 'mʲe:nesʲɪ:]

vor einem Monat	priẽš ménesį	['prʲɪ:ɛʃ 'mʲe:nesʲɪ:]
über eine Monat	ùž ménesio	['ʊʒ 'mʲe:nesʲɔ]
in zwei Monaten	ùž dvejų̃ ménesių	['ʊʒ dve'ju: 'mʲe:nesʲu:]
den ganzen Monat	vìsą ménesį	['vʲɪsa: 'mʲe:nesʲɪ:]

monatlich (Adj)	kasmėnesìnis	[kasmʲe:ne'sʲɪnʲɪs]
monatlich (Adv)	kàs ménesį	['kas 'mʲe:nesʲɪ:]
jeden Monat	kiekvíeną ménesį	[kʲiɛk'vʲɪ:ɛna: 'mʲe:nesʲɪ:]
zweimal pro Monat	dù kartùs peř ménesį	['dʊ kar'tʊs per 'mʲe:nesʲɪ:]

Jahr (n)	mẽtai (v dgs)	['mʲætʌɪ]
dieses Jahr	šiaĩs mẽtais	['ʃɛɪs 'mʲætʌɪs]
nächstes Jahr	kitaĩs mẽtais	[kʲɪ'tʌɪs 'mʲætʌɪs]
voriges Jahr	praeitaĩs mẽtais	[praʲɛɪ'tʌɪs 'mʲætʌɪs]

vor einem Jahr	priẽš metùs	['prʲɛʃ mʲɛ'tʊs]
in einem Jahr	ùž mẽtų	['ʊʒ 'mʲætu:]
in zwei Jahren	ùž dvejų̃ mẽtų	['ʊʒ dvʲɛ'ju: 'mʲætu:]
das ganze Jahr	visùs metùs	[vʲɪ'sʊs mʲɛ'tʊs]

jedes Jahr	kàs metùs	['kas mʲɛ'tʊs]
jährlich (Adj)	kasmetìnis	[kasmʲɛ'tʲɪnʲɪs]
jährlich (Adv)	kàs metùs	['kas mʲɛ'tʊs]
viermal pro Jahr	kẽturis kartùs peř metùs	['kʲæturʲɪs kar'tʊs pʲer mʲɛ'tʊs]

Datum (heutige ~)	dienà (m)	[dʲiɛ'na]
Datum (Geburts-)	datà (m)	[da'ta]
Kalender (m)	kalendõrius (v)	[kalʲɛn'do:rʲʊs]

| ein halbes Jahr | pùsė mẽtų | ['pʊsʲe: 'mʲætu:] |
| Halbjahr (n) | pùsmetis (v) | ['pʊsmʲɛtʲɪs] |

| Saison (f) | sezònas (v) | [sʲɛ'zonas] |
| Jahrhundert (n) | ámžius (v) | ['amʒʲʊs] |

22. Zeit. Verschiedenes

Zeit (f)	laĩkas (v)	[ˡlʲʌɪkas]
Augenblick (m)	akìmirka (m)	[aˈkʲɪmʲɪrka]
Moment (m)	momeñtas (v)	[moˈmʲɛntas]
augenblicklich (Adj)	staigùs	[stʌɪˈgʊs]
Zeitspanne (f)	laĩko tárpas (v)	[ˡlʲʌɪkɔ ˈtarpas]
Leben (n)	gyvẽnimas (v)	[gʲiːˈvʲænʲɪmas]
Ewigkeit (f)	amžinýbė (m)	[amʒʲɪˈnʲiːbʲeː]
Epoche (f)	epochà (m)	[ɛpoˈxa]
Ära (f)	erà (m)	[ɛˈra]
Zyklus (m)	cìklas (v)	[ˈtsʲɪklʲas]
Periode (f)	periòdas (v)	[pʲɛrʲɪˈjɔdas]
Frist (äußerste ~)	laikótarpis (v)	[lʲʌɪˈkotarpʲɪs]
Zukunft (f)	ateitìs (m)	[atʲɛɪˈtʲɪs]
zukünftig (Adj)	bùsimas	[ˈbʊsʲɪmas]
nächstes Mal	kìtą kar̃tą	[ˈkʲɪtaː ˈkartaː]
Vergangenheit (f)	praeitìs (m)	[praˈɛɪˈtʲɪs]
vorig (Adj)	praẽjęs	[praˈeːjɛːs]
letztes Mal	praeĩtą kar̃tą	[ˈpraʲɛɪta: ˈkarta:]
später (Adv)	vėliaũ	[vʲeːˈlʲɛʊ]
danach	põ	[ˈpoː]
zur Zeit	dabar̃	[daˈbar]
jetzt	dabar̃	[daˈbar]
sofort	tuõj pàt	[ˈtʊɑj ˈpat]
bald	greĩtai	[ˈgrʲɛɪtʌɪ]
im Voraus	ìš añksto	[ɪʃ ˈaŋkstɔ]
lange her	seniaĩ	[sʲɛˈnʲɛɪ]
vor kurzem	neseniaĩ	[nʲɛsʲɛˈnʲɛɪ]
Schicksal (n)	likìmas (v)	[lʲɪˈkʲɪmas]
Erinnerungen (pl)	atminìmas (v)	[atmʲɪˈnʲɪmas]
Archiv (n)	archỹvas (v)	[arˈxʲiːvas]
während ...	... metu	[... mʲɛˈtʊ]
lange (Adv)	ilgaĩ ...	[ɪlʲˈgʌɪ ...]
nicht lange (Adv)	neilgaĩ	[nʲɛɪlʲˈgʌɪ]
früh (~ am Morgen)	ankstì	[aŋkˈstʲɪ]
spät (Adv)	vėlaĩ	[vʲeːˈlʲʌɪ]
für immer	visám laĩkui	[vʲɪˈsam ˈlʲʌɪkʊɪ]
beginnen (vt)	pradė́ti	[praˈdʲeːtʲɪ]
verschieben (vt)	pérkelti	[ˈpʲɛrkʲɛlʲtʲɪ]
gleichzeitig	tuõ pàt metù	[ˈtʊɑ ˈpat mʲɛˈtʊ]
ständig (Adv)	vìsą laĩką	[ˈvʲɪsa: ˈlʲʌɪka:]
konstant (Adj)	nuolatìnis	[nʊɑlʲaˈtʲɪnʲɪs]
zeitweilig (Adj)	laĩkinas	[ˈlʲʌɪkʲɪnas]
manchmal	kartaĩs	[karˈtʌɪs]
selten (Adv)	retaĩ	[rʲɛˈtʌɪ]
oft	dažnaĩ	[daʒˈnʌɪ]

23. Gegenteile

reich (Adj)	turtìngas	[tʊrˈtʲɪngas]
arm (Adj)	skurdùs	[skʊrˈdʊs]
krank (Adj)	sergantis	[ˈsʲɛrgantʲɪs]
gesund (Adj)	sveĩkas	[ˈsvʲɛɪkas]
groß (Adj)	dìdelis	[ˈdʲɪdʲɛlʲɪs]
klein (Adj)	mãžas	[ˈmaːʒas]
schnell (Adv)	greĩtai	[ˈgrʲɛɪtʌɪ]
langsam (Adv)	lėtaĩ	[lʲeːˈtʌɪ]
schnell (Adj)	greĩtas	[ˈgrʲɛɪtas]
langsam (Adj)	lė́tas	[ˈlʲeːtas]
froh (Adj)	liñksmas	[ˈlʲɪŋksmas]
traurig (Adj)	liũdnas	[ˈlʲuːdnas]
zusammen	kartu	[ˈkartʊ]
getrennt (Adv)	atskiraĩ	[atskʲɪˈrʌɪ]
laut (~ lesen)	garsiai	[ˈgarsʲɛɪ]
still (~ lesen)	tyliai	[ˈtʲiːlʲɛɪ]
hoch (Adj)	aũkštas	[ˈɑʊkʃtas]
niedrig (Adj)	žẽmas	[ˈʒʲæmas]
tief (Adj)	gilùs	[gʲɪˈlʲʊs]
flach (Adj)	seklùs	[sʲɛkˈlʲʊs]
ja	taĩp	[ˈtʌɪp]
nein	nè	[ˈnʲɛ]
fern (Adj)	tólimas	[ˈtolʲɪmas]
nah (Adj)	artimas	[ˈartʲɪmas]
weit (Adv)	tolì	[toˈlʲɪ]
nebenan (Adv)	artì	[arˈtʲɪ]
lang (Adj)	ìlgas	[ˈɪlʲgas]
kurz (Adj)	trumpas	[ˈtrʊmpas]
gut (gütig)	gẽras	[ˈgʲæras]
böse (der ~ Geist)	pìktas	[ˈpʲɪktas]
verheiratet (Ehemann)	vẽdęs	[ˈvʲædʲɛːs]
ledig (Adj)	nevẽdęs	[nʲɛˈvʲædʲɛːs]
verbieten (vt)	uždraũsti	[ʊʒˈdrɑʊstʲɪ]
erlauben (vt)	léisti	[ˈlʲɛɪstʲɪ]
Ende (n)	pabaigà (m)	[pabʌɪˈga]
Anfang (m)	pradžià (m)	[pradˈʒʲæ]

link (Adj)	kairys	[kʌɪˈrʲiːs]
recht (Adj)	dešinys	[dʲɛʃɪˈnʲiːs]
der erste	pirmas	[ˈpʲɪrmas]
der letzte	paskutinis	[paskʊˈtʲɪnʲɪs]
Verbrechen (n)	nusikaltìmas (v)	[nʊsʲɪkalʲˈtʲɪmas]
Bestrafung (f)	bausmė (m)	[baʊsˈmʲeː]
befehlen (vt)	įsakyti	[iːsaˈkʲiːtʲɪ]
gehorchen (vi)	paklùsti	[pakˈlʲʊstʲɪ]
gerade (Adj)	tiesùs	[tʲiɛˈsʊs]
krumm (Adj)	kreĩvas	[ˈkrʲɛɪvas]
Paradies (n)	rõjus (v)	[ˈroːjʊs]
Hölle (f)	prãgaras (v)	[ˈpraːgaras]
geboren sein	gimti	[ˈgʲɪmtʲɪ]
sterben (vi)	mirti	[ˈmʲɪrtʲɪ]
stark (Adj)	stiprùs	[stʲɪpˈrʊs]
schwach (Adj)	silpnas	[ˈsʲɪlʲpnas]
alt	sẽnas	[ˈsʲænas]
jung (Adj)	jáunas	[ˈjaʊnas]
alt (Adj)	sẽnas	[ˈsʲænas]
neu (Adj)	naũjas	[ˈnaʊjas]
hart (Adj)	kíetas	[ˈkʲiɛtas]
weich (Adj)	mìnkštas	[ˈmʲɪŋkʃtas]
warm (Adj)	šìltas	[ˈʃɪlʲtas]
kalt (Adj)	šáltas	[ˈʃalʲtas]
dick (Adj)	stóras	[ˈstoras]
mager (Adj)	plónas	[ˈplʲonas]
eng (Adj)	siaũras	[ˈsʲɛʊras]
breit (Adj)	platùs	[plʲaˈtʊs]
gut (Adj)	gẽras	[ˈgʲæras]
schlecht (Adj)	blõgas	[ˈblʲoːgas]
tapfer (Adj)	drąsùs	[draːˈsʊs]
feige (Adj)	bailùs	[bʌɪˈlʲʊs]

24. Linien und Formen

Quadrat (n)	kvadrãtas (v)	[kvadˈraːtas]
quadratisch	kvadrãtinis	[kvadˈraːtʲɪnʲɪs]
Kreis (m)	skritulỹs (v)	[skrʲɪtʊˈlʲiːs]
rund	apvalùs	[apvaˈlʲʊs]

| Dreieck (n) | trikampis (v) | ['trʲɪkampʲɪs] |
| dreieckig | trikampìnis | [trʲɪkam'pʲɪnʲɪs] |

Oval (n)	ovãlas (v)	[o'va:lʲas]
oval	ovalùs	[ova'lʲʊs]
Rechteck (n)	stačiãkampis (v)	[sta'tʂʲækampʲɪs]
rechteckig	stačiãkampis	[sta'tʂʲækampʲɪs]

Pyramide (f)	piramìdė (m)	[pʲɪra'mʲɪdʲe:]
Rhombus (m)	ròmbas (v)	['rombas]
Trapez (n)	trapècija (m)	[tra'pʲɛtsʲɪjɛ]
Würfel (m)	kùbas (v)	['kʊbas]
Prisma (n)	prìzmė (m)	['prʲɪzmʲe:]

Kreis (m)	apskritìmas (v)	[apskrʲɪ'tʲɪmas]
Sphäre (f)	sferà (m)	[sfʲɛ'ra]
Kugel (f)	rutulỹs (v)	[rʊtʊ'lʲi:s]
Durchmesser (m)	diãmetras (v)	[dʲɪ'jamʲɛtras]
Radius (m)	spindulỹs (v)	[spʲɪndʊ'lʲi:s]
Umfang (m)	perìmetras (v)	[pʲɛ'rʲɪmʲɛtras]
Zentrum (n)	ceñtras (v)	['tsʲɛntras]

| waagerecht (Adj) | horizontalùs | [ɣorʲɪzonta'lʲʊs] |
| senkrecht (Adj) | vertikalùs | [vʲɛrtʲɪka'lʲʊs] |

| Parallele (f) | paralèlė (m) | [para'lʲɛlʲe:] |
| parallel (Adj) | lygiagretùs | [lʲi:gʲægrʲɛ'tʊs] |

Linie (f)	lìnija (m)	['lʲɪnʲɪjɛ]
Strich (m)	brūkšnỹs (v)	[bru:kʃ'nʲi:s]
Gerade (f)	tiesiojì (m)	[tʲɪɛ'sʲo:jɪ]
Kurve (f)	kreivẽ (m)	[krʲɛɪ'vʲe:]
dünn (schmal)	plónas	['plʲonas]
Kontur (f)	kontūras (v)	['kontu:ras]

Schnittpunkt (m)	sánkirta (m)	['saŋkʲɪrta]
rechter Winkel (m)	statùsis kam̃pas (v)	[sta'tʊsʲɪs 'kampas]
Segment (n)	segmeñtas (v)	[sʲɛg'mʲɛntas]
Sektor (m)	sèktorius (v)	['sʲɛktorʲʊs]
Seite (f)	pùsė (m)	['pʊsʲe:]
Winkel (m)	kam̃pas (v)	['kampas]

25. Maßeinheiten

Gewicht (n)	svõris (v)	['svo:rʲɪs]
Länge (f)	ìlgis (v)	[ilʲgʲɪs]
Breite (f)	plõtis (v)	['plʲo:tʲɪs]
Höhe (f)	aũkštis (v)	['ɑʊkʃtʲɪs]
Tiefe (f)	gỹlis (v)	['gʲi:lʲɪs]
Volumen (n)	tũris (v)	['tu:rʲɪs]
Fläche (f)	plótas (v)	['plʲotas]

| Gramm (n) | grãmas (v) | ['gra:mas] |
| Milligramm (n) | miligrãmas (v) | [mʲɪlʲɪ'gra:mas] |

Kilo (n)	kilogrãmas (v)	[kʲɪlʲo'graːmas]
Tonne (f)	tonà (m)	[to'na]
Pfund (n)	svãras (v)	['svaːras]
Unze (f)	ùncija (m)	['ʊntsʲɪjɛ]
Meter (m)	mètras (v)	['mʲɛtras]
Millimeter (m)	milimètras (v)	[mʲɪlʲɪ'mʲɛtras]
Zentimeter (m)	centimètras (v)	[tsʲɛntʲɪ'mʲɛtras]
Kilometer (m)	kilomètras (v)	[kʲɪlʲo'mʲɛtras]
Meile (f)	mylià (m)	[mʲiːlʲæ]
Zoll (m)	cólis (v)	['tsolʲɪs]
Fuß (m)	pėdà (m)	[pʲeːˈda]
Yard (n)	járdas (v)	[jardas]
Quadratmeter (m)	kvadrãtinis mètras (v)	[kvadˈraːtʲɪnʲɪs 'mʲɛtras]
Hektar (n)	hektãras (v)	[ɣʲɛkˈtaːras]
Liter (m)	lìtras (v)	['lʲɪtras]
Grad (m)	laĩpsnis (v)	['lʲʌɪpsnʲɪs]
Volt (n)	vòltas (v)	['volʲtas]
Ampere (n)	amperàs (v)	[am'pʲɛras]
Pferdestärke (f)	árklio galià (m)	['arklʲo ga'lʲæ]
Anzahl (f)	kiẽkis (v)	['kʲɛkʲɪs]
etwas ...	nedaũg ...	[nʲɛ'daʊg ...]
Hälfte (f)	pùsė (m)	['pʊsʲeː]
Dutzend (n)	tùzinas (v)	['tʊzʲɪnas]
Stück (n)	víenetas (v)	['vʲɪɛnʲɛtas]
Größe (f)	dỹdis (v), išmatãvimai (v dgs)	['dʲiːdʲɪs], [iʃma'taːvʲɪmʌɪ]
Maßstab (m)	mastẽlis (m)	[mas'tʲælʲɪs]
minimal (Adj)	minimalùs	[mʲɪnʲɪma'lʲʊs]
der kleinste	mažiáusias	[ma'ʒʲæʊsʲæs]
mittler, mittel-	vidutìnis	[vʲɪdʊ'tʲɪnʲɪs]
maximal (Adj)	maksimalùs	[maksʲɪma'lʲʊs]
der größte	didžiáusias	[dʲɪ'dʒʲæʊsʲæs]

26. Behälter

Glas (Einmachglas)	stiklaĩnis (v)	[stʲɪkˈlʲʌɪnʲɪs]
Dose (z.B. Bierdose)	skardìnė (m)	[skarˈdʲɪnʲeː]
Eimer (m)	kìbiras (v)	['kʲɪbʲɪras]
Fass (n), Tonne (f)	statìnė (m)	[staˈtʲɪnʲeː]
Waschschüssel (n)	dubenẽlis (v)	[dʊbeˈnʲeːlʲɪs]
Tank (m)	bãkas (v)	['baːkas]
Flachmann (m)	kòlba (m)	['kolʲba]
Kanister (m)	kanìstras (v)	[kaˈnʲɪstras]
Zisterne (f)	bãkas (v)	['baːkas]
Kaffeebecher (m)	puodẽlis (v)	[pʊɑˈdʲælʲɪs]
Tasse (f)	puodẽlis (v)	[pʊɑˈdʲælʲɪs]

Untertasse (f)	lėkštelė (m)	[lʲeːkʃˈtʲælʲeː]
Wasserglas (n)	stiklas (v)	[ˈstʲɪklʲas]
Weinglas (n)	taurė (m)	[tɑʊˈrʲeː]
Kochtopf (m)	puodas (v)	[ˈpʊɑdas]

Flasche (f)	butelis (v)	[ˈbʊtʲɛlʲɪs]
Flaschenhals (m)	kaklas (v)	[ˈkaːklʲas]

Karaffe (f)	grafinas (v)	[graˈfʲɪnas]
Tonkrug (m)	ąsotis (v)	[aːˈsoːtʲɪs]
Gefäß (n)	indas (v)	[ˈɪndas]
Tontopf (m)	puodas (v)	[ˈpʊɑdas]
Vase (f)	vaza (m)	[vaˈza]

Flakon (n)	butelis (v)	[ˈbʊtʲɛlʲɪs]
Fläschchen (n)	buteliukas (v)	[bʊtʲɛˈlʲʊkas]
Tube (z.B. Zahnpasta)	tūba (m)	[tuːˈba]

Sack (~ Kartoffeln)	maišas (v)	[ˈmʌɪʃas]
Tüte (z.B. Plastiktüte)	paketas (v)	[paˈkʲɛtas]
Schachtel (f) (z.B. Zigaretten~)	pluoštas (v)	[ˈplʲʊɑʃtas]

Karton (z.B. Schuhkarton)	dėžė (m)	[dʲeːˈʒʲeː]
Kiste (z.B. Bananenkiste)	dėžė (m)	[dʲeːˈʒʲeː]
Korb (m)	krepšys (v)	[krʲɛpˈʃʲiːs]

27. Werkstoffe

Stoff (z.B. Baustoffe)	medžiaga (m)	[ˈmʲædʒʲæga]
Holz (n)	medis (v)	[ˈmʲædʲɪs]
hölzern	medinis	[mʲɛˈdʲɪnʲɪs]

Glas (n)	stiklas (v)	[ˈstʲɪklʲas]
gläsern, Glas-	stiklinis	[stʲɪkˈlʲɪnʲɪs]

Stein (m)	akmuo (v)	[akˈmʊɑ]
steinern	akmeninis	[akmʲɛˈnʲɪnʲɪs]

Kunststoff (m)	plastikas (v)	[ˈplʲaːstʲɪkas]
Kunststoff-	plastikinis	[plʲastʲɪˈkʲɪnʲɪs]

Gummi (n)	guma (m)	[gʊˈma]
Gummi-	guminis	[gʊˈmʲɪnʲɪs]

Stoff (m)	audinys (v)	[ɑʊdʲɪˈnʲiːs]
aus Stoff	iš audinio	[ɪʃ ˈɑʊdʲɪnʲɔ]

Papier (n)	popierius (v)	[ˈpoːpʲiɛrʲʊs]
Papier-	popierinis	[popʲiɛˈrʲɪnʲɪs]

Pappe (f)	kartonas (v)	[karˈtonas]
Pappen-	kartoninis	[karˈtonʲɪnʲɪs]
Polyäthylen (n)	polietilenas (v)	[polʲiɛtʲɪˈlʲɛnas]

Zellophan (n)	celofãnas (v)	[tsʲɛlʲoˈfaːnas]
Linoleum (n)	linolèumas (v)	[lʲɪnoˈlʲɛʊmas]
Furnier (n)	fanerà (m)	[fanʲɛˈra]
Porzellan (n)	porceliãnas (v)	[portsʲɛˈlʲænas]
aus Porzellan	porceliãninis	[portsʲɛˈlʲænʲɪnʲɪs]
Ton (m)	mólis (v)	[ˈmolʲɪs]
Ton-	molìnis	[moˈlʲɪnʲɪs]
Keramik (f)	kerãmika (m)	[kʲɛˈraːmʲɪka]
keramisch	keramikìnis	[kʲɛramʲɪˈkʲɪnʲɪs]

28. Metalle

Metall (n)	metãlas (v)	[mʲɛˈtaːlʲas]
metallisch, Metall-	metalìnis	[mʲɛtaˈlʲɪnʲɪs]
Legierung (f)	lydinỹs (v)	[lʲiːdʲɪˈnʲiːs]
Gold (n)	áuksas (v)	[ˈɑʊksas]
golden	auksìnis	[ɑʊkˈsʲɪnʲɪs]
Silber (n)	sidãbras (v)	[sʲɪˈdaːbras]
silbern, Silber-	sidabrìnis	[sʲɪdaˈbrʲɪnʲɪs]
Eisen (n)	geležìs (v)	[gʲɛlʲɛˈʒʲɪs]
eisern, Eisen-	geležìnis	[gʲɛlʲɛˈʒʲɪnʲɪs]
Stahl (m)	pliẽnas (v)	[ˈplʲɛnas]
stählern	plienìnis	[plʲiɛˈnʲɪnʲɪs]
Kupfer (n)	vãris (v)	[ˈvaːrʲɪs]
kupfern, Kupfer-	varìnis	[vaˈrʲɪnʲɪs]
Aluminium (n)	aliumìnis (v)	[alʲʊˈmʲɪnʲɪs]
Aluminium-	aliumìninis	[alʲʊˈmʲɪnʲɪnʲɪs]
Bronze (f)	brònza (m)	[ˈbronza]
bronzen	brònzinis	[ˈbronzʲɪnʲɪs]
Messing (n)	žálvaris (v)	[ˈʒalʲvarʲɪs]
Nickel (n)	nìkelis (v)	[ˈnʲɪkʲɛlʲɪs]
Platin (n)	platinà (m)	[plʲaːtʲɪˈna]
Quecksilber (n)	gývsidabris (v)	[ˈgʲiːvsʲɪdabrʲɪs]
Zinn (n)	ãlavas (v)	[ˈaːlʲavas]
Blei (n)	švìnas (v)	[ˈʃvʲɪnas]
Zink (n)	cìnkas (v)	[ˈtsʲɪŋkas]

DER MENSCH

Der Mensch. Körper

29. Menschen. Grundbegriffe

Mensch (m)	žmogùs (v)	[ʒmoˈgʊs]
Mann (m)	výras (v)	[ˈvʲiːras]
Frau (f)	móteris (m)	[ˈmotʲɛrʲɪs]
Kind (n)	vaĩkas (v)	[ˈvʌɪkas]
Mädchen (n)	mergáitė (m)	[mʲɛrˈgʌɪtʲeː]
Junge (m)	berniùkas (v)	[bʲɛrˈnʲʊkas]
Teenager (m)	paauglỹs (v)	[paɑʊˈglʲiːs]
Greis (m)	sẽnis (v)	[ˈsʲænʲɪs]
alte Frau (f)	sẽnė (m)	[ˈsʲænʲeː]

30. Anatomie des Menschen

Organismus (m)	organìzmas (v)	[orgaˈnʲɪzmas]
Herz (n)	širdìs (m)	[ʃʲɪrˈdʲɪs]
Blut (n)	kraũjas (v)	[ˈkrɑʊjas]
Arterie (f)	artèrija (m)	[arˈtʲɛrʲɪjɛ]
Vene (f)	venà (m)	[vʲɛˈna]
Gehirn (n)	smẽgenys (v dgs)	[ˈsmʲæɡʲɛnʲiːs]
Nerv (m)	nèrvas (v)	[ˈnʲɛrvas]
Nerven (pl)	nèrvai (v dgs)	[ˈnʲɛrvʌɪ]
Wirbel (m)	slankstẽlis (v)	[slaŋkˈstʲælʲɪs]
Wirbelsäule (f)	stùburas (v)	[ˈstʊbʊras]
Magen (m)	skrandìs (v)	[ˈskrandʲɪs]
Gedärm (n)	žarnýnas (v)	[ʒarˈnʲiːnas]
Darm (z.B. Dickdarm)	žarnà (m)	[ʒarˈna]
Leber (f)	kẽpenys (v dgs)	[ˈkʲæpʲɛnʲiːs]
Niere (f)	ìnkstas (v)	[ˈɪŋkstas]
Knochen (m)	káulas (v)	[ˈkɑʊlʲas]
Skelett (n)	griáučiai (v)	[ˈgrʲæʊtʂʲɛɪ]
Rippe (f)	šónkaulis (v)	[ˈʃonkɑʊlʲɪs]
Schädel (m)	káukolė (m)	[ˈkɑʊkolʲeː]
Muskel (m)	raumuõ (v)	[rɑʊˈmʊɑ]
Bizeps (m)	bìcepsas (v)	[ˈbʲɪtsʲɛpsas]
Trizeps (m)	trìcepsas (v)	[ˈtrʲɪtsʲɛpsas]
Sehne (f)	saũsgyslė (m)	[ˈsɑʊsgʲiːslʲeː]
Gelenk (n)	sąnaris (v)	[ˈsaːnarʲɪs]

Lungen (pl)	plaučiai (v)	['plʲɑutsʲɛɪ]
Geschlechtsorgane (pl)	lytiniai organai (v dgs)	[lʲi:'tʲɪnʲɛɪ 'organʌɪ]
Haut (f)	oda (m)	['oda]

31. Kopf

Kopf (m)	galvà (m)	[galʲ'va]
Gesicht (n)	veidas (v)	['vʲɛɪdas]
Nase (f)	nósis (m)	['nosʲɪs]
Mund (m)	burnà (m)	[bʊr'na]

Auge (n)	akìs (m)	[a'kʲɪs]
Augen (pl)	ãkys (m dgs)	['a:kʲi:s]
Pupille (f)	vyzdỹs (v)	[vʲi:z'dʲi:s]
Augenbraue (f)	añtakis (v)	['antakʲɪs]
Wimper (f)	blakstíena (m)	[blʲak'stʲɪɛna]
Augenlid (n)	võkas (v)	['vo:kas]

Zunge (f)	liežùvis (v)	[lʲiɛ'ʒʊvʲɪs]
Zahn (m)	dantìs (v)	[dan'tʲɪs]
Lippen (pl)	lū́pos (m dgs)	['lʲu:pos]
Backenknochen (pl)	skruostikauliai (v dgs)	[skrʊɑ'stʲɪkɑʊlʲɛɪ]
Zahnfleisch (n)	dantenõs (m dgs)	[dantʲɛ'no:s]
Gaumen (m)	gomurỹs (v)	[gomʊ'rʲi:s]

Nasenlöcher (pl)	šnérvės (m dgs)	['ʃnʲærvʲe:s]
Kinn (n)	smãkras (v)	['sma:kras]
Kiefer (m)	žandìkaulis (v)	[ʒan'dʲɪkɑʊlʲɪs]
Wange (f)	skrúostas (v)	['skrʊɑstas]

Stirn (f)	kaktà (m)	[kak'ta]
Schläfe (f)	smilkinỹs (v)	[smʲɪlʲkʲɪ'nʲi:s]
Ohr (n)	ausìs (m)	[ɑʊ'sʲɪs]
Nacken (m)	pakáušis, sprándas (v)	[pa'kɑʊʃʲɪs], ['sprandas]
Hals (m)	kãklas (v)	['ka:klʲas]
Kehle (f)	gerklė̃ (m)	[gʲɛrk'lʲe:]

Haare (pl)	plaukaĩ (v dgs)	[plʲɑʊ'kʌɪ]
Frisur (f)	šukúosena (m)	[ʃʊ'kʊɑsʲɛna]
Haarschnitt (m)	kirpìmas (v)	[kʲɪr'pʲɪmas]
Perücke (f)	perùkas (v)	[pʲɛ'rʊkas]

Schnurrbart (m)	ū́sai (v dgs)	['u:sʌɪ]
Bart (m)	barzdà (m)	[barz'da]
haben (einen Bart ~)	nešióti	[nʲɛ'ʃotʲɪ]
Zopf (m)	kasà (m)	[ka'sa]
Backenbart (m)	žándenos (m dgs)	['ʒandʲɛnos]

rothaarig	rùdis	['rʊdʲɪs]
grau	žìlas	['ʒʲɪlʲas]
kahl	plìkas	['plʲɪkas]
Glatze (f)	plìkė (m)	['plʲɪkʲe:]
Pferdeschwanz (m)	uodegà (m)	[ʊɑdʲɛ'ga]
Pony (Ponyfrisur)	kìrpčiai (v dgs)	['kʲɪrptsʲɛɪ]

32. Menschlicher Körper

Hand (f)	plaštaka (m)	['plʲaːʃtaka]
Arm (m)	ranka (m)	[raŋˈka]

Finger (m)	pirštas (v)	[ˈpʲɪrʃtas]
Daumen (m)	nykštys (v)	[nʲiːkʃˈtʲiːs]
kleiner Finger (m)	mažasis pirštas (v)	[maˈʒasʲɪs ˈpʲɪrʃtas]
Nagel (m)	nagas (v)	[ˈnaːgas]

Faust (f)	kumštis (v)	[ˈkʊmʃtʲɪs]
Handfläche (f)	delnas (v)	[ˈdʲɛlʲnas]
Handgelenk (n)	riešas (v)	[ˈrʲiɛʃas]
Unterarm (m)	dilbis (v)	[ˈdʲɪlʲbʲɪs]
Ellbogen (m)	alkūnė (m)	[alʲˈkuːnʲeː]
Schulter (f)	petis (v)	[pʲɛˈtʲɪs]

Bein (n)	koja (m)	[ˈkoja]
Fuß (m)	pėda (m)	[pʲeːˈda]
Knie (n)	kelias (v)	[ˈkʲælʲæs]
Wade (f)	blauzda (m)	[blʲɑʊzˈda]
Hüfte (f)	šlaunis (m)	[ʃlʲɑʊˈnʲɪs]
Ferse (f)	kulnas (v)	[ˈkʊlʲnas]

Körper (m)	kūnas (v)	[ˈkuːnas]
Bauch (m)	pilvas (v)	[ˈpʲɪlʲvas]
Brust (f)	krūtinė (m)	[kruːˈtʲɪnʲeː]
Busen (m)	krūtis (m)	[kruːˈtʲɪs]
Seite (f), Flanke (f)	šonas (v)	[ˈʃonas]
Rücken (m)	nugara (m)	[ˈnʊgara]
Kreuz (n)	juosmuo (v)	[jʊɑsˈmʊɑ]
Taille (f)	liemuo (v)	[lʲiɛˈmʊɑ]

Nabel (m)	bamba (m)	[ˈbamba]
Gesäßbacken (pl)	sėdmenys (v dgs)	[ˈsʲeːdmenʲiːs]
Hinterteil (n)	pasturgalis, užpakalis (v)	[pasˈtʊrgalʲɪs], [ˈʊʒpakalʲɪs]

Leberfleck (m)	apgamas (v)	[ˈaːpgamas]
Muttermal (n)	apgamas (v)	[ˈaːpgamas]
Tätowierung (f)	tatuiruotė (m)	[tatʊiˈrʊɑtʲeː]
Narbe (f)	randas (v)	[ˈrandas]

Kleidung & Accessoires

33. Oberbekleidung. Mäntel

Kleidung (f)	apranga (m)	[apranˈga]
Oberkleidung (f)	viršutiniai drabužiai (v dgs)	[vʲɪrʃʊˈtʲɪnʲɛɪ draˈbʊʒʲɛɪ]
Winterkleidung (f)	žieminiai drabužiai (v)	[ʒʲiɛˈmʲɪnʲɛɪ draˈbʊʒʲɛɪ]
Mantel (m)	paltas (v)	[ˈpalʲtas]
Pelzmantel (m)	kailinial (v dgs)	[kʌlʲɪˈrʲnʲɛɪ]
Pelzjacke (f)	puskailiniai (v)	[ˈpʊskʌɪlʲɪnʲɛɪ]
Daunenjacke (f)	pūkinė (m)	[puːˈkʲɪnʲeː]
Jacke (z.B. Lederjacke)	striukė (m)	[ˈstrʲʊkʲeː]
Regenmantel (m)	apsiaustas (v)	[apˈsʲɛʊstas]
wasserdicht	nepersšlampamas	[nʲɛˈpʲɛrʃlʲampamas]

34. Herren- & Damenbekleidung

Hemd (n)	marškinial (v dgs)	[marʃkʲɪˈrʲnʲɛɪ]
Hose (f)	kelnės (m dgs)	[ˈkʲɛlʲnʲeːs]
Jeans (pl)	džinsai (v dgs)	[ˈdʒʲɪnsʌɪ]
Jackett (n)	švarkas (v)	[ˈʃvarkas]
Anzug (m)	kostiumas (v)	[kɔsˈtʲʊmas]
Damenkleid (n)	suknelė (m)	[sʊkˈnʲæl̥ʲeː]
Rock (m)	sijonas (v)	[sʲɪˈjoːnas]
Bluse (f)	palaidinė (m)	[palʲʌɪˈdʲɪnʲeː]
Strickjacke (f)	susegamas megztinis (v)	[ˈsʊsʲɛgamas mʲɛgzˈtʲɪnʲɪs]
Jacke (Damen Kostüm)	žaketas, švarkėlis (v)	[ʒaˈkʲɛtas], [ʃvarˈkʲæl̥ʲɪs]
T-Shirt (n)	futbolininko marškinial (v)	[ˈfʊtbolʲɪnʲɪŋkɔ marʃkʲɪˈrʲnʲɛɪ]
Shorts (pl)	šortai (v dgs)	[ˈʃortʌɪ]
Sportanzug (m)	sportinis kostiumas (v)	[ˈsportʲɪnʲɪs kosˈtʲʊmas]
Bademantel (m)	chalatas (v)	[xaˈlʲaːtas]
Schlafanzug (m)	pižama (m)	[pʲɪʒaˈma]
Sweater (m)	nertinis (v)	[nʲɛrˈtʲɪnʲɪs]
Pullover (m)	megztinis (v)	[mʲɛgzˈtʲɪnʲɪs]
Weste (f)	liemenė (m)	[lʲiɛˈmʲænʲeː]
Frack (m)	frakas (v)	[ˈfraːkas]
Smoking (m)	smokingas (v)	[ˈsmokʲɪngas]
Uniform (f)	uniforma (m)	[ʊnʲɪˈforma]
Arbeitskleidung (f)	darbo drabužiai (v)	[ˈdarbɔ draˈbʊʒʲɛɪ]
Overall (m)	kombinezonas (v)	[kɔmbʲɪnʲɛˈzonas]
Kittel (z.B. Arztkittel)	chalatas (v)	[xaˈlʲaːtas]

35. Kleidung. Unterwäsche

Unterwäsche (f)	baltiniai (v dgs)	[balʲtʲɪˈnʲɛɪ]
Unterhemd (n)	apatiniai marškinėliai (v dgs)	[apaˈtʲɪnʲɛɪ marʃkʲɪˈnʲeːlʲɛɪ]
Socken (pl)	kojinės (m dgs)	[ˈkoːjɪnʲeːs]
Nachthemd (n)	naktiniai marškiniai (v dgs)	[nakˈtʲɪnʲɛɪ marʃkʲɪˈnʲɛɪ]
Büstenhalter (m)	liemenėlė (m)	[lʲiɛmeˈnʲeːlʲeː]
Kniestrümpfe (pl)	golfai (v)	[ˈgolʲfʌɪ]
Strumpfhose (f)	pėdkelnės (m dgs)	[ˈpʲeːdkʲɛlʲnʲeːs]
Strümpfe (pl)	kojinės (m dgs)	[ˈkoːjɪnʲeːs]
Badeanzug (m)	maudymosi kostiumėlis (v)	[ˈmɑʊdʲiːmosʲɪ kostʲuˈmʲeːlʲɪs]

36. Kopfbekleidung

Mütze (f)	kepurė (m)	[kʲɛˈpʊrʲeː]
Filzhut (m)	skrybėlė (m)	[skrʲiːbʲeːˈlʲeː]
Baseballkappe (f)	beisbolo lazda (m)	[ˈbʲɛɪsbolʲɔ lʲazˈda]
Schiebermütze (f)	kepurė (m)	[kʲɛˈpʊrʲeː]
Baskenmütze (f)	beretė (m)	[bʲɛˈrʲɛtʲeː]
Kapuze (f)	gobtuvas (v)	[gopˈtʊvas]
Panamahut (m)	panama (m)	[panaˈma]
Strickmütze (f)	megzta kepuraitė (m)	[mʲɛgzˈta kepʊˈrʌɪtʲeː]
Kopftuch (n)	skara (m), skarelė (m)	[skaˈra], [skaˈrʲælʲeː]
Damenhut (m)	skrybėlaitė (m)	[skrʲiːbʲeːˈlʲʌɪtʲeː]
Schutzhelm (m)	šalmas (v)	[ˈʃalʲmas]
Feldmütze (f)	pilotė (m)	[pʲɪˈlʲotʲeː]
Helm (z.B. Motorradhelm)	šalmas (v)	[ˈʃalʲmas]
Melone (f)	katiliukas (v)	[katʲɪˈlʲʊkas]
Zylinder (m)	cilindras (v)	[tsʲɪˈlʲɪndras]

37. Schuhwerk

Schuhe (pl)	avalynė (m)	[ˈaːvalʲiːnʲeː]
Stiefeletten (pl)	batai (v)	[ˈbaːtʌɪ]
Halbschuhe (pl)	bateliai (v)	[baˈtʲælʲɛɪ]
Stiefel (pl)	auliniai batai (v)	[ɑʊˈlʲɪnʲɛɪ ˈbaːtʌɪ]
Hausschuhe (pl)	šlepetės (m dgs)	[ʃlʲɛˈpʲætʲeːs]
Tennisschuhe (pl)	sportbačiai (v dgs)	[ˈsportbatsʲɛɪ]
Leinenschuhe (pl)	sportbačiai (v dgs)	[ˈsportbatsʲɛɪ]
Sandalen (pl)	sandalai (v dgs)	[sanˈdaːlʲʌɪ]
Schuster (m)	batsiuvys (v)	[batsʲʊˈvʲiːs]
Absatz (m)	kulnas (v)	[ˈkʊlʲnas]
Paar (n)	pora (m)	[poˈra]
Schnürsenkel (m)	batraištis (v)	[ˈbaːtrʌɪʃtʲɪs]

schnüren (vt)	várstyti	['varstʲiːtʲɪ]
Schuhlöffel (m)	šáukštas (v)	[ʃaʊkʃtas]
Schuhcreme (f)	ãvalynės krẽmas (v)	[ˈaːvalʲiːnʲeːs 'krʲɛmas]

38. Textilien. Stoffe

Baumwolle (f)	mẽdvilnė (m)	[ˈmʲædvʲɪlʲnʲeː]
Baumwolle-	ĩš mẽdvilnės	[ɪʃ ˈmʲædvʲɪlʲnʲeːs]
Leinen (m)	lĩnas (v)	[ˈlʲɪnas]
Leinen-	ĩš lĩno	[ɪʃ ˈlʲɪnɔ]

Seide (f)	šĩlkas (v)	[ˈʃɪlʲkas]
Seiden-	šilkìnis	[ʃɪlʲˈkʲɪnʲɪs]
Wolle (f)	vìlna (m)	[ˈvʲɪlʲna]
Woll-	vilnõnis	[vʲɪlʲˈnoːnʲɪs]

Samt (m)	aksómas (v)	[akˈsomas]
Wildleder (n)	zõmša (m)	[ˈzomʃa]
Cord (m)	velvẽtas (v)	[vʲɛlʲˈvʲɛtas]

Nylon (n)	nailõnas (v)	[nʌɪˈlʲonas]
Nylon-	ĩš nailóno	[ɪʃ nʌɪˈlʲonɔ]
Polyester (m)	poliestéris (v)	[polʲiɛˈstʲærʲɪs]
Polyester-	ĩš poliestéro	[ɪʃ polʲiɛˈstʲærɔ]

Leder (n)	óda (m)	[ˈoda]
Leder-	ĩš ódos	[ɪʃ ˈodos]
Pelz (m)	káilis (v)	[ˈkʌɪlʲɪs]
Pelz-	kailìnis	[kʌɪˈlʲɪnʲɪs]

39. Persönliche Accessoires

Handschuhe (pl)	pir̃štinės (m dgs)	[ˈpʲɪrʃtʲɪnʲeːs]
Fausthandschuhe (pl)	kum̃štinės (m dgs)	[ˈkʊmʃtʲɪnʲeːs]
Schal (Kaschmir-)	šãlikas (v)	[ˈʃaːlʲɪkas]

Brille (f)	akiniaĩ (dgs)	[akʲɪˈnʲɛɪ]
Brillengestell (n)	rėmẽliai (v dgs)	[rʲeːˈmʲælʲɛɪ]
Regenschirm (m)	skė̃tis (v)	[ˈskʲeːtʲɪs]
Spazierstock (m)	lazdẽlė (m)	[lazˈdʲælʲeː]
Haarbürste (f)	plaukų̃ šepetỹs (v)	[plʲaʊˈku: ʃɛpʲɛˈtʲiːs]
Fächer (m)	vėduõklė (m)	[vʲeːˈdʊaklʲeː]

Krawatte (f)	kaklãraištis (v)	[kakˈlʲaːrʌɪʃtʲɪs]
Fliege (f)	petelìškė (m)	[pʲɛtʲɛˈlʲɪʃkʲeː]
Hosenträger (pl)	pẽtnešos (m dgs)	[ˈpʲætnʲɛʃos]
Taschentuch (n)	nósinė (m)	[ˈnosʲɪnʲeː]

Kamm (m)	šùkos (m dgs)	[ˈʃʊkos]
Haarspange (f)	segtùkas (v)	[sʲɛkˈtʊkas]
Haarnadel (f)	plaukų̃ segtùkas (v)	[plʲaʊˈku: sʲɛkˈtʊkas]
Schnalle (f)	sagtìs (m)	[sakˈtʲɪs]

Gürtel (m)	dìržas (v)	['dʲɪrʒas]
Umhängegurt (m)	dìržas (v)	['dʲɪrʒas]
Tasche (f)	rankinùkas (v)	[raŋkʲɪ'nʊkas]
Handtasche (f)	rankinùkas (v)	[raŋkʲɪ'nʊkas]
Rucksack (m)	kuprìnė (m)	[kʊ'prʲɪnʲe:]

40. Kleidung. Verschiedenes

Mode (f)	madà (m)	[ma'da]
modisch	madìngas	[ma'dʲɪngas]
Modedesigner (m)	modeliúotojas (v)	[modʲɛ'lʲʊɑto:jɛs]
Kragen (m)	apýkaklė (m)	[a'pʲi:kaklʲe:]
Tasche (f)	kišėnė (m)	[kʲɪ'ʃænʲe:]
Taschen-	kišenìnis	[kʲɪʃɛ'nʲɪnʲɪs]
Ärmel (m)	rankóvė (m)	[raŋ'kovʲe:]
Aufhänger (m)	pakabà (m)	[paka'ba]
Hosenschlitz (m)	klỹnas (v)	['klʲi:nas]
Reißverschluss (m)	užtrauktùkas (v)	[ʊʒtrɑʊk'tʊkas]
Verschluss (m)	užsegìmas (v)	[ʊʒsʲɛ'gʲɪmas]
Knopf (m)	sagà (m)	[sa'ga]
Knopfloch (n)	kìlpa (m)	['kʲɪlʲpa]
abgehen (Knopf usw.)	atplýšti	[at'plʲi:ʃtʲɪ]
nähen (vi, vt)	siúti	['sʲʊ:tʲɪ]
sticken (vt)	siuvinéti	[sʲʊvʲɪ'nʲe:tʲɪ]
Stickerei (f)	siuvinéjimas (v)	[sʲʊvʲɪ'nʲɛjɪmas]
Nadel (f)	ãdata (m)	['a:data]
Faden (m)	siū́las (v)	['sʲʊ:lʲas]
Naht (f)	siū́lė (m)	['sʲʊ:lʲe:]
sich beschmutzen	ìšsitepti	[ɪʃsʲɪ'tʲɛptʲɪ]
Fleck (m)	dėmė̃ (m)	[dʲe:'mʲe:]
sich knittern	susiglámžyti	[sʊsʲɪ'glʲa mʒʲi:tʲɪ]
zerreißen (vt)	suplė́šyti	[sʊp'lʲe:ʃɪ:tʲɪ]
Motte (f)	kañdis (v)	['kandʲɪs]

41. Kosmetikartikel. Kosmetik

Zahnpasta (f)	dantų̃ pastà (m)	[dan'tu: pas'ta]
Zahnbürste (f)	dantų̃ šepetėlis (v)	[dan'tu: ʃepe'tʲe:lʲɪs]
Zähne putzen	valýti dantìs	[va'lʲi:tʲɪ dan'tʲɪs]
Rasierer (m)	skustùvas (v)	[skʊ'stʊvas]
Rasiercreme (f)	skutìmosi krèmas (v)	[skʊ'tʲɪmosʲɪ 'krʲɛmas]
sich rasieren	skùstis	['skʊstʲɪs]
Seife (f)	muĩlas (v)	['mʊɪlʲas]
Shampoo (n)	šampū̃nas (v)	[ʃam'pu:nas]
Schere (f)	žìrklės (m dgs)	['ʒʲɪrklʲe:s]

Nagelfeile (f)	dildė (m) nagáms	['dʲɪlʲdʲe: na'gams]
Nagelzange (f)	gnybtùkai (v)	[gnʲi:p'tʊkʌɪ]
Pinzette (f)	pincėtas (v)	[pʲɪn'tsʲɛtas]
Kosmetik (f)	kosmètika (m)	[kɔs'mʲɛtʲɪka]
Gesichtsmaske (f)	kaũkė (m)	['kɑʊkʲe:]
Maniküre (f)	manikiũras (v)	[manʲɪ'kʲu:ras]
Maniküre machen	darýti manikiũrą	[da'rʲi:tʲɪ manʲɪ'kʲu:ra:]
Pediküre (f)	pedikiũras (v)	[pʲɛdʲɪ'kʲu:ras]
Kosmetiktasche (f)	kosmètinė (m)	[kɔs'mʲɛtʲɪnʲe:]
Puder (m)	pudrà (m)	[pʊd'ra]
Puderdose (f)	pùdrinė (f)	['pʊdrʲɪnʲe:]
Rouge (n)	skaistalaĩ (v dgs)	[skʌɪsta'lʲaĩ]
Parfüm (n)	kvepalaĩ (v dgs)	[kvʲɛpa'lʲaĩ]
Duftwasser (n)	tualètinis vanduõ (v)	[tʊa'lʲɛtʲɪnʲɪs van'dʊɑ]
Lotion (f)	losjònas (v)	[lʲo'sjɔ nas]
Kölnischwasser (n)	odekolònas (v)	[odʲɛko'lʲonas]
Lidschatten (m)	vokų̃ šešėliai (v)	[vo'ku: ʃe'ʃe:lʲɛɪ]
Kajalstift (m)	akių̃ pieštùkas (v)	[a'kʲu: pʲiɛʃ'tʊkas]
Wimperntusche (f)	tùšas (v)	['tʊʃas]
Lippenstift (m)	lū́pų dažaĩ (v)	['lʲu:pu da'ʒʌɪ]
Nagellack (m)	nagų̃ lãkas (v)	[na'gu: 'lʲa:kas]
Haarlack (m)	plaukų̃ lãkas (v)	[plʲɑʊ'ku: 'lʲa:kas]
Deodorant (n)	dezodorántas (v)	[dʲɛzodo'rantas]
Creme (f)	krèmas (v)	['krʲɛmas]
Gesichtscreme (f)	vèido krèmas (v)	['vʲɛɪdɔ 'krʲɛmas]
Handcreme (f)	rañkų krèmas (v)	['raŋku: 'krʲɛmas]
Anti-Falten-Creme (f)	krèmas (v) nuõ raukšlių̃	['krʲɛmas nʊɑ rɑʊkʃ'lʲu:]
Tagescreme (f)	dieninis krèmas (v)	[dʲiɛ'nʲɪnʲɪs 'krʲɛmas]
Nachtcreme (f)	naktinis krèmas (v)	[nak'tʲɪnʲɪs 'krʲɛmas]
Tages-	dieninis	[dʲiɛ'nʲɪnʲɪs]
Nacht-	naktinis	[nak'tʲɪnʲɪs]
Tampon (m)	tampònas (v)	[tam'ponas]
Toilettenpapier (n)	tualètinis pōpierius (v)	[tʊa'lʲɛtʲɪnʲɪs 'po:pʲiɛrʲʊs]
Föhn (m)	fènas (v)	['fʲɛnas]

42. Schmuck

Schmuck (m)	brangenýbės (m dgs)	[brange'nʲi:bʲe:s]
Edel- (stein)	brangùs	[bran'gʊs]
Repunze (f)	prabà (m)	[pra'ba]
Ring (m)	žíedas (v)	['ʒʲiɛdas]
Ehering (m)	vestùvinis žíedas (v)	[vʲɛs'tʊvʲɪnʲɪs 'ʒʲiɛdas]
Armband (n)	apýrankė (m)	[a'pʲi:raŋkʲe:]
Ohrringe (pl)	auskaraĩ (v)	[ɑʊska'rʌɪ]
Kette (f)	vėrinỹs (v)	[vʲe:rʲɪ'nʲi:s]

Deutsch	Litauisch	Aussprache
Krone (f)	karūnà (m)	[karu:'na]
Halskette (f)	karõliai (v dgs)	[ka'ro:lʲɛɪ]
Brillant (m)	briliántas (v)	[brʲɪlʲɪ'jantas]
Smaragd (m)	smarãgdas (v)	[sma'ra:gdas]
Rubin (m)	rubìnas (v)	[rʊ'bʲɪnas]
Saphir (m)	safỹras (v)	[sa'fʲi:ras]
Perle (f)	peřlas (v)	['pʲɛrlʲas]
Bernstein (m)	giñtaras (v)	['gʲɪntaras]

43. Armbanduhren Uhren

Deutsch	Litauisch	Aussprache
Armbanduhr (f)	laĩkrodis (v)	['lʲʌɪkrodʲɪs]
Zifferblatt (n)	ciferblãtas (v)	[tsʲɪfʲɛr'blʲa:tas]
Zeiger (m)	rodỹklė (m)	[ro'dʲi:klʲe:]
Metallarmband (n)	apyrañkė (m)	[a'pʲi:raŋkʲe:]
Uhrenarmband (n)	dirželis (v)	[dʲɪr'ʒʲælʲɪs]
Batterie (f)	elemeñtas (v)	[ɛlʲɛ'mʲɛntas]
verbraucht sein	išsikráuti	[ɪʃsʲɪ'krɑʊtʲɪ]
die Batterie wechseln	pakeĩsti elemeñtą	[pa'kʲɛɪstʲɪ ɛlʲɛ'mʲɛnta:]
vorgehen (vi)	skubéti	[skʊ'bʲe:tʲɪ]
nachgehen (vi)	atsilìkti	[atsʲɪ'lʲɪktʲɪ]
Wanduhr (f)	síeninis laĩkrodis (v)	['sʲiɛnʲɪnʲɪs 'lʲʌɪkrodʲɪs]
Sanduhr (f)	smėlio laĩkrodis (v)	['smʲe:lʲɔ 'lʌɪkrodʲɪs]
Sonnenuhr (f)	sáulės laĩkrodis (v)	['sɑʊlʲe:s 'lʌɪkrodʲɪs]
Wecker (m)	žadintùvas (v)	[ʒadʲɪn'tʊvas]
Uhrmacher (m)	laĩkrodininkas (v)	['lʲʌɪkrodʲɪnʲɪŋkas]
reparieren (vt)	taisýti	[tʌɪ'sʲi:tʲɪ]

Essen. Ernährung

44. Essen

Fleisch (n)	mėsà (m)	[mʲeː'sa]
Hühnerfleisch (n)	vištà (m)	[vʲɪʃ'ta]
Küken (n)	viščiùkas (v)	[vʲɪʃtsʲʊkas]
Ente (f)	ántis (m)	['antʲɪs]
Gans (f)	žą́sinas (v)	['ʒaːsʲɪnas]
Wild (n)	žvėríena (m)	[ʒvʲeː'rʲiɛna]
Pute (f)	kalakutíena (m)	[kalʲakʊ'tʲiɛna]
Schweinefleisch (n)	kiaulíena (m)	[kʲɛʊ'lʲiɛna]
Kalbfleisch (n)	veršíena (m)	[vʲɛrʲʃiɛna]
Hammelfleisch (n)	avíena (m)	[a'vʲiɛna]
Rindfleisch (n)	jáutiena (m)	['jɑʊtʲiɛna]
Kaninchenfleisch (n)	triùšis (v)	['trʲʊʃɪs]
Wurst (f)	dešrà (m)	[dʲɛʃ'ra]
Würstchen (n)	dešrẽlė (m)	[dʲɛʃ'rʲælʲeː]
Schinkenspeck (m)	bekònas (v)	[bʲɛ'konas]
Schinken (m)	kum̃pis (v)	['kʊmpʲɪs]
Räucherschinken (m)	kum̃pis (v)	['kʊmpʲɪs]
Pastete (f)	paštètas (v)	[paʃ'tʲɛtas]
Leber (f)	kẽpenys (m dgs)	[kʲɛpe'nʲiːs]
Hackfleisch (n)	fáršas (v)	['farʃas]
Zunge (f)	liežùvis (v)	[lʲiɛ'ʒʊvʲɪs]
Ei (n)	kiaušìnis (v)	[kʲɛʊ'ʃɪnʲɪs]
Eier (pl)	kiaušìniai (v dgs)	[kʲɛʊ'ʃɪnʲɛɪ]
Eiweiß (n)	báltymas (v)	['balʲtʲiːmas]
Eigelb (n)	trynỹs (v)	[trʲiː'nʲiːs]
Fisch (m)	žuvìs (m)	[ʒʊ'vʲɪs]
Meeresfrüchte (pl)	jū́ros gėrýbės (m dgs)	['juːros gʲeː'rʲiːbʲeːs]
Krebstiere (pl)	vėžiãgyviai (v dgs)	[vʲeː'ʒʲæɡʲiːvʲɛɪ]
Kaviar (m)	ìkrai (v dgs)	['ɪkrʌɪ]
Krabbe (f)	krãbas (v)	['kraːbas]
Garnele (f)	krevètė (m)	[krʲɛ'vʲɛtʲeː]
Auster (f)	áustrė (m)	['ɑʊstrʲeː]
Languste (f)	langùstas (v)	[lʲan'gʊstas]
Krake (m)	aštuonkõjis (v)	[aʃtʊɑŋ'koːjis]
Kalmar (m)	kalmãras (v)	[kalʲmaːras]
Störfleisch (n)	ersketíena (m)	[ɛrʃkʲɛ'tʲiɛna]
Lachs (m)	lašišà (m)	[lʲaʃɪ'ʃa]
Heilbutt (m)	õtas (v)	['oːtas]
Dorsch (m)	mènkė (m)	['mʲɛŋkʲeː]

Makrele (f)	skumbrė (m)	['skumbrʲe:]
Tunfisch (m)	tunas (v)	['tunas]
Aal (m)	ungurỹs (v)	[ungu'rʲi:s]

Forelle (f)	upėtakis (v)	[uˈpʲe:takʲɪs]
Sardine (f)	sardinė (m)	[sar'dʲɪnʲe:]
Hecht (m)	lydeka (m)	[lʲi:dʲɛ'ka]
Hering (m)	silkė (m)	['sʲɪlʲkʲe:]

Brot (n)	duona (m)	['duɑna]
Käse (m)	sūris (v)	['su:rʲɪs]
Zucker (m)	cukrus (v)	['tsukrus]
Salz (n)	druska (m)	[drus'ka]

Reis (m)	rỹžiai (v)	['rʲi:ʒʲɛɪ]
Teigwaren (pl)	makaronai (v dgs)	[maka'ro:nʌɪ]
Nudeln (pl)	lakštiniai (v dgs)	['lʲa:kʃtʲɪnʲɛɪ]

Butter (f)	sviestas (v)	['svʲiɛstas]
Pflanzenöl (n)	augalinis aliėjus (v)	[augalʲɪnʲɪs a'lʲɛjus]
Sonnenblumenöl (n)	saulėgrąžų aliėjus (v)	[sau'lʲe:gra:ʒu: a'lʲɛjus]
Margarine (f)	margarinas (v)	[marga'rʲɪnas]

| Oliven (pl) | alỹvuogės (m dgs) | [a'lʲi:vuagʲe:s] |
| Olivenöl (n) | alỹvuogių aliėjus (v) | [a'lʲi:vuagʲu: a'lʲɛjus] |

Milch (f)	pienas (v)	['pʲiɛnas]
Kondensmilch (f)	sutirštintas pienas (v)	[su'tʲɪrʃtʲɪntas 'pʲiɛnas]
Joghurt (m)	jogurtas (v)	[jo'gurtas]
saure Sahne (f)	grietinė (m)	[grʲiɛ'tʲɪnʲe:]
Sahne (f)	grietinėlė (m)	[grʲiɛtʲɪ'nʲe:lʲe:]

| Mayonnaise (f) | majonezas (v) | [majo'nʲɛzas] |
| Buttercreme (f) | kremas (v) | ['krʲɛmas] |

Grütze (f)	kruopos (m dgs)	['kruɑpos]
Mehl (n)	miltai (v dgs)	['mʲɪlʲtʌɪ]
Konserven (pl)	konservai (v dgs)	[kɔn'sʲɛrvʌɪ]

Maisflocken (pl)	kukurūzų dribsniai (v dgs)	[kuku'ru:zu: 'drʲɪbsnʲɛɪ]
Honig (m)	medus (v)	[mʲɛ'dus]
Marmelade (f)	džemas (v)	['dʒʲɛmas]
Kaugummi (m, n)	kramtomoji guma (m)	[kramto'mojɪ gu'ma]

45. Getränke

Wasser (n)	vanduõ (v)	[van'dua]
Trinkwasser (n)	geriamas vanduõ (v)	['gʲærʲæmas van'dua]
Mineralwasser (n)	mineralinis vanduõ (v)	[mʲɪnʲɛ'ra:lʲɪnʲɪs van'dua]

still	be gazo	['bʲɛ 'ga:zɔ]
mit Kohlensäure	gazuotas	[ga'zuɑtas]
mit Gas	gazuotas	[ga'zuɑtas]
Eis (n)	ledas (v)	['lʲædas]

mit Eis	sù ledaĩs	['sʊ lʲɛ'dʌɪs]
alkoholfrei (Adj)	nealkohòlonis	[nʲɛalʲko'ɣolonʲɪs]
alkoholfreies Getränk (n)	nealkohòlonis gérimas (v)	[nʲɛalʲko'ɣolonʲɪs 'gʲeːrʲɪmas]
Erfrischungsgetränk (n)	gaivùsis gérimas (v)	[gʌɪ'vʊsʲɪs 'gʲeːrʲɪmas]
Limonade (f)	limonãdas (v)	[lʲɪmo'naːdas]
Spirituosen (pl)	alkohòliniai gérimai (v dgs)	[alʲko'ɣolʲɪnʲɛɪ 'gʲeːrʲɪmʌɪ]
Wein (m)	vỹnas (v)	['vʲiːnas]
Weißwein (m)	báltas vỹnas (v)	['balʲtas 'vʲiːnas]
Rotwein (m)	raudónas vỹnas (v)	[rɑʊ'donas 'vʲiːnas]
Likör (m)	likeris (v)	['lʲɪkʲɛrʲɪs]
Champagner (m)	šampãnas (v)	[ʃam'paːnas]
Wermut (m)	vèrmutas (v)	['vʲɛrmʊtas]
Whisky (m)	vìskis (v)	['vʲɪskʲɪs]
Wodka (m)	degtinė (m)	[dʲɛk'tʲɪnʲeː]
Gin (m)	džìnas (v)	['dʒʲɪnas]
Kognak (m)	konjãkas (v)	[kɔn'jaːkas]
Rum (m)	ròmas (v)	['romas]
Kaffee (m)	kavà (m)	[ka'va]
schwarzer Kaffee (m)	juodà kavà (m)	[jʊɑ'da ka'va]
Milchkaffee (m)	kavà sù píenu (m)	[ka'va 'sʊ 'pʲiɛnʊ]
Cappuccino (m)	kapučìno kavà (m)	[kapu'tʂɪnɔ ka'va]
Pulverkaffee (m)	tirpì kavà (m)	[tʲɪr'pʲɪ ka'va]
Milch (f)	píenas (v)	['pʲiɛnas]
Cocktail (m)	kokteĩlis (v)	[kɔk'tʲɛɪlʲɪs]
Milchcocktail (m)	pieniškas kokteĩlis (v)	['pʲiɛnʲɪʃkas kɔk'tʲɛɪlʲɪs]
Saft (m)	sùltys (m dgs)	['sʊlʲtʲiːs]
Tomatensaft (m)	pomidòrų sùltys (m dgs)	[pomʲɪ'dɔru: 'sʊlʲtʲiːs]
Orangensaft (m)	apelsìnų sùltys (m dgs)	[apʲɛlʲ'sʲɪnu: 'sʊlʲtʲiːs]
frisch gepresster Saft (m)	šviežiaĩ spáustos sùltys (m dgs)	[ʃvʲiɛ'ʒʲɛɪ 'spɑʊstos 'sʊlʲtʲiːs]
Bier (n)	alùs (v)	[a'lʲʊs]
Helles (n)	šviesùs alùs (v)	[ʃvʲiɛ'sʊs a'lʲʊs]
Dunkelbier (n)	tamsùs alùs (v)	[tam'sʊs a'lʲʊs]
Tee (m)	arbatà (m)	[arba'ta]
schwarzer Tee (m)	juodà arbatà (m)	[jʊɑ'da arba'ta]
grüner Tee (m)	žalià arbatà (m)	[ʒa'lʲæ arba'ta]

46. Gemüse

Gemüse (n)	daržóvės (m dgs)	[dar'ʒovʲeːs]
grünes Gemüse (pl)	žalumýnai (v)	[ʒalʲʊ'mʲiːnʌɪ]
Tomate (f)	pomidòras (v)	[pomʲɪ'dɔras]
Gurke (f)	agurkas (v)	[a'gurkas]
Karotte (f)	morkà (m)	[mor'ka]
Kartoffel (f)	bùlvė (m)	['bʊlʲvʲeː]

Zwiebel (f)	svogūnas (v)	[svoˈguːnas]
Knoblauch (m)	česnãkas (v)	[tʃʲɛsˈnaːkas]
Kohl (m)	kopūstas (v)	[kɔˈpuːstas]
Blumenkohl (m)	kalafioras (v)	[kalʲaˈfʲoras]
Rosenkohl (m)	briùselio kopūstas (v)	[ˈbrʲusʲɛlʲɔ koˈpuːstas]
Brokkoli (m)	brokolių kopūstas (v)	[ˈbrokolʲuː koˈpuːstas]
Rote Bete (f)	ruñkelis, burõkas (v)	[ˈrʊŋkʲɛlʲɪs], [bʊˈroːkas]
Aubergine (f)	baklažãnas (v)	[baklʲaˈʒaːnas]
Zucchini (f)	agurõtis (v)	[aguˈroːtʲɪs]
Kürbis (m)	ropė̃	[ˈropʲeː]
Rübe (f)	moliū̃gas (v)	[moˈlʲuːgas]
Petersilie (f)	petražolė̃ (m)	[pʲɛˈtraːʒolʲeː]
Dill (m)	krãpas (v)	[ˈkraːpas]
Kopf Salat (m)	salota (m)	[saˈlʲoːta]
Sellerie (m)	salierãs (v)	[saˈlʲɛras]
Spargel (m)	smìdras (v)	[ˈsmʲɪdras]
Spinat (m)	špinãtas (v)	[ʃpʲɪˈnaːtas]
Erbse (f)	žìrniai (v dgs)	[ˈʒʲɪrnʲɛɪ]
Bohnen (pl)	pùpos (m dgs)	[ˈpʊpos]
Mais (m)	kukurū̃zas (v)	[kʊkʊˈruːzas]
weiße Bohne (f)	pupẽlės (m dgs)	[pʊˈpʲælʲeːs]
Paprika (m)	pipìras (v)	[pʲɪˈpʲɪras]
Radieschen (n)	ridìkas (v)	[rʲɪˈdʲɪkas]
Artischocke (f)	artišõkas (v)	[artʲɪˈʃokas]

47. Obst. Nüsse

Frucht (f)	vaĩsius (v)	[ˈvʌɪsʲʊs]
Apfel (m)	obuolỹs (v)	[obʊɐˈlʲiːs]
Birne (f)	kriáušė (m)	[ˈkrʲæuʃeː]
Zitrone (f)	citrinà (m)	[tsʲɪtrʲɪˈna]
Apfelsine (f)	apelsìnas (v)	[apʲɛlʲˈsʲɪnas]
Erdbeere (f)	brãškė (m)	[ˈbraːʃkʲeː]
Mandarine (f)	mandarìnas (v)	[mandaˈrʲɪnas]
Pflaume (f)	slyvà (m)	[slʲiːˈva]
Pfirsich (m)	pérsikas (v)	[ˈpʲɛrsʲɪkas]
Aprikose (f)	abrikòsas (v)	[abrʲɪˈkosas]
Himbeere (f)	aviẽtė (m)	[aˈvʲɛtʲeː]
Ananas (f)	ananãsas (v)	[anaˈnaːsas]
Banane (f)	banãnas (v)	[baˈnaːnas]
Wassermelone (f)	arbū̃zas (v)	[arˈbuːzas]
Weintrauben (pl)	vỹnuogės (m dgs)	[ˈvʲiːnʊɐgʲeːs]
Sauerkirsche (f)	vyšnià (m)	[vʲiːʃˈnʲæ]
Süßkirsche (f)	trẽšnė (m)	[ˈtrʲæʃnʲeː]
Melone (f)	melionas (m)	[mʲɛˈlʲonas]
Grapefruit (f)	greĩpfrutas (v)	[ˈgrʲɛɪpfrutas]
Avocado (f)	avokàdas (v)	[avoˈkadas]

Papaya (f)	papája (m)	[pa'pa ja]
Mango (f)	mángo (v)	['mangɔ]
Granatapfel (m)	granãtas (v)	[gra'na:tas]

rote Johannisbeere (f)	raudoníeji serbeñtai (v dgs)	[raʊdo'nʲɛji sʲɛrʲbʲɛntʌɪ]
schwarze Johannisbeere (f)	juodíeji serbeñtai (v dgs)	[jʊɑ'dʲiɛjɪ sʲɛrʲbʲɛntʌɪ]
Stachelbeere (f)	agrãstas (v)	[ag'ra:stas]
Heidelbeere (f)	mėlỹnės (m dgs)	[mʲe:'lʲi:nʲe:s]
Brombeere (f)	gervúogės (m dgs)	['gʲɛrvʊɑgʲe:s]

Rosinen (pl)	razìnos (m dgs)	[ra'zʲɪnos]
Feige (f)	figà (m)	[fʲɪ'ga]
Dattel (f)	datùlė (m)	[da'tʊlʲe:]

Erdnuss (f)	žẽmės riešutaĩ (v)	['ʒʲæmʲe:s rʲiɛʃʊ'tʌɪ]
Mandel (f)	migdólas (v)	[mʲɪg'do:lʲas]
Walnuss (f)	graĩkinis ríešutas (v)	['grʌɪkʲɪnʲɪs 'rʲiɛʃʊtas]
Haselnuss (f)	ríešutas (v)	['rʲiɛʃʊtas]
Kokosnuss (f)	kòkoso ríešutas (v)	['kokosɔ 'rʲiɛʃʊtas]
Pistazien (pl)	pistãcijos (m dgs)	[pʲɪs'ta:tsʲɪjos]

48. Brot. Süßigkeiten

Konditorwaren (pl)	konditèrijos gaminiaĩ (v)	[kondʲɪ'tʲɛrʲɪjos gamʲɪ'nʲɛɪ]
Brot (n)	dúona (m)	['dʊɑna]
Keks (m, n)	sausaĩniai (v)	[saʊ'sʌɪnʲɛɪ]

Schokolade (f)	šokoládas (v)	[ʃoko'lʲa:das]
Schokoladen-Bonbon (m, n)	šokoládinis saldaĩnis (v)	[ʃoko'lʲa:dʲɪnʲɪs salʲ'dʌɪnʲɪs]
Kuchen (m)	pyragáitis (v)	[pʲi:ra'gʌɪtʲɪs]
Torte (f)	tòrtas (v)	['tortas]

Kuchen (Apfel-)	pyrãgas (v)	[pʲi:'ra:gas]
Füllung (f)	įdaras (v)	['i:daras]

Konfitüre (f)	uogienė (m)	[ʊɑ'gʲɛnʲe:]
Marmelade (f)	marmeládas (v)	[marmʲɛ'lʲa:das]
Waffeln (pl)	vãfliai (v dgs)	['va:flʲɛɪ]
Eis (n)	ledaĩ (v dgs)	[lʲɛ'dʌɪ]
Pudding (m)	pùdingas (v)	['pʊdʲɪngas]

49. Gerichte

Gericht (n)	pãtiekalas (v)	['pa:tʲɪɛkalʲas]
Küche (f)	virtùvė (m)	[vʲɪr'tʊvʲe:]
Rezept (n)	recèptas (v)	[rʲɛ'tsʲɛptas]
Portion (f)	pórcija (m)	['portsʲɪjɛ]

Salat (m)	salõtos (m)	[sa'lʲo:tos]
Suppe (f)	sriubà (m)	[srʲʊ'ba]
Brühe (f), Bouillon (f)	sultinỹs (v)	[sʊlʲtʲɪ'nʲi:s]

belegtes Brot (n)	sumuštìnis (v)	[sʊmʊʃˈtʲɪnʲɪs]
Spiegelei (n)	kiaušiniẽnė (m)	[kʲɛʊʃɪˈnʲɛnʲeː]
Hamburger (m)	mėsaĩnis (v)	[mʲeːˈsʌɪnʲɪs]
Beefsteak (n)	bifštèksas (v)	[bʲɪfʃtʲɛksas]
Beilage (f)	garnỹras (v)	[garˈnʲiːras]
Spaghetti (pl)	spagèčiai (v dgs)	[spaˈgʲɛtʂʲɛɪ]
Kartoffelpüree (n)	bùlvių kõšė (m)	[ˈbʊlʲvʲuː ˈkoːʃeː]
Pizza (f)	picà (m)	[pʲɪˈtsa]
Brei (m)	kõšė (m)	[ˈkoːʃeː]
Omelett (n)	omlètas (v)	[omˈlʲɛtas]
gekocht	vìrtas	[ˈvʲɪrtas]
geräuchert	rūkýtas	[ruːˈkʲiːtas]
gebraten	kẽptas	[ˈkʲæptas]
getrocknet	džiovìntas	[dʑʲoˈvʲɪntas]
tiefgekühlt	šáldytas	[ˈʃalʲdʲiːtas]
mariniert	marinúotas	[marʲɪˈnʊɑtas]
süß	saldùs	[salʲˈdʊs]
salzig	sūrùs	[suːˈrʊs]
kalt	šáltas	[ˈʃalʲtas]
heiß	kárštas	[ˈkarʃtas]
bitter	kartùs	[karˈtʊs]
lecker	skanùs	[skaˈnʊs]
kochen (vt)	vìrti	[ˈvʲɪrtʲɪ]
zubereiten (vt)	gamìnti	[gaˈmʲɪntʲɪ]
braten (vt)	kèpti	[ˈkʲɛptʲɪ]
aufwärmen (vt)	pašìldyti	[paˈʃɪlʲdʲiːtʲɪ]
salzen (vt)	sū́dyti	[ˈsuːdʲiːtʲɪ]
pfeffern (vt)	įbérti pipìrų	[iːˈbʲɛrtʲɪ pʲɪˈpʲɪruː]
reiben (vt)	tarkúoti	[tarˈkʊɑtʲɪ]
Schale (f)	luoba (m)	[ˈlʲʊɑba]
schälen (vt)	lùpti bùlves	[ˈlʊptʲɪ ˈbʊlʲvʲɛs]

50. Gewürze

Salz (n)	druskà (m)	[drʊsˈka]
salzig (Adj)	sūrùs	[suːˈrʊs]
salzen (vt)	sū́dyti	[ˈsuːdʲiːtʲɪ]
schwarzer Pfeffer (m)	juodíeji pipìrai (v)	[jʊɑˈdʲiejɪ pʲɪˈpʲɪrʌɪ]
roter Pfeffer (m)	raudoníeji pipìrai (v)	[rɑʊdoˈnʲiejɪ pʲɪˈpʲɪrʌɪ]
Senf (m)	garstýčios (v)	[garˈstʲiːtʂʲos]
Meerrettich (m)	krienaĩ (v dgs)	[krʲɪɛˈnʌɪ]
Gewürz (n)	príeskonis (v)	[ˈprʲiɛskonʲɪs]
Gewürz (n)	príeskonis (v)	[ˈprʲiɛskonʲɪs]
Soße (f)	pãdažas (v)	[ˈpaːdaʒas]
Essig (m)	ãctas (v)	[ˈaːtstas]
Anis (m)	anỹžius (v)	[aˈnʲiːʑʲʊs]

Basilikum (n)	bazilikas (v)	[ba'zʲɪlʲɪkas]
Nelke (f)	gvazdikas (v)	[gvaz'dʲɪkas]
Ingwer (m)	imbieras (v)	['ɪmbʲiɛras]
Koriander (m)	kalendra (m)	[ka'lʲɛndra]
Zimt (m)	cinamonas (v)	[tsʲɪna'monas]
Sesam (m)	sezamas (v)	[sʲɛ'za:mas]
Lorbeerblatt (n)	lauro lapas (v)	['lʲɑʊrɔ 'lʲa:pas]
Paprika (m)	paprika (m)	['pa:prʲɪka]
Kümmel (m)	kmynai (v)	['kmʲi:nʌɪ]
Safran (m)	šafranas (v)	[ʃafʲra:nas]

51. Mahlzeiten

Essen (n)	valgis (v)	['valʲgʲɪs]
essen (vi, vt)	valgyti	['valʲgʲi:tʲɪ]
Frühstück (n)	pusryčiai (v dgs)	['pʊsrʲi:tʃʲɛɪ]
frühstücken (vi)	pusryčiauti	['pʊsrʲi:tʃʲɛʊtʲɪ]
Mittagessen (n)	pietūs (v)	['pʲɛ'tu:s]
zu Mittag essen	pietauti	[pʲiɛ'tɑʊtʲɪ]
Abendessen (n)	vakarienė (m)	[vaka'rʲɛnʲe:]
zu Abend essen	vakarieniauti	[vakarʲiɛ'nʲæʊtʲɪ]
Appetit (m)	apetitas (v)	[apʲɛ'tʲɪtas]
Guten Appetit!	Gero apetito!	['gʲærɔ apʲɛ'tʲɪtɔ!]
öffnen (vt)	atidaryti	[atʲɪda'rʲi:tʲɪ]
verschütten (vt)	išpilti	[ɪʃ'pʲɪlʲtʲɪ]
verschüttet werden	išsipilti	[ɪʃsʲɪ'pʲɪlʲtʲɪ]
kochen (vi)	virti	['vʲɪrtʲɪ]
kochen (Wasser ~)	virinti	['vʲɪrʲɪntʲɪ]
gekocht (Adj)	virintas	['vʲɪrʲɪntas]
kühlen (vt)	atvėsinti	[atvʲe:'sʲɪntʲɪ]
abkühlen (vi)	vėsinti	[vʲe:'sʲɪntʲɪ]
Geschmack (m)	skonis (v)	['sko:nʲɪs]
Beigeschmack (m)	prieskonis (v)	['prʲiɛskonʲɪs]
auf Diät sein	laikyti dietos	[lʲʌɪ'kʲi:tʲɪ 'dʲɛtos]
Diät (f)	dieta (m)	[dʲiɛ'ta]
Vitamin (n)	vitaminas (v)	[vʲɪta'mʲɪnas]
Kalorie (f)	kalorija (m)	[ka'lʲorʲɪjɛ]
Vegetarier (m)	vegetaras (v)	[vʲɛgʲɛ'ta:ras]
vegetarisch (Adj)	vegetariškas	[vʲɛgʲɛ'ta:rʲɪʃkas]
Fett (n)	riebalai (v dgs)	[rʲiɛba'lʲʌɪ]
Protein (n)	baltymai (v dgs)	[balʲtʲi:'mʌɪ]
Kohlenhydrat (n)	angliavandeniai (v dgs)	[an'glʲævandʲɛnʲɛɪ]
Scheibchen (n)	griežinys (v)	[grʲiɛʒʲɪ'nʲi:s]
Stück (ein ~ Kuchen)	gabalas (v)	['ga:balʲas]
Krümel (m)	trupinys (v)	[trʊpʲɪ'nʲi:s]

52. Gedeck

Löffel (m)	šaukštas (v)	[ˈʃɑʊkʃtas]
Messer (n)	peilis (v)	[ˈpʲɛlʲɪs]
Gabel (f)	šakutė (m)	[ʃaˈkʊtʲeː]
Tasse (eine ~ Tee)	puodukas (v)	[pʊɑˈdʊkas]
Teller (m)	lėkštė (m)	[lʲeːkʃˈtʲeː]
Untertasse (f)	lėkštelė (m)	[lʲeːkʃˈtʲælʲeː]
Serviette (f)	servetėlė (m)	[sʲɛrvɛˈtʲeːlʲeː]
Zahnstocher (m)	dantų krapštukas (v)	[danˈtu: krapʃˈtʊkas]

53. Restaurant

Restaurant (n)	restoranas (v)	[rʲɛstoˈraːnas]
Kaffeehaus (n)	kavinė (m)	[kaˈvʲɪnʲeː]
Bar (f)	baras (v)	[ˈbaːras]
Teesalon (m)	arbatos salonas (v)	[arˈbaːtos saˈlʲonas]
Kellner (m)	padavėjas (v)	[padaˈvʲeːjas]
Kellnerin (f)	padavėja (m)	[padaˈvʲeːja]
Barmixer (m)	barmenas (v)	[ˈbarmʲɛnas]
Speisekarte (f)	meniu (v)	[mʲɛˈnʲʊ]
Weinkarte (f)	vynų žemėlapis (v)	[ˈvʲiːnu: ʒɛˈmʲeːlʲapʲɪs]
einen Tisch reservieren	rezervuoti staliuką	[rʲɛzʲɛrˈvʊatʲɪ staˈlʲʊka:]
Gericht (n)	patiekalas (v)	[ˈpaːtʲiɛkalʲas]
bestellen (vt)	užsisakyti	[ʊʒsʲɪsakʲiːtʲɪ]
eine Bestellung aufgeben	padaryti užsakymą	[padaˈrʲiːtʲɪ ʊʒˈsaːkʲiːma:]
Aperitif (m)	aperityvas (v)	[apʲɛrʲɪˈtʲiːvas]
Vorspeise (f)	užkandis (v)	[ˈʊʒkandʲɪs]
Nachtisch (m)	desėrtas (v)	[dʲɛˈsʲɛrtas]
Rechnung (f)	sąskaita (m)	[ˈsaːskʌɪta]
Rechnung bezahlen	apmokėti sąskaitą	[apmoˈkʲeːtʲɪ ˈsaːskʌɪta:]
das Wechselgeld geben	duoti grąžos	[ˈdʊatʲɪ graːˈʒoːs]
Trinkgeld (n)	arbatpinigiai (v dgs)	[arˈbaːtpʲɪnʲɪgʲɛɪ]

Familie, Verwandte und Freunde

54. Persönliche Informationen. Formulare

Vorname (m)	vardas (v)	['vardas]
Name (m)	pavardė (m)	[pavar'dʲeː]
Geburtsdatum (n)	gimìmo datà (m)	[gʲɪ'mʲɪmɔ da'ta]
Geburtsort (m)	gimìmo vietà (m)	[gʲɪ'mʲɪmɔ vʲiɛ'ta]

Nationalität (f)	tautýbė (m)	[tɑʊ'tʲiːbʲeː]
Wohnort (m)	gyvẽnamoji vietà (m)	[gʲiːvʲæna'mɔjɪ vʲiɛ'ta]
Land (n)	šalìs (m)	[ʃa'lʲɪs]
Beruf (m)	profèsija (m)	[profʲɛsʲɪjɛ]

Geschlecht (n)	lýtis (m)	['lʲiːtʲɪs]
Größe (f)	ū̃gis (v)	['uːgʲɪs]
Gewicht (n)	svõris (v)	['svoːrʲɪs]

55. Familienmitglieder. Verwandte

Mutter (f)	mótina (m)	['motʲɪna]
Vater (m)	tėvas (v)	['tʲeːvas]
Sohn (m)	sūnùs (v)	[suː'nʊs]
Tochter (f)	dukrà, duktė̃ (m)	[dʊk'ra], [dʊk'tʲeː]

jüngste Tochter (f)	jaunesnióji duktė̃ (m)	[jɛʊnes'nʲoːjɪ dʊk'tʲeː]
jüngste Sohn (m)	jaunesnỹsis sūnùs (v)	[jɛʊnʲɛs'nʲiːsʲɪs suː'nʊs]
ältere Tochter (f)	vyresnióji duktė̃ (m)	[vʲiːres'nʲoːjɪ dʊk'tʲeː]
älterer Sohn (m)	vyresnỹsis sūnùs (v)	[vʲiːrʲɛs'nʲiːsʲɪs suː'nʊs]

Bruder (m)	brólis (v)	['brolʲɪs]
älterer Bruder (m)	vyresnỹsis brólis (v)	[vʲiːrʲɛs'nʲiːsʲɪs 'brolʲɪs]
jüngerer Bruder (m)	jaunesnỹsis brólis (v)	[jɛʊnʲɛs'nʲiːsʲɪs 'brolʲɪs]
Schwester (f)	sesuõ (m)	[sʲɛ'sʊɑ]
ältere Schwester (f)	vyresnióji sesuõ (m)	[vʲiːrʲɛs'nʲoːjɪ sʲɛ'sʊɑ]
jüngere Schwester (f)	jaunesnióji sesuõ (m)	[jɛʊnʲɛs'nʲoːjɪ sʲɛ'sʊɑ]

Cousin (m)	pùsbrolis (v)	['pʊsbrolʲɪs]
Cousine (f)	pùsseserė (m)	['pʊsseserʲeː]
Mama (f)	mamà (m)	[ma'ma]
Papa (m)	tė́tis (v)	['tʲeːtʲɪs]
Eltern (pl)	tėvaĩ (v)	[tʲeːˈvʌɪ]
Kind (n)	vaĩkas (v)	['vʌɪkas]
Kinder (pl)	vaikaĩ (v)	[vʌɪ'kʌɪ]

Großmutter (f)	senẽlė (m)	[sʲɛ'nʲælʲeː]
Großvater (m)	senẽlis (v)	[sʲɛ'nʲælʲɪs]
Enkel (m)	anū̃kas (v)	[a'nuːkas]

| Enkelin (f) | anūkė (m) | [a'nu:kʲe:] |
| Enkelkinder (pl) | anūkai (v) | [a'nu:kʌɪ] |

Onkel (m)	dėdė (v)	['dʲe:dʲe:]
Tante (f)	teta (m)	[tʲɛ'ta]
Neffe (m)	sūnėnas (v)	[su:'nʲe:nas]
Nichte (f)	dukterėčia (m)	[dukte'rʲe:tsʲæ]

Schwiegermutter (f)	uošvė (m)	['uɑʃvʲe:]
Schwiegervater (m)	uošvis (v)	['uɑʃvʲɪs]
Schwiegersohn (m)	žéntas (v)	['ʒʲɛntas]
Stiefmutter (f)	pāmotė (m)	['pa:motʲe:]
Stiefvater (m)	patėvis (v)	[pa'tʲe:vʲɪs]

Säugling (m)	kūdikis (v)	['ku:dʲɪkʲɪs]
Kleinkind (n)	naujāgimis (v)	[nɑu'ja:gʲɪmʲɪs]
Kleine (m)	vaikas (v)	['vʌɪkas]

Frau (f)	žmona (m)	[ʒmo'na]
Mann (m)	vyras (v)	['vʲi:ras]
Ehemann (m)	sutuoktinis (v)	[sutuɑk'tʲɪnʲɪs]
Gemahlin (f)	sutuoktinė (m)	[sutuɑk'tʲɪnʲe:]

verheiratet (Ehemann)	vedęs	['vʲædʲɛ:s]
verheiratet (Ehefrau)	ištekėjusi	[ɪʃtʲɛ'kʲe:jusʲɪ]
ledig	viengungis	[vʲiɛŋ'guŋgʲɪs]
Junggeselle (m)	viengungis (v)	[vʲiɛŋ'guŋgʲɪs]
geschieden (Adj)	išsiskyręs	[ɪʃsʲɪ'skʲi:rʲɛ:s]
Witwe (f)	našlė (m)	[naʃlʲe:]
Witwer (m)	našlys (v)	[naʃlʲi:s]

Verwandte (m)	giminaitis (v)	[gʲɪmʲɪ'nʌɪtʲɪs]
naher Verwandter (m)	artimas giminaitis (v)	['artʲɪmas gʲɪmʲɪ'nʌɪtʲɪs]
entfernter Verwandter (m)	tolimas giminaitis (v)	['tolʲɪmas gʲɪmʲɪ'nʌɪtʲɪs]
Verwandte (pl)	giminės (m dgs)	['gʲɪmʲɪnʲe:s]

Waise (m, f)	našlaitis (v)	[naʃlʲʌɪtʲɪs]
Vormund (m)	globėjas (v)	[glʲo'bʲe:jas]
adoptieren (einen Jungen)	įsūnyti	[i:'su:nʲɪ:tʲɪ]
adoptieren (ein Mädchen)	įdukrinti	[i:'dukrʲɪntʲɪ]

56. Freunde. Arbeitskollegen

Freund (m)	draugas (v)	['drɑugas]
Freundin (f)	draugė (m)	[drɑu'gʲe:]
Freundschaft (f)	draugystė (m)	[drɑu'gʲi:stʲe:]
befreundet sein	draugauti	[drɑu'gɑutʲɪ]

Freund (m)	pažįstamas (v)	[pa'ʒʲɪ:stamas]
Freundin (f)	pažįstama (v)	[paʒʲɪ:sta'ma]
Partner (m)	partneris (v)	['partnʲɛrʲɪs]

| Chef (m) | šefas (v) | ['ʃɛfas] |
| Vorgesetzte (m) | viršininkas (v) | ['vʲɪrʃɪnʲɪŋkas] |

Besitzer (m)	savininkas (v)	[savʲɪ'nʲɪŋkas]
Untergeordnete (m)	pavaldinỹs (v)	[pavalʲdʲɪ'nʲiːs]
Kollege (m), Kollegin (f)	kolegà (v)	[kɔlʲɛ'ga]

Bekannte (m)	pažį́stamas (v)	[pa'ʒʲɪːstamas]
Reisegefährte (m)	pakeleĩvis (v)	[pakʲɛ'lʲɛɪvʲɪs]
Mitschüler (m)	klasiõkas (v)	[klʲa'sʲoːkas]

Nachbar (m)	kaimýnas (v)	[kʌɪ'mʲiːnas]
Nachbarin (f)	kaimýnė (m)	[kʌɪ'mʲiːnʲeː]
Nachbarn (pl)	kaimýnai (v)	[kʌɪ'mʲiːnʌɪ]

57. Mann. Frau

Frau (f)	móteris (m)	['motʲɛrʲɪs]
Mädchen (n)	panẽlė (m)	[pa'nʲælʲeː]
Braut (f)	núotaka (m)	['nʊɑtaka]

schöne	gražì	[gra'ʒʲɪ]
große	aukštà	[ɑʊkʃ'ta]
schlanke	lieknà	[lʲiɛk'na]
kleine (~ Frau)	neáukšto ũgio	[nʲɛ'ɑʊkʃtɔ 'uːgʲɔ]

| Blondine (f) | blondìnė (m) | [blʲon'dʲɪnʲeː] |
| Brünette (f) | brunẽtė (m) | [brʲʊ'nʲɛtʲeː] |

Damen-	dãmų	['daːmuː]
Jungfrau (f)	skaistuõlė (m)	[skʌɪs'tʊɑlʲeː]
schwangere	nė̃ščia	[nʲeːʃtsʲæ]

Mann (m)	vyras (v)	['vʲiːras]
Blonde (m)	blondìnas (v)	[blʲon'dʲɪnas]
Brünette (m)	brunẽtas (v)	[brʲʊ'nʲɛtas]
hoch	áukštas	['ɑʊkʃtas]
klein	neáukšto ũgio	[nʲɛ'ɑʊkʃtɔ 'uːgʲɔ]

grob	grubùs	[grʊ'bʊs]
untersetzt	petìngas	[pʲɛ'tʲɪngas]
robust	tvìrtas	['tvʲɪrtas]
stark	stiprùs	[stʲɪp'rʊs]
Kraft (f)	jėgà (m)	[jeː'ga]

dick	stambùs	[stam'bʊs]
dunkelhäutig	tamsaũs gýmio	[tam'sɑʊs 'gʲiːmʲɔ]
schlank	liẽknas	['lʲiɛknas]
elegant	elegántiškas	[ɛlʲɛ'gantʲɪʃkas]

58. Alter

Alter (n)	ámžius (v)	['amʒʲʊs]
Jugend (f)	jaunỹstė (m)	[jɛʊ'nʲiːstʲeː]
jung	jáunas	['jɑʊnas]

T&P Books. Wortschatz Deutsch-Litauisch für das Selbststudium - 9000 Wörter

jünger (~ als Sie)	jaunèsnis (-ė̃)	[jɛʊ'nʲɛsnʲɪs]
älter (~ als ich)	vyrèsnis	[vʲiː'rʲɛsnʲɪs]

Junge (m)	jaunuõlis (v)	[jɛʊ'nʊɑlʲɪs]
Teenager (m)	paauglỹs (v)	[pɑʊ'glʲiːs]
Bursche (m)	vaikìnas (v)	[vʌɪ'kʲɪnas]

Greis (m)	sẽnis (v)	['sʲænʲɪs]
alte Frau (f)	sẽnė (m)	['sʲænʲeː]

Erwachsene (m)	suáugęs	[sʊ'ɑʊgʲɛːs]
in mittleren Jahren	vidutìnio ámžiaus	[vʲɪdʊ'tʲɪnʲɔ 'amʒʲɛʊs]
älterer (Adj)	pagyvẽnęs	[pagʲiː'vʲænʲɛːs]
alt (Adj)	sẽnas	['sʲænas]

Ruhestand (m)	peñsija (m)	['pʲɛnsʲɪjɛ]
in Rente gehen	išeĩti į̃ pensiją̃	[ɪ'ʃɛɪtʲɪ iː 'pʲɛnsʲɪjaː]
Rentner (m)	peñsininkas (v)	['pʲɛnsʲɪnʲɪŋkas]

59. Kinder

Kind (n)	vaĩkas (v)	['vʌɪkas]
Kinder (pl)	vaikaĩ (v)	[vʌɪ'kʌɪ]
Zwillinge (pl)	dvyniaĩ (v dgs)	[dvʲiː'nʲɛɪ]

Wiege (f)	lopšỹs (v)	[lʲop'ʃɪːs]
Rassel (f)	barškalas (v)	['barʃkalʲas]
Windel (f)	výstyklas (v)	['vʲiːstʲiːklʲas]

Schnuller (m)	čiulptùkas (v)	[tʂʲʊlʲp'tʊkas]
Kinderwagen (m)	vežimẽlis (v)	[vʲɛʒʲɪ'mʲeːlʲɪs]
Kindergarten (m)	vaikų̃ daržẽlis (v)	[vʌɪ'kuː dar'ʒʲælʲɪs]
Kinderfrau (f)	áuklė (m)	['ɑʊklʲeː]

Kindheit (f)	vaikỹstė (m)	[vʌɪ'kʲiːstʲeː]
Puppe (f)	lėlė̃ (m)	[lʲeː'lʲeː]
Spielzeug (n)	žaĩslas (v)	['ʒʌɪslʲas]
Baukasten (m)	konstrùktorius (v)	[kɔns'trʊktorʲʊs]

wohlerzogen	išáuklėtas	[ɪʃɑʊklʲeːtas]
ungezogen	neišáuklėtas	[nʲɛɪ'ʃɑʊklʲeːtas]
verwöhnt	išlẽpintas	[ɪʃ'lʲæpʲɪntas]

unartig sein	dū̃kti	['duːktʲɪ]
unartig	padū̃kęs	[pa'duːkʲɛːs]
Unart (f)	išdaíga (m)	[ɪʃ'dʌɪga]
Schelm (m)	padykė̃lis (v)	[padʲiː'kʲeːlʲɪs]

gehorsam	paklusnùs	[paklʲʊs'nʊs]
ungehorsam	nepaklusnùs	[nʲɛpaklʲʊs'nʊs]

fügsam	išmintìngas	[ɪʃmʲɪn'tʲɪngas]
klug	protìngas	[pro'tʲɪngas]
Wunderkind (n)	vùnderkindas (v)	['vʊndʲɛrkʲɪndas]

60. Ehepaare. Familienleben

küssen (vt)	bučiúoti	[bʊˈtsʲʊatʲɪ]
sich küssen	bučiúotis	[bʊˈtsʲʊatʲɪs]
Familie (f)	šeimà (m)	[ʃɛɪˈma]
Familien-	šeimýninis	[ʃɛɪˈmʲiːnʲɪnʲɪs]
Paar (n)	porà (m)	[poˈra]
Ehe (f)	sántuoka (m)	[ˈsantʊaka]
Heim (n)	namų̃ židinỹs (v)	[naˈmuː ʒɪdʲɪˈrʲnʲiːs]
Dynastie (f)	dinãstija (m)	[dʲɪˈnaːstʲɪjɛ]
Rendezvous (n)	pasimãtymas (v)	[pasʲɪˈmaːtʲiːmas]
Kuss (m)	bučinỹs (v)	[bʊtsʲɪˈnʲiːs]
Liebe (f)	meĩlė (m)	[ˈmʲɛilʲeː]
lieben (vt)	myléti	[mʲiːˈlʲeːtʲɪ]
geliebt	mýlimas	[ˈmʲiːlʲɪmas]
Zärtlichkeit (f)	švelnùmas (v)	[ʃvʲɛlʲˈnʊmas]
zärtlich	švelnùs	[ʃvʲɛlʲˈnʊs]
Treue (f)	ištikimýbė (m)	[ɪʃtʲɪkʲɪˈmʲiːbʲeː]
treu (Adj)	ìstikimas	[ˈɪʃtʲɪkʲɪmas]
Fürsorge (f)	rūpestìs (v)	[ˈruːpʲɛstʲɪs]
sorgsam	rūpestìngas	[ruːpʲɛsˈtʲɪngas]
Frischvermählte (pl)	jaunavedžiaĩ (v dgs)	[jɛʊnavʲɛˈdʒʲɛɪ]
Flitterwochen (pl)	medaùs ménuo (v)	[mʲɛˈdaʊs ˈmʲeːnʊa]
heiraten (einen Mann ~)	ištekéti	[ɪʃtʲɛˈkʲeːtʲɪ]
heiraten (ein Frau ~)	vèsti	[ˈvʲɛstʲɪ]
Hochzeit (f)	vestùvės (m dgs)	[vʲɛsˈtʊvʲeːs]
goldene Hochzeit (f)	auksìnės vestùvės (m dgs)	[aʊkˈsʲɪnʲeːs vɛˈstʊvʲeːs]
Jahrestag (m)	mẽtinės (m dgs)	[ˈmʲætʲɪnʲeːs]
Geliebte (m)	meilùžis (v)	[mʲɛɪˈlʲʊʒʲɪs]
Geliebte (f)	meilùžė (m)	[mʲɛɪˈlʲʊʒʲeː]
Ehebruch (m)	neištikimýbė (m)	[nʲɛɪʃtʲɪkʲɪˈmʲiːbʲeː]
Ehebruch begehen	išdúoti	[ɪʃˈdʊatʲɪ]
eifersüchtig	pavydùs	[pavʲiːˈdʊs]
eifersüchtig sein	pavyduliáuti	[pavʲiːdʊˈlʲæʊtʲɪ]
Scheidung (f)	skyrýbos (m)	[skʲiːˈrʲiːbos]
sich scheiden lassen	išsiskìrti	[ɪʃsʲɪˈskʲɪrtʲɪ]
streiten (vi)	bártis	[ˈbartʲɪs]
sich versöhnen	susitáikyti	[sʊsʲɪˈtʌɪkʲiːtʲɪ]
zusammen (Adv)	kartù	[karˈtʊ]
Sex (m)	sèksas (v)	[ˈsʲɛksas]
Glück (n)	laĩmė (m)	[ˈlʲʌɪmʲeː]
glücklich	laimìngas	[lʲʌɪˈmʲɪngas]
Unglück (n)	nelaĩmė (m)	[nʲɛˈlʲʌɪmʲeː]
unglücklich	nelaimìngas	[nʲɛlʲʌɪˈmʲɪngas]

Charakter. Empfindungen. Gefühle

61. Empfindungen. Gefühle

Gefühl (n)	jaũsmas (v)	[ˈjɛʊsmas]
Gefühle (pl)	jausmaĩ (v)	[jɛʊsˈmʌɪ]
fühlen (vt)	jaũsti	[ˈjaʊstʲɪ]
Hunger (m)	bãdas (v)	[ˈbaːdas]
hungrig sein	norėti válgyti	[noˈrʲeːtʲɪ ˈvalʲɡʲiːtʲɪ]
Durst (m)	troškulỹs (v)	[trɔʃkʊˈlʲiːs]
Durst haben	norėti gérti	[noˈrʲeːtʲɪ ˈɡʲæertʲɪ]
Schläfrigkeit (f)	mieguistùmas (v)	[mʲiɛɡʊɪsˈtʊmas]
schlafen wollen	norėti miegóti	[noˈrʲeːtʲɪ mʲiɛˈɡotʲɪ]
Müdigkeit (f)	núovargis (v)	[ˈnʊavarɡʲɪs]
müde	pavar̃gęs	[paˈvarɡʲɛːs]
müde werden	pavar̃gti	[paˈvarktʲɪ]
Laune (f)	núotaika (m)	[ˈnʊatʌɪka]
Langeweile (f)	nuobodulỹs (v)	[nʊabɔdʊˈlʲiːs]
sich langweilen	ilgė́tis	[ɪlʲˈɡʲeːtʲɪs]
Zurückgezogenheit (n)	atsiskyrìmas (v)	[atsʲɪskʲiːˈrʲɪmas]
sich zurückziehen	atsiskìrti	[atsʲɪˈskʲɪrtʲɪ]
beunruhigen (vt)	jáudinti	[ˈjaʊdʲɪntʲɪ]
sorgen (vi)	jáudintis	[ˈjaʊdʲɪntʲɪs]
Besorgnis (f)	jaudulỹs (v)	[jɛʊdʊˈlʲiːs]
Angst (~ um ...)	neramùmas (v)	[nʲɛraˈmʊmas]
besorgt (Adj)	susirū́pinęs	[sʊsʲɪˈruːpʲɪnʲɛːs]
nervös sein	nèrvintis	[ˈnʲɛrvʲɪntʲɪs]
in Panik verfallen (vi)	panikúoti	[panʲɪˈkʊatʲɪ]
Hoffnung (f)	viltìs (m)	[vʲɪlʲˈtʲɪs]
hoffen (vi)	tikė́tis	[tʲɪˈkʲeːtʲɪs]
Sicherheit (f)	pasitikė́jimas (v)	[pasʲɪtʲɪˈkʲɛjɪmas]
sicher	įsitìkinęs	[iːsʲɪˈtʲɪːkʲɪnʲɛːs]
Unsicherheit (f)	neaiškùmas (v)	[nʲɛʌɪʃˈkumas]
unsicher	neįsitìkinęs	[nʲɛɪːsʲɪˈtʲɪːkʲɪnʲɛːs]
betrunken	gìrtas	[ˈɡʲɪrtas]
nüchtern	blaĩvas	[ˈblʲʌɪvas]
schwach	sìlpnas	[ˈsʲɪlʲpnas]
glücklich	sėkmìngas	[sʲeːkˈmʲɪŋɡas]
erschrecken (vt)	išgą́sdinti	[ɪʃˈɡaːsdʲɪntʲɪ]
Wut (f)	pasiutìmas (v)	[pasʲʊˈtʲɪmas]
Rage (f)	įneršìs (v)	[iːnʲɛrʃʲɪs]
Depression (f)	deprèsija (m)	[dʲɛpˈrʲɛsʲɪjɛ]
Unbehagen (n)	diskomfòrtas (v)	[dʲɪskɔmˈfɔrtas]

Komfort (m)	komfortas (v)	[kɔm'fortas]
bedauern (vt)	gailėtis	[gʌɪ'lʲeːtʲɪs]
Bedauern (n)	gailestis (v)	['gʌɪlʲestʲɪs]
Missgeschick (n)	nesėkmė (m)	[nʲɛsʲeːk'mʲeː]
Kummer (m)	nusivylimas (v)	[nʊsʲɪvʲiːʲlʲɪmas]
Scham (f)	géda (m)	['gʲeːda]
Freude (f)	linksmybė (m)	[lʲɪŋks'mʲiːbʲeː]
Begeisterung (f)	entuziãzmas (v)	[ɛntʊzʲɪ'jazmas]
Enthusiast (m)	entuziãstas (v)	[ɛntʊzʲɪ'jastas]
Begeisterung zeigen	parodyti entuziazmą	[pa'rodʲiːtʲɪ ɛntʊzʲɪ'jazmaː]

62. Charakter. Persönlichkeit

Charakter (m)	charãkteris (v)	[xa'raːktʲɛrʲɪs]
Charakterfehler (m)	trūkumas (v)	['truːkʊmas]
Verstand (m)	prõtas (v)	['proːtas]
Vernunft (f)	išmintis (m)	[ɪʃmʲɪn'tʲɪs]
Gewissen (n)	sąžinė (m)	['saːʒʲɪnʲeː]
Gewohnheit (f)	íprotis (v)	['iːprotʲɪs]
Fähigkeit (f)	gebėjimas (v)	[gʲɛ'bʲɛjɪmas]
können (v mod)	mokéti	[mo'kʲeːtʲɪ]
geduldig	kantrùs	[kant'rʊs]
ungeduldig	nekantrùs	[nʲɛkant'rʊs]
neugierig	smalsùs	[smalʲ'sʊs]
Neugier (f)	smalsùmas (v)	[smalʲ'sʊmas]
Bescheidenheit (f)	kuklùmas (v)	[kʊk'lʲʊmas]
bescheiden	kuklùs	[kʊk'lʲʊs]
unbescheiden	nekuklùs	[nʲɛkʊk'lʲʊs]
faul	tingùs	[tʲɪn'gʊs]
Faulenzer (m)	tinginỹs (v)	[tʲɪŋgʲɪ'nʲiːs]
Listigkeit (f)	gudrùmas (v)	[gʊd'rʊmas]
listig	gudrùs	[gʊd'rʊs]
Misstrauen (n)	nepasitikėjimas (v)	[nʲɛpasʲɪtʲɪ'kʲɛjɪmas]
misstrauisch	nepatiklùs	[nʲɛpatʲɪk'lʲʊs]
Freigebigkeit (f)	dosnùmas (v)	[dos'nʊmas]
freigebig	dosnùs	[dos'nʊs]
talentiert	talentingas	[talʲɛn'tʲɪŋgas]
Talent (n)	tãlentas (v)	['taːlʲɛntas]
tapfer	drąsùs	[draː'sʊs]
Tapferkeit (f)	drąsà (m)	[draː'sa]
ehrlich	sąžiningas	[saːʒʲɪ'nʲɪŋgas]
Ehrlichkeit (f)	sąžinė (m)	['saːʒʲɪnʲeː]
vorsichtig	atsargùs	[atsar'gʊs]
tapfer	narsùs	[nar'sʊs]
ernst	rimtas	['rʲɪmtas]

streng	grìežtas	['grʲiɛʒtas]
entschlossen	ryžtìngas	[rʲiːʒ'tʲɪngas]
unentschlossen	neryžtìngas	[nʲɛrʲiːʒ'tʲɪngas]
schüchtern	drovùs	[dro'vʊs]
Schüchternheit (f)	drovùmas (v)	[dro'vʊmas]

Vertrauen (n)	pasitikė́jimas (v)	[pasʲɪtʲɪ'kʲɛjɪmas]
vertrauen (vi)	tikė́ti	[tʲɪ'kʲeːtʲɪ]
vertrauensvoll	patiklùs	[patʲɪk'lʲʊs]

aufrichtig (Adv)	nuoširdžiaĩ	[nʊɒʃɪr'dʒʲɛɪ]
aufrichtig (Adj)	nuoširdùs	[nʊɒʃɪr'dʊs]
Aufrichtigkeit (f)	nuoširdùmas (v)	[nʊɒʃɪr'dʊmas]
offen	ãtviras	['aːtvʲɪras]

still (Adj)	ramùs	[ra'mʊs]
freimütig	ãtviras	['aːtvʲɪras]
naiv	naivùs	[nʌɪ'vʊs]
zerstreut	išsiblãškęs	[ɪʃsʲɪ'blʲaːʃkʲɛːs]
drollig, komisch	juokìngas	[jʊɒ'kʲɪngas]

Gier (f)	gobšùmas (v)	[gopʲʃʊmas]
habgierig	gobšùs	[gopʲʃʊs]
geizig	šykštùs	[ʃɪːkʃtʊs]
böse	pìktas	['pʲɪktas]
hartnäckig	užsispyręs	[ʊʒsʲɪs'pʲiːrʲɛːs]
unangenehm	nemalonùs	[nʲɛmalʲo'nʊs]

Egoist (m)	egoìstas (v)	[ɛgoʲɪstas]
egoistisch	egoìstiškas	[ɛgoʲɪstʲɪʃkas]
Feigling (m)	bailỹs (v)	[bʌɪ'lʲiːs]
feige	bailùs	[bʌɪ'lʲʊs]

63. Schlaf. Träume

schlafen (vi)	miegóti	[mʲiɛ'gotʲɪ]
Schlaf (m)	miẽgas (v)	['mʲɛgas]
Traum (m)	sãpnas (v)	['saːpnas]
träumen (im Schlaf)	sapnúoti	[sap'nʊɒtʲɪ]
verschlafen	miegùistas	[mʲiɛ'gʊistas]

Bett (n)	lóva (m)	['lʲova]
Matratze (f)	čiužinỹs (v)	[tʂʲʊʒʲɪ'rnʲiːs]
Decke (f)	užklótas (v)	[ʊʒ'klʲotas]
Kissen (n)	pagálvė (m)	[pa'galʲvʲeː]
Laken (n)	paklõdė (m)	[pak'lʲoːdʲeː]

Schlaflosigkeit (f)	nẽmiga (m)	['nʲæmʲɪga]
schlaflos	bemiẽgis	[bʲɛ'mʲɛgʲɪs]
Schlafmittel (n)	mìgdomieji (v)	['mʲɪgdomʲiɛji]
Schlafmittel nehmen	išgérti mìgdomuosius	[ɪʃ'gʲɛrtʲɪ 'mʲɪgdomʊɒsʲʊs]

schlafen wollen	norė́ti miegóti	[no'rʲeːtʲɪ mʲiɛ'gotʲɪ]
gähnen (vi)	žióvauti	['ʒʲovɑʊtʲɪ]

schlafen gehen	eĩti miegóti	['ɛɪtʲɪ mʲiɛ'gotʲɪ]
das Bett machen	klóti lóvą	['kʲlʲotʲɪ 'lʲova:]
einschlafen (vi)	užmìgti	[ʊʒ'mʲɪktʲɪ]

Alptraum (m)	košmãras (v)	[koʃ'ma:ras]
Schnarchen (n)	knarkìmas (v)	[knar'kʲɪmas]
schnarchen (vi)	knar̃kti	['knarktʲɪ]

Wecker (m)	žadintùvas (v)	[ʒadʲɪn'tʊvas]
aufwecken (vt)	pažãdinti	[pa'ʒa:dʲɪntʲɪ]
erwachen (vi)	atsibùsti	[atsʲɪ'bʊstʲɪ]
aufstehen (vi)	kélti s	['kʲɛlʲtʲɪs]
sich waschen	praũstis	['praʊstʲɪs]

64. Humor. Lachen. Freude

Humor (m)	hùmoras (v)	['γumoras]
Sinn (m) für Humor	jaũsmas (v)	['jɛʊsmas]
sich amüsieren	lìnksmintis	['lʲɪŋksmʲɪntʲɪs]
froh (Adj)	lìnksmas	['lʲɪŋksmas]
Fröhlichkeit (f)	linksmýbė (m)	[lʲɪŋks'mʲi:bʲe:]

Lächeln (n)	šýpsena (m)	['ʃɪ:psʲɛna]
lächeln (vi)	šypsótis	[ʃɪ:p'sotʲɪs]
auflachen (vi)	nusijuõkti	[nʊsʲɪ'jʊaktʲɪ]
lachen (vi)	juõktis	['jʊaktʲɪs]
Lachen (n)	juõkas (v)	['jʊakas]

Anekdote, Witz (m)	anekdòtas (v)	[anʲɛk'dotas]
lächerlich	juokìngas	[jʊɑ'kʲɪngas]
komisch	juokìngas	[jʊɑ'kʲɪngas]

Witz machen	juokáuti	[jʊɑ'kaʊtʲɪ]
Spaß (m)	juõkas (v)	['jʊakas]
Freude (f)	džiaũgsmas (v)	['dʒʲɛʊgsmas]
sich freuen	džiaũgtis	['dʒʲɛʊktʲɪs]
froh (Adj)	džiaugsmìngas	[dʒʲɛʊgs'mʲɪngas]

65. Diskussion, Unterhaltung. Teil 1

Kommunikation (f)	bendrãvimas (v)	[bʲɛn'dra:vʲɪmas]
kommunizieren (vi)	bendráuti	[bʲɛn'draʊtʲɪ]

Konversation (f)	pókalbis (v)	['pokalʲbʲɪs]
Dialog (m)	dialògas (v)	[dʲɪja'lʲogas]
Diskussion (f)	diskùsija (m)	[dʲɪs'kʊsʲɪjɛ]
Streitgespräch (n)	giñčas (v)	['gʲɪntʂas]
streiten (vi)	giñčytis	['gʲɪntʂʲi:tʲɪs]

Gesprächspartner (m)	pašnekóvas (v)	[paʃnʲɛ'ko:vas]
Thema (n)	temà (m)	[tʲɛ'ma]
Gesichtspunkt (m)	póžiūris (v)	['poʒʲu:rʲɪs]

Meinung (f)	núomonė (m)	['nuamonʲeː]
Rede (f)	kalbà (m)	[kalʲˈba]
Besprechung (f)	aptarìmas (v)	[aptaˈrʲɪmas]
besprechen (vt)	aptárti	[apˈtartʲɪ]
Gespräch (n)	pókalbis (v)	[ˈpokalʲbʲɪs]
Gespräche führen	kalbėtis	[kalʲˈbʲeːtʲɪs]
Treffen (n)	susitikìmas (v)	[sʊˈsʲɪtʲɪkʲɪmas]
sich treffen	susitikinėti	[sʊsʲɪtʲɪkʲɪˈrʲnʲeːtʲɪ]
Sprichwort (n)	patarlė̃ (m)	[pataˈrʲlʲeː]
Redensart (f)	príežodis (v)	[ˈprʲiɛʒodʲɪs]
Rätsel (n)	mį̃slė (m)	[mʲɪːsʲlʲeː]
ein Rätsel aufgeben	įmiñti mį̃slę	[iːˈmʲɪntʲɪ ˈmʲɪːsʲlʲɛː]
Parole (f)	slaptãžodis (v)	[slʲapˈtaːʒodʲɪs]
Geheimnis (n)	paslaptìs (m)	[paslʲapˈtʲɪs]
Eid (m), Schwur (m)	príesaika (m)	[ˈprʲiɛsʌɪka]
schwören (vi, vt)	prisiekinėti	[prʲɪsʲiɛkʲɪˈrʲnʲeːtʲɪ]
Versprechen (n)	pãžadas (v)	[ˈpaːʒadas]
versprechen (vt)	žadėti	[ʒaˈdʲeːtʲɪ]
Rat (m)	patarìmas (v)	[pataˈrʲɪmas]
raten (vt)	patárti	[paˈtartʲɪ]
gehorchen (jemandem ~)	paklausýti	[paklʲɑʊˈsʲiːtʲɪ]
Neuigkeit (f)	naujíena (m)	[nɑʊˈjiɛna]
Sensation (f)	sensãcija (m)	[sʲɛnˈsaːtsʲɪjɛ]
Informationen (pl)	dúomenys (v dgs)	[ˈdʊɑmʲɛnʲiːs]
Schlussfolgerung (f)	ìšvada (m)	[ˈɪʃvada]
Stimme (f)	bal̃sas (v)	[ˈbalʲsas]
Kompliment (n)	komplimeñtas (v)	[komplʲɪˈrʲmʲɛntas]
freundlich	mandagùs	[mandaˈgʊs]
Wort (n)	žõdis (v)	[ˈʒoːdʲɪs]
Phrase (f)	reãkcija (m)	[rʲɛˈaːktsʲɪjɛ]
Antwort (f)	atsãkymas (v)	[aˈtsaːkʲiːmas]
Wahrheit (f)	tiesà (m)	[tʲiɛˈsa]
Lüge (f)	mẽlas (v)	[ˈmʲælʲas]
Gedanke (m)	mintìs (m)	[mʲɪnˈtʲɪs]
Idee (f)	idėja (m)	[ɪˈdʲeːja]
Phantasie (f)	fantãzija (m)	[fanˈtaːzʲɪjɛ]

66. Diskussion, Unterhaltung. Teil 2

angesehen (Adj)	gerbiamas	[ˈgʲɛrbʲæmas]
respektieren (vt)	gerbti	[ˈgʲɛrptʲɪ]
Respekt (m)	pagarbà (m)	[pagarˈba]
Sehr geehrter ...	Gerbiamàsis ...	[gʲɛrbʲæˈmasʲɪs ...]
bekannt machen	supažìndinti	[sʊpaˈʒʲɪndʲɪntʲɪ]
kennenlernen (vt)	susipažìnti	[sʊsʲɪpaˈʒʲɪntʲɪ]

Absicht (f)	ketìnimas (v)	[kʲɛˈtʲɪnʲɪmas]
beabsichtigen (vt)	ketìnti	[kʲɛˈtʲɪntʲɪ]
Wunsch (m)	palinkéjimas (v)	[palʲɪŋˈkʲɛjɪmas]
wünschen (vt)	palinkéti	[palʲɪŋˈkʲeːtʲɪ]
Staunen (n)	núostaba (m)	[ˈnʊɑstaba]
erstaunen (vt)	stēbinti	[ˈstʲæbʲɪntʲɪ]
staunen (vi)	stebétis	[steˈbʲeːtʲɪs]
geben (vt)	dúoti	[ˈdʊatʲɪ]
nehmen (vt)	im̃ti	[ˈɪmtʲɪ]
herausgeben (vt)	grąžìnti	[graːˈʒʲɪntʲɪ]
zurückgeben (vt)	atidúoti	[atʲɪˈdʊatʲɪ]
sich entschuldigen	atsiprašinéti	[atsʲɪpraʃɪˈnʲeːtʲɪ]
Entschuldigung (f)	atsiprãšymas (v)	[atsʲɪˈpraːʃɪːmas]
verzeihen (vt)	atléisti	[atˈlʲɛɪstʲɪ]
sprechen (vi)	kalbéti	[kalʲˈbʲeːtʲɪ]
hören (vt), zuhören (vi)	klausýti	[klʲɑʊˈsʲiːtʲɪ]
sich anhören	išklausýti	[ɪʃklʲɑʊˈsʲiːtʲɪ]
verstehen (vt)	suprãsti	[sʊpˈrastʲɪ]
zeigen (vt)	paródyti	[paˈrodʲiːtʲɪ]
ansehen (vt)	žiūréti į ...	[ʒʲuːˈrʲeːtʲɪ iː ..]
rufen (vi)	pakviẽsti	[pakˈvʲɛstʲɪ]
belästigen (vt)	trukdýti	[trʊkˈdʲiːtʲɪ]
stören (vt)	trukdýti	[trʊkˈdʲiːtʲɪ]
übergeben (vt)	pérduoti	[ˈpʲɛrdʊatʲɪ]
Bitte (f)	prãšymas (v)	[ˈpraːʃɪːmas]
bitten (vt)	prašýti	[praˈʃɪːtʲɪ]
Verlangen (n)	reikalãvimas (v)	[rʲɛɪkaˈlʲaːvʲɪmas]
verlangen (vt)	reikaláuti	[rʲɛɪkaˈlʲɑʊtʲɪ]
necken (vt)	érzinti	[ˈɛrzʲɪntʲɪ]
spotten (vi)	šaipýtis	[ʃʌɪˈpʲiːtʲɪs]
Spott (m)	pajuokà (m)	[pajʊɑˈka]
Spitzname (m)	pravardẽ (m)	[pravarˈdʲeː]
Andeutung (f)	užúomina (m)	[ʊˈʒʊamʲɪna]
andeuten (vt)	užsimiñti	[ʊʒsʲɪˈmʲɪntʲɪ]
meinen (vt)	numanýti	[nʊmaˈnʲiːtʲɪ]
Beschreibung (f)	aprãšymas (v)	[apˈraːʃɪːmas]
beschreiben (vt)	aprašýti	[apraˈʃɪːtʲɪ]
Lob (n)	pagyrimas (v)	[pagʲiːˈrʲɪmas]
loben (vt)	pagìrti	[paˈgʲɪrtʲɪ]
Enttäuschung (f)	nusivylìmas (v)	[nʊsʲɪvɪːˈlʲɪmas]
enttäuschen (vt)	nuvìlti	[nʊˈvʲɪlʲtʲɪ]
enttäuscht sein	nusivìlti	[nʊsʲɪˈvʲɪlʲtʲɪ]
Vermutung (f)	príelaida (m)	[ˈprʲɛlʲʌɪda]
vermuten (vt)	numanýti	[nʊmaˈnʲiːtʲɪ]
Warnung (f)	įspėjìmas (v)	[iːspʲeːˈjɪmas]
warnen (vt)	įspéti	[iːsˈpʲeːtʲɪ]

67. Diskussion, Unterhaltung. Teil 3

| überreden (vt) | įkalbėti | [i:kalʲˈbʲeːtʲɪ] |
| beruhigen (vt) | raminti, guosti | [raˈmʲɪntʲɪ], [ˈguɑstʲɪ] |

Schweigen (n)	tylėjimas (v)	[tʲiːˈlʲɛjɪmas]
schweigen (vi)	tylėti	[tʲiːˈlʲeːtʲɪ]
flüstern (vt)	sušnabždėti	[suʃnabʒˈdʲeːtʲɪ]
Flüstern (n)	šnabždesys (v)	[ʃnabʒdʲɛˈsʲiːs]

| offen (Adv) | atvirai | [atvʲɪˈrʌɪ] |
| meiner Meinung nach ... | mano nuomone ... | [ˈmanɔ ˈnuɑmonʲɛ ...] |

Detail (n)	išsamumas (v)	[ɪʃsaˈmumas]
ausführlich (Adj)	išsamus	[ɪʃsaˈmʊs]
ausführlich (Adv)	išsamiai	[ɪʃsaˈmʲɛɪ]

| Tipp (m) | užuomina (m) | [ʊˈʒuɑmʲɪna] |
| einen Tipp geben | pasakinėti | [pasakʲɪˈnʲeːtʲɪ] |

Blick (m)	žvilgsnis (v)	[ˈʒvʲɪlʲgsnʲɪs]
anblicken (vt)	žvilgtelėti	[ˈʒvʲɪlʲkte lʲeːtʲɪ]
starr (z.B. -en Blick)	nejudantis	[ˈnʲɛjudantʲɪs]
blinzeln (mit den Augen)	mirksėti	[mʲɪrkˈsʲeːtʲɪ]
zwinkern (mit den Augen)	mirktelėti	[ˈmʲɪrktelʲeːtʲɪ]
nicken (vi)	linktelėti	[ˈlʲɪŋktelʲeːtʲɪ]

Seufzer (m)	iškvėpis (v)	[ˈɪʃkvʲeːpʲɪs]
aufseufzen (vi)	įkvėpti	[iːkˈvʲeːptʲɪ]
zusammenzucken (vi)	krūpčioti	[ˈkruːptʂʲotʲɪ]
Geste (f)	gestas (v)	[ˈgʲɛstas]
berühren (vt)	prisiliesti	[prʲɪsʲɪˈlʲɛstʲɪ]
ergreifen (vt)	griebti	[ˈgrʲɛptʲɪ]
klopfen (vt)	plekšnoti	[plʲɛkʃˈnotʲɪ]

Vorsicht!	Atsargiai!	[atsarˈgʲɛɪ!]
Wirklich?	Nejaugi?	[nʲɛˈjɛʊgʲɪ?]
Sind Sie sicher?	Tu įsitikinęs?	[ˈtu iːsʲɪˈtʲɪːkʲɪnʲɛːs?]
Viel Glück!	Sėkmės!	[sʲeːkˈmʲeːs!]
Klar!	Aišku!	[ˈʌɪʃkʊ!]
Schade!	Gaila!	[ˈgʌɪlʲa!]

68. Zustimmung. Ablehnung

Einverständnis (n)	sutikimas (v)	[sʊtʲɪˈkʲɪmas]
zustimmen (vi)	sutikti	[sʊˈtʲɪktʲɪ]
Billigung (f)	pritarimas (v)	[prʲɪtaˈrʲɪmas]
billigen (vt)	pritarti	[prʲɪˈtartʲɪ]
Absage (f)	atsisakymas (v)	[atsʲɪˈsaːkʲiːmas]
sich weigern	atsisakyti	[atsʲɪsaˈkʲiːtʲɪ]

| Ausgezeichnet! | Puiku! | [pʊiˈkʊ!] |
| Ganz recht! | Gerai! | [gʲɛˈrʌɪ!] |

Gut! Okay!	Gerai!	[gʲɛ'rʌɪ!]
verboten (Adj)	uždraustas	['ʊʒdraʊstas]
Es ist verboten	negalima	[nʲɛgalʲɪ'ma]
Es ist unmöglich	neįmanoma	[nʲɛɪ:'ma:noma]
falsch	neteisingas	[nʲɛtʲɛɪ'sʲɪngas]

ablehnen (vt)	atmesti	[at'mʲɛstʲɪ]
unterstützen (vt)	palaikyti	[palʲʌɪ'kʲi:tʲɪ]
akzeptieren (vt)	priimti	[prʲɪ'imtʲɪ]

bestätigen (vt)	patvirtinti	[pat'vʲɪrtʲɪntʲɪ]
Bestätigung (f)	patvirtinimas (v)	[pat'vʲɪrtʲɪnʲɪmas]
Erlaubnis (f)	leidimas (v)	[lʲɛɪ'dʲɪmas]
erlauben (vt)	leisti	['lʲɛɪstʲɪ]
Entscheidung (f)	sprendimas (v)	[sprʲɛn'dʲɪmas]
schweigen (nicht antworten)	nutylėti	[nʊtʲi:'lʲe:tʲɪ]

Bedingung (f)	sąlyga (m)	['sa:lʲi:ga]
Ausrede (f)	atsikalbinėjimas (v)	[atsʲɪkalʲbʲɪ'nʲɛjɪmas]
Lob (n)	pagyrimas (v)	[pagʲi:'rʲɪmas]
loben (vt)	girti	['gʲɪrtʲɪ]

69. Erfolg. Alles Gute. Misserfolg

Erfolg (m)	sėkmė (m)	[sʲe:k'mʲe:]
erfolgreich (Adv)	sėkmingai	[sʲe:k'mʲɪngʌɪ]
erfolgreich (Adj)	sėkmingas	[sʲe:k'mʲɪngas]
Glück (Glücksfall)	sėkmė (m)	[sʲe:k'mʲe:]
Viel Glück!	Sėkmės!	[sʲe:k'mʲe:s!]
Glücks- (z.B. -tag)	sėkmingas	[sʲe:k'mʲɪngas]
glücklich (Adj)	sėkmingas	[sʲe:k'mʲɪngas]

Misserfolg (m)	nesėkmė (m)	[nʲɛsʲe:k'mʲe:]
Missgeschick (n)	nesėkmė (m)	[nʲɛsʲe:k'mʲe:]
Unglück (n)	nesėkmė (m)	[nʲɛsʲe:k'mʲe:]
missglückt (Adj)	nesėkmingas	[nʲɛsʲe:k'mʲɪngas]
Katastrophe (f)	katastrofa (m)	[katastro'fa]

Stolz (m)	išdidumas (v)	[ɪʃdʲɪ'dʊmas]
stolz	išdidus	[ɪʃdʲɪ'dʊs]
stolz sein	didžiuotis	[dʲɪ'dʒʲʊatʲɪs]
Sieger (m)	nugalėtojas (v)	[nʊga'lʲe:to:jɛs]
siegen (vi)	nugalėti	[nʊga'lʲe:tʲɪ]
verlieren (Spiel usw.)	pralaimėti	[pralʲʌɪ'mʲe:tʲɪ]
Versuch (m)	bandymas (v)	['bandʲi:mas]
versuchen (vt)	bandyti	[ban'dʲi:tʲɪ]
Chance (f)	šansas (v)	['ʃansas]

70. Streit. Negative Gefühle

| Schrei (m) | riksmas (v) | ['rʲɪksmas] |
| schreien (vi) | rėkti | ['rʲe:ktʲɪ] |

beginnen zu schreien	užrìkti	[ʊʒˈrʲɪktʲɪ]
Zank (m)	bar̃nis (v)	[ˈbarnʲɪs]
sich zanken	bártis	[ˈbartʲɪs]
Riesenkrach (m)	skandãlas (v)	[skanˈdaːlʲas]
Krach haben	kélti skandãlą	[ˈkʲɛlʲtʲɪ skandaːlaː]
Konflikt (m)	konflìktas (v)	[kɔnˈflʲɪktas]
Missverständnis (n)	nesusipratìmas (v)	[nʲɛsʊsʲɪpraˈtʲɪmas]
Kränkung (f)	įžeidìmas (v)	[iːʒʲɛɪˈdʲɪːmas]
kränken (vt)	įžeidinéti	[iːʒʲɛɪdʲɪˈnʲeːtʲɪ]
gekränkt (Adj)	į̃žeistas	[ˈiːʒʲɛɪstas]
Beleidigung (f)	núoskauda (m)	[ˈnʊɑskaʊda]
beleidigen (vt)	nuskriaũsti	[nʊˈskrʲɛʊstʲɪ]
sich beleidigt fühlen	įsižeĩsti	[iːsʲɪˈʒʲɛɪstʲɪ]
Empörung (f)	pasipìktinimas (v)	[pasʲɪˈpʲɪktʲɪnʲɪmas]
sich empören	pasipìktinti	[pasʲɪˈpʲɪktʲɪntʲɪ]
Klage (f)	skuñdas (v)	[ˈskʊndas]
klagen (vi)	skų́stis	[ˈskuːstʲɪs]
Entschuldigung (f)	atsiprãšymas (v)	[atsʲɪˈpraːʃɪːmas]
sich entschuldigen	atsiprašynéti	[atsʲɪˈpraʃɪːnʲeːtʲɪ]
um Entschuldigung bitten	prašýti atleidìmo	[praˈʃɪːtʲɪ atlʲɛɪˈdʲɪmɔ]
Kritik (f)	krìtika (m)	[ˈkrʲɪtʲɪka]
kritisieren (vt)	kritikúoti	[krʲɪtʲɪˈkʊɑtʲɪ]
Anklage (f)	káltinimas (v)	[ˈkalʲtʲɪnʲɪmas]
anklagen (vt)	káltinti	[ˈkalʲtʲɪntʲɪ]
Rache (f)	ker̃štas (v)	[ˈkʲɛrʃtas]
rächen (vt)	ker̃šyti	[ˈkʲɛrʃɪːtʲɪ]
sich rächen	atker̃šyti	[atˈkʲɛrʃɪːtʲɪ]
Verachtung (f)	pasmerkìmas (v)	[pasmʲɛrˈkʲɪmas]
verachten (vt)	smer̃kti	[ˈsmʲɛrktʲɪ]
Hass (m)	neapýkanta (m)	[nʲɛaˈpʲiːkanta]
hassen (vt)	nekę̃sti	[nʲɛˈkʲɛːstʲɪ]
nervös	nervúotas	[nʲɛrˈvʊɑtas]
nervös sein	nèrvintis	[ˈnʲɛrvʲɪntʲɪs]
verärgert	pìktas	[ˈpʲɪktas]
ärgern (vt)	supýkdyti	[sʊˈpʲiːkdʲiːtʲɪ]
Erniedrigung (f)	žẽminimas (v)	[ˈʒʲæmʲɪnʲɪmas]
erniedrigen (vt)	žẽminti	[ˈʒʲæmʲɪntʲɪ]
sich erniedrigen	žẽmintis	[ˈʒʲæmʲɪntʲɪs]
Schock (m)	šòkas (v)	[ˈʃɔkas]
schockieren (vt)	šokirúoti	[ʃɔkʲɪˈrʊɑtʲɪ]
Ärger (m)	nemalonùmas (v)	[nʲɛmalʲɔˈnʊmas]
unangenehm	nemalonùs	[nʲɛmalʲɔˈnʊs]
Angst (f)	baĩmė (m)	[ˈbʌɪmʲeː]
furchtbar (z.B. -e Sturm)	baisùs	[bʌɪˈsʊs]
schrecklich	baisùs	[bʌɪˈsʊs]

| Entsetzen (n) | siaũbas (v) | ['sʲɛʊbas] |
| entsetzlich | siaubìngas | [sʲɛʊ'bʲɪngas] |

zittern (vi)	suvirpėti	[sʊvʲɪr'pʲeːtʲɪ]
weinen (vi)	veȓkti	['vʲɛrktʲɪ]
anfangen zu weinen	pradėti veȓkti	[pra'dʲeːtʲɪ 'verktʲɪ]
Träne (f)	ãšara (m)	['aːʃara]

Schuld (f)	kaltě (m)	[kalʲ'tʲeː]
Schuldgefühl (n)	kaltě (m)	[kalʲ'tʲeː]
Schmach (f)	géda (m)	['gʲeːda]
Protest (m)	protèstas (v)	[pro'tʲɛstas]
Stress (m)	strèsas (v)	['strʲɛsas]

stören (vt)	trukdýti	[trʊk'dʲiːtʲɪ]
sich ärgern	pýkti	['pʲiːktʲɪ]
ärgerlich	pìktas	['pʲɪktas]
abbrechen (vi)	nutráukti	[nʊ'traʊktʲɪ]
schelten (vi)	bártis	['bartʲɪs]

erschrecken (vi)	baugìntis	[baʊ'gʲɪntʲɪs]
schlagen (vt)	treñkti	['trʲɛŋktʲɪ]
sich prügeln	mùštis	['mʊʃtʲɪs]

beilegen (Konflikt usw.)	sureguliúoti	[sʊrʲɛgʊ'lʲʊatʲɪ]
unzufrieden	nepaténkintas	[nʲɛpa'tʲɛŋkʲɪntas]
wütend	įníršęs	[iː'nʲɪrʃɛːs]

| Das ist nicht gut! | Negeraĩ! | [nʲɛgʲɛ'rʌɪ!] |
| Das ist schlecht! | Negeraĩ! | [nʲɛgʲɛ'rʌɪ!] |

Medizin

71. Krankheiten

Krankheit (f)	liga (m)	[lʲɪr'ga]
krank sein	sirgti	['sʲɪrktʲɪ]
Gesundheit (f)	sveikatà (m)	[svʲɛɪka'ta]

Schnupfen (m)	slogà (m)	[slʲo'ga]
Angina (f)	anginà (m)	[angʲɪ'na]
Erkältung (f)	péršalimas (v)	['pʲɛrʃalʲɪmas]
sich erkälten	péršalti	['pʲɛrʃalʲtʲɪ]

Bronchitis (f)	bronchìtas (v)	[bron'xʲɪtas]
Lungenentzündung (f)	plaũčių uždegìmas (v)	['plʲɑutʂʲu: uʒdʲɛ'gʲɪmas]
Grippe (f)	grìpas (v)	['grʲɪpas]

kurzsichtig	trumparẽgis	[trʊmpa'rʲæɡʲɪs]
weitsichtig	toliarẽgis	[tolʲæ'rʲæɡʲɪs]
Schielen (n)	žvairùmas (v)	[ʒvʌɪ'rʊmas]
schielend (Adj)	žvaĩras	['ʒvʌɪras]
grauer Star (m)	kataraktà (m)	[katarak'ta]
Glaukom (n)	glaukomà (m)	[glʲɑʊko'ma]

Schlaganfall (m)	insùltas (v)	[ɪn'sʊlʲtas]
Infarkt (m)	infárktas (v)	[ɪn'farktas]
Herzinfarkt (m)	miokárda infárktas (v)	[mʲɪjo'karda in'farktas]
Lähmung (f)	paralỹžius (v)	[para'lʲi:ʒʲʊs]
lähmen (vt)	paraližúoti	[paralʲɪ'ʒʊɑtʲɪ]

Allergie (f)	alèrgija (m)	[a'lʲɛrgʲɪjɛ]
Asthma (n)	astmà (m)	[ast'ma]
Diabetes (m)	diabètas (v)	[dʲɪja'bʲɛtas]

| Zahnschmerz (m) | dantų̃ skaũsmas (v) | [dan'tu: 'skɑʊsmas] |
| Karies (f) | kāriesas (v) | ['ka:rʲɪɛsas] |

Durchfall (m)	diarėja (m)	[dʲɪjarʲe:ja]
Verstopfung (f)	vidurių̃ užkietėjimas (v)	[vʲɪdʊ'rʲu: ʊʒkʲɪɛ'tʲɛjɪmas]
Magenverstimmung (f)	skrañdžio sutrikìmas (v)	['skrandʒʲo sʊtrʲɪ'kʲɪmas]
Vergiftung (f)	apsinuõdijimas (v)	[apsʲɪ'nʊɑdʲɪjimas]
Vergiftung bekommen	apsinuõdyti	[apsʲɪ'nʊɑdʲi:tʲɪ]

Arthritis (f)	artrìtas (v)	[art'rʲɪtas]
Rachitis (f)	rachìtas (v)	[ra'xʲɪtas]
Rheumatismus (m)	reumatìzmas (v)	[rʲɛʊma'tʲɪzmas]
Atherosklerose (f)	ateroskleròzė (m)	[aterosklʲɛ'rozʲe:]

| Gastritis (f) | gastrìtas (v) | [gas'trʲɪtas] |
| Blinddarmentzündung (f) | apendicìtas (v) | [apʲɛndʲɪ'tsʲɪtas] |

Deutsch	Litauisch	Transkription
Cholezystitis (f)	cholecistìtas (v)	[xolʲɛtsʲɪsˈtʲɪtas]
Geschwür (n)	opà (m)	[oˈpa]
Masern (pl)	tymaĩ (v)	[tʲiːˈmʌɪ]
Röteln (pl)	raudoniùkė (m)	[rɑʊdoˈnʲʊkʲeː]
Gelbsucht (f)	geltà (m)	[gʲɛlʲˈta]
Hepatitis (f)	hepatìtas (v)	[ɣʲɛpaˈtʲɪtas]
Schizophrenie (f)	šizofrènija (m)	[ʃʲɪzoˈfrʲɛnʲɪjɛ]
Tollwut (f)	pasiùtligė (m)	[paˈsʲʊtlʲɪgʲeː]
Neurose (f)	neuròzė (m)	[nʲɛʊˈrozʲeː]
Gehirnerschütterung (f)	smegenų̃ sutrenkìmas (v)	[smʲɛgʲɛˈnu: sʊtrʲɛŋˈkʲɪmas]
Krebs (m)	vėžỹs (v)	[vʲeːˈʒʲiːs]
Sklerose (f)	skleròzė (m)	[sklʲɛˈrozʲeː]
multiple Sklerose (f)	išsėtìnė skleròzė (m)	[ɪʃsʲeːˈtʲɪnʲe: sklʲɛˈrozʲeː]
Alkoholismus (m)	alkoholìzmas (v)	[alʲkoɣoˈlʲɪzmas]
Alkoholiker (m)	alokoholìkas (v)	[alokoˈɣolʲɪkas]
Syphilis (f)	sìfilis (v)	[ˈsʲɪfʲɪlʲɪs]
AIDS	ŽIV (v)	[ˈʒʲɪv]
Tumor (m)	auglỹs (v)	[ɑʊgˈlʲiːs]
Fieber (n)	karštlìgė (m)	[ˈkarʃtlʲɪgʲeː]
Malaria (f)	maliãrija (m)	[maˈlʲærʲɪjɛ]
Gangrän (f, n)	gangrenà (m)	[gangrʲɛˈna]
Seekrankheit (f)	jū́ros lìga (m)	[ˈjuːros lʲɪˈga]
Epilepsie (f)	epilèpsija (m)	[ɛpʲɪˈlʲɛpsʲɪjɛ]
Epidemie (f)	epidèmija (m)	[ɛpʲɪˈdʲɛmʲɪjɛ]
Typhus (m)	šìltinė (m)	[ˈʃʲɪlʲtʲɪnʲeː]
Tuberkulose (f)	tuberkuliòzė (m)	[tʊbʲɛrkʊˈlʲozʲeː]
Cholera (f)	chòlera (m)	[ˈxolʲɛra]
Pest (f)	mãras (v)	[ˈmaːras]

72. Symptome. Behandlungen. Teil 1

Deutsch	Litauisch	Transkription
Symptom (n)	simptòmas (v)	[sʲɪmpˈtomas]
Temperatur (f)	temperatūrà (m)	[tʲɛmpʲɛratuːˈra]
Fieber (n)	aukštà temperatūrà (m)	[ɑʊkʃˈta tʲɛmpʲɛratuːˈra]
Puls (m)	pùlsas (v)	[ˈpʊlʲsas]
Schwindel (m)	galvõs svaigìmas (v)	[galʲˈvoːs svʌɪˈgʲɪmas]
heiß (Stirne usw.)	kárštas	[ˈkarʃtas]
Schüttelfrost (m)	drebulỹs (v)	[drʲɛbʊˈlʲiːs]
blass (z.B. -es Gesicht)	išbãlęs	[ɪʃˈbaːlʲɛːs]
Husten (m)	kosulỹs (v)	[kɔsʊˈlʲiːs]
husten (vi)	kósėti	[ˈkosʲeːtʲɪ]
niesen (vi)	čiáudėti	[ˈtʃʲæʊdʲeːtʲɪ]
Ohnmacht (f)	nualpìmas (v)	[nʊˈalʲpʲɪmas]
ohnmächtig werden	nualpti	[nʊˈalʲptʲɪ]
blauer Fleck (m)	mėlỹnė (m)	[mʲeːˈlʲiːnʲeː]
Beule (f)	gùzas (v)	[ˈgʊzas]

sich stoßen	atsitreñkti	[ats^jɪ'tr^jɛŋkt^jɪ]
Prellung (f)	sumušìmas (v)	[sʊmʊ'ʃɪmas]
sich stoßen	susimùšti	[sʊs^jɪ'mʊʃt^jɪ]
hinken (vi)	šlubúoti	[ʃl^jʊ'bʊɑt^jɪ]
Verrenkung (f)	išnirìmas (v)	[ɪʃn^jɪ'r^jɪmas]
ausrenken (vt)	išnarìnti	[ɪʃna'r^jɪnt^jɪ]
Fraktur (f)	lū́žis (v)	['l^ju:ʒ^jɪs]
brechen (Arm usw.)	susiláužyti	[sʊs^jɪ'l^jaʊʒ^ji:t^jɪ]
Schnittwunde (f)	įpjovìmas (v)	[i:pjo'v^jɪ:mas]
sich schneiden	įsipjáuti	[i:s^jɪ'pjaʊt^jɪ]
Blutung (f)	kraujãvimas (v)	[kraʊ'ja:v^jɪmas]
Verbrennung (f)	nudegìmas (v)	[nʊd^jɛ'g^jɪmas]
sich verbrennen	nusidẽginti	[nʊs^jɪ'd^jæg^jɪnt^jɪ]
stechen (vt)	įdùrti	[i:'dʊrt^jɪ]
sich stechen	įsidùrti	[i:s^jɪ'dʊrt^jɪ]
verletzen (vt)	sužalóti	[sʊs^jɪʒa'l^jot^jɪ]
Verletzung (f)	sužalójimas (v)	[sʊʒa'l^jo:jɪmas]
Wunde (f)	žaizdà (m)	[ʒʌɪz'da]
Trauma (n)	tráuma (m)	['traʊma]
irrereden (vi)	sapalióti	[sapa'l^jot^jɪ]
stottern (vi)	mikčióti	[m^jɪk'tʃ^jot^jɪ]
Sonnenstich (m)	sáulės smũgis (v)	['saʊl^je:s 'smu:g^jɪs]

73. Symptome. Behandlungen. Teil 2

Schmerz (m)	skaũsmas (v)	['skaʊsmas]
Splitter (m)	rakštìs (m)	[rakʃ't^jɪs]
Schweiß (m)	prãkaitas (v)	['pra:kʌɪtas]
schwitzen (vi)	prakaitúoti	[prakʌɪ'tʊɑt^jɪ]
Erbrechen (n)	pỹkinimas (v)	['p^ji:k^jɪn^jɪmas]
Krämpfe (pl)	traukùliai (v)	[traʊ'kʊl^jɛɪ]
schwanger	nėščià	[n^je:ʃtʂ^jæ]
geboren sein	gìmti	['g^jɪmt^jɪ]
Geburt (f)	gimdymas (v)	['g^jɪmd^ji:mas]
gebären (vt)	gimdýti	[g^jɪm'd^ji:t^jɪ]
Abtreibung (f)	abòrtas (v)	[a'bortas]
Atem (m)	kvėpãvimas (v)	[kv^je:'pa:v^jɪmas]
Atemzug (m)	įkvėpis (v)	['i:kv^je:p^jɪs]
Ausatmung (f)	iškvėpìmas (v)	[ɪʃkv^je:'p^jɪmas]
ausatmen (vt)	iškvė̃pti	[ɪʃ'kv^je:pt^jɪ]
einatmen (vt)	įkvė̃pti	[i:k'v^je:pt^jɪ]
Invalide (m)	invalìdas (v)	[ɪnva'l^jɪdas]
Krüppel (m)	luošỹs (v)	[l^jʊɑ'ʃɪ:s]
Drogenabhängiger (m)	narkomãnas (v)	[narko'ma:nas]
taub	kur̃čias	['kʊrtʂ^jæs]

| stumm | nebylỹs | [nʲɛbʲiːˈlʲiːs] |
| taubstumm | kurčnebylis | [ˈkʊrtsnʲɛbʲiːlʲɪs] |

verrückt (Adj)	pamìšęs	[paˈmʲɪʃɛːs]
Irre (m)	pamìšęs (v)	[paˈmʲɪʃɛːs]
Irre (f)	pamìšusi (m)	[paˈmʲɪʃʊsʲɪ]
den Verstand verlieren	išprotéti	[ɪʃproˈtʲeːtʲɪ]

Gen (n)	génas (v)	[ˈgʲɛnas]
Immunität (f)	imunitėtas (v)	[ɪmʊnʲɪˈtʲɛtas]
erblich	pavéldimas	[paˈvʲɛlʲdʲɪmas]
angeboren	ĩgimtas	[ˈiːgʲɪmtas]

Virus (m, n)	vìrusas (v)	[ˈvʲɪrʊsas]
Mikrobe (f)	mikròbas (v)	[mʲɪkˈrobas]
Bakterie (f)	baktèrija (m)	[bakˈtʲɛrʲɪjɛ]
Infektion (f)	infèkcija (m)	[ɪnˈfʲɛktsʲɪjɛ]

74. Symptome. Behandlungen. Teil 3

| Krankenhaus (n) | ligóninė (m) | [lʲɪˈgonʲɪnʲeː] |
| Patient (m) | pacientas (v) | [paˈtsʲiɛntas] |

Diagnose (f)	diagnòzė (m)	[dʲɪjagˈnozʲeː]
Heilung (f)	gýdymas (v)	[ˈgʲiːdʲiːmas]
Behandlung (f)	gýdymas (v)	[ˈgʲiːdʲiːmas]
Behandlung bekommen	gýdytis	[ˈgʲiːdʲiːtʲɪs]
behandeln (vt)	gýdyti	[ˈgʲiːdʲiːtʲɪ]
pflegen (Kranke)	slaugýti	[slʲɑʊˈgʲiːtʲɪ]
Pflege (f)	slaugà (m)	[slʲɑʊˈga]

Operation (f)	operãcija (m)	[opʲɛˈraːtsʲɪjɛ]
verbinden (vt)	pérrišti	[ˈpʲɛrrʲɪʃtʲɪ]
Verband (m)	pérrišimas (v)	[ˈpʲɛrrʲɪʃɪmas]

Impfung (f)	skiẽpas (v)	[ˈskʲɛpas]
impfen (vt)	skiẽpyti (vt)	[ˈskʲɛpʲiːtʲɪ]
Spritze (f)	įdūrìmas (v)	[iːduːˈrʲɪːmas]
eine Spritze geben	suléisti vaistus	[sʊˈlʲɛɪstʲɪ ˈvʌɪstʊs]

Anfall (m)	príepuolis (v)	[ˈprʲiɛpʊɑlʲɪs]
Amputation (f)	amputãcija (m)	[ampʊˈtaːtsʲɪjɛ]
amputieren (vt)	amputúoti	[ampʊˈtʊɑtʲɪ]
Koma (n)	komà (m)	[kɔˈma]
im Koma liegen	bũti kõmoje	[ˈbuːtʲɪ ˈkõmojɛ]
Reanimation (f)	reanimãcija (m)	[rʲɛanʲɪˈmaːtsʲɪjɛ]

genesen von ... (vi)	sveĩkti ...	[ˈsvʲɛɪktʲɪ ...]
Zustand (m)	bũklė (m)	[ˈbuːklʲeː]
Bewusstsein (n)	sąmonė (m)	[ˈsaːmonʲeː]
Gedächtnis (n)	atmintìs (m)	[atmʲɪnʲˈtʲɪs]

| ziehen (einen Zahn ~) | šãlinti | [ˈʃaːlʲɪntʲɪ] |
| Plombe (f) | plòmba (m) | [ˈplʲomba] |

plombieren (vt)	plombúoti	[pljom'buatjɪ]
Hypnose (f)	hipnòzė (m)	[ɣjɪp'nozje:]
hypnotisieren (vt)	hipnotizúoti	[ɣjɪpnotjɪ'zuatjɪ]

75. Ärzte

Arzt (m)	gýdytojas (v)	['gjiːdjiːtoːjɛs]
Krankenschwester (f)	medicìnos sẽselė (m)	[mjɛdjɪ'tsjɪnos se'sjæljeː]
Privatarzt (m)	asmenìnis gýdytojas (v)	[asmjɛ'njɪnjɪs 'gjiːdjiːtoːjɛs]
Zahnarzt (m)	dantìstas (v)	[dan'tjɪstas]
Augenarzt (m)	okulìstas (v)	[oku'ljɪstas]
Internist (m)	terapèutas (v)	[tjɛra'pjɛutas]
Chirurg (m)	chirùrgas (v)	[xjɪ'rurgas]
Psychiater (m)	psichiãtras (v)	[psjɪxjɪ'jatras]
Kinderarzt (m)	pediãtras (v)	[pjɛ'djɪ'jatras]
Psychologe (m)	psichològas (v)	[psjɪxo'ljogas]
Frauenarzt (m)	ginekològas (v)	[gjɪnjɛko'ljogas]
Kardiologe (m)	kardiològas (v)	[kardjɪjɔ'ljogas]

76. Medizin. Medikamente. Accessoires

Arznei (f)	váistas (v)	['vʌɪstas]
Heilmittel (n)	príemonė (m)	['prjiɛmonjeː]
verschreiben (vt)	išrašýti	[ɪʃra'ʃiːtjɪ]
Rezept (n)	recèptas (v)	[rjɛ'tsjɛptas]

Tablette (f)	tãbletė (m)	[tab'ljɛtjeː]
Salbe (f)	tẽpalas (v)	['tjæpaljas]
Ampulle (f)	ámpulė (m)	['ampuljeː]
Mixtur (f)	mikstūrà (m)	[mjɪkstuːˈra]
Sirup (m)	sìrupas (v)	['sjɪrupas]
Pille (f)	piliùlė (m)	[pjɪ'ljuljeː]
Pulver (n)	miltẽliai (v dgs)	[mjɪljˈtjæljɛɪ]

Verband (m)	bìntas (v)	['bjɪntas]
Watte (f)	vatà (m)	[va'ta]
Jod (n)	jòdas (v)	[jɔ das]

Pflaster (n)	pléistras (v)	['pljɛɪstras]
Pipette (f)	pipètė (m)	[pjɪ'pjɛtjeː]
Thermometer (n)	termomètras (v)	[tjɛrmo'mjɛtras]
Spritze (f)	švìrkštas (v)	['ʃvjɪrkʃtas]

| Rollstuhl (m) | neįgaliojo vežimėlis (v) | [njɛɪːgaˈljojo vjɛˈʒjɪmjeːljɪs] |
| Krücken (pl) | rameñtai (v dgs) | [ra'mjɛntʌɪ] |

Betäubungsmittel (n)	skaũsmą malšìnantys váistai (v dgs)	['skausmaː maljˈʃɪnantjiːs ˈvʌɪstʌɪ]
Abführmittel (n)	laĩsvinantys váistai (v dgs)	['ljʌɪsvjɪnantjiːs ˈvʌɪstʌɪ]
Spiritus (m)	spìritas (v)	['spjɪrjɪtas]

Heilkraut (n)	žolė (m)	[ʒoˈlʲeː]
Kräuter- (z.B. Kräutertee)	žolìnis	[ʒoˈlʲɪnʲɪs]

77. Rauchen. Tabakwaren

Tabak (m)	tabõkas (v)	[taˈboːkas]
Zigarette (f)	cigarètė (m)	[tsʲɪgaˈrʲɛtʲeː]
Zigarre (f)	cigãras (v)	[tsʲɪˈgaːras]
Pfeife (f)	pypkė (m)	[ˈpʲiːpkʲeː]
Packung (f)	pakelìs (v)	[pakʲɛˈlʲɪs]

Streichhölzer (pl)	degtukai (v)	[dʲɛgˈtʊkʌɪ]
Streichholzschachtel (f)	degtukų dėžùtė (m)	[dʲɛgˈtʊkuː dʲeːˈʒʊtʲeː]
Feuerzeug (n)	žiebtuvėlis (v)	[ʒʲiɛptʊˈvʲeːlʲɪs]
Aschenbecher (m)	peleninė (m)	[pʲɛlʲɛˈnʲɪnʲeː]
Zigarettenetui (n)	portsigãras (v)	[portsʲɪˈgaːras]

Mundstück (n)	kandìklis (v)	[kanˈdʲɪklʲɪs]
Filter (n)	fìltras (v)	[ˈfʲɪlʲtras]

rauchen (vi, vt)	rūkýti	[ruːˈkʲiːtʲɪ]
anrauchen (vt)	užrūkýti	[ʊʒruːˈkʲiːtʲɪ]
Rauchen (n)	rūkymas (v)	[ˈruːkʲiːmas]
Raucher (m)	rūkõrius (v)	[ruːˈkoːrʲʊs]

Stummel (m)	núorūka (m)	[ˈnʊɑruːka]
Rauch (m)	dūmas (v)	[ˈduːmas]
Asche (f)	pelenaĩ (v dgs)	[pʲɛlʲɛˈnʌɪ]

LEBENSRAUM DES MENSCHEN

Stadt

78. Stadt. Leben in der Stadt

Stadt (f)	miestas (v)	['mʲɛstas]
Hauptstadt (f)	sostinė (m)	['sostʲɪnʲeː]
Dorf (n)	kaimas (v)	['kʌɪmas]
Stadtplan (m)	miesto planas (v)	['mʲɛstɔ 'plʲaːnas]
Stadtzentrum (n)	miesto centras (v)	['mʲɛstɔ 'tsʲɛntras]
Vorort (m)	priemiestis (v)	['prʲiɛmʲɛstʲɪs]
Vorort-	priemiesčio	['prʲiɛmʲiɛstʂʲɔ]
Stadtrand (m)	pakraštys (v)	[pakraʃtʲiːs]
Umgebung (f)	apylinkės (m dgs)	[aˈpʲiːlʲɪŋkʲeːs]
Stadtviertel (n)	kvartalas (v)	[kvarˈtaːlʲas]
Wohnblock (m)	gyvenamas kvartalas (v)	[gʲiːˈvʲænamas kvarˈtaːlʲas]
Straßenverkehr (m)	judėjimas (v)	[jʊˈdʲɛjɪmas]
Ampel (f)	šviesoforas (v)	[ʃvʲiɛsoˈforas]
Stadtverkehr (m)	miesto transportas (v)	['mʲɛstɔ transˈportas]
Straßenkreuzung (f)	sankryža (m)	['saŋkrʲiːʒa]
Übergang (m)	perėja (m)	['pʲɛrʲeːja]
Fußgängerunterführung (f)	požeminė perėja (m)	[poʒeˈmʲɪnʲe: 'pʲærʲeːja]
überqueren (vt)	pereiti	['pʲɛrʲɛɪtʲɪ]
Fußgänger (m)	pėstysis (v)	['pʲeːstʲiːsʲɪs]
Gehweg (m)	šaligatvis (v)	[ʃaˈlʲɪgatvʲɪs]
Brücke (f)	tiltas (v)	['tʲɪlʲtas]
Kai (m)	krantinė (m)	[kranˈtʲɪnʲeː]
Allee (f)	alėja (m)	[aˈlʲeːja]
Park (m)	parkas (v)	['parkas]
Boulevard (m)	bulvaras (v)	[bʊlʲˈvaːras]
Platz (m)	aikštė (m)	[ʌɪkʃtʲeː]
Avenue (f)	prospektas (v)	[prosˈpʲɛktas]
Straße (f)	gatvė (m)	['gaːtvʲeː]
Gasse (f)	skersgatvis (v)	['skʲɛrsgatvʲɪs]
Sackgasse (f)	tupikas (v)	[tʊˈpʲɪkas]
Haus (n)	namas (v)	['naːmas]
Gebäude (n)	pastatas (v)	['paːstatas]
Wolkenkratzer (m)	dangoraižis (v)	[danˈgorʌɪʒʲɪs]
Fassade (f)	fasadas (v)	[faˈsaːdas]
Dach (n)	stogas (v)	['stogas]

Fenster (n)	langas (v)	['lʲaŋgas]
Bogen (m)	arka (m)	['arka]
Säule (f)	kolona (m)	[kɔlʲo'na]
Ecke (f)	kampas (v)	['kampas]

Schaufenster (n)	vitrina (m)	[vʲɪtrʲɪ'na]
Firmenschild (n)	iškaba (m)	['ɪʃkaba]
Anschlag (m)	afiša (m)	[afʲɪ'ʃa]
Werbeposter (m)	reklaminis plakatas (v)	[rʲɛk'lʲa:mʲɪnʲɪs plʲa'ka:tas]
Werbeschild (n)	reklaminis skydas (v)	[rʲɛk'lʲa:mʲɪnʲɪs 'skʲi:das]

Müll (m)	šiukšlės (m dgs)	['ʃʊkʃlʲe:s]
Mülleimer (m)	urna (m)	['ʊrna]
Abfall wegwerfen	šiukšlinti	['ʃʊkʃlʲɪntʲɪ]
Mülldeponie (f)	sąvartynas (v)	[sa:var'tʲi:nas]

Telefonzelle (f)	telefono budelė (m)	[tʲɛlʲɛ'fonɔ 'bʊdelʲe:]
Straßenlaterne (f)	žibinto stulpas (v)	[ʒʲɪ'bʲɪntɔ 'stʊlʲpas]
Bank (Park-)	suolas (v)	['sʊɑlʲas]

Polizist (m)	policininkas (v)	[po'lʲɪts'ɪnʲɪŋkas]
Polizei (f)	policija (m)	[po'lʲɪtsʲɪjɛ]
Bettler (m)	skurdžius (v)	['skʊrdʒʲʊs]
Obdachlose (m)	benamis (v)	[bʲɛ'na:mʲɪs]

79. Innerstädtische Einrichtungen

Laden (m)	parduotuvė (m)	[pardʊɑ'tʊvʲe:]
Apotheke (f)	vaistinė (m)	['vʌɪstʲɪnʲe:]
Optik (f)	optika (m)	['optʲɪka]
Einkaufszentrum (n)	prekybos centras (v)	[prʲɛ'kʲi:bos 'tsʲɛntras]
Supermarkt (m)	supermarketas (v)	[sʊpʲɛr'markʲetas]

Bäckerei (f)	bandelių krautuvė (m)	[ban'dʲælʲu: 'krɑʊtʊvʲe:]
Bäcker (m)	kepėjas (v)	[kʲɛ'pʲe:jas]
Konditorei (f)	konditerija (m)	[kɔndʲɪ'tʲɛrʲɪjɛ]
Lebensmittelladen (m)	bakalėja (m)	[baka'lʲe:ja]
Metzgerei (f)	mėsos krautuvė (m)	[mʲe:'so:s 'krɑʊtʊvʲe:]

| Gemüseladen (m) | daržovių krautuvė (m) | [dar'ʒovʲu: 'krɑʊtʊvʲe:] |
| Markt (m) | prekyvietė (m) | [prʲɛ'kʲi:vʲiɛtʲe:] |

Kaffeehaus (n)	kavinė (m)	[ka'vʲɪnʲe:]
Restaurant (n)	restoranas (v)	[rʲɛsto'ra:nas]
Bierstube (f)	aludė (m)	[a'lʲʊdʲe:]
Pizzeria (f)	picerija (m)	[pʲɪ'tsʲɛrʲɪjɛ]

Friseursalon (m)	kirpykla (m)	[kʲɪrpʲi:k'lʲa]
Post (f)	paštas (v)	['pa:ʃtas]
chemische Reinigung (f)	valykla (m)	[valʲi:k'la]
Fotostudio (n)	fotoatelję (v)	[fotoate'lʲje:]

| Schuhgeschäft (n) | avalynės parduotuvė (m) | ['a:valʲi:nʲe:s pardʊɑ'tʊvʲe:] |
| Buchhandlung (f) | knygynas (v) | [knʲi:'gʲi:nas] |

Sportgeschäft (n)	sportinių prekių parduotuvė (m)	['sportᶥɪnᶥu: 'prᶥækᶥu: pardʊɑ'tʊvᶥe:]
Kleiderreparatur (f)	drabužių taisykla (m)	[dra'bʊʒᶥu: tʌɪsᶥi:k'lᶥa]
Bekleidungsverleih (m)	drabužių nuoma (m)	[dra'bʊʒᶥu: 'nʊɑma]
Videothek (f)	filmų nuoma (m)	['fᶥɪlᶥmu: 'nʊɑma]

Zirkus (m)	cirkas (v)	['tsᶥɪrkas]
Zoo (m)	zoologijos sodas (v)	[zoo'lᶥogᶥɪjɔs 'so:das]
Kino (n)	kino teatras (v)	['kᶥɪnɔ tᶥɛ'a:tras]
Museum (n)	muziejus (v)	[mʊ'zᶥɛjʊs]
Bibliothek (f)	biblioteka (m)	[bᶥɪblᶥɪjɔtᶥɛ'ka]

Theater (n)	teatras (v)	[tᶥɛ'a:tras]
Opernhaus (n)	opera (m)	['opᶥɛra]
Nachtklub (m)	naktinis klubas (v)	[nak'tᶥɪnᶥɪs 'klᶥʊbas]
Kasino (n)	kazino (v)	[kazᶥɪ'no]

Moschee (f)	mečetė (m)	[mᶥɛ'tʂᶥɛtᶥe:]
Synagoge (f)	sinagoga (m)	[sᶥɪnago'ga]
Kathedrale (f)	katedra (m)	['ka:tᶥɛdra]
Tempel (m)	šventykla (m)	[ʃvᶥɛntᶥi:k'lᶥa]
Kirche (f)	bažnyčia (m)	[baʒ'nᶥi:tʂᶥæ]

Institut (n)	institutas (v)	[ɪnstᶥɪ'tʊtas]
Universität (f)	universitetas (v)	[ʊnᶥɪvᶥɛrsᶥɪ'tᶥɛtas]
Schule (f)	mokykla (m)	[mokᶥi:k'lᶥa]

Präfektur (f)	prefektūra (m)	[prᶥɛfᶥɛk'tu:'ra]
Rathaus (n)	savivaldybė (m)	[savᶥɪvalᶥ'dᶥi:bᶥe:]
Hotel (n)	viešbutis (v)	['vᶥɛʃbʊtᶥɪs]
Bank (f)	bankas (v)	['baŋkas]

Botschaft (f)	ambasada (m)	[ambasa'da]
Reisebüro (n)	turizmo agentūra (m)	[tʊ'rᶥɪzmo agᶥɛntu:'ra]
Informationsbüro (n)	informacijos biuras (v)	[ɪnfor'ma:tsᶥɪjɔs 'bᶥʊras]
Wechselstube (f)	keitykla (m)	[kᶥɛɪtᶥi:k'lᶥa]

U-Bahn (f)	metro	[mᶥɛ'tro]
Krankenhaus (n)	ligoninė (m)	[lᶥɪ'gonᶥɪnᶥe:]

Tankstelle (f)	degalinė (m)	[dᶥɛga'lᶥɪnᶥe:]
Parkplatz (m)	stovėjimo aikštelė (m)	[sto'vᶥɛjɪmo ʌɪkʃ'tᶥælᶥe:]

80. Schilder

Firmenschild (n)	iškaba (m)	['ɪʃkaba]
Aufschrift (f)	užrašas (v)	['ʊʒraʃas]
Plakat (n)	plakatas (v)	[plᶥa'ka:tas]
Wegweiser (m)	nuoroda (m)	['nʊɑroda]
Pfeil (m)	rodyklė (m)	[ro'dᶥi:klᶥe:]

Vorsicht (f)	perspėjimas (v)	['pᶥɛrspᶥe:jimas]
Warnung (f)	įspėjimas (v)	[i:spᶥe:'jɪmas]
warnen (vt)	įspėti	[i:s'pᶥe:tᶥɪ]

freier Tag (m)	išeiginė dienà (m)	[ɪʃɛrˈgʲɪnʲe: dʲɛˈna]
Fahrplan (m)	tvarkãraštis (v)	[tvarˈkaːraʃtʲɪs]
Öffnungszeiten (pl)	dárbo valandõs (m dgs)	[ˈdarbɔ valʲanˈdoːs]

HERZLICH WILLKOMMEN!	SVEIKÌ ATVYKĘ!	[svʲɛrˈkʲɪ atˈvʲiːkʲɛːl]
EINGANG	ĮĖJÌMAS	[iːʲɛːˈjɪmas]
AUSGANG	IŠĖJÌMAS	[ɪʃeːˈjɪmas]

DRÜCKEN	STÙMTI	[ˈstʊmtʲɪ]
ZIEHEN	TRÁUKTI	[ˈtraʊktʲɪ]
GEÖFFNET	ATIDARÝTA	[atʲɪdaˈrʲiːta]
GESCHLOSSEN	UŽDARÝTA	[ʊʒdaˈrʲiːta]

| DAMEN, FRAUEN | MÓTERIMS | [ˈmotʲɛrʲɪms] |
| HERREN, MÄNNER | VÝRAMS | [ˈvʲiːrams] |

AUSVERKAUF	NÙOLAIDOS	[ˈnʊalʲʌɪdos]
REDUZIERT	IŠPARDAVÌMAS	[ɪʃpardaˈvʲɪmas]
NEU!	NAUJÍENA!	[naʊˈjiɛna!]
GRATIS	NEMÓKAMAI	[nʲɛˈmokamʌɪ]

ACHTUNG!	DĖMESIO!	[ˈdʲeːmesʲɔ!]
ZIMMER BELEGT	VIẼTŲ NĖRA	[ˈvʲɛtu: ˈnʲeːra]
RESERVIERT	REZERVÙOTA	[rʲɛzʲɛrˈvʊata]

| VERWALTUNG | ADMINISTRÃCIJA | [admʲɪnʲɪsˈtratsʲɪja] |
| NUR FÜR PERSONAL | TÌK PERSONÃLUI | [ˈtʲɪk pʲɛrsoˈnalʲʊi] |

VORSICHT BISSIGER HUND	PIKTAS ŠUO	[ˈpʲɪktas ˈʃʊa]
RAUCHEN VERBOTEN!	RŪKÝTI DRAŨDŽIAMA	[ruːˈkʲiːtʲɪ ˈdraʊdʒʲæma]
BITTE NICHT BERÜHREN	NELIẼSTI!	[nʲɛˈlʲɛstʲɪ!]

GEFÄHRLICH	PAVOJÌNGA	[pavoˈjɪnga]
VORSICHT!	PAVÕJUS	[paˈvoːjʊs]
HOCHSPANNUNG	AUKŠTÀ ĮTAMPA	[aʊkʃˈta ˈiːtampa]
BADEN VERBOTEN	MÁUDYTIS DRAŨDŽIAMA	[ˈmaʊdʲiːtʲɪs ˈdraʊdʒʲæma]
AUẞER BETRIEB	NEVEÎKIA	[nʲɛˈvʲɛɪkʲɛ]

LEICHTENTZÜNDLICH	DEGÙ	[dʲɛˈgʊ]
VERBOTEN	DRAŨDŽIAMA	[ˈdraʊdʒʲæma]
DURCHGANG VERBOTEN	PRAĖJÌMAS DRAŨDŽIAMAS	[praeːˈjɪmas ˈdraʊdʒʲæmas]
FRISCH GESTRICHEN	NUDAŽÝTA	[nʊdaˈʒʲiːta]

81. Innerstädtischer Transport

Bus (m)	autobùsas (v)	[aʊtoˈbʊsas]
Straßenbahn (f)	tramvãjus (v)	[tramˈvaːjʊs]
Obus (m)	troleibùsas (v)	[trolʲɛrˈbʊsas]
Linie (f)	maršrùtas (v)	[marʃˈrʊtas]
Nummer (f)	nùmeris (v)	[ˈnʊmʲɛrʲɪs]
mit ... fahren	važiúoti ...	[vaˈʒʲʊatʲɪ ...]
einsteigen (vi)	įlìpti į ...	[iːˈlʲɪːptʲɪ iː ...]

aussteigen (aus dem Bus)	išlipti iš ...	[ɪʃlʲɪptʲɪ ɪʃ ...]
Haltestelle (f)	stotelė (m)	[stoˈtʲælʲeː]
nächste Haltestelle (f)	kita stotelė (m)	[kʲɪˈta stoˈtʲælʲeː]
Endhaltestelle (f)	galutinė stotelė (m)	[galʊˈtʲɪnʲe: stoˈtʲælʲeː]
Fahrplan (m)	tvarkaraštis (v)	[tvarˈkaːraʃtʲɪs]
warten (vi, vt)	laukti	[ˈlʲɑʊktʲɪ]

Fahrkarte (f)	bilietas (v)	[ˈbʲɪlʲiɛtas]
Fahrpreis (m)	bilieto kaina (m)	[ˈbʲɪlʲiɛtɔ ˈkʌɪna]

Kassierer (m)	kasininkas (v)	[ˈkaːsʲɪnʲɪŋkas]
Fahrkartenkontrolle (f)	kontrolė (m)	[kɔnˈtrolʲeː]
Fahrkartenkontrolleur (m)	kontrolierius (v)	[kɔntrɔˈlʲɛrʲʊs]

sich verspäten	vėluoti	[vʲeːˈlʲʊɑtʲɪ]
versäumen (Zug usw.)	pavėluoti	[pavʲeːˈlʲʊɑtʲɪ]
sich beeilen	skubėti	[skʊˈbʲeːtʲɪ]

Taxi (n)	taksi (v)	[takˈsʲɪ]
Taxifahrer (m)	taksistas (v)	[takˈsʲɪstas]
mit dem Taxi	su taksi	[ˈsʊ takˈsʲɪ]
Taxistand (m)	taksi stovėjimo aikštelė (m)	[takˈsʲɪ stoˈvʲɛjɪmɔ ʌɪkʃˈtʲælʲeː]
ein Taxi rufen	iškviesti taksi	[ɪʃkˈvʲɛstʲɪ takˈsʲɪ]
ein Taxi nehmen	įsėsti į taksi	[iːsʲesˈtʲɪː iː takˈsʲɪː]

Straßenverkehr (m)	gatvės judėjimas (v)	[ˈgaːtvʲeːs jʊˈdʲɛjɪmas]
Stau (m)	kamštis (v)	[ˈkamʃtʲɪs]
Hauptverkehrszeit (f)	piko valandos (m dgs)	[ˈpʲɪkɔ ˈvaːlʲandos]
parken (vi)	parkuotis	[parˈkʊɑtʲɪs]
parken (vt)	parkuoti	[parˈkʊɑtʲɪ]
Parkplatz (m)	stovėjimo aikštelė (m)	[stoˈvʲɛjɪmɔ ʌɪkʃˈtʲælʲeː]

U-Bahn (f)	metro	[mʲɛˈtro]
Station (f)	stotis (m)	[stoˈtʲɪs]
mit der U-Bahn fahren	važiuoti metro	[vaˈʒʲʊɑtʲɪ mʲɛˈtrɔ]
Zug (m)	traukinys (v)	[trɑʊkʲɪˈnʲiːs]
Bahnhof (m)	stotis (m)	[stoˈtʲɪs]

82. Sehenswürdigkeiten

Denkmal (n)	paminklas (v)	[paˈmʲɪŋklʲas]
Festung (f)	tvirtovė (m)	[tvʲɪrˈtovʲeː]
Palast (m)	rūmai (v)	[ˈruːmʌɪ]
Schloss (n)	pilis (m)	[pʲɪˈlʲɪs]
Turm (m)	bokštas (v)	[ˈbokʃtas]
Mausoleum (n)	mauzoliejus (v)	[mɑʊzoˈlʲɛjʊs]

Architektur (f)	architektūra (m)	[arxʲɪtʲɛktuːˈra]
mittelalterlich	viduramžių	[vʲɪˈdʊramʒʲuː]
alt (antik)	senovinis	[sʲɛˈnovʲɪnʲɪs]
national	nacionalinis	[natsʲɪjoˈnaːlʲɪnʲɪs]
berühmt	žymus	[ʒʲiːˈmʊs]
Tourist (m)	turistas (v)	[tʊˈrʲɪstas]
Fremdenführer (m)	gidas (v)	[ˈgʲɪdas]

Ausflug (m)	ekskùrsija (m)	[ɛks'kʊrsʲɪjɛ]
zeigen (vt)	ródyti	['rodʲiːtʲɪ]
erzählen (vt)	pàsakoti	['paːsakotʲɪ]

finden (vt)	ràsti	['rastʲɪ]
sich verlieren	pasiklýsti	[pasʲɪ'klʲiːstʲɪ]
Karte (U-Bahn ~)	schemà (m)	[sxʲɛ'ma]
Karte (Stadt-)	plãnas (v)	['plʲaːnas]

Souvenir (n)	suvenỹras (v)	[sʊvʲɛ'nʲiːras]
Souvenirladen (m)	suvenýrų parduotùvė (m)	[sʊve'nʲiːruː pardʊɑ'tʊvʲeː]
fotografieren (vt)	fotografúoti	[fotogra'fʊɑtʲɪ]
sich fotografieren	fotografúotis	[fotogra'fʊɑtʲɪs]

83. Shopping

kaufen (vt)	pìrkti	['pʲɪrktʲɪ]
Einkauf (m)	pirkinỹs (v)	[pʲɪrkʲɪ'nʲiːs]
einkaufen gehen	apsipìrkti	[apsʲɪ'pʲɪrktʲɪ]
Einkaufen (n)	apsipirkìmas (v)	[apsʲɪpʲɪr'kʲɪmas]

offen sein (Laden)	veìkti	['vʲɛɪktʲɪ]
zu sein	užsidarýti	[ʊʒsʲɪda'rʲiːtʲɪ]

Schuhe (pl)	ãvalynė (m)	['aːvalʲiːnʲeː]
Kleidung (f)	drabùžiai (v)	[dra'bʊʒʲɛɪ]
Kosmetik (f)	kosmètika (m)	[kɔs'mʲɛtʲɪka]
Lebensmittel (pl)	prodùktai (v)	[pro'dʊktʌɪ]
Geschenk (n)	dovanà (m)	[dova'na]

Verkäufer (m)	pardavėjas (v)	[parda'vʲeːjas]
Verkäuferin (f)	pardavėja (m)	[parda'vʲeːja]

Kasse (f)	kasà (m)	[ka'sa]
Spiegel (m)	veìdrodis (v)	['vʲɛɪdrodʲɪs]
Ladentisch (m)	prekýstalis (v)	[prʲɛ'kʲiːstalʲɪs]
Umkleidekabine (f)	matãvimosi kabinà (m)	[ma'taːvʲɪmosʲɪ kabʲɪ'na]

anprobieren (vt)	matúoti	[ma'tʊɑtʲɪ]
passen (Schuhe, Kleid)	tìkti	['tʲɪktʲɪ]
gefallen (vi)	patìkti	[pa'tʲɪktʲɪ]

Preis (m)	kaína (m)	['kʌɪna]
Preisschild (n)	kainỹnas (v)	[kʌɪ'nʲiːnas]
kosten (vt)	kainúoti	[kʌɪ'nʊɑtʲɪ]
Wie viel?	Kíek?	['kʲiɛk?]
Rabatt (m)	núolaida (m)	['nʊɑlʲʌɪda]

preiswert	nebrangùs	[nʲɛbran'gʊs]
billig	pigùs	[pʲɪ'gʊs]
teuer	brangùs	[bran'gʊs]
Das ist teuer	Taĩ brangù.	['tʌɪ bran'gʊ]
Verleih (m)	núoma (m)	['nʊɑma]
leihen, mieten (ein Auto usw.)	išsinúomoti	[ɪʃsʲɪ'nʊɑmotʲɪ]

Kredit (m), Darlehen (n) | kreditas (v) | [krʲɛˈdʲɪtas]
auf Kredit | kreditù | [krʲɛdʲɪˈtʊ]

84. Geld

Geld (n)	pinigaĩ (v)	[pʲɪnʲɪˈgʌɪ]
Austausch (m)	keitìmas (v)	[kʲɛrˈtʲɪmas]
Kurs (m)	kùrsas (v)	[ˈkʊrsas]
Geldautomat (m)	bankomãtas (v)	[baŋkoˈmaːtas]
Münze (f)	monetà (m)	[monʲɛˈta]

Dollar (m)	dòleris (v)	[ˈdolʲɛrʲɪs]
Euro (m)	eũras (v)	[ˈɛʊras]

Lira (f)	lirà (m)	[lʲɪˈra]
Mark (f)	markė̃ (m)	[ˈmarkʲeː]
Franken (m)	fránkas (v)	[ˈfraŋkas]
Pfund Sterling (n)	svãras (v)	[ˈsvaːras]
Yen (m)	jenà (m)	[jɛˈna]

Schulden (pl)	skolà (m)	[skoˈlʲa]
Schuldner (m)	skòlininkas (v)	[ˈskoːlʲɪnʲɪŋkas]
leihen (vt)	dúoti į̃ skõlą	[ˈdʊatʲɪ iː ˈskoːlʲaː]
leihen, borgen (Geld usw.)	im̃ti į̃ skõlą	[ˈɪmtʲɪ iː ˈskoːlʲaː]

Bank (f)	bánkas (v)	[ˈbaŋkas]
Konto (n)	sąskaità (m)	[ˈsaːskʌɪta]
auf ein Konto einzahlen	dė́ti į̃ sąskaità	[ˈdʲeːtʲɪ iː ˈsaːskʌɪtaː]
abheben (vt)	im̃ti iš sąskaitos	[ˈɪmtʲɪ ɪʃ ˈsaːskʌɪtos]

Kreditkarte (f)	kreditinė̃ kortẽlė (m)	[krʲɛˈdʲɪtʲɪnʲeː korˈtʲælʲeː]
Bargeld (n)	grynìeji pinigaĩ (v)	[grʲiːˈnʲiɛjɪ pʲɪnʲɪˈgʌɪ]
Scheck (m)	čèkis (v)	[ˈtʂʲɛkʲɪs]
einen Scheck schreiben	išrašýti čèkį	[ɪʂraˈʂiːtʲɪ ˈtʂʲɛkʲɪː]
Scheckbuch (n)	čèkių knygẽlė (m)	[ˈtʂʲɛkʲuː knʲiːˈgʲælʲeː]

Geldtasche (f)	piniginė̃ (m)	[pʲɪnʲɪˈgʲɪnʲeː]
Geldbeutel (m)	piniginė̃ (m)	[pʲɪnʲɪˈgʲɪnʲeː]
Safe (m)	seĩfas (v)	[ˈsʲɛɪfas]

Erbe (m)	paveldė́tojas (v)	[pavelʲˈdʲeːtoːjɛs]
Erbschaft (f)	palikìmas (v)	[palʲɪˈkʲɪmas]
Vermögen (n)	tùrtas (v)	[ˈtʊrtas]

Pacht (f)	núoma (m)	[ˈnʊama]
Miete (f)	bùto mókestis (v)	[ˈbʊtɔ ˈmokʲɛstʲɪs]
mieten (vt)	núomotis	[ˈnʊamotʲɪs]

Preis (m)	káina (m)	[ˈkʌɪna]
Kosten (pl)	káina (m)	[ˈkʌɪna]
Summe (f)	sumà (m)	[sʊˈma]

ausgeben (vt)	léisti	[ˈlʲɛɪstʲɪ]
Ausgaben (pl)	są́naudos (m dgs)	[ˈsaːnaʊdos]

sparen (vt)	taupýti	[tɑʊ'pʲiːtʲɪ]
sparsam	taupùs	[tɑʊ'pʊs]

zahlen (vt)	mokéti	[mo'kʲeːtʲɪ]
Lohn (m)	apmokéjimas (v)	[apmo'kʲɛjɪmas]
Wechselgeld (n)	grąžà (m)	[graː'ʒa]

Steuer (f)	mókestis (v)	['mokʲɛstʲɪs]
Geldstrafe (f)	baudà (m)	[bɑʊ'da]
bestrafen (vt)	baũsti	['bɑʊstʲɪ]

85. Post. Postdienst

Post (Postamt)	pãštas (v)	['paːʃtas]
Post (Postsendungen)	pãštas (v)	['paːʃtas]
Briefträger (m)	paštininkas (v)	['paːʃtʲɪnʲɪŋkas]
Öffnungszeiten (pl)	dárbo valandõs (m dgs)	['darbɔ valʲan'doːs]

Brief (m)	laĩškas (v)	['lʲʌɪʃkas]
Einschreibebrief (m)	užsakýtas laĩškas (v)	[ʊʒsa'kʲiːtas 'lʲʌɪʃkas]
Postkarte (f)	atvirùtė (m)	[atvʲɪ'rʊtʲeː]
Telegramm (n)	telegramà (m)	[tʲɛlʲɛgra'ma]
Postpaket (n)	siuntinỹs (v)	[sʲʊntʲɪ'nʲiːs]
Geldanweisung (f)	piniginis pavedìmas (v)	[pʲɪnʲɪ'gʲɪnʲɪs pavʲɛ'dʲɪmas]

bekommen (vt)	gáuti	['gɑʊtʲɪ]
abschicken (vt)	išsiū̃sti	[ɪʃ'sʲuːstʲɪ]
Absendung (f)	išsiuntìmas (v)	[ɪʃsʲʊn'tʲɪmas]

Postanschrift (f)	ãdresas (v)	['aːdrʲɛsas]
Postleitzahl (f)	iñdeksas (v)	['ɪndʲɛksas]
Absender (m)	siuntéjas (v)	[sʲʊn'tʲeːjas]
Empfänger (m)	gavéjas (v)	[ga'vʲeːjas]

Vorname (m)	var̃das (v)	['vardas]
Nachname (m)	pavardė̃ (m)	[pavar'dʲeː]

Tarif (m)	tarìfas (v)	[ta'rʲɪfas]
Standard- (Tarif)	į̃prastas	['iːprastas]
Spar- (-tarif)	taupùs	[tɑʊ'pʊs]

Gewicht (n)	svõris (v)	['svoːrʲɪs]
abwiegen (vt)	sver̃ti	['svʲɛrtʲɪ]
Briefumschlag (m)	võkas (v)	['voːkas]
Briefmarke (f)	markùtė (m)	[mar'kʊtʲeː]

Wohnung. Haus. Zuhause

86. Haus. Wohnen

Haus (n)	nãmas (v)	['naːmas]
zu Hause	namuosè	[namʊɑˈsʲɛ]
Hof (m)	kiẽmas (v)	[ˈkʲɛmas]
Zaun (m)	tvorà (m)	[tvoˈra]
Ziegel (m)	plytà (m)	[plʲiːˈta]
Ziegel-	plýtinis	[ˈplʲiːtʲɪnʲɪs]
Stein (m)	akmuõ (v)	[akˈmʊɑ]
Stein-	akmenìnis	[akmʲɛˈnʲɪnʲɪs]
Beton (m)	betònas (v)	[bʲɛˈtonas]
Beton-	betòninis	[bʲɛˈtonʲɪnʲɪs]
neu	naũjas	[ˈnɑujas]
alt	sẽnas	[ˈsʲænas]
baufällig	senãsis	[sʲɛˈnasʲɪs]
modern	šiuolaikìnis	[ʃʊɑlʲʌɪˈkʲɪnʲɪs]
mehrstöckig	daugiaaũkštis	[dɑugʲæˈɑukʃtʲɪs]
hoch	áukštas	[ˈɑukʃtas]
Stock (m)	aũkštas (v)	[ˈɑukʃtas]
einstöckig	vienaaũkštis	[vʲɛnaˈɑukʃtʲɪs]
Erdgeschoß (n)	apatìnis aũkštas (v)	[apaˈtʲɪnʲɪs ˈɑukʃtas]
oberster Stock (m)	viršutìnis aũkštas (v)	[vʲɪrʃʊˈtʲɪnʲɪs ˈɑukʃtas]
Dach (n)	stógas (v)	[ˈstogas]
Schlot (m)	vamzdis (v)	[ˈvamzdʲɪs]
Dachziegel (m)	čerpė (m)	[ˈtʂʲærpʲeː]
Dachziegel-	čerpinis	[ˈtʂʲɛrpʲɪnʲɪs]
Dachboden (m)	palėpė (m)	[paˈlʲeːpʲeː]
Fenster (n)	lángas (v)	[ˈlʲangas]
Glas (n)	stìklas (v)	[ˈstʲɪklʲas]
Fensterbrett (n)	palángė (m)	[paˈlʲangʲeː]
Fensterläden (pl)	langìnės (m dgs)	[lʲanˈgʲɪnʲeːs]
Wand (f)	síena (m)	[ˈsʲiɛna]
Balkon (m)	balkònas (v)	[balʲˈkonas]
Regenfallrohr (n)	stógvamzdis (v)	[ˈstogvamzdʲɪs]
nach oben	viršujè	[vʲɪrʃʊˈjæ]
hinaufgehen (vi)	kìlti	[ˈkʲɪlʲtʲɪ]
herabsteigen (vi)	leĩstis	[ˈlʲɛɪstʲɪs]
umziehen (vi)	pérvažiuoti	[ˈpʲɛrvaʒʲʊotʲɪ]

87. Haus. Eingang. Lift

Eingang (m)	laiptinė (m)	[lʲaɪptʲɪnʲeː]
Treppe (f)	laiptai (v dgs)	[lʲaɪptʌɪ]
Stufen (pl)	laiptai (v)	[lʲaɪptʌɪ]
Geländer (n)	turėklai (v dgs)	[tʊ'rʲeːklʲʌɪ]
Halle (f)	holas (v)	[ˈɣɔlʲas]

Briefkasten (m)	pašto dėžutė (m)	[ˈpaːʃtɔ dʲeːˈʒʊtʲeː]
Müllkasten (m)	šiukšlių bakas (v)	[ˈʃʊkʃlʲuː ˈbaːkas]
Müllschlucker (m)	šiukšliavamzdis (v)	[ʃʊkʃlʲæʋamzdʲɪs]

Aufzug (m)	liftas (v)	[lʲɪftas]
Lastenaufzug (m)	krovininis liftas (v)	[krovʲɪˈnʲɪnʲɪs lʲɪftas]
Aufzugkabine (f)	kabina (m)	[kabʲɪˈna]
Aufzug nehmen	važiuoti liftu	[vaˈʒʲʊɐtʲɪ lʲɪftʊ]

Wohnung (f)	butas (v)	[ˈbʊtas]
Mieter (pl)	gyventojai (v dgs)	[gʲiːˈvʲɛntoːjɛi]
Nachbar (m)	kaimynas (v)	[kʌɪˈmʲiːnas]
Nachbarin (f)	kaimynė (m)	[kʌɪˈmʲiːnʲeː]
Nachbarn (pl)	kaimynai (v dgs)	[kʌɪˈmʲiːnʌɪ]

88. Haus. Elektrizität

Elektrizität (f)	elektra (m)	[ɛlʲɛktˈra]
Glühbirne (f)	lemputė (m)	[lʲɛmˈpʊtʲeː]
Schalter (m)	jungiklis (v)	[jʊnˈgʲɪklʲɪs]
Sicherung (f)	kamštis (v)	[ˈkamʃtʲɪs]

Draht (m)	laidas (v)	[lʲʌɪdas]
Leitung (f)	instaliacija (m)	[ɪnstaˈlʲætsʲɪjɛ]
Stromzähler (m)	skaitliukas (v)	[skʌɪtˈlʲʊkas]
Zählerstand (m)	parodymas (v)	[paˈrodʲiːmas]

89. Haus. Türen. Schlösser

Tür (f)	durys (m dgs)	[ˈdʊrʲiːs]
Tor (der Villa usw.)	vartai (v)	[ˈvartʌɪ]
Griff (m)	rankena (m)	[ˈraŋkʲɛna]
aufschließen (vt)	atrakinti	[atraˈkʲɪntʲɪ]
öffnen (vt)	atidaryti	[atʲɪdaˈrʲiːtʲɪ]
schließen (vt)	uždaryti	[ʊʒdaˈrʲiːtʲɪ]

Schlüssel (m)	raktas (v)	[ˈraːktas]
Bündel (n)	ryšulys (v)	[rʲiːʃʊˈlʲiːs]
knarren (vi)	girgždėti	[gʲɪrgʒˈdʲeːtʲɪ]
Knarren (n)	girgždesys (v)	[gʲɪrgʒdʲɛˈsʲiːs]
Türscharnier (n)	vyris (v)	[ˈviːrʲɪs]
Fußmatte (f)	kilimas (v)	[ˈkʲɪlʲɪmas]
Schloss (n)	spyna (m)	[spʲiːˈna]

Schlüsselloch (n)	spynõs skylutė (m)	[spʲiːˈnoːs skʲiːˈlʲʊtʲeː]
Türriegel (m)	sklą̃stis (v)	[ˈsklʲaːstʲɪs]
kleiner Türriegel (m)	sklendė̃ (m)	[sklʲɛnˈdʲeː]
Vorhängeschloss (n)	pakabìnama spynà (m)	[pakaˈbʲɪnama spʲiːˈna]
klingeln (vi)	skam̃binti	[ˈskambʲɪntʲɪ]
Klingel (Laut)	skambùtis (v)	[skamˈbʊtʲɪs]
Türklingel (f)	skambùtis (v)	[skamˈbʊtʲɪs]
Knopf (m)	mygtùkas (v)	[mʲiːkˈtʊkas]
Klopfen (n)	beldìmas (v)	[bʲɛlʲˈdʲɪmas]
anklopfen (vi)	baladóti	[balʲaˈdotʲɪ]
Code (m)	kòdas (v)	[ˈkodas]
Zahlenschloss (n)	kodúota spynà (m)	[kɔˈdʊɑta spʲiːˈna]
Sprechanlage (f)	domofònas (v)	[domoˈfonas]
Nummer (f)	nùmeris (v)	[ˈnʊmʲɛrʲɪs]
Türschild (n)	lentẽlė (f)	[lʲɛnˈtʲælʲeː]
Türspion (m)	akùtė (m)	[aˈkʊtʲeː]

90. Landhaus

Dorf (n)	káimas (v)	[ˈkʌɪmas]
Gemüsegarten (m)	dar̃žas (v)	[ˈdarʒas]
Zaun (m)	tvorà (m)	[tvoˈra]
Lattenzaun (m)	aptvarà (m)	[aptvaˈra]
Zauntür (f)	vartẽliai (v dgs)	[varˈtʲælʲɛɪ]
Speicher (m)	klétis (v)	[ˈklʲeːtʲɪs]
Keller (m)	pógrindis (v)	[ˈpogrʲɪndʲɪs]
Schuppen (m)	daržinė̃ (m)	[darʒɪˈnʲeː]
Brunnen (m)	šulinỹs (v)	[ʃʊlʲɪˈnʲiːs]
Ofen (m)	pečiùs (v)	[pʲɛˈtʃʲʊs]
heizen (Ofen ~)	kū́renti	[kuːˈrʲɛntʲɪ]
Holz (n)	málkos (m dgs)	[ˈmalʲkos]
Holzscheit (n)	málka (m)	[ˈmalʲka]
Veranda (f)	veránda (m)	[vʲɛˈranda]
Terrasse (f)	terasà (m)	[tʲɛraˈsa]
Außentreppe (f)	príeangis (v)	[ˈprʲɪɛaŋɡʲɪs]
Schaukel (f)	supynė̃s (m dgs)	[sʊpʲiːˈnʲeːs]

91. Villa. Schloss

Landhaus (n)	užmiesčio nãmas (v)	[ˈʊʒmʲɪɛstʃʲɔ ˈnaːmas]
Villa (f)	vilà (m)	[vʲɪˈlʲa]
Flügel (m)	sparñas (v)	[ˈsparnas]
Garten (m)	sõdas (v)	[ˈsoːdas]
Park (m)	párkas (v)	[ˈparkas]
Orangerie (f)	oranžèrija (m)	[oranˈʒʲɛrʲɪɛ]
pflegen (Garten usw.)	prižiūréti	[prʲɪʒʲuːˈrʲeːtʲɪ]

Schwimmbad (n)	baseinas (v)	[ba'sʲɛɪnas]
Kraftraum (m)	spòrto sālė̃ (m)	['sportɔ saːˈlʲeː]
Tennisplatz (m)	tėniso kòrtas (v)	['tʲɛnʲɪsɔ 'kortas]
Heimkinoraum (m)	kìno teātras (v)	['kʲɪnɔ tʲɛ'aːtras]
Garage (f)	garāžas (v)	[ga'raːʒas]

Privateigentum (n)	asmenìnė nuosavýbė (m)	[asme'nʲɪnʲeː nuɑsa'vʲiːbʲeː]
Privatgrundstück (n)	asmenìnės valdõs (m)	[asme'nʲɪnʲeːs 'valʲdoːs]

Warnung (f)	pérspėjimas (v)	['pʲɛrspʲeːjimas]
Warnschild (n)	įspéjantis užrašas (v)	[iːs'pʲeːjantʲɪs 'ʊʒraʃas]

Bewachung (f)	apsaugà (m)	[apsɑʊ'ga]
Wächter (m)	apsaugìnis (v)	[apsɑʊ'gʲɪnʲɪs]
Alarmanlage (f)	signalizācija (m)	[sʲɪgnalʲɪ'zaːtsʲɪjɛ]

92. Burg. Palast

Schloss (n)	pilìs (m)	[pʲɪ'lʲɪs]
Palast (m)	rūmai (v)	['ruːmʌɪ]
Festung (f)	tvirtóvė̃ (m)	[tvʲɪr'tovʲeː]

Mauer (f)	síena (m)	['sʲiɛna]
Turm (m)	bòkštas (v)	['bokʃtas]
Bergfried (m)	pagrindìnė síena (m)	[pagrʲɪn'dʲɪnʲeː 'sʲiɛna]

Fallgatter (n)	pakeliamì vartai (v)	[pakʲɛlʲæ'mʲɪ 'vartʌɪ]
Tunnel (n)	požėminis praėjìmas (v)	[poʒʲeːmʲɪnʲɪs praʲeː'jɪmas]
Graben (m)	griovỹs (v)	[grʲo'vʲiːs]
Kette (f)	grandìs (m)	[gran'dʲɪs]
Schießscharte (f)	šáudymo angà (m)	['ʃɑʊdʲiːmɔ an'ga]

großartig, prächtig	nuostabùs	[nuɑsta'bʊs]
majestätisch	didìngas	[dʲɪ'dʲɪngas]
unnahbar	neprieinamas	[nʲɛprʲiˈɛɪnamas]
mittelalterlich	vidùramžių	[vʲɪ'dʊramʒʲuː]

93. Wohnung

Wohnung (f)	bùtas (v)	['bʊtas]
Zimmer (n)	kambarỹs (v)	[kamba'rʲiːs]
Schlafzimmer (n)	miegamàsis (v)	[mʲiɛga'masʲɪs]
Esszimmer (n)	valgomàsis (v)	[valʲgo'masʲɪs]
Wohnzimmer (n)	svečių̃ kambarỹs (v)	[svʲɛ'tʃʲuː kamba'rʲiːs]
Arbeitszimmer (n)	kabinètas (v)	[kabʲɪ'nʲɛtas]
Vorzimmer (n)	príeškambaris (v)	['prʲiɛʃkambarʲɪs]
Badezimmer (n)	voniõs kambarỹs (v)	[vo'nʲoːs kamba'rʲiːs]
Toilette (f)	tualètas (v)	[tʊa'lʲɛtas]

Decke (f)	lùbos (m dgs)	['lʲʊbos]
Fußboden (m)	grindys (m dgs)	['grʲɪndʲiːs]
Ecke (f)	kam̃pas (v)	['kampas]

94. Wohnung. Saubermachen

aufräumen (vt)	tvarkýti	[tvarˈkʲiːtʲɪ]
weglegen (vt)	tvarkýti (išnėšti)	[tvarˈkʲiːtʲɪ]
Staub (m)	dùlkės (m dgs)	[ˈdʊlʲkʲeːs]
staubig	dulkétas	[dʊlʲˈkʲeːtas]
Staub abwischen	valýti dùlkes	[vaˈlʲiːtʲɪ ˈdʊlʲkʲɛs]
Staubsauger (m)	dùlkių siurblỹs (v)	[ˈdʊlʲkʲuː sʲʊrˈblʲiːs]
Staub saugen	siurbti	[ˈsʲʊrptʲɪ]
kehren, fegen (vt)	šlúoti	[ˈʃlʲʊatʲɪ]
Kehricht (m, n)	šiùkšlės (m dgs)	[ˈʃʲʊkʃlʲeːs]
Ordnung (f)	tvarkà (m)	[tvarˈka]
Unordnung (f)	netvarkà (m)	[nʲɛtvarˈka]
Schrubber (m)	plaušinė šlúota (m)	[plʲaʊˈʃɪnʲeː ˈʃlʲʊata]
Lappen (m)	skùduras (v)	[ˈskʊdʊras]
Besen (m)	šlúota (m)	[ˈʃlʲʊata]
Kehrichtschaufel (f)	semtuvėlis (v)	[sʲɛmtʊvʲeːlʲɪs]

95. Möbel. Innenausstattung

Möbel (n)	baldai (v)	[ˈbalʲdʌɪ]
Tisch (m)	stãlas (v)	[ˈstaːlʲas]
Stuhl (m)	kėdė̃ (m)	[kʲeːˈdʲeː]
Bett (n)	lóva (m)	[ˈlʲova]
Sofa (n)	sofà (m)	[soˈfa]
Sessel (m)	fòtelis (v)	[ˈfotʲɛlʲɪs]
Bücherschrank (m)	spìnta (m)	[ˈspʲɪnta]
Regal (n)	lentýna (m)	[lʲɛnˈtʲiːna]
Schrank (m)	drabùžių spìnta (m)	[draˈbʊʒʲuː ˈspʲɪnta]
Hakenleiste (f)	pakabà (m)	[pakaˈba]
Kleiderständer (m)	kabyklà (m)	[kabʲiːkˈlʲa]
Kommode (f)	komodà (m)	[kɔmoˈda]
Couchtisch (m)	žurnãlinis staliùkas (v)	[ʒʊrˈnaːlʲɪnʲɪs staˈlʲʊkas]
Spiegel (m)	veidrodis (v)	[ˈvʲɛɪdrodʲɪs]
Teppich (m)	kìlimas (v)	[ˈkʲɪlʲɪmas]
Matte (kleiner Teppich)	kilimėlis (v)	[kʲɪlʲɪˈmʲeːlʲɪs]
Kamin (m)	židinỹs (v)	[ʒʲɪdʲɪˈnʲiːs]
Kerze (f)	žvãkė (m)	[ˈʒvaːkʲeː]
Kerzenleuchter (m)	žvakìdė (m)	[ʒvaˈkʲɪdʲeː]
Vorhänge (pl)	užúolaidos (m dgs)	[ʊˈʒʊalʲʌɪdos]
Tapete (f)	tapètai (v)	[taˈpʲɛtʌɪ]
Jalousie (f)	žãliuzės (m dgs)	[ˈʒaːlʲʊzʲeːs]
Tischlampe (f)	stalìnė lémpa (m)	[staˈlʲɪnʲeː ˈlʲɛmpa]
Leuchte (f)	šviestùvas (v)	[ʃvʲiɛˈstʊvas]

| Stehlampe (f) | toršeras (v) | [tor'ʃɛras] |
| Kronleuchter (m) | sietynas (v) | [sʲiɛ'tʲi:nas] |

Bein (Tischbein usw.)	kojytė (m)	[kɔ'ji:tʲe:]
Armlehne (f)	ranktūris (v)	['raŋktu:rʲɪs]
Lehne (f)	ãtlošas (v)	['a:tlʲoʃas]
Schublade (f)	stalčius (v)	['stalʲtʂʲʊs]

96. Bettwäsche

Bettwäsche (f)	pãtalynė (m)	['pa:talʲi:nʲe:]
Kissen (n)	pagalvė (m)	[pa'galʲvʲe:]
Kissenbezug (m)	užvalkalas (v)	['ʊʒvalʲkalas]
Bettdecke (f)	užklotas (v)	[ʊʒ'klʲotas]
Laken (n)	paklodė (m)	[pak'lʲo:dʲe:]
Tagesdecke (f)	lovatiesė (m)	[lʲo'va:tʲiɛsʲe:]

97. Küche

Küche (f)	virtuvė (m)	[vʲɪr'tʊvʲe:]
Gas (n)	dujos (m dgs)	['dujɔs]
Gasherd (m)	dujinė (m)	['dujinʲe:]
Elektroherd (m)	elektrinė (m)	[ɛlʲɛk'trʲinʲe:]
Backofen (m)	orkaitė (m)	['orkʌɪtʲe:]
Mikrowellenherd (m)	mikrobangų krosnelė (m)	[mʲɪkroban'gu: krɔs'nʲælʲe:]

Kühlschrank (m)	šaldytuvas (v)	[ʃalʲdʲi:'tʊvas]
Tiefkühltruhe (f)	šaldymo kamera (m)	['ʃalʲdʲi:mɔ 'ka:mʲɛra]
Geschirrspülmaschine (f)	indų plovimo mašina (m)	['ɪndu: plʲo'vʲɪmɔ maʃɪ'na]

Fleischwolf (m)	mėsmalė (m)	['mʲe:smalʲe:]
Saftpresse (f)	sulčiaspaudė (m)	[sʊlʲ'tʂʲæspɑʊdʲe:]
Toaster (m)	tosteris (v)	['tostʲɛrʲɪs]
Mixer (m)	mikseris (v)	['mʲɪksʲɛrʲɪs]

Kaffeemaschine (f)	kavos aparatas (v)	[ka'vo:s apa'ra:tas]
Kaffeekanne (f)	kavinukas (v)	[kavʲɪ'nʊkas]
Kaffeemühle (f)	kavamalė (m)	[ka'va:malʲe:]

Wasserkessel (m)	arbatinukas (v)	[arbatʲɪ'nʊkas]
Teekanne (f)	arbãtinis (v)	[arba:'tʲɪnʲɪs]
Deckel (m)	dangtelis (v)	[daŋk'tʲælʲɪs]
Teesieb (n)	sietelis (v)	[sʲiɛ'tʲælʲɪs]

Löffel (m)	šaukštas (v)	['ʃɑʊkʃtas]
Teelöffel (m)	arbatinis šaukštelis (v)	[ar'ba:tʲɪnʲɪs ʃɑʊkʃ'tʲælʲɪs]
Esslöffel (m)	valgomasis šaukštas (v)	['valʲgomasʲɪs 'ʃɑʊkʃtas]
Gabel (f)	šakutė (m)	[ʃa'kʊtʲe:]
Messer (n)	peilis (v)	['pʲɛɪlʲɪs]

| Geschirr (n) | indai (v) | ['ɪndʌɪ] |
| Teller (m) | lėkštė (m) | [lʲe:kʃtʲe:] |

Untertasse (f)	lėkštelė (m)	[lʲeːkʃˈtʲælʲeː]
Schnapsglas (n)	taurelė (m)	[tauˈrʲælʲeː]
Glas (n)	stiklinė (m)	[stʲɪkˈlʲɪnʲeː]
Tasse (f)	puodukas (v)	[puɑˈdukas]
Zuckerdose (f)	cukrinė (m)	[ˈtsukrʲɪnʲeː]
Salzstreuer (m)	druskinė (m)	[ˈdruskʲɪnʲeː]
Pfefferstreuer (m)	pipirinė (m)	[pʲɪˈpʲɪrʲɪnʲeː]
Butterdose (f)	sviestinė (m)	[ˈsvʲiɛstʲɪnʲeː]
Kochtopf (m)	puodas (v)	[ˈpuɑdas]
Pfanne (f)	keptuvė (m)	[kʲɛpˈtuvʲeː]
Schöpflöffel (m)	samtis (v)	[ˈsamtʲɪs]
Durchschlag (m)	kiaurāsamtis (v)	[kʲɛuˈraːsamtʲɪs]
Tablett (n)	padėklas (v)	[paˈdʲeːklʲas]
Flasche (f)	butelis (v)	[ˈbutʲɛlʲɪs]
Glas (Einmachglas)	stiklainis (v)	[stʲɪkˈlʲʌɪnʲɪs]
Dose (f)	skardinė (m)	[skarˈdʲɪnʲeː]
Flaschenöffner (m)	atidarytuvas (v)	[atʲɪdarʲiːˈtuvas]
Dosenöffner (m)	konservų atidarytuvas (v)	[konˈsʲɛrvu: atʲɪdarʲiːˈtuvas]
Korkenzieher (m)	kamščiātraukis (v)	[kamʃˈtʂlætraukʲɪs]
Filter (n)	filtras (v)	[ˈfʲɪlʲtras]
filtern (vt)	filtruoti	[fʲɪlʲˈtruɑtʲɪ]
Müll (m)	šiukšlės (m dgs)	[ˈʃukʃlʲeːs]
Mülleimer, Treteimer (m)	šiukšlių kibiras (v)	[ˈʃukʃlʲuː ˈkʲɪbʲɪras]

98. Bad

Badezimmer (n)	voniōs kambarỹs (v)	[voˈnʲoːs kambaˈrʲiːs]
Wasser (n)	vanduõ (v)	[vanˈduɑ]
Wasserhahn (m)	čiaupas (v)	[ˈtʂæupas]
Warmwasser (n)	karštas vanduõ (v)	[ˈkarʃtas vanˈduɑ]
Kaltwasser (n)	šaltas vanduõ (v)	[ˈʃalʲtas vanˈduɑ]
Zahnpasta (f)	dantų pasta (m)	[danˈtu: pasˈta]
Zähne putzen	valyti dantis	[vaˈlʲiːtʲɪ danˈtʲɪs]
Zahnbürste (f)	dantų šepetėlis (v)	[danˈtu: ʃepeˈtʲeːlʲɪs]
sich rasieren	skustis	[ˈskustʲɪs]
Rasierschaum (m)	skutimosi putos (m dgs)	[skuˈtʲɪmosʲɪ ˈputos]
Rasierer (m)	skutimosi peiliukas (v)	[skuˈtʲɪmosʲɪ pʲɛrˈlʲʲukas]
waschen (vt)	plauti	[ˈplʲautʲɪ]
sich waschen	maudytis, praustis	[ˈmaudʲiːtʲɪs], [ˈpraustʲɪs]
Dusche (f)	dušas (v)	[ˈduʃas]
sich duschen	praustis dušė	[ˈpraustʲɪs duˈʃɛ]
Badewanne (f)	vonia (m)	[voˈnʲæ]
Klosettbecken (n)	unitāzas (v)	[unʲɪˈtaːzas]
Waschbecken (n)	kriauklė (m)	[krʲɛukˈlʲeː]
Seife (f)	muilas (v)	[ˈmuɪlʲas]

Seifenschale (f)	muilinė (m)	['mʊlʲɪnʲeː]
Schwamm (m)	kempinė (m)	[kʲɛm'pʲɪnʲeː]
Shampoo (n)	šampūnas (v)	[ʃam'puːnas]
Handtuch (n)	rankšluostis (v)	['raŋkʃlʲʊɑstʲɪs]
Bademantel (m)	chalatas (v)	[xa'lʲaːtas]

Wäsche (f)	skalbimas (v)	[skalʲ'bʲɪmas]
Waschmaschine (f)	skalbimo mašina (m)	[skalʲ'bʲɪmɔ maʃɪ'na]
waschen (vt)	skalbti baltinius	['skʌlʲptʲɪ 'ba lʲtʲɪnʲʊs]
Waschpulver (n)	skalbimo milteliai (v dgs)	[skalʲ'bʲɪmɔ mʲɪlʲ'tʲælʲɛɪ]

99. Haushaltsgeräte

Fernseher (m)	televizorius (v)	[tʲɛlʲɛ'vʲɪzorʲʊs]
Tonbandgerät (n)	magnetofonas (v)	[magnʲɛto'fonas]
Videorekorder (m)	video magnetofonas (v)	[vʲɪdʲɛɔ magnʲɛto'fonas]
Empfänger (m)	imtuvas (v)	[ɪm'tʊvas]
Player (m)	grotuvas (v)	[gro'tʊvas]

Videoprojektor (m)	video projektorius (v)	['vʲɪdʲɛɔ pro'jæktorʲʊs]
Heimkino (n)	namų kino teatras (v)	[na'muː 'kʲɪnɔ tʲɛ'aːtras]
DVD-Player (m)	DVD grotuvas (v)	[dʲɪvʲɪ'dʲɪ gro'tʊvas]
Verstärker (m)	stiprintuvas (v)	[stʲɪprʲɪn'tʊvas]
Spielkonsole (f)	žaidimų priedėlis (v)	[ʒʌɪ'dʲɪmuː 'prʲɪɛdʲeːlʲɪs]

Videokamera (f)	videokamera (m)	[vʲɪdʲɛo'kaːmʲɛra]
Kamera (f)	fotoaparatas (v)	[fotoapa'raːtas]
Digitalkamera (f)	skaitmeninis fotoaparatas (v)	[skʌɪtmʲɛ'nʲɪnʲɪs fotoapa'raːtas]

Staubsauger (m)	dulkių siurblys (v)	['dʊlʲkʲu: sʲʊr'blʲiːs]
Bügeleisen (n)	lygintuvas (v)	[lʲiːgʲɪn'tʊvas]
Bügelbrett (n)	lyginimo lenta (m)	['lʲiːgʲɪnʲɪmɔ lʲɛn'ta]

Telefon (n)	telefonas (v)	[tʲɛlʲɛ'fonas]
Mobiltelefon (n)	mobilusis telefonas (v)	[mobʲɪ'lʊsʲɪs tʲɛlʲɛ'fonas]
Schreibmaschine (f)	rašymo mašinėlė (m)	['raːʃɪːmɔ maʃɪ'nʲeːlʲeː]
Nähmaschine (f)	siuvimo mašina (m)	[sʲʊ'vʲɪmɔ maʃɪ'na]

Mikrophon (n)	mikrofonas (v)	[mʲɪkro'fonas]
Kopfhörer (m)	ausinės (m dgs)	[ɑʊ'sʲɪnʲeːs]
Fernbedienung (f)	pultas (v)	['pʊlʲtas]

CD (f)	kompaktinis diskas (v)	[kɔm'paːktʲɪnʲɪs 'dʲɪskas]
Kassette (f)	kasetė (m)	[ka'sʲɛtʲeː]
Schallplatte (f)	plokštelė (m)	[plokʃ'tʲælʲeː]

100. Reparaturen. Renovierung

Renovierung (f)	remontas (v)	[rʲɛ'montas]
renovieren (vt)	daryti remontą	[da'rʲiːtʲɪ rʲɛ'montaː]
reparieren (vt)	remontuoti	[rʲɛmon'tʊɑtʲɪ]

in Ordnung bringen	tvarkýti	[tvarˈkʲiːtʲɪ]
noch einmal machen	pérdaryti	[ˈpʲɛrdarʲiːtʲɪ]

Farbe (f)	dažaĩ (v dgs)	[daˈʒʌɪ]
streichen (vt)	dažýti	[daˈʒʲiːtʲɪ]
Anstreicher (m)	dažýtojas (v)	[daˈʒʲiːtoːjɛs]
Pinsel (m)	teptùkas (v)	[tʲɛpˈtʊkas]

Kalkfarbe (f)	báltinimas (v)	[ˈbalʲtʲɪnʲɪmas]
weißen (vt)	bãlinti	[ˈbaːlʲɪntʲɪ]

Tapete (f)	tapėtai (v)	[taˈpʲɛtʌɪ]
tapezieren (vt)	tapetúoti	[tapʲɛˈtʊatʲɪ]
Lack (z.B. Parkettlack)	lãkas (v)	[ˈlʲaːkas]
lackieren (vt)	lakúoti	[lʲaˈkʊatʲɪ]

101. Rohrleitungen

Wasser (n)	vanduõ (v)	[vanˈdʊa]
Warmwasser (n)	kárštas vanduõ (v)	[ˈkarʃtas vanˈdʊa]
Kaltwasser (n)	šáltas vanduõ (v)	[ˈʃalʲtas vanˈdʊa]
Wasserhahn (m)	čiáupas (v)	[ˈtɕʲæʊpas]

Tropfen (m)	lãšas (v)	[ˈlʲaːʃas]
tropfen (vi)	lašnóti	[lʲaʃˈnotʲɪ]
durchsickern (vi)	varvėti	[varˈvʲeːtʲɪ]
Leck (n)	tekėti	[tʲɛˈkʲeːtʲɪ]
Lache (f)	balà (m)	[baˈlʲa]

Rohr (n)	vamzdis (v)	[ˈvamzdʲɪs]
Ventil (n)	ventìlis (v)	[vʲɛnˈtʲɪlʲɪs]
sich verstopfen	užsiteršti	[ʊʒsʲɪˈtʲɛrʃtʲɪ]

Werkzeuge (pl)	įrankiaĩ (v dgs)	[ˈiːraŋkʲɛɪ]
Engländer (m)	skečiamàsis ráktas (v)	[skʲɛtɕʲæˈmasʲɪs ˈraːktas]
abdrehen (vt)	atsùkti	[atˈsʊktʲɪ]
zudrehen (vt)	užsùkti	[ʊʒˈsʊktʲɪ]

reinigen (Rohre ~)	valýti	[vaˈlʲiːtʲɪ]
Klempner (m)	santèchnikas (v)	[sanˈtʲɛxnʲɪkas]
Keller (m)	rūsỹs (v)	[ruːˈsʲiːs]
Kanalisation (f)	kanalizãcija (m)	[kanalʲɪˈzaːtsʲɪjɛ]

102. Feuer. Brand

Feuer (n)	ugnìs (v)	[ʊgˈnʲɪs]
Flamme (f)	liepsnà (m)	[lʲiɛpsˈna]
Funke (m)	žiežirba (m)	[ˈʒʲiɛʒʲɪrba]
Rauch (m)	dū́mas (v)	[ˈduːmas]
Fackel (f)	fãkelas (v)	[ˈfaːkʲɛlʲas]
Lagerfeuer (n)	láužas (v)	[ˈlʲaʊʒas]
Benzin (n)	benzìnas (v)	[bʲɛnˈzʲɪnas]

Kerosin (n)	žibalas (v)	['ʒʲɪbalʲas]
brennbar	degus	[dʲɛ'gʊs]
explosiv	sprogus	['sprogʊs]
RAUCHEN VERBOTEN!	NERŪKYTI!	[nʲɛru:'kʲi:tʲɪ]

Sicherheit (f)	saugumas (v)	[sɑʊ'gʊmas]
Gefahr (f)	pavojus (v)	[pa'vo:jʊs]
gefährlich	pavojingas	[pavo'jɪngas]

sich entflammen	užsidegti	[ʊʒsʲɪ'dʲɛktʲɪ]
Explosion (f)	sprogimas (v)	[spro'gʲɪmas]
in Brand stecken	padegti	[pa'dʲɛktʲɪ]
Brandstifter (m)	padegėjas (v)	[padʲɛ'gʲe:jas]
Brandstiftung (f)	padegimas (v)	[padʲɛ'gʲɪmas]

flammen (vi)	liepsnoti	[lʲiɛps'notʲɪ]
brennen (vi)	degti	['dʲe:ktʲɪ]
verbrennen (vi)	sudegti	[sʊ'dʲɛktʲɪ]

die Feuerwehr rufen	iškviesti gaisrininkus	[ɪʃk'vʲɛstʲɪ 'gʌɪsrʲɪnʲɪŋkʊs]
Feuerwehrmann (m)	gaisrinis	['gʌɪsrʲɪnʲɪs]
Feuerwehrauto (n)	gaisrinė mašina (m)	[gʌɪsrʲɪnʲe: maʃɪ'na]
Feuerwehr (f)	gaisrinė komanda (m)	['gʌɪsrʲɪnʲe: ko'manda]
Drehleiter (f)	gaisrinės kopėčios (m dgs)	['gʌɪsrʲɪnʲe:s 'kopʲe:tsʲos]

Feuerwehrschlauch (m)	žarna (m)	[ʒar'na]
Feuerlöscher (m)	gesintuvas (v)	[gʲɛsʲɪn'tʊvas]
Helm (m)	šalmas (v)	['ʃalʲmas]
Sirene (f)	sirena (m)	[sʲɪrʲɛ'na]

schreien (vi)	šaukti	['ʃɑʊktʲɪ]
um Hilfe rufen	kviesti pagalbą	['kvʲɛstʲɪ pa'galʲba:]
Retter (m)	gelbėtojas (v)	['gʲælʲbʲe:to:jɛs]
retten (vt)	gelbėti	['gʲælʲbʲe:tʲɪ]

ankommen (vi)	atvažiuoti	[atva'ʒʲʊɑtʲɪ]
löschen (vt)	gesinti	[gʲɛ'sʲɪntʲɪ]
Wasser (n)	vanduo (v)	[van'dʊɑ]
Sand (m)	smėlis (v)	['smʲe:lʲɪs]

Trümmer (pl)	griuvėsiai (v dgs)	[grʲʊ'vʲe:sʲɛɪ]
zusammenbrechen (vi)	nugriūti	[nʊ'grʲu:tʲɪ]
einfallen (vi)	nuvirsti	[nʊ'vʲɪrstʲɪ]
einstürzen (Decke)	apgriūti	[ap'grʲu:tʲɪ]

Bruchstück (n)	nuolauža (m)	['nʊɑlʲɑʊʒa]
Asche (f)	pelenai (v dgs)	[pʲɛlʲɛ'nʌɪ]

ersticken (vi)	uždusti	[ʊʒ'dʊstʲɪ]
ums Leben kommen	žūti	['ʒu:tʲɪ]

AKTIVITÄTEN DES MENSCHEN

Beruf. Geschäft. Teil 1

103. Büro. Arbeiten im Büro

Büro (Firmensitz)	ofisas (v)	['ofʲɪsas]
Büro (~ des Direktors)	kabinètas (v)	[kabʲɪ'nʲɛtas]
Rezeption (f)	registratūrà (m)	[rʲɛgʲɪstratu:'ra]
Sekretär (m)	sekretòrius (v)	[sʲɛkrʲɛ'to:rʲʊs]
Direktor (m)	dirèktorius (v)	[dʲɪ'rʲɛktorʲʊs]
Manager (m)	vadýbininkas (v)	[va'dʲi:bʲɪnʲɪŋkas]
Buchhalter (m)	buhàlteris (v)	[bʊ'γalʲtʲɛrʲɪs]
Mitarbeiter (m)	bendradàrbis (v)	[bʲɛndra'darbʲɪs]
Möbel (n)	bàldai (v)	['balʲdʌɪ]
Tisch (m)	stãlas (v)	['sta:lʲas]
Schreibtischstuhl (m)	fòtelis (v)	['fotʲɛlʲɪs]
Rollcontainer (m)	spintēlė̃ (m)	[spʲɪn'tʲælʲe:]
Kleiderständer (m)	kabyklà (m)	[kabʲi:k'lʲa]
Computer (m)	kompiùteris (v)	[kɔm'pʲʊtʲɛrʲɪs]
Drucker (m)	spausdintùvas (v)	[spɑʊsdʲɪn'tʊvas]
Fax (n)	fàksas (v)	['fa:ksas]
Kopierer (m)	kopijãvimo aparãtas (v)	[kopʲɪ'ja:vʲɪmɔ apa'ra:tas]
Papier (n)	pōpierius (v)	['po:pʲɛrʲʊs]
Büromaterial (n)	kancelãrinlai reikmenys (v dgs)	[kantsʲɛ'lʲæːrʲɪnʲɛɪ 'rʲɛɪkmʲɛnʲi:s]
Mousepad (n)	kilimẽlis (v)	[kʲɪlʲɪ'mʲeːlʲɪs]
Blatt (n) Papier	lãpas (v)	['lʲa:pas]
Ordner (m)	pàpkė (m)	['pa:pkʲeː]
Katalog (m)	katalògas (v)	[kata'lʲogas]
Adressbuch (n)	žinýnas (v)	[ʒʲɪ'nʲi:nas]
Dokumentation (f)	dokumentãcija (m)	[dokumʲɛn'ta:tsʲɪjɛ]
Broschüre (f)	brošiūrà (m)	[broʃʲu:'ra]
Flugblatt (n)	skrajùtė (m)	[skra'jʊtʲeː]
Muster (n)	pavyzdỹs (v)	[pavʲi:z'dʲi:s]
Training (n)	trèningas (v)	['trʲɛnʲɪngas]
Meeting (n)	pasitarìmas (v)	[pasʲɪta'rʲɪmas]
Mittagspause (f)	pietų̃ pértrauka (m)	[pʲɪɛ'tu: 'pʲɛrtrɑʊka]
eine Kopie machen	darýti kòpiją	[da'rʲi:tʲɪ 'kopʲɪja:]
vervielfältigen (vt)	dáuginti	['dɑʊgʲɪntʲɪ]
ein Fax bekommen	gáuti fàksą	['gɑʊtʲɪ 'fa:ksa:]
ein Fax senden	sių̃sti fàksą	['sʲu:stʲɪ 'fa:ksa:]

anrufen (vt)	skambìnti	['skambʲɪntʲɪ]
antworten (vi)	atsiliẽpti	[atsʲɪ'lʲɛptʲɪ]
verbinden (vt)	sujùngti	[sʊ'jʊŋktʲɪ]

ausmachen (vt)	skìrti	['skʲɪrtʲɪ]
demonstrieren (vt)	demonstrúoti	[dʲɛmons'trʊatʲɪ]
fehlen (am Arbeitsplatz ~)	nebū́ti	[nʲɛ'buːtʲɪ]
Abwesenheit (f)	praleidìmas (v)	[pralʲɛɪ'dʲɪmas]

104. Geschäftsabläufe. Teil 1

Geschäft (n) (z.B. ~ in Wolle)	veřslas (v)	['vʲɛrslʲas]
Angelegenheit (f)	veiklà (m)	[vʲɛɪk'lʲa]
Firma (f)	fìrma (m)	['fɪrma]
Gesellschaft (f)	kompãnija (m)	[kɔm'paːnʲɪjɛ]
Konzern (m)	korporãcija (m)	[kɔrpo'raːtsʲɪjɛ]
Unternehmen (n)	įmonė̃ (m)	['iːmonʲeː]
Agentur (f)	agentūrà (m)	[agʲɛntuː'ra]

Vereinbarung (f)	sutartìs (m)	[sʊtar'tʲɪs]
Vertrag (m)	kontrãktas (v)	[kɔn'traːktas]
Geschäft (Transaktion)	sándėris (v)	['sandʲeːrʲɪs]
Auftrag (Bestellung)	užsãkymas (v)	[ʊʒ'saːkʲiːmas]
Bedingung (f)	sąlyga (m)	['saːlʲiːga]

en gros (im Großen)	didmenomìs	[dʲɪdmʲɛno'mʲɪs]
Großhandels-	didmenìnis	[dʲɪdmʲɛ'nʲɪnʲɪs]
Großhandel (m)	didmenìnė prekýba (m)	[dʲɪdmeˈnʲɪnʲe: preˈkʲiːba]
Einzelhandels-	mažmenìnis	[maʒmʲɛ'nʲɪnʲɪs]
Einzelhandel (m)	mažmenìnė prekýba (m)	[maʒmeˈnʲɪnʲe: preˈkʲiːba]

Konkurrent (m)	konkureñtas (v)	[kɔŋkʊ'rʲɛntas]
Konkurrenz (f)	konkureñcija (m)	[kɔŋkʊ'rʲɛntsʲɪjɛ]
konkurrieren (vi)	konkurúoti	[kɔŋkʊ'rʊatʲɪ]

| Partner (m) | pártneris (v) | ['partnʲɛrʲɪs] |
| Partnerschaft (f) | partnerỹstė (m) | [partnʲɛ'rʲiːstʲeː] |

Krise (f)	krìzė (m)	['krʲɪzʲeː]
Bankrott (m)	bankrotas (v)	[baŋk'rotas]
Bankrott machen	bankrutúoti	[baŋkrʊ'tʊatʲɪ]
Schwierigkeit (f)	sunkùmas (v)	[sʊŋ'kumas]
Problem (n)	problemà (m)	[problʲɛ'ma]
Katastrophe (f)	katastrofà (m)	[katastro'fa]

Wirtschaft (f)	ekonòmika (m)	[ɛko'nomʲɪka]
wirtschaftlich	ekonòminis	[ɛko'nomʲɪnʲɪs]
Rezession (f)	ekonòminis núosmukis (v)	[ɛko'nomʲɪnʲɪs 'nʊasmʊkʲɪs]

| Ziel (n) | tìkslas (v) | ['tʲɪkslʲas] |
| Aufgabe (f) | užduotìs (m) | [ʊʒdʊa'tʲɪs] |

| handeln (Handel treiben) | prekiáuti | [prʲɛ'kʲæʊtʲɪ] |
| Netz (Verkaufs-) | tiñklas (v) | ['tʲɪŋklʲas] |

| Lager (n) | sándėlis (v) | ['sandʲeːlʲɪs] |
| Sortiment (n) | asortimeñtas (v) | [asortʲɪ'mʲɛntas] |

führende Unternehmen (n)	lýderis (v)	['lʲiːdʲɛrʲɪs]
groß (-e Firma)	dìdelė	['dʲɪdʲɛlʲeː]
Monopol (n)	monopólija (m)	[mono'polʲɪjɛ]

Theorie (f)	teòrija (m)	[tʲɛ'orʲɪjɛ]
Praxis (f)	prãktika (m)	['praːktʲɪka]
Erfahrung (f)	patirtìs (m)	[patʲɪrʲtʲɪs]
Tendenz (f)	tendeñcija (m)	[tʲɛn'dʲɛntsʲɪjɛ]
Entwicklung (f)	výstymasis (v)	['vʲiːstʲiːmasʲɪs]

105. Geschäftsabläufe. Teil 2

| Vorteil (m) | naudà (m) | [nɑʊ'da] |
| vorteilhaft | naudìngas | [nɑʊ'dʲɪngas] |

Delegation (f)	delegãcija (m)	[dʲɛlʲɛ'gaːtsʲɪjɛ]
Lohn (m)	dárbo ùžmokestis (v)	['darbɔ 'ʊʒmokʲɛstʲɪs]
korrigieren (vt)	taisýti	[tʌɪ'sʲiːtʲɪ]
Dienstreise (f)	komandiruõtė (m)	[kɔmandʲɪ'rʊɑtʲeː]
Kommission (f)	komìsija (m)	[kɔ'mʲɪsʲɪjɛ]

kontrollieren (vt)	kontroliúoti	[kɔntro'lʲʊɑtʲɪ]
Konferenz (f)	konfereñcija (m)	[kɔnfʲɛ'rʲɛntsʲɪjɛ]
Lizenz (f)	liceñzija (m)	[lʲɪ'tsʲɛnzʲɪjɛ]
zuverlässig	patìkimas	['patʲɪkʲɪmas]

Initiative (f)	pradžià (m)	[prad'ʒʲæ]
Norm (f)	nòrma (m)	['norma]
Umstand (m)	aplinkýbė (m)	[aplʲɪŋ'kʲiːbʲeː]
Pflicht (f)	pareigà (m)	[parʲɛɪ'ga]

Unternehmen (n)	organizãcija (m)	[organʲɪ'zaːtsʲɪjɛ]
Organisation (Prozess)	organizãvimas (v)	[organʲɪ'zaːvʲɪmas]
organisiert (Adj)	organizúotas	[organʲɪ'zʊɑtas]
Abschauffung (f)	atšaukìmas (v)	[atʃɑʊ'kʲɪmas]
abschaffen (vt)	atšaũkti	[at'ʃɑʊktʲɪ]
Bericht (m)	atãskaita (m)	[a'taːskʌɪta]

Patent (n)	pãtentas (v)	['paːtʲɛntas]
patentieren (vt)	patentúoti	[patʲɛn'tʊɑtʲɪ]
planen (vt)	planúoti	[plʲa'nʊɑtʲɪ]

Prämie (f)	prèmija (m)	['prʲɛmʲɪjɛ]
professionell	profesionalùs	[profʲɛsʲɪjɔna'lʲʊs]
Prozedur (f)	procedūrà (m)	[protsʲɛduː'ra]

prüfen (Vertrag ~)	išnagrinėti	[ɪʃnagrʲɪ'nʲeːtʲɪ]
Berechnung (f)	apskaità (m)	[apskʌɪ'ta]
Ruf (m)	reputãcija (m)	[rʲɛpʊ'taːtsʲɪjɛ]
Risiko (n)	rìzika (m)	['rʲɪzʲɪka]
leiten (vt)	vadováuti	[vado'vɑʊtʲɪ]

Informationen (pl)	duomenys (v dgs)	['dʊamʲɛnʲi:s]
Eigentum (n)	nuosavybė (m)	[nʊasa'vʲi:bʲe:]
Bund (m)	sąjunga (m)	['sa:jʊnga]

Lebensversicherung (f)	gyvybės draudimas (v)	[gʲi:'vʲi:bʲe:s draʊ'dʲɪmas]
versichern (vt)	drausti	['draʊstʲɪ]
Versicherung (f)	draudimas (v)	[draʊ'dʲɪmas]

Auktion (f)	varžytinės (m dgs)	[var'ʒʲi:tʲɪnʲe:s]
benachrichtigen (vt)	pranešti	[pra'nʲɛʃtʲɪ]
Verwaltung (f)	valdymas (v)	['valʲdʲi:mas]
Dienst (m)	paslauga (m)	[pasʲlaʊ'ga]

Forum (n)	forumas (v)	['forʊmas]
funktionieren (vi)	funkcionuoti	[fʊŋktsʲɪjɔ'nʊatʲɪ]
Etappe (f)	etapas (v)	[ɛ'ta:pas]
juristisch	juridinis	[jʊ'rʲɪdʲɪnʲɪs]
Jurist (m)	teisininkas (v)	['tʲɛɪsʲɪnʲɪŋkas]

106. Fertigung. Arbeiten

Werk (n)	gamyklà (m)	[gamʲi:k'lʲa]
Fabrik (f)	fabrikas (v)	['fa:brʲɪkas]
Werkstatt (f)	cechas (v)	['tsʲɛxas]
Betrieb (m)	gamyba (m)	[ga'mʲi:ba]

Industrie (f)	pramonė (m)	['pra:monʲe:]
Industrie-	pramonìnis	[pramo'nʲɪnʲɪs]
Schwerindustrie (f)	sunkioji pramonė (m)	[sʊŋ'kʲo:jɪ 'pra:monʲe:]
Leichtindustrie (f)	lengvoji pramonė (m)	[lʲɛng'vo:jɪ 'pra:monʲe:]

Produktion (f)	produkcija (m)	[pro'dʊktsʲɪjɛ]
produzieren (vt)	gamìnti	[ga'mʲɪntʲɪ]
Rohstoff (m)	žaliava (m)	['ʒa:lʲæva]

Vorarbeiter (m), Meister (m)	brigadininkas (v)	[brʲɪ'ga:dʲɪnʲɪŋkas]
Arbeitsteam (n)	brigada (m)	[brʲɪga'da]
Arbeiter (m)	darbiniñkas (v)	[darbʲɪ'nʲɪŋkas]

Arbeitstag (m)	darbo diena (m)	['darbɔ dʲɛ'na]
Pause (f)	pertrauka (m)	['pʲɛrtraʊka]
Versammlung (f)	susirinkìmas (v)	[sʊsʲɪrʲɪŋ'kʲɪmas]
besprechen (vt)	svarstyti	[svar'stʲi:tʲɪ]

Plan (m)	planas (v)	['plʲa:nas]
den Plan erfüllen	įvykdyti planą	[i:'vʲɪ:kdʲɪ:tʲɪ 'plʲa:na:]
Arbeitsertrag (m)	norma (m)	['norma]
Qualität (f)	kokybė (m)	[kɔ'kʲi:bʲe:]
Prüfung, Kontrolle (f)	kontrolė (m)	[kɔn'trolʲe:]
Gütekontrolle (f)	kokybės kontrolė (m)	[kɔ'kʲi:bʲe:s kon'trolʲe:]

Arbeitsplatzsicherheit (f)	darbo sauga (m)	['darbɔ saʊ'ga]
Disziplin (f)	drausmė (m)	['draʊsmʲe:]
Übertretung (f)	pažeidimas (v)	[paʒʲɛɪ'dʲɪmas]

übertreten (vt)	pažeisti	[pa'ʒʲɛɪstʲɪ]
Streik (m)	streikas (v)	['strʲɛɪkas]
Streikender (m)	streikininkas (v)	['strʲɛʲɪkʲɪnʲɪŋkas]
streiken (vi)	streikuoti	[strʲɛɪ'kʊɑtʲɪ]
Gewerkschaft (f)	profsąjunga (m)	[prof'saːjʊnga]

erfinden (vt)	išradinėti	[ɪʃradʲɪ'nʲeːtʲɪ]
Erfindung (f)	išradimas (v)	[ɪʃra'dʲɪmas]
Erforschung (f)	tyrinėjimas (v)	[tʲiːrʲɪ'nʲɛjɪmas]
verbessern (vt)	gerinti	['gʲærʲɪntʲɪ]
Technologie (f)	technologija (m)	[tʲɛxno'lʲogʲɪjɛ]
technische Zeichnung (f)	brėžinys (v)	[brʲeːʒʲɪ'nʲiːs]

Ladung (f)	krovinys (v)	[krovʲɪ'nʲiːs]
Ladearbeiter (m)	krovėjas (v)	[kro'vʲeːjas]
laden (vt)	krauti	['krɑʊtʲɪ]
Beladung (f)	krovimas (v)	[kro'vʲɪmas]
entladen (vt)	iškrauti	[ɪʃ'krɑʊtʲɪ]
Entladung (f)	iškrovimas (v)	[ɪʃkro'vʲɪmas]

Transport (m)	transportas (v)	[trans'portas]
Transportunternehmen (n)	transporto kompanija (m)	[trans'portɔ kom'paːnʲɪjɛ]
transportieren (vt)	transportuoti	[transpor'tʊɑtʲɪ]

Güterwagen (m)	vagonas (v)	[va'gonas]
Zisterne (f)	cisterna (m)	[tsʲɪs'tʲɛrna]
Lastkraftwagen (m)	sunkvežimis (v)	['sʊŋkvʲɛʒʲɪmʲɪs]

| Werkzeugmaschine (f) | staklės (m dgs) | ['sta:klʲeːs] |
| Mechanismus (m) | mechanizmas (v) | [mʲɛxa'nʲɪzmas] |

Industrieabfälle (pl)	atliekos (m dgs)	[at'lʲiɛkoːs]
Verpacken (n)	pakavimas (v)	[pa'kaːvʲɪmas]
verpacken (vt)	supakuoti	[sʊpa'kʊɑtʲɪ]

107. Vertrag. Zustimmung

Vertrag (m), Auftrag (m)	kontraktas (v)	[kɔn'traːktas]
Vereinbarung (f)	susitarimas (v)	[sʊsʲɪta'rʲɪmas]
Anhang (m)	priedas (v)	['prʲɛdas]

einen Vertrag abschließen	sudaryti sutartį	[sʊda'rʲɪːtʲɪ 'sʊtartʲɪː]
Unterschrift (f)	parašas (v)	['paːraʃas]
unterschreiben (vt)	pasirašyti	[pasʲɪra'ʃɪːtʲɪ]
Stempel (m)	antspaudas (v)	['antspɑʊdas]

Vertragsgegenstand (m)	sutarties dalykas (v)	[sʊtar'tʲɛs da'lʲiːkas]
Punkt (m)	punktas (v)	['pʊŋktas]
Parteien (pl)	šalys (m dgs)	['ʃaːlʲiːs]
rechtmäßige Anschrift (f)	juridinis adresas (v)	[jʊ'rʲɪdʲɪnʲɪs 'aːdrʲɛsas]

Vertrag brechen	pažeisti sutartį	[pa'ʒʲɛɪstʲɪ 'sʊtartʲɪː]
Verpflichtung (f)	įsipareigojimas (v)	[iːsʲɪparʲɛɪ'gɔjɪmas]
Verantwortlichkeit (f)	atsakomybė (m)	[atsako'mʲiːbʲeː]

Force majeure (f)	nenugalimoji jėga (m)	[nʲɛnʊgalʲɪˈmoːjɪ jeːˈga]
Streit (m)	ginčas (v)	[ˈgʲɪntsas]
Strafsanktionen (pl)	baudinės sankcijos (m dgs)	[bɑʊˈdʲɪnʲeːs ˈsaŋktsʲɪjɔs]

108. Import & Export

Import (m)	importas (v)	[ɪmˈpɔrtas]
Importeur (m)	importuotojas (v)	[ɪmpɔrˈtʊatoːjɛs]
importieren (vt)	importuoti	[ɪmpɔrˈtʊatʲɪ]
Import-	importinis	[ɪmˈpɔrtʲɪnʲɪs]

| Exporteur (m) | eksportuotojas (v) | [ɛkspɔrˈtʊatoːjɛs] |
| exportieren (vt) | eksportuoti | [ɛkspɔrˈtʊatʲɪ] |

| Waren (pl) | prekė (m) | [ˈprʲækʲeː] |
| Partie (f), Ladung (f) | partija (m) | [ˈpartʲɪjɛ] |

Gewicht (n)	svoris (v)	[ˈsvoːrʲɪs]
Volumen (n)	tūris (v)	[ˈtuːrʲɪs]
Kubikmeter (m)	kubinis metras (v)	[ˈkʊbʲɪnʲɪs ˈmʲɛtras]

Hersteller (m)	gamintojas (v)	[gaˈmʲɪntoːjɛs]
Transportunternehmen (n)	transporto kompanija (m)	[transˈpɔrtɔ komˈpaːnʲɪjɛ]
Container (m)	konteineris (v)	[kɔnˈtʲɛɪnʲɛrʲɪs]

Grenze (f)	siena (m)	[ˈsʲɪɛna]
Zollamt (n)	muitinė (m)	[ˈmʊɪtʲɪnʲeː]
Zoll (m)	muitinės rinkliava (m)	[ˈmʊɪtʲɪnʲeːs ˈrʲɪŋklʲæva]
Zollbeamter (m)	muitininkas (v)	[ˈmʊɪtʲɪnʲɪŋkas]
Schmuggel (m)	kontrabanda (m)	[kɔntraˈbanda]
Schmuggelware (f)	kontrabanda (m)	[kɔntraˈbanda]

109. Finanzen

Aktie (f)	akcija (m)	[ˈaːktsʲɪjɛ]
Obligation (f)	obligacija (m)	[oblʲɪˈgaːtsʲɪjɛ]
Wechsel (m)	vekselis (v)	[ˈvʲɛksʲɛlʲɪs]

| Börse (f) | birža (m) | [ˈbʲɪrʒa] |
| Aktienkurs (m) | akcijų kursas (v) | [ˈaːktsʲɪjuː ˈkʊrsas] |

| billiger werden | atpigti | [atˈpʲɪktʲɪ] |
| teuer werden | pabrangti | [paˈbraŋktʲɪ] |

Anteil (m)	akcija (m)	[ˈaːktsʲɪjɛ]
Mehrheitsbeteiligung (f)	kontrolinis paketas (v)	[kɔnˈtroːlʲɪnʲɪs paˈkʲɛtas]
Investitionen (pl)	investicijos (m dgs)	[ɪnvʲɛsˈtʲɪtsʲɪjɔs]
investieren (vt)	investuoti	[ɪnvʲɛsˈtʊatʲɪ]
Prozent (n)	procentas (v)	[ˈprotsʲɛntas]
Zinsen (pl)	procentai (v dgs)	[ˈprotsʲɛntʌɪ]
Gewinn (m)	pelnas (v)	[ˈpʲɛlʲnas]
gewinnbringend	pelningas	[pʲɛlʲˈnʲɪngas]

Steuer (f)	mókestis (v)	['mokʲɛstʲɪs]
Währung (f)	valiutà (m)	[valʲʊ'ta]
Landes-Geldumtausch (m)	nacionãlinis keitìmas (v)	[natsʲɪjo'na:lʲɪnʲɪs] [kʲɛɪ'tʲɪmas]
Buchhalter (m)	buhálteris (v)	[bʊ'ɣalʲtʲɛrʲɪs]
Buchhaltung (f)	buhaltèrija (m)	[bʊɣalʲ'tʲɛrʲɪjɛ]
Bankrott (m)	bankrotas (v)	[baŋk'rotas]
Zusammenbruch (m)	subankrutãvimas (v)	[sʊbaŋkrʊ'ta:vʲɪmas]
Pleite (f)	nuskurdìmas (v)	[nʊskʊr'dʲɪmas]
pleite gehen	nuskursti	[nʊ'skʊrstʲɪ]
Inflation (f)	infliãcija (m)	[ɪn'flʲætsʲɪjɛ]
Abwertung (f)	devalvãcija (m)	[dʲɛvalʲ'va:tsʲɪjɛ]
Kapital (n)	kapitãlas (v)	[kapʲɪ'ta:lʲas]
Einkommen (n)	pãjamos (m dgs)	['pa:jamos]
Umsatz (m)	apyvarta (m)	[a'pʲi:varta]
Mittel (Reserven)	ištekliaĩ (v dgs)	[ɪʃtʲɛ'klʲɛɪ]
Geldmittel (pl)	piniginės lė̃šos (m dgs)	[pʲɪnʲɪ'gʲɪnʲe:s 'lʲe:ʃos]
Gemeinkosten (pl)	pridėtìnės ìšlaidos (m dgs)	[prʲɪdʲe:'tʲɪnʲe:s 'ɪʃlʲʌɪdos]
reduzieren (vt)	sumãžinti	[sʊ'ma:ʒɪntʲɪ]

110. Marketing

Marketing (n)	rinkódara (m)	[rʲɪŋ'kodara]
Markt (m)	rinkà (m)	[rʲɪŋ'ka]
Marktsegment (n)	riñkos segmeñtas (v)	['rʲɪŋkos sʲɛg'mʲɛntas]
Produkt (n)	prodùktas (v)	[pro'dʊktas]
Waren (pl)	prẽkė (m)	['prʲækʲe:]
Schutzmarke (f)	brendas (v)	[brʲɛndas]
Handelsmarke (f)	prẽkės ženklas (v)	[prʲækʲe:s 'ʒʲæŋklʲas]
Firmenzeichen (n)	firmos ženklas (v)	['fʲɪrmos 'ʒʲɛŋklʲas]
Logo (n)	logotìpas (v)	[lʲogo'tʲɪpas]
Nachfrage (f)	paklausà (m)	[paklʲɑʊ'sa]
Angebot (n)	pasiūlà (m)	[pasʲu:'lʲa]
Bedürfnis (n)	póreikis (v)	['porʲɛɪkʲɪs]
Verbraucher (m)	vartótojas (v)	[var'toto:jɛs]
Analyse (f)	anãlizė (m)	[a'na:lʲɪzʲe:]
analysieren (vt)	analizúoti	[analʲɪ'zʊɑtʲɪ]
Positionierung (f)	pozicionãvimas (v)	[pozʲɪtsʲɪjo'na:vʲɪmas]
positionieren (vt)	pozicionúoti	[pozʲɪtsʲɪjo'nʊɑtʲɪ]
Preis (m)	káina (m)	['kʌɪna]
Preispolitik (f)	kainų̃ polìtika (m)	['kʌɪnu: po'lʲɪtʲɪka]
Preisbildung (f)	kainų̃ formãvimas (v)	['kʌɪnu: for'ma:vʲɪmas]

111. Werbung

Werbung (f)	reklamà (m)	[rʲɛklʲa'ma]
werben (vt)	reklamúoti	[rʲɛklʲa'muatʲɪ]
Budget (n)	biudžėtas (v)	[bʲu'dʒʲɛtas]
Werbeanzeige (f)	reklamà (m)	[rʲɛklʲa'ma]
Fernsehwerbung (f)	telereklamà (m)	[tʲɛlʲɛrʲɛkla'ma]
Radiowerbung (f)	rãdijo reklamà (m)	['ra:dʲɪjo rʲɛklʲa'ma]
Außenwerbung (f)	išorìnė reklamà (m)	[ɪʃo'rʲɪnʲe: reklʲa'ma]
Massenmedien (pl)	žiniãsklaida (m)	[ʒʲɪ'nʲæsklʲʌɪda]
Zeitschrift (f)	periòdinis leidinỹs (v)	[pʲɛrʲɪ'jodʲɪnʲɪs lʲɛɪdʲɪ'nʲi:s]
Image (n)	įvaizdis (v)	['i:vʌɪzdʲɪs]
Losung (f)	šū̃kis (v)	['ʃu:kʲɪs]
Motto (n)	devìzas (v)	[dʲɛ'vʲɪzas]
Kampagne (f)	kampãnija (m)	[kam'pa:nʲɪjɛ]
Werbekampagne (f)	reklãmos kampãnija (m)	[rʲɛklʲa:mos kam'pa:nʲɪjɛ]
Zielgruppe (f)	tikslìnė auditòrija (m)	[tʲɪks'lʲɪnʲe: aʊdʲɪ'torʲɪjɛ]
Visitenkarte (f)	vizìtinė kortẽlė (m)	[vʲɪ'zʲɪtʲɪnʲe: kor'tʲælʲe:]
Flugblatt (n)	lapẽlis (v)	[la'pʲælʲɪs]
Broschüre (f)	brošiūrà (m)	[broʃu:'ra]
Faltblatt (n)	lankstinùkas (v)	[lʲaŋkstʲɪ'nʊkas]
Informationsblatt (n)	biuletènis (v)	[bʲʊlʲɛ'tʲɛnʲɪs]
Firmenschild (n)	iškabà (m)	['ɪʃkaba]
Plakat (n)	plakãtas (v)	[plʲa'ka:tas]
Werbeschild (n)	skỹdas (v)	['skʲi:das]

112. Bankgeschäft

Bank (f)	bánkas (v)	['baŋkas]
Filiale (f)	skỹrius (v)	['skʲi:rʲʊs]
Berater (m)	konsultántas (v)	[konsʊlʲ'tantas]
Leiter (m)	valdýtojas (v)	[valʲ'dʲi:to:jɛs]
Konto (n)	sąskaità (m)	['sa:skʌɪta]
Kontonummer (f)	sąskaitos nùmeris (v)	['sa:skʌɪtos 'nʊmʲɛrʲɪs]
Kontokorrent (n)	einamóji sąskaità (m)	[ɛɪna'mo:jɪ 'sa:skʌɪta]
Sparkonto (n)	kaupiamóji sąskaità (m)	[kaʊpʲæ'mo:jɪ 'sa:skʌɪta]
ein Konto eröffnen	atidarýti sąskaità	[atʲɪda'rʲi:tʲɪ 'sa:skʌɪta:]
das Konto schließen	uždarýti sąskaità	[ʊʒda'rʲi:tʲɪ 'sa:skʌɪta:]
einzahlen (vt)	padéti į̃ sąskaità	[pa'dʲe:tʲɪ i: 'sa:skʌɪta:]
abheben (vt)	paim̃ti iš sąskaitos	['pʌɪmtʲɪ ɪʃ 'sa:skʌɪtos]
Einzahlung (f)	indėlis (v)	['ɪndʲe:lʲɪs]
eine Einzahlung machen	įnešti indėlį	[i:'nʲɛʃtʲɪ 'ɪndʲe:lʲɪ:]
Überweisung (f)	pavedìmas (v)	[pavʲɛ'dʲɪmas]

überweisen (vt)	atlìkti pavedìmą	[at'lʲɪktʲɪ pavʲɛ'dʲɪma:]
Summe (f)	sumà (m)	[sʊ'ma]
Wieviel?	Kíek?	['kʲiɛk?]
Unterschrift (f)	párašas (v)	['pa:raʃas]
unterschreiben (vt)	pasirašýti	[pasʲɪra'ʃɪ:tʲɪ]
Kreditkarte (f)	kredìtinė kortēlė (m)	[krʲɛ'dʲɪtʲɪnʲe: kor'tʲæ‌lʲe:]
Code (m)	kòdas (v)	['kodas]
Kreditkartennummer (f)	kredìtinės kortēlės numeris (v)	[krʲɛ'dʲɪtʲɪnʲe:s kor'tʲælʲe:s 'nʊmerʲɪs]
Geldautomat (m)	bankomãtas (v)	[baŋko'ma:tas]
Scheck (m)	kvìtas (v)	['kvʲɪtas]
einen Scheck schreiben	išrašýti kvìtą	[ɪʃra'ʃɪ:tʲɪ 'kvʲɪta:]
Scheckbuch (n)	čẽkių knygēlė (m)	['tsʲɛkʲu: knʲi:'gʲælʲe:]
Darlehen (m)	kredìtas (v)	[krʲɛ'dʲɪtas]
ein Darlehen beantragen	kreĩptis dėl kredìto	['krʲɛɪptʲɪs dʲe:lʲ krʲɛ'dʲɪtɔ]
ein Darlehen aufnehmen	im̃ti kredìtą	['ɪmtʲɪ krʲɛ'dʲɪta:]
ein Darlehen geben	suteĩkti kredìtą	[sʊ'tʲɛɪktʲɪ krʲɛ'dʲɪta:]
Sicherheit (f)	garántija (m)	[ga'rantʲɪjɛ]

113. Telefon. Telefongespräche

Telefon (n)	telefònas (v)	[tʲɛlʲɛ'fonas]
Mobiltelefon (n)	mobilùsis telefònas (v)	[mobʲɪ'lʊsʲɪs tʲɛlʲɛ'fonas]
Anrufbeantworter (m)	autoatsakìklis (v)	[ɑʊtoatsa'kʲɪklʲɪs]
anrufen (vt)	skam̃binti	['skambʲɪntʲɪ]
Anruf (m)	skambùtis (v)	[skam'bʊtʲɪs]
eine Nummer wählen	suriñkti nùmerį	[sʊ'rʲɪŋktʲɪ 'nʊmʲɛrʲɪ:]
Hallo!	Aliò!	[a'lʲo!]
fragen (vt)	paklaũsti	[pak'lʲɑʊstʲɪ]
antworten (vi)	atsakýti	[atsa'kʲi:tʲɪ]
hören (vt)	girdéti	[gʲɪr'dʲe:tʲɪ]
gut (~ aussehen)	geraĩ	[gʲɛ'rʌɪ]
schlecht (Adv)	prastaĩ	[pras'tʌɪ]
Störungen (pl)	trukdžiaĩ (v dgs)	[trʊk'dʒʲɛɪ]
Hörer (m)	ragẽlis (v)	[ra'gʲælʲɪs]
den Hörer abnehmen	pakélti ragẽlį	[pa'kʲɛlʲtʲɪ ra'gʲælʲɪ:]
auflegen (den Hörer ~)	padéti ragẽlį	[pa'dʲe:tʲɪ ra'gʲælʲɪ:]
besetzt	užimtas	['ʊʒʲɪmtas]
läuten (vi)	skambéti	[skam'bʲe:tʲɪ]
Telefonbuch (n)	telefònų knygà (m)	[tʲɛlʲɛ'fonu: knʲi:'ga]
Orts-	vietinis	['vʲiɛtʲɪnʲɪs]
Ortsgespräch (n)	vietinis skambùtis (v)	['vʲiɛtʲɪnʲɪs skam'bʊtʲɪs]
Auslands-	tarptautìnis	[tarptɑʊ'tʲɪnʲɪs]
Auslandsgespräch (n)	tarptautìnis skambùtis (v)	[tarptɑʊ'tʲɪnʲɪs skam'bʊtʲɪs]

Fern-	tarpmiestìnis	[tarpmʲiɛs'tʲɪnʲɪs]
Ferngespräch (n)	tarpmiestìnis skambùtis (v)	[tarpmʲiɛs'tʲɪnʲɪs skam'bʊtʲɪs]

114. Mobiltelefon

Mobiltelefon (n)	mobilùsis telefònas (v)	[mobʲɪ'lʊsʲɪs tʲɛlʲɛ'fonas]
Display (n)	ekrãnas (v)	[ɛk'ra:nas]
Knopf (m)	mygtùkas (v)	[mʲi:k'tʊkas]
SIM-Karte (f)	SIM-kortẽlė (m)	[sʲɪm-kor'tʲælʲe:]

Batterie (f)	akumuliãtorius (v)	[akʊmʊ'lʲætorʲʊs]
leer sein (Batterie)	išsikráuti	[ɪʃsʲɪ'kraʊtʲɪ]
Ladegerät (n)	įkrovìklis (v)	[i:kro'vʲɪ:klʲɪs]

Menü (n)	valgiãraštis (v)	[valʲ'gʲæraʃtʲɪs]
Einstellungen (pl)	nustãtymai (v dgs)	[nʊ'sta:tʲi:mʌɪ]

Melodie (f)	melòdija (m)	[mʲɛ'lʲodʲɪjɛ]
auswählen (vt)	pasirìnkti	[pasʲɪ'rʲɪŋktʲɪ]

Rechner (m)	skaičiuotùvas (v)	[skʌɪtʂʲʊo'tʊvas]
Anrufbeantworter (m)	bal̃so pãštas (v)	['balʲsɔ 'pa:ʃtas]
Wecker (m)	žadintùvas (v)	[ʒadʲɪn'tʊvas]
Kontakte (pl)	telefònų knygà (m)	[tʲɛlʲɛ'fonu: knʲi:'ga]

SMS-Nachricht (f)	SMS žinùtė (m)	[ɛsɛ'mɛs ʒʲɪnʊtʲe:]
Teilnehmer (m)	abonen̄tas (v)	[abo'nʲɛntas]

115. Bürobedarf

Kugelschreiber (m)	automãtinis šratinùkas (v)	[aʊto'ma:tʲɪnʲɪs ʃratʲɪ'nʊkas]
Federhalter (m)	plunksnãkotis (v)	[plʲʊŋk'sna:kotʲɪs]

Bleistift (m)	pieštùkas (v)	[pʲiɛʃ'tʊkas]
Faserschreiber (m)	žymẽklis (v)	[ʒʲi:'mʲæklʲɪs]
Filzstift (m)	flomãsteris (v)	[flʲo'ma:stʲɛrʲɪs]

Notizblock (m)	bloknòtas (v)	[blʲok'notas]
Terminkalender (m)	dienòraštis (v)	[dʲiɛ'noraʃtʲɪs]

Lineal (n)	liniuõtė (m)	[lʲɪ'nʲʊo:tʲe:]
Rechner (m)	skaičiuotùvas (v)	[skʌɪtʂʲʊo'tʊvas]
Radiergummi (m)	trintùkas (v)	[trʲɪn'tʊkas]

Reißwecke (f)	smeigtùkas (v)	[smʲɛɪk'tʊkas]
Heftklammer (f)	sąvaržẽlė (m)	[sa:var'ʒʲe:lʲe:]

Klebstoff (m)	klijaĩ (v dgs)	[klʲɪ'jʌɪ]
Hefter (m)	segìklis (v)	[sʲɛ'gʲɪklʲɪs]

Locher (m)	skylãmušis (v)	[skʲi:'lʲa:mʊʃɪs]
Bleistiftspitzer (m)	drožtùkas (v)	[droʒ'tʊkas]

116. Verschiedene Dokumente

Deutsch	Litauisch	Aussprache
Bericht (m)	atāskaita (m)	[aˈtaːskʌɪta]
Abkommen (n)	susitarìmas (v)	[sʊsʲɪtaˈrʲɪmas]
Anmeldeformular (n)	paraiškà (m)	[parʌɪʃˈka]
Original-	tìkras	[ˈtʲɪkras]
Namensschild (n)	kortẽlė (m)	[kɔrˈtʲælʲeː]
Visitenkarte (f)	vizìtinė kortẽlė (m)	[vʲɪˈzʲɪtʲɪnʲeː kɔrˈtʲælʲeː]
Zertifikat (n)	sertifikãtas (v)	[sʲɛrtʲɪfʲɪˈkaːtas]
Scheck (m)	kvìtas (v)	[ˈkvʲɪtas]
Rechnung (im Restaurant)	sąskaita (m)	[ˈsaːskʌɪta]
Verfassung (f)	konstitùcija (m)	[kɔnstʲɪˈtʊtsʲɪjɛ]
Vertrag (m)	sutartìs (m)	[sʊtarˈtʲɪs]
Kopie (f)	kòpija (m)	[ˈkɔpʲɪjɛ]
Kopie (~ des Vertrages)	egzempliõrius (v)	[ɛgzʲɛmˈplʲɪjɔːrʲʊs]
Zolldeklaration (f)	deklarãcija (m)	[dʲɛklʲaˈraːtsʲɪjɛ]
Dokument (n)	dokumeñtas (v)	[dɔkʊˈmʲɛntas]
Führerschein (m)	vairúotojo pažymė́jimas (v)	[vʌɪˈrʊɑtɔjɔ paʒʲiːˈmʲɛjɪmas]
Anlage (f)	príedas (v)	[ˈprʲɛdas]
Fragebogen (m)	anketà (m)	[aŋkʲɛˈta]
Ausweis (m)	pažymė́jimas (v)	[paʒʲiːˈmʲɛjɪmas]
Anfrage (f)	paklausìmas (v)	[paklʲɑʊˈsʲɪmas]
Einladungskarte (f)	kvietìmas (v)	[kvʲiɛˈtʲɪmas]
Rechnung (von Firma)	sąskaita (m)	[ˈsaːskʌɪta]
Gesetz (n)	įstãtymas (v)	[iːˈstaːtiːmas]
Brief (m)	laĩškas (v)	[ˈlʲʌɪʃkas]
Briefbogen (m)	blánkas (v)	[ˈblʲaŋkas]
Liste (schwarze ~)	są́rašas (v)	[ˈsaːraʃas]
Manuskript (n)	rankrãštis (v)	[ˈraŋkraʃtʲɪs]
Informationsblatt (n)	biuletẽnis (v)	[bʲʊlʲɛˈtʲɛnʲɪɔ]
Zettel (m)	rãštas (v)	[ˈraːʃtas]
Passierschein (m)	leidìmas (v)	[lʲɛɪˈdʲɪmas]
Pass (m)	pãsas (v)	[ˈpaːsas]
Erlaubnis (f)	leidìmas (v)	[lʲɛɪˈdʲɪmas]
Lebenslauf (m)	gyvẽnimo aprãšymas (v)	[gʲiːˈvʲænʲɪmɔ apˈraːʃiːmas]
Schuldschein (m)	pakvitãvimas (v)	[pakvʲɪˈtaːvʲɪmas]
Quittung (f)	kvìtas (v)	[ˈkvʲɪtas]
Kassenzettel (m)	kvìtas (v)	[ˈkvʲɪtas]
Bericht (m)	rãportas (v)	[ˈraːpɔrtas]
vorzeigen (vt)	pateĩkti	[paˈtʲɛɪktʲɪ]
unterschreiben (vt)	pasirašýti	[pasʲɪraˈʃʲɪːtʲɪ]
Unterschrift (f)	pãrašas (v)	[ˈpaːraʃas]
Stempel (m)	añtspaudas (v)	[ˈantspɑʊdas]
Text (m)	tèkstas (v)	[ˈtʲɛkstas]
Eintrittskarte (f)	bìlietas (v)	[ˈbʲɪlʲiɛtas]
streichen (vt)	nubraũkti	[nʊˈbrɑʊktʲɪ]
ausfüllen (vt)	užpìldyti	[ʊʒˈpʲɪlʲdʲiːtʲɪ]

| Frachtbrief (m) | važtaraštis (v) | [vaʒ'ta:raʃtʲɪs] |
| Testament (n) | testamentas (v) | [tʲɛsta'mʲɛntas] |

117. Geschäftsarten

Buchführung (f)	buhalterinės paslaugos (m dgs)	[buɣalʲ'tʲɛrʲɪnʲeːs 'paːslɑugos]
Werbung (f)	reklama (m)	[rʲɛklʲa'ma]
Werbeagentur (f)	reklamos agentūra (m)	[rʲɛkʲlʲaːmos agʲɛntuː'ra]
Klimaanlagen (pl)	kondicionieriai (v dgs)	[kɔndʲɪtsʲɪjo'nʲɛrʲɛɪ]
Fluggesellschaft (f)	aviakompanija (m)	[avʲækom'paːnʲɪjɛ]
Spirituosen (pl)	alkoholiniai gėrimai (v dgs)	[alʲko'ɣolʲɪnʲɛɪ 'gʲeːrʲɪmʌɪ]
Antiquitäten (pl)	antikvariatas (v)	[antʲɪkvarʲɪ'jatas]
Kunstgalerie (f)	galerija (m)	[ga'lʲɛrʲɪjɛ]
Rechnungsprüfung (f)	auditorių paslaugos (m dgs)	[ɑu'dʲɪtorʲu: 'paːslʲɑugos]
Bankwesen (n)	bankinis verslas (v)	['baŋkʲɪnʲɪs 'vʲɛrslʲas]
Bar (f)	baras (v)	['baːras]
Schönheitssalon (m)	grožio salonas (v)	['groːʒʲɔ sa'lʲonas]
Buchhandlung (f)	knygynas (v)	[knʲiː'gʲiːnas]
Bierbrauerei (f)	alaus darykla (m)	[a'lʲɑus darʲiːk'lʲa]
Bürogebäude (n)	verslo centras (v)	['vʲɛrslʲɔ 'tsʲɛntras]
Business-Schule (f)	verslo mokykla (m)	['vʲɛrslʲɔ mokʲiːk'lʲa]
Kasino (n)	kazino (v)	[kazʲɪ'no]
Bau (m)	statyba (m)	[sta'tʲiːba]
Beratung (f)	konsultavimas (v)	[kɔnsulʲ'taːvʲɪmas]
Stomatologie (f)	stomatologija (m)	[stomato'lʲogʲɪjɛ]
Design (n)	dizainas (v)	[dʲɪ'zʌɪnas]
Apotheke (f)	vaistinė (m)	['vʌɪstʲɪnʲeː]
chemische Reinigung (f)	cheminė valykla (m)	['xʲɛmʲɪnʲe: valʲiːk'lʲa]
Personalagentur (f)	darbuotojų paieškos agentūra (m)	[darʲbuɑtoːjuː palʲɛʃʲkoːs agʲɛntuː'ra]
Finanzdienstleistungen (pl)	finansinės paslaugos (m dgs)	[fʲɪ'nansʲɪnʲeːs 'paːslʲɑugos]
Nahrungsmittel (pl)	maisto produktai (v dgs)	['mʌɪstɔ pro'duktʌɪ]
Bestattungsinstitut (n)	laidojimo biuras (v)	['lʲʌɪdojɪmɔ 'bʲuras]
Möbel (n)	baldai (v)	['balʲdʌɪ]
Kleidung (f)	drabužiai (v dgs), rūbai (v dgs)	[dra'buʒʲɛɪ], ['ruːbʌɪ]
Hotel (n)	viešbutis (v)	['vʲɛʃbutʲɪs]
Eis (n)	ledai (v dgs)	[lʲe'dʌɪ]
Industrie (f)	pramonė (m)	['praːmonʲeː]
Versicherung (f)	draudimas (v)	[drɑu'dʲɪmas]
Internet (n)	internetas (v)	[ɪntʲɛr'nʲɛtas]
Investitionen (pl)	investicijos (m dgs)	[ɪnvʲɛs'tʲɪtsʲɪjos]
Juwelier (m)	juvelyras (v)	[juvʲɛ'lʲiːras]
Juwelierwaren (pl)	juvelyriniai dirbiniai (v dgs)	[juvʲɛ'lʲiːrʲɪnʲɛɪ dʲɪrbʲɪ'nʲɛɪ]
Wäscherei (f)	skalbykla (m)	[skalʲbʲiːk'la]
Rechtsberatung (f)	juridinės paslaugos (m dgs)	[juˈrʲɪdʲɪnʲeːs paslʲɑu'goːs]
Leichtindustrie (f)	lengvoji pramonė (m)	[lʲɛng'voːjɪ 'praːmonʲeː]

Deutsch	Litauisch	Aussprache
Zeitschrift (f)	žurnãlas (v)	[ʒʊrˈnaːlʲas]
Versandhandel (m)	prekýba pagal katalògą (m)	[prʲɛˈkʲiːba paˈgalʲ kataˈlʲoga:]
Medizin (f)	medicinà (m)	[mʲɛdʲɪtsʲɪˈna]
Kino (Filmtheater)	kìno teãtras (v)	[ˈkʲɪnɔ tʲɛˈaːtras]
Museum (n)	muziẽjus (v)	[mʊˈzʲɛjʊs]
Nachrichtenagentur (f)	informãcijos agentūrà (m)	[ɪnfɔrˈmaːtsʲɪjɔs agʲɛntuːˈra]
Zeitung (f)	laĩkraštis (v)	[ˈlʲaɪkraʃtʲɪs]
Nachtklub (m)	naktìnis klùbas (v)	[nakˈtʲɪnʲɪs ˈklʲʊbas]
Erdöl (n)	naftà (m)	[nafta]
Kurierdienst (m)	kùrjerių tarnýba (m)	[ˈkʊrjɛrʲu: tarˈnʲiːba]
Pharmaindustrie (f)	farmãcija (m)	[farˈmaːtsʲɪjɛ]
Druckindustrie (f)	poligrãfija (m)	[pɔlʲɪˈgraːfɪjɛ]
Verlag (m)	leidyklà (m)	[lʲɛɪdʲiːkˈla]
Rundfunk (m)	rãdijas (v)	[ˈraːdʲɪjas]
Immobilien (pl)	nekilnójamasis tuȓtas (v)	[nʲɛkʲɪlʲʲnɔjamasʲɪs ˈtʊrtas]
Restaurant (n)	restorãnas (v)	[rʲɛstɔˈraːnas]
Sicherheitsagentur (f)	saugõs tarnýba (m)	[sɑʊˈgoːs tarˈnʲiːba]
Sport (m)	spòrtas (v)	[ˈspɔrtas]
Börse (f)	birža (m)	[ˈbʲɪrʒa]
Laden (m)	parduotùvė (m)	[parduɑˈtʊvʲeː]
Supermarkt (m)	prekýbos ceñtras (v)	[prʲɛˈkʲiːbɔs ˈtsʲɛntras]
Schwimmbad (n)	baseĩnas (v)	[baˈsʲɛɪnas]
Atelier (n)	ateljẽ (m)	[ateˈlʲjeː]
Fernsehen (n)	televìzija (m)	[tʲɛlʲɛˈvʲɪzʲɪjɛ]
Theater (n)	teãtras (v)	[tʲɛˈaːtras]
Handel (m)	prekýba (m)	[prʲɛˈkʲiːba]
Transporte (pl)	pérvežimai (v dgs)	[ˈpʲɛrvʲɛʒʲɪmʌɪ]
Reisen (pl)	turìzmas (v)	[tʊˈrʲɪzmas]
Tierarzt (m)	veterinãras (v)	[vʲɛtʲɛrʲɪˈnaːras]
Warenlager (n)	sandėlis (v)	[ˈsandʲeːlʲɪs]
Müllabfuhr (f)	šiùkšlių išvežìmas (v)	[ˈʃʊkʃlʲuː iʃvʲɛˈʒʲɪmas]

Arbeit. Geschäft. Teil 2

118. Show. Ausstellung

Ausstellung (f)	paroda (m)	[paro'da]
Handelsausstellung (f)	prekybos paroda (m)	[prʲɛ'kʲiːbos paro'da]
Teilnahme (f)	dalyvavimas (v)	[dalʲiː'vaːvʲɪmas]
teilnehmen (vi)	dalyvauti	[dalʲiː'vɑʊtʲɪ]
Teilnehmer (m)	dalyvis (v)	[da'lʲiːvʲɪs]
Direktor (m)	direktorius (v)	[dʲɪ'rʲɛktorʲʊs]
Organisator (m)	organizatorius (v)	[organʲɪ'zaːtorʲʊs]
veranstalten (vt)	organizuoti	[organʲɪ'zʊɑtʲɪ]
Anmeldeformular (n)	paraiška dalyvavimui (m)	[parʌɪʃka dalʲiː'vaːvʲɪmʊi]
ausfüllen (vt)	užpildyti	[ʊʒ'pʲɪlʲdʲiːtʲɪ]
Details (pl)	smulkmenos (m dgs)	['smʊlʲkmʲɛnos]
Information (f)	informacija (m)	[ɪnforˈmaːtsʲɪjɛ]
Preis (m)	kaina (m)	['kʌɪna]
einschließlich	įskaitant	[iːs'kʌɪtant]
einschließen (vt)	įskaičiuoti	[iːskʌɪ'tʂʲʊɑtʲɪ]
zahlen (vt)	mokėti	[mo'kʲeːtʲɪ]
Anmeldegebühr (f)	registracijos mokestis (v)	[rʲɛgʲɪs'traːtsʲɪjɔs 'mokʲɛstʲɪs]
Eingang (m)	įėjimas (v)	[iːʲɛːˈjɪmas]
Pavillon (m)	paviljonas (v)	[pavʲɪ'lʲjɔ nas]
registrieren (vt)	registruoti	[rʲɛgʲɪs'trʊɑtʲɪ]
Namensschild (n)	kortelė (m)	[korʲtʲæːlʲeː]
Stand (m)	stendas (v)	['stʲɛndas]
reservieren (vt)	rezervuoti	[rʲɛzʲɛrʲ'vʊɑtʲɪ]
Vitrine (f)	vitrina (m)	[vʲɪtrʲɪ'na]
Strahler (m)	šviestuvas (v)	[ʃvʲiɛ'stʊvas]
Design (n)	dizainas (v)	[dʲɪ'zʌɪnas]
stellen (vt)	apgyvendinti, išdėstyti	[apgʲiː'vʲɛndʲɪntʲɪ], [iʃ'dʲeːstʲiːtʲɪ]
gelegen sein	įsikurti	[iːsʲɪ'kʊrtʲɪ]
Distributor (m)	platintojas (v)	['plʲaːtʲɪntoːjɛs]
Lieferant (m)	tiekėjas (v)	[tʲiɛ'kʲeːjas]
liefern (vt)	tiekti	['tʲɛktʲɪ]
Land (n)	šalis (m)	[ʃa'lʲɪs]
ausländisch	užsienio	['ʊʒsʲiɛnʲɔ]
Produkt (n)	produktas (v)	[pro'dʊktas]
Assoziation (f)	asociacija (m)	[asotsʲɪ'jatsʲɪjɛ]
Konferenzraum (m)	konferencijų salė (m)	[konfɛ'rentsʲɪjuː 'saːlʲeː]
Kongress (m)	kongresas (v)	[kon'grʲɛsas]

Wettbewerb (m)	konkùrsas (v)	[kɔŋ'kursas]
Besucher (m)	lankýtojas (v)	[lʲaŋ'kʲi:to:jɛs]
besuchen (vt)	lankýti	[lʲaŋ'kʲi:tʲɪ]
Auftraggeber (m)	užsakõvas (v)	[uʒsa'ko:vas]

119. Massenmedien

Zeitung (f)	laĩkraštis (v)	['lʲʌɪkraʃtʲɪs]
Zeitschrift (f)	žurnãlas (v)	[ʒur'na:lʲas]
Presse (f)	spaudà (m)	[spɑu'da]
Rundfunk (m)	rãdijas (v)	['ra:dʲɪjas]
Rundfunkstation (f)	rãdijo stotìs (m)	['ra:dʲɪjo sto'tʲɪs]
Fernsehen (n)	televìzija (m)	[tʲɛlʲɛ'vʲɪzʲɪjɛ]
Moderator (m)	vedéjas (v)	[vʲɛ'dʲe:jas]
Sprecher (m)	dìktorius (v)	['dʲɪktorʲus]
Kommentator (m)	komentãtorius (v)	[komʲɛn'ta:torʲus]
Journalist (m)	žurnalìstas (v)	[ʒurna'lʲɪstas]
Korrespondent (m)	korespondeñtas (v)	[korʲɛspon'dʲɛntas]
Bildberichterstatter (m)	fotokorespondeñtas (v)	[fotokorʲɛspon'dʲɛntas]
Reporter (m)	repòrteris (v)	[rʲɛ'portʲɛrʲɪs]
Redakteur (m)	redãktorius (v)	[rʲɛ'da:ktorʲus]
Chefredakteur (m)	vyriáusiasis redãktorius (v)	[vʲi:'rʲæusʲæsʲɪs rʲɛ'da:ktorʲus]
abonnieren (vt)	užsiprenumerúoti	[uʒsʲɪprʲɛnumʲɛ'ruɑtʲɪ]
Abonnement (n)	prenumeratà (m)	[prʲɛnumʲɛra'ta]
Abonnent (m)	prenumerãtorius (v)	[prʲɛnumʲɛ'ra:torʲus]
lesen (vi, vt)	skaitýti	[skʌɪ'tʲi:tʲɪ]
Leser (m)	skaitýtojas (v)	[skʌɪ'tʲi:to:jɛs]
Auflage (f)	tirãžas (v)	[tʲɪ'ra:ʒas]
monatlich (Adj)	mėnesìnis	[mʲe:nesʲɪnʲɪs]
wöchentlich (Adj)	savaĩtinis	[sa'vʌɪtʲɪnʲɪs]
Ausgabe (Zeitschrift)	nùmeris (v)	['numʲɛrʲɪs]
neueste (~ Ausgabe)	naũjas	['nɑujas]
Titel (m)	añtraštė (m)	['antraʃtʲe:]
Notiz (f)	straipsnẽlis (v)	[strʌɪp'snʲælʲɪs]
Rubrik (f)	rùbrika (m)	['rubrʲɪka]
Artikel (m)	stráipsnis (v)	['strʌɪpsnʲɪs]
Seite (f)	pùslapis (v)	['puslʲapʲɪs]
Reportage (f)	reportãžas (v)	[rʲɛpor'ta:ʒas]
Ereignis (n)	ývykis (v)	['i:vʲɪ:kʲɪs]
Sensation (f)	sensãcija (m)	[sʲɛn'sa:tsʲɪjɛ]
Skandal (m)	skandãlas (v)	[skan'da:lʲas]
skandalös	skandalìngas	[skanda'lʲɪngas]
groß (-er Skandal)	garsùs	[gar'sus]
Sendung (f)	laidà (m)	[lʲʌɪ'da]
Interview (n)	interviù (v)	[ɪntʲɛrv'ju]
Live-Übertragung (f)	tiesióginė transliãcija (m)	[tʲiɛ's'ogʲɪnʲe: trans'lʲætsʲɪjɛ]
Kanal (m)	kanãlas (v)	[ka'na:lʲas]

120. Landwirtschaft

Deutsch	Litauisch	Aussprache
Landwirtschaft (f)	žemės ūkis (v)	['ʒʲæmʲe:s 'u:kʲɪs]
Bauer (m)	valstietis (v)	[valʲs'tʲɛtʲɪs]
Bäuerin (f)	valstietė (m)	[valʲs'tʲɛtʲe:]
Farmer (m)	fermeris (v)	['fʲɛrmʲɛrʲɪs]
Traktor (m)	traktorius (v)	['tra:ktorʲʊs]
Mähdrescher (m)	kombainas (v)	[kɔm'baɪnas]
Pflug (m)	plūgas (v)	['plʲu:gas]
pflügen (vt)	arti	['a:rtʲɪ]
Acker (m)	dirva (m)	[dʲɪr'va]
Furche (f)	vaga (m)	[va'ga]
säen (vt)	sėti	['sʲe:tʲɪ]
Sämaschine (f)	sėjamoji mašina (m)	[sʲe:ja'mo:jɪ maʃɪ'na]
Saat (f)	sėjimas (v)	[sʲe:'jɪmas]
Sense (f)	dalgis (v)	['dalʲgʲɪs]
mähen (vt)	pjauti	['pjaʊtʲɪ]
Schaufel (f)	kastuvas (v)	[kas'tʊvas]
graben (vt)	kasti	['kastʲɪ]
Hacke (f)	kapoklė (m)	[ka'po:klʲe:]
jäten (vt)	raveti	[ra'vʲe:tʲɪ]
Unkraut (n)	piktžolė (m)	['pʲɪktʒolʲe:]
Gießkanne (f)	laistytuvas (v)	[lʲʌɪstʲi:'tʊvas]
gießen (vt)	laistyti	['lʲʌɪstʲi:tʲɪ]
Bewässerung (f)	laistymas (v)	['lʲʌɪstʲi:mas]
Heugabel (f)	šakės (m dgs)	['ʃa:kʲe:s]
Rechen (m)	greblys (v)	[grʲe:b'lʲi:s]
Dünger (m)	trąša (m)	[tra:'ʃa]
düngen (vt)	tręšti	['trʲɛ:ʃtʲɪ]
Mist (m)	meslas (v)	['mʲe:ʃlas]
Feld (n)	laukas (v)	['lʲaʊkas]
Wiese (f)	pieva (m)	['pʲiɛva]
Gemüsegarten (m)	daržas (v)	['darʒas]
Obstgarten (m)	sodas (v)	['so:das]
weiden (vt)	ganyti	[ga'nʲi:tʲɪ]
Hirt (m)	piemuo (v)	[pʲiɛ'mʊa]
Weide (f)	ganykla (m)	[ganʲi:k'lʲa]
Viehzucht (f)	gyvulininkystė (m)	[gʲi:vʊlʲɪnʲɪŋ'kʲi:stʲe:]
Schafzucht (f)	avininkystė (m)	[avʲɪnʲɪŋ'kʲi:stʲe:]
Plantage (f)	plantacija (m)	[plʲan'ta:tsʲɪjɛ]
Beet (n)	lysvė (m)	['lʲi:svʲe:]
Treibhaus (n)	šiltadaržis (v)	[ʃɪlʲ'ta:darʒʲɪs]

Dürre (f)	sausrà (m)	[sɑʊs'ra]
dürr, trocken	sausrìngas	[sɑʊs'rʲɪngas]

Getreide (n)	grū́das (v)	['gru:das]
Getreidepflanzen (pl)	javaĩ (v dgs)	[ja'vʌɪ]
ernten (vt)	nuim̃ti	['nʊimtʲɪ]

Müller (m)	malū́nininkas (v)	[ma'lʲu:nʲɪnʲɪŋkas]
Mühle (f)	malū́nas (v)	[ma'lʲu:nas]
mahlen (vt)	málti grū́dus	['malʲtʲɪ 'gru:dʊs]
Mehl (n)	mìltai (v dgs)	['mʲɪlʲtʌɪ]
Stroh (n)	šiaudaĩ (v dgs)	[ʃʲɛʊ'dʌɪ]

121. Gebäude. Bauabwicklung

Baustelle (f)	statýbvietė (m)	[sta'tʲi:bvʲiɛtʲe:]
bauen (vt)	statýti	[sta'tʲi:tʲɪ]
Bauarbeiter (m)	statýbininkas (v)	[sta'tʲi:bʲɪnʲɪŋkas]

Projekt (n)	projèktas (v)	[pro'jæktas]
Architekt (m)	architèktas (v)	[arxʲɪ'tʲɛktas]
Arbeiter (m)	darbiniñkas (v)	[darbʲɪ'nʲɪŋkas]

Fundament (n)	fundameñtas (v)	[fʊnda'mʲɛntas]
Dach (n)	stógas (v)	['stogas]
Pfahl (m)	pòlis (v)	['po:lʲɪs]
Wand (f)	síena (m)	['sʲiɛna]

Bewehrungsstahl (m)	armatūrà (m)	[armatu:'ra]
Gerüst (n)	statýbiniai pastõliai (v dgs)	[sta'tʲi:bʲɪnʲɛɪ pas'to:lʲɛɪ]

Beton (m)	betònas (v)	[bʲɛ'tonas]
Granit (m)	granìtas (v)	[gra'nʲɪtas]
Stein (m)	akmuõ (v)	[ak'mʊɑ]
Ziegel (m)	plytà (m)	[plʲi:'ta]

Sand (m)	smėlis (v)	['smʲelʲɪs]
Zement (m)	cemeñtas (v)	[tsʲɛ'mʲɛntas]
Putz (m)	tìnkas (v)	['tʲɪŋkas]
verputzen (vt)	tinkúoti	[tʲɪŋ'kʊɑtʲɪ]

Farbe (f)	dažaĩ (v dgs)	[da'ʒʌɪ]
färben (vt)	dažýti	[da'ʒʲi:tʲɪ]
Fass (n), Tonne (f)	statìnė (m)	[sta'tʲɪnʲe:]

Kran (m)	krãnas (v)	['kra:nas]
aufheben (vt)	kélti	['kʲɛlʲtʲɪ]
herunterlassen (vt)	nuléisti	[nʊ'lʲɛɪstʲɪ]

Planierraupe (f)	buldòzeris (v)	[bʊlʲ'dozʲɛrʲɪs]
Bagger (m)	ekskavãtorius (v)	[ɛkska'va:torʲʊs]
Baggerschaufel (f)	káušas (v)	['kɑʊʃas]
graben (vt)	kàsti	['kastʲɪ]
Schutzhelm (m)	šálmas (v)	['ʃalʲmas]

122. Wissenschaft. Forschung. Wissenschaftler

Wissenschaft (f)	mókslas (v)	['mokslʲas]
wissenschaftlich	mókslinis	['mokslʲɪnʲɪs]
Wissenschaftler (m)	mókslininkas (v)	['mokslʲɪnʲɪŋkas]
Theorie (f)	teórija (m)	[tʲɛ'orʲɪjɛ]

Axiom (n)	aksiomà (m)	[aksʲɪjɔ'ma]
Analyse (f)	anãlizė (m)	[a'na:lʲɪzʲe:]
analysieren (vt)	analizúoti	[analʲɪ'zuɑtʲɪ]
Argument (n)	argumeñtas (v)	[argʊ'mʲɛntas]
Substanz (f)	mẽdžiaga (m)	['mʲædʒʲæga]

Hypothese (f)	hipotèzė (m)	[ɣʲɪpo'tʲɛzʲe:]
Dilemma (n)	dilemà (m)	[dʲɪlʲɛ'ma]
Dissertation (f)	disertãcija (m)	[dʲɪsʲɛr'ta:tsʲɪjɛ]
Dogma (n)	dogmà (m)	[dog'ma]

Doktrin (f)	doktrinà (m)	[doktrʲɪ'na]
Forschung (f)	tyrinėjimas (v)	[tʲi:rʲɪ'nʲɛjɪmas]
forschen (vi)	tyrinėti	[tʲi:rʲɪ'nʲe:tʲɪ]
Kontrolle (f)	kontròlė (m)	[kɔn'trolʲe:]
Labor (n)	laboratòrija (m)	[lʲabora'torʲɪjɛ]

Methode (f)	metòdas (v)	[mʲɛ'todas]
Molekül (n)	molèkulė (m)	[mo'lʲɛkʊlʲe:]
Monitoring (n)	monitòringas (v)	[monʲɪ'torʲɪngas]
Entdeckung (f)	atradìmas (v)	[atra'dʲɪmas]

Postulat (n)	postulãtas (v)	[postʊ'lʲa:tas]
Prinzip (n)	prìncipas (v)	['prʲɪntsʲɪpas]
Prognose (f)	prognòzė (m)	[prog'nozʲe:]
prognostizieren (vt)	prognozúoti	[progno'zuɑtʲɪ]

Synthese (f)	siñtezė (m)	['sʲɪntezʲe:]
Tendenz (f)	tendeñcija (m)	[tʲɛn'dʲɛntsʲɪjɛ]
Theorem (n)	teoremà (m)	[tʲɛorʲɛ'ma]

Lehre (Doktrin)	mókslas (v)	['mokslʲas]
Tatsache (f)	fãktas (v)	['fa:ktas]
Expedition (f)	ekspedìcija (m)	[ɛkspʲɛ'dʲɪtsʲɪjɛ]
Experiment (n)	eksperimeñtas (v)	[ɛkspʲɛrʲɪ'mʲɛntas]

Akademiemitglied (n)	akadèmikas (v)	[aka'dʲɛmʲɪkas]
Bachelor (m)	bakalaūras (v)	[baka'lʲɑʊras]
Doktor (m)	dãktaras (v)	['da:ktaras]
Dozent (m)	doceñtas (v)	[do'tsʲɛntas]
Magister (m)	magìstras (v)	[ma'gʲɪstras]
Professor (m)	profèsorius (v)	[pro'fʲɛsorʲʊs]

Berufe und Tätigkeiten

123. Arbeitsuche. Kündigung

Arbeit (f), Stelle (f)	dárbas (v)	['darbas]
Belegschaft (f)	etãtai (dgs)	[ɛ'taːtʌɪ]
Personal (n)	personãlas (v)	[pʲɛrsoˈnaːlas]

Karriere (f)	karjerà (m)	[karjɛˈra]
Perspektive (f)	perspektyvà (m)	[pʲɛrspʲɛktʲiːˈva]
Können (n)	meistriškùmas (v)	[mʲɛɪstrʲɪʃˈkʊmas]

Auswahl (f)	atrankà (m)	[atraŋˈka]
Personalagentur (f)	darbúotojų paieškõs agentūrà (m)	[darˈbʊɑtoːjuː paʲiɛʃˈkoːs agʲɛntuːˈra]
Lebenslauf (m)	gyvẽnimo aprãšymas (v)	[gʲiːˈvʲænʲɪmɔ apˈraːʃɪːmas]
Vorstellungsgespräch (n)	pókalbis (v)	[ˈpokalʲbʲɪs]
Vakanz (f)	laisvà dárbo vietà (m)	[lʲʌɪsˈva ˈdarbɔ vʲiɛˈta]

Gehalt (n)	dárbo ùžmokestis (v)	[ˈdarbɔ ˈʊʒmokʲɛstʲɪs]
festes Gehalt (n)	algà (m)	[alʲˈga]
Arbeitslohn (m)	atlýginimas (v)	[atʲlʲiːgʲɪnʲɪmas]

Stellung (f)	páreigos (m dgs)	[ˈparʲɛɪgos]
Pflicht (f)	pareigà (m)	[parʲɛɪˈga]
Aufgabenspektrum (n)	srìtis (m)	[srʲɪˈtʲɪs]
beschäftigt	užimtas	[ˈʊʒʲɪmtas]

kündigen (vt)	atléisti	[atˈlʲɛɪstʲɪ]
Kündigung (f)	atleidimas (v)	[atlʲɛɪˈdʲɪmɑɕ]

Arbeitslosigkeit (f)	bedarbỹstė (m)	[bʲɛdarˈbʲiːstʲeː]
Arbeitslose (m)	bedárbis (v)	[bʲɛˈdarbʲɪs]
Rente (f), Ruhestand (m)	peñsija (m)	[ˈpʲɛnsʲɪjɛ]
in Rente gehen	išéiti į̃ peñsiją	[ɪˈʃɛɪtʲɪ iː ˈpʲɛnsʲɪjaː]

124. Geschäftsleute

Direktor (m)	dirèktorius (v)	[dʲɪˈrʲɛktorʲʊs]
Leiter (m)	valdýtojas (v)	[valʲˈdʲiːtoːjɛs]
Boss (m)	vadõvas (v)	[vaˈdoːvas]

Vorgesetzte (m)	viršininkas (v)	[ˈvʲɪrʃʲɪnʲɪŋkas]
Vorgesetzten (pl)	vadovỹbė (m)	[vadoˈvʲiːbʲeː]
Präsident (m)	prezideñtas (v)	[prʲɛzʲɪˈdʲɛntas]
Vorsitzende (m)	pìrmininkas (v)	[ˈpʲɪrmʲɪnʲɪŋkas]
Stellvertreter (m)	pavaduótojas (v)	[pavaˈdʊɑtoːjɛs]
Helfer (m)	padėjéjas (v)	[padʲeːˈjeːjas]

Sekretär (m)	sekretõrius (v)	[sʲɛkrʲɛ'to:rʲʊs]
Privatsekretär (m)	asmeninis sekretõrius (v)	[asmʲɛ'nʲɪnʲɪs sʲɛkrʲɛ'to:rʲʊs]
Geschäftsmann (m)	komersántas (v)	[kɔmʲɛr'santas]
Unternehmer (m)	verslininkas (v)	['vʲɛrslʲɪnʲɪŋkas]
Gründer (m)	steigėjas (v)	[stʲɛɪ'gʲe:jas]
gründen (vt)	įsteigti	[i:'stʲɛɪktʲɪ]
Gründungsmitglied (n)	steigėjas (v)	[stʲɛɪ'gʲe:jas]
Partner (m)	pártneris (v)	['partnʲɛrʲɪs]
Aktionär (m)	ákcininkas (v)	['a:ktsʲɪnʲɪŋkas]
Millionär (m)	milijoniẽrius (v)	[mʲɪlʲɪjo'nʲɛrʲʊs]
Milliardär (m)	milijardiẽrius (v)	[mʲɪlʲɪjar'dʲɛrʲʊs]
Besitzer (m)	valdýtojas (v)	[valʲ'dʲi:to:jɛs]
Landbesitzer (m)	žẽmės savininkas (v)	['ʒʲæmʲe:s savʲɪ'nʲɪŋkas]
Kunde (m)	kliẽntas (v)	['klʲiɛntas]
Stammkunde (m)	pastovùs kliẽntas (v)	[pasto'vʊs klʲi'ɛntas]
Käufer (m)	pirkė́jas (v)	[pʲɪr'kʲe:jas]
Besucher (m)	lankýtojas (v)	[lʲaŋ'kʲi:to:jɛs]
Fachmann (m)	profesionãlas (v)	[profʲɛsʲɪjo'na:lʲas]
Experte (m)	ekspèrtas (v)	[ɛks'pʲɛrtas]
Spezialist (m)	specialìstas (v)	[spʲɛtsʲɪja'lʲɪstas]
Bankier (m)	bánkininkas (v)	['baŋkʲɪnʲɪŋkas]
Makler (m)	brokeris (v)	['brokʲɛrʲɪs]
Kassierer (m)	kãsininkas (v)	['ka:sʲɪnʲɪŋkas]
Buchhalter (m)	buhálteris (v)	[bʊ'ɣalʲtʲɛrʲɪs]
Wächter (m)	apsaugininkas (v)	[apsɑʊgʲɪ'nʲɪŋkas]
Investor (m)	investúotojas (v)	[ɪnvʲɛs'tʊɑto:jɛs]
Schuldner (m)	skõlininkas (v)	['sko:lʲɪnʲɪŋkas]
Gläubiger (m)	kreditorius (v)	[krʲɛ'dʲɪtorʲʊs]
Kreditnehmer (m)	paskolõs gavė́jas (v)	[pasko'lʲo:s ga'vʲe:jas]
Importeur (m)	importúotojas (v)	[ɪmpor'tʊɑto:jɛs]
Exporteur (m)	eksportúotojas (v)	[ɛkspor'tʊɑto:jɛs]
Hersteller (m)	gamìntojas (v)	[ga'mʲɪnto:jɛs]
Distributor (m)	platìntojas (v)	['plʲa:tʲɪnto:jɛs]
Vermittler (m)	tárpininkas (v)	['tarpʲɪnʲɪŋkas]
Berater (m)	konsultántas (v)	[kɔnsʊlʲ'tantas]
Vertreter (m)	atstõvas (v)	[at'sto:vas]
Agent (m)	ageñtas (v)	[a'gʲɛntas]
Versicherungsagent (m)	draudìmo ageñtas (v)	[drɑʊ'dʲɪmɔ a'gʲɛntas]

125. Dienstleistungsberufe

| Koch (m) | virė́jas (v) | [vʲɪ'rʲe:jas] |
| Chefkoch (m) | vyriáusiasis virė́jas (v) | [vʲi:'rʲæʊsʲæsʲɪs vʲɪ'rʲe:jas] |

Bäcker (m)	kepėjas (v)	[kʲɛˈpʲeːjas]
Barmixer (m)	barmenas (v)	[ˈbarmʲɛnas]
Kellner (m)	padavėjas (v)	[padaˈvʲeːjas]
Kellnerin (f)	padavėja (m)	[padaˈvʲeːja]
Rechtsanwalt (m)	advokãtas (v)	[advoˈkaːtas]
Jurist (m)	juristas (v)	[juˈrʲɪstas]
Notar (m)	notāras (v)	[noˈtaːras]
Elektriker (m)	monteris (v)	[ˈmontʲɛrʲɪs]
Klempner (m)	santèchnikas (v)	[sanˈtʲɛxnʲɪkas]
Zimmermann (m)	dailìdė (v)	[dʌɪˈlʲɪdʲeː]
Masseur (m)	masažistas (v)	[masaˈʒʲɪstas]
Masseurin (f)	masažistė (m)	[masaˈʒʲɪstʲeː]
Arzt (m)	gýdytojas (v)	[ˈgʲiːdʲiːtoːjɛs]
Taxifahrer (m)	taksistas (v)	[takˈsʲɪstas]
Fahrer (m)	vairúotojas (v)	[vʌɪˈrʊɑtoːjɛs]
Ausfahrer (m)	kùrjeris (v)	[ˈkʊrjɛrʲɪs]
Zimmermädchen (n)	kambarìnė (m)	[kambaˈrʲɪnʲeː]
Wächter (m)	apsauginiñkas (v)	[apsɑʊgʲɪˈnʲɪŋkas]
Flugbegleiterin (f)	stiuardẽsė (m)	[stʲuarˈdʲɛsʲeː]
Lehrer (m)	mókytojas (v)	[ˈmokʲiːtoːjɛs]
Bibliothekar (m)	bibliotekiniñkas (v)	[bʲɪblʲɪjoˈtʲɛkʲɪnʲɪŋkas]
Übersetzer (m)	vertėjas (v)	[vʲɛrˈtʲeːjas]
Dolmetscher (m)	vertėjas (v)	[vʲɛrˈtʲeːjas]
Fremdenführer (m)	gìdas (v)	[ˈgʲɪdas]
Friseur (m)	kirpėjas (v)	[kʲɪrˈpʲeːjas]
Briefträger (m)	paštininkas (v)	[ˈpaʃtʲɪnʲɪŋkas]
Verkäufer (m)	pardavėjas (v)	[pardaˈvʲeːjas]
Gärtner (m)	sodininkas (v)	[ˈsoːdʲɪnʲɪŋkas]
Diener (m)	tar̃nas (v)	[ˈtarnas]
Magd (f)	tarnáitė (m)	[tarˈnʌɪtʲeː]
Putzfrau (f)	valýtoja (m)	[vaˈlʲiːtoːjɛ]

126. Militärdienst und Ränge

einfacher Soldat (m)	eilìnis (v)	[ɛɪˈlʲɪnʲɪs]
Feldwebel (m)	seržántas (v)	[sʲɛrˈʒantas]
Leutnant (m)	leitenántas (v)	[lʲɛɪtʲɛˈnantas]
Hauptmann (m)	kapitõnas (v)	[kapʲɪˈtoːnas]
Major (m)	majõras (v)	[maˈjoːras]
Oberst (m)	pulkininkas (v)	[ˈpʊlʲkʲɪnʲɪŋkas]
General (m)	generõlas (v)	[gʲɛnʲɛˈroːlʲas]
Marschall (m)	máršalas (v)	[ˈmarʃalʲas]
Admiral (m)	admirõlas (v)	[admʲɪˈroːlʲas]
Militärperson (f)	kariškis (v)	[kaˈrʲɪʃkʲɪs]
Soldat (m)	kareĩvis (v)	[kaˈrʲɛɪvʲɪs]

| Offizier (m) | karininkas (v) | [karʲɪˈnʲɪŋkas] |
| Kommandeur (m) | vãdas (v) | [ˈvaːdas] |

Grenzsoldat (m)	pasieniẽtis (v)	[pasʲɪɛˈnʲɛtʲɪs]
Funker (m)	radìstas (v)	[raˈdʲɪstas]
Aufklärer (m)	žvalgas (v)	[ˈʒvalʲgas]
Pionier (m)	pioniẽrius (v)	[pʲɪjɔˈnʲɛrʲʊs]
Schütze (m)	šaulỹs (v)	[ʃɑʊˈlʲiːs]
Steuermann (m)	štùrmanas (v)	[ˈʃtʊrmanas]

127. Beamte. Priester

| König (m) | karãlius (v) | [kaˈraːlʲʊs] |
| Königin (f) | karalíenė (m) | [karaˈlʲiɛnʲeː] |

| Prinz (m) | prìncas (v) | [ˈprʲɪntsas] |
| Prinzessin (f) | princesė̃ (m) | [prʲɪnˈtsʲɛsʲeː] |

| Zar (m) | cãras (v) | [ˈtsaːras] |
| Zarin (f) | caríenė (m) | [tsaˈrʲiɛnʲeː] |

Präsident (m)	prezidentas (v)	[prʲɛzʲɪˈdʲɛntas]
Minister (m)	minìstras (v)	[mʲɪˈnʲɪstras]
Ministerpräsident (m)	minìstras pìrmininkas (v)	[mʲɪˈnʲɪstras ˈpʲɪrmʲɪnʲɪŋkas]
Senator (m)	senãtorius (v)	[sʲɛˈnaːtorʲʊs]

Diplomat (m)	diplomãtas (v)	[dʲɪplʲoˈmaːtas]
Konsul (m)	kònsulas (v)	[ˈkonsʊlʲas]
Botschafter (m)	ambasãdorius (v)	[ambaˈsaːdorʲʊs]
Ratgeber (m)	pataréjas (v)	[pataˈrʲeːjas]

Beamte (m)	valdininkas (v)	[valʲdʲɪˈnʲɪŋkas]
Präfekt (m)	prefèktas (v)	[prʲɛˈfʲɛktas]
Bürgermeister (m)	mẽras (v)	[ˈmʲɛras]

| Richter (m) | teisė́jas (v) | [tʲɛɪˈsʲeːjas] |
| Staatsanwalt (m) | prokurõras (v) | [prokʊˈroras] |

Missionar (m)	misioniẽrius (v)	[mʲɪsʲɪjoˈnʲɛrʲʊs]
Mönch (m)	vienuõlis (v)	[vʲiɛˈnʊɑlʲɪs]
Abt (m)	abãtas (v)	[aˈbaːtas]
Rabbiner (m)	rãbinas (v)	[ˈraːbʲɪnas]

Wesir (m)	vizìris (v)	[vʲɪˈzʲɪrʲɪs]
Schah (n)	šãchas (v)	[ˈʃaːxas]
Scheich (m)	šeĩchas (v)	[ˈʃɛɪxas]

128. Landwirtschaftliche Berufe

Bienenzüchter (m)	bitininkas (v)	[ˈbʲɪtʲɪnʲɪŋkas]
Hirt (m)	piemuõ (v)	[pʲiɛˈmʊɑ]
Agronom (m)	agronòmas (v)	[agroˈnomas]

Viehzüchter (m)   gývulininkas (v)   ['gʲiːvʊlʲɪnʲɪŋkas]
Tierarzt (m)   veterinãras (v)   [vʲɛtʲɛrʲɪ'naːras]

Farmer (m)   fèrmeris (v)   ['fʲɛrmʲɛrʲɪs]
Winzer (m)   vyndarỹs (v)   [vʲiːnda'rʲiːs]
Zoologe (m)   zoològas (v)   [zoo'lʲogas]
Cowboy (m)   kaubòjus (v)   [kɑʊ'bojʊs]

129. Künstler

Schauspieler (m)   ãktorius (v)   ['aːktorʲʊs]
Schauspielerin (f)   ãktorė (m)   ['aːktorʲeː]

Sänger (m)   daininiñkas (v)   [dʌɪnʲɪ'nʲɪŋkas]
Sängerin (f)   daininiñkė (m)   [dʌɪnʲɪ'nʲɪŋkʲeː]

Tänzer (m)   šokėjas (v)   [ʃo'kʲeːjas]
Tänzerin (f)   šokėja (m)   [ʃo'kʲeːja]

Künstler (m)   artìstas (v)   [ar'tʲɪstas]
Künstlerin (f)   artìstė (m)   [ar'tʲɪstʲeː]

Musiker (m)   muzikántas (v)   [mʊzʲɪ'kantas]
Pianist (m)   pianìstas (v)   [pʲɪja'nʲɪstas]
Gitarrist (m)   gitarìstas (v)   [gʲɪta'rʲɪstas]

Dirigent (m)   dirigeñtas (v)   [dʲɪrʲɪ'gʲɛntas]
Komponist (m)   kompozìtorius (v)   [kɔmpo'zʲɪtorʲʊs]
Manager (m)   impresãrijas (v)   [ɪmprʲɛ'saːrʲɪjas]

Regisseur (m)   režisiẽrius (v)   [rʲɛʒʲɪ'sʲɛrʲʊs]
Produzent (m)   prodiùseris (v)   [pro'dʲʊsʲɛrʲɪs]
Drehbuchautor (m)   scenarìstas (v)   [stsʲɛna'rʲɪstas]
Kritiker (m)   krìtikas (v)   ['krʲɪtʲɪkas]

Schriftsteller (m)   rašýtojas (v)   [ra'ʃɪːtoːjɛs]
Dichter (m)   poètas (v)   [po'ɛtas]
Bildhauer (m)   skùlptorius (v)   ['skʊlʲptorʲʊs]
Maler (m)   mẽnininkas (v)   ['mʲænʲɪnʲɪŋkas]

Jongleur (m)   žongliẽrius (v)   [ʒon'glʲɛrʲʊs]
Clown (m)   klòunas (v)   ['klʲounas]
Akrobat (m)   akrobãtas (v)   [akro'baːtas]
Zauberkünstler (m)   fokusininkas (v)   ['fokʊsʲɪnʲɪŋkas]

130. Verschiedene Berufe

Arzt (m)   gýdytojas (v)   ['gʲiːdʲiːtoːjɛs]
Krankenschwester (f)   medicìnos sesẽlė (m)   [mʲɛdʲɪ'tsʲɪnos se'sʲælʲeː]
Psychiater (m)   psichiãtras (v)   [psʲɪxʲɪ'jatras]
Zahnarzt (m)   stomatològas (v)   [stomato'lʲogas]
Chirurg (m)   chirùrgas (v)   [xʲɪ'rʊrgas]

Astronaut (m)	astronautas (v)	[astro'nautas]
Astronom (m)	astronomas (v)	[astro'nomas]
Pilot (m)	pilotas (v)	[pɪ'lʲotas]

Fahrer (Taxi-)	vairuotojas (v)	[vʌɪ'ruato:jɛs]
Lokomotivführer (m)	mašinistas (v)	[maʃɪ'nʲɪstas]
Mechaniker (m)	mechanikas (v)	[mʲɛ'xa:nʲɪkas]

Bergarbeiter (m)	šachtininkas (v)	['ʃa:xtʲɪnʲɪŋkas]
Arbeiter (m)	darbininkas (v)	[darbʲɪ'nʲɪŋkas]
Schlosser (m)	šaltkalvis (v)	['ʃalʲtkalʲvʲɪs]
Tischler (m)	stalius (v)	['sta:lʲʊs]
Dreher (m)	tekintojas (v)	['tʲækʲɪnto:jɛs]
Bauarbeiter (m)	statybininkas (v)	[sta'tʲi:bʲɪnʲɪŋkas]
Schweißer (m)	suvirintojas (v)	[sʊ'vʲɪrʲɪnto:jɛs]

Professor (m)	profesorius (v)	[pro'fɛsorʲʊs]
Architekt (m)	architektas (v)	[arxʲɪ'tʲɛktas]
Historiker (m)	istorikas (v)	[ɪs'torʲɪkas]
Wissenschaftler (m)	mokslininkas (v)	['mokslʲɪnʲɪŋkas]
Physiker (m)	fizikas (v)	['fʲɪzʲɪkas]
Chemiker (m)	chemikas (v)	['xʲɛmʲɪkas]

Archäologe (m)	archeologas (v)	[arxʲɛo'lʲogas]
Geologe (m)	geologas (v)	[gʲɛo'lʲogas]
Forscher (m)	tyrinėtojas (v)	[tʲi:rʲɪ'nʲe:to:jɛs]

| Kinderfrau (f) | auklė (m) | ['aʊklʲe:] |
| Lehrer (m) | pedagogas (v) | [pʲɛda'gogas] |

Redakteur (m)	redaktorius (v)	[rʲɛ'da:ktorʲʊs]
Chefredakteur (m)	vyriausiasis redaktorius (v)	[vʲi:'rʲæʊsʲæsʲɪs rʲɛ'da:ktorʲʊs]
Korrespondent (m)	korespondentas (v)	[korʲɛspon'dʲɛntas]
Schreibkraft (f)	mašinininkė (m)	[maʃɪnʲɪnʲɪŋkʲe:]

Designer (m)	dizaineris (v)	[dʲɪ'zʌɪnʲɛrʲɪs]
Computerspezialist (m)	kompiuterių specialistas (v)	[kɔmpʲʊtʲɛrʲu: spʲɛtsʲɪja'lʲɪstas]
Programmierer (m)	programuotojas (v)	[progra'muato:jɛs]
Ingenieur (m)	inžinierius (v)	[ɪnʒʲɪ'nʲɛrʲʊs]

Seemann (m)	jūrininkas (v)	['ju:rʲɪnʲɪŋkas]
Matrose (m)	jūreivis (v)	[ju:'rʲɛɪvʲɪs]
Retter (m)	gelbėtojas (v)	['gʲælʲbʲe:to:jɛs]

Feuerwehrmann (m)	gaisrininkas (v)	['gʌɪsrʲɪnʲɪŋkas]
Polizist (m)	policininkas (v)	[pɔ'lʲɪtsʲɪnʲɪŋkas]
Nachtwächter (m)	sargas (v)	['sargas]
Detektiv (m)	seklys (v)	[sʲɛk'lʲi:s]

Zollbeamter (m)	muitininkas (v)	['mʊɪtʲɪnʲɪŋkas]
Leibwächter (m)	asmens sargybinis (v)	[as'mʲɛns sar'gʲi:bʲɪnʲɪs]
Gefängniswärter (m)	prižiūrėtojas (v)	[prʲɪʒʲu:'rʲe:to:jɛs]
Inspektor (m)	inspektorius (v)	[ɪn'spʲɛktorʲʊs]

| Sportler (m) | sportininkas (v) | ['sportʲɪnʲɪŋkas] |
| Trainer (m) | treneris (v) | ['trʲɛnʲɛrʲɪs] |

Fleischer (m)	mėsininkas (v)	['mʲeːsʲɪnʲɪŋkas]
Schuster (m)	batsiuvỹs (v)	[batsʲʊ'vʲiːs]
Geschäftsmann (m)	komersántas (v)	[kɔmʲɛr'santas]
Ladearbeiter (m)	krovėjas (v)	[kro'vʲeːjas]
Modedesigner (m)	modeliúotojas (v)	[modʲɛ'lʲʊɑtoːjɛs]
Modell (n)	mòdelis (v)	['modʲɛlʲɪs]

131. Beschäftigung. Sozialstatus

| Schüler (m) | moksleĩvis (v) | [moks'lʲɛɪvʲɪs] |
| Student (m) | studeñtas (v) | [stʊ'dʲɛntas] |

Philosoph (m)	filosòfas (v)	[fʲɪlʲo'sofas]
Ökonom (m)	ekonomìstas (v)	[ɛkono'mʲɪstas]
Erfinder (m)	išradėjas (v)	[ɪʃra'dʲeːjas]

Arbeitslose (m)	bedárbis (v)	[bʲɛ'darbʲɪs]
Rentner (m)	peñsininkas (v)	['pʲɛnsʲɪnʲɪŋkas]
Spion (m)	šnìpas (v)	['ʃnʲɪpas]

Gefangene (m)	kalinỹs (v)	[kalʲɪ'nʲiːs]
Streikender (m)	streĩkininkas (v)	['strʲɛɪkʲɪnʲɪŋkas]
Bürokrat (m)	biurokrãtas (v)	[bʲʊro'kraːtas]
Reisende (m)	keliáutojas (v)	[kʲɛ'lʲæʊtoːjɛs]

Homosexuelle (m)	homosekluaĺìstas (v)	[ɣomosʲɛklʊa'lʲɪstas]
Hacker (m)	programìšius (v)	[progra'mʲɪʃʊs]
Hippie (m)	hìpis (v)	['ɣʲɪpʲɪs]

Bandit (m)	bandìtas (v)	[ban'dʲɪtas]
Killer (m)	samdomas žudìkas (v)	['samdomas ʒʊ'dʲɪkas]
Drogenabhängiger (m)	narkomãnas (v)	[narko'maːnas]
Drogenhändler (m)	narkòtikų prekeĩvis (v)	[nɑr'kɒtʲɪrkuː prʲɛ'kʲɛɪvʲɪs]
Prostituierte (f)	prostitutė (m)	[prostʲɪ'tʊtʲeː]
Zuhälter (m)	suteneris (v)	[sʊ'tʲɛnʲɛrʲɪs]

Zauberer (m)	burtininkas (v)	['bʊrtʲɪnʲɪŋkas]
Zauberin (f)	burtininkė (m)	['bʊrtʲɪnʲɪŋkʲeː]
Seeräuber (m)	pirãtas (v)	[pʲɪ'raːtas]
Sklave (m)	vérgas (v)	['vʲɛrgas]
Samurai (m)	samurãjus (v)	[samʊ'raːjʊs]
Wilde (m)	laukìnis žmogùs (v)	[lʲɑʊ'kʲɪnʲɪs ʒmo'gʊs]

Sport

132. Sportarten. Persönlichkeiten des Sports

Sportler (m)	sportininkas (v)	['sportʲɪnʲɪŋkas]
Sportart (f)	spòrto šakà (m)	['sportɔ ʃa'ka]
Basketball (m)	krepšinis (v)	[krʲɛp'ʃɪnʲɪs]
Basketballspieler (m)	krepšininkas (v)	['krʲæpʃɪnʲɪŋkas]
Baseball (m, n)	beisbolas (v)	['bʲɛɪsbolʲas]
Baseballspieler (m)	beisbolininkas (v)	['bʲɛɪsbolʲɪnʲɪŋkas]
Fußball (m)	futbolas (v)	['fʊtbolʲas]
Fußballspieler (m)	futbolininkas (v)	['fʊtbolʲɪnʲɪŋkas]
Torwart (m)	vartininkas (v)	['vartʲɪnʲɪŋkas]
Eishockey (n)	ledo ritulys (v)	['lʲædɔ rʲɪtʊ'lʲi:s]
Eishockeyspieler (m)	ledo ritulininkas (v)	['lʲædɔ 'rʲɪtʊlʲɪnʲɪŋkas]
Volleyball (m)	tinklinis (v)	[tʲɪŋk'lʲɪnʲɪs]
Volleyballspieler (m)	tinklininkas (v)	['tʲɪŋklʲɪnʲɪŋkas]
Boxen (n)	boksas (v)	['boksas]
Boxer (m)	boksininkas (v)	['boksʲɪnʲɪŋkas]
Ringen (n)	imtynės (m dgs)	[ɪm'tʲi:nʲe:s]
Ringkämpfer (m)	imtynininkas (v)	[ɪm'tʲi:nʲɪnʲɪŋkas]
Karate (n)	karatė (m)	[kara'tʲe:]
Karatekämpfer (m)	karatistas (v)	[kara'tʲɪstas]
Judo (n)	dziudò (v)	[dzʲʊ'do]
Judoka (m)	dziudò imtynininkas (v)	[dzʲʊ'dɔ ɪm'tʲi:nʲɪnʲɪŋkas]
Tennis (n)	tenisas (v)	['tʲɛnʲɪsas]
Tennisspieler (m)	tenisininkas (v)	['tʲɛnʲɪsʲɪnʲɪŋkas]
Schwimmen (n)	plaukimas (v)	[plʲɑʊ'kʲɪmas]
Schwimmer (m)	plaukikas (v)	[plʲɑʊ'kʲɪkas]
Fechten (n)	fechtavimas (v)	[fʲɛx'ta:vʲɪmas]
Fechter (m)	fechtuotojas (v)	[fʲɛx'tʊɑtoːjɛs]
Schach (n)	šachmatai (v dgs)	[ʃax'ma:tʌɪ]
Schachspieler (m)	šachmatininkas (v)	[ʃax'ma:tʲɪnʲɪŋkas]
Bergsteigen (n)	alpinizmas (v)	[alʲpʲɪ'nʲɪzmas]
Bergsteiger (m)	alpinistas (v)	[alʲpʲɪ'nʲɪstas]
Lauf (m)	begimas (v)	[bʲe:'gʲɪmas]

Läufer (m)	bėgikas (v)	[bʲeː'gʲɪkas]
Leichtathletik (f)	lengvoji atlètika (m)	[lʲɛŋ'voːjɪ at'lʲɛtʲɪka]
Athlet (m)	atlètas (v)	[at'lʲɛtas]
Pferdesport (m)	jojimo spòrtas (v)	[jɔ'jɪmɔ 'sportas]
Reiter (m)	jojikas (v)	[jɔ'jɪkas]
Eiskunstlauf (m)	dailusis čiuožimas (v)	[dʌɪ'lʲʊsʲɪs t͡sʲʊo'ʒʲɪmas]
Eiskunstläufer (m)	figūrininkas (v)	[fʲɪ'guːrʲɪnʲɪŋkas]
Eiskunstläuferin (f)	figūrininkė (m)	[fʲɪ'guːrʲɪnʲɪŋkʲeː]
Gewichtheben (n)	sunkioji atlètika (m)	[sʊŋ'kʲoːjɪ at'lʲɛtʲɪka]
Autorennen (n)	automobilių lenktynės (m dgs)	[aʊtomo'bʲɪlʲuː lʲɛŋ'ktʲiːnʲeːs]
Rennfahrer (m)	lenktỹnininkas (v)	[lʲɛŋk'tʲiːnʲɪnʲɪŋkas]
Radfahren (n)	dviračių spòrtas (v)	['dvʲɪrat͡sʲuː 'sportas]
Radfahrer (m)	dviratininkas (v)	['dvʲɪratʲɪnʲɪŋkas]
Weitsprung (m)	šuoliai (v) į toli	['ʃʊalʲɛɪ iː 'toːlʲɪː]
Stabhochsprung (m)	šuoliai (v dgs) su kartimi	['ʃʊalʲɛɪ 'sʊ 'kartʲɪmʲɪ]
Springer (m)	šuolininkas (v)	['ʃʊalʲɪnʲɪŋkas]

133. Sportarten. Verschiedenes

American Football (m)	amerikiètiškas fùtbolas (v)	[amʲɛrʲɪ'kʲɛtʲɪʃkas 'fʊtbolʲas]
Federballspiel (n)	badmintonas (v)	['baːdmʲɪntonas]
Biathlon (n)	biatlònas (v)	[bʲɪjat'lʲonas]
Billard (n)	biliárdas (v)	[bʲɪlʲɪ'jardas]
Bob (m)	bobslėjus (v)	['bobslʲeːjʊs]
Bodybuilding (n)	kultūrizmas (v)	[kʊlʲtuː'rʲɪzmas]
Wasserballspiel (n)	vandensvydis (v)	[van'dʲɛnsvʲiːdʲɪs]
Handball (m)	rankinis (v)	['raŋkʲɪnʲɪs]
Golf (n)	gòlfas (v)	['golʲfas]
Rudern (n)	irklavimas (v)	[ɪr'klʲaːvʲɪmas]
Tauchen (n)	nardymas (v)	['nardʲiːmas]
Skilanglauf (m)	slidininkų lenktynės (m dgs)	['slʲɪdʲɪnʲɪŋkuː lʲɛŋk'tʲiːnʲeːs]
Tischtennis (n)	stalo tènisas (v)	['staːlʲɔ 'tʲɛnʲɪsas]
Segelsport (m)	buriavimas (v)	[bʊ'rʲævʲɪmas]
Rallye (f, n)	ralis (v)	['raːlʲɪs]
Rugby (n)	rẽgbis (v)	['rʲɛgbʲɪs]
Snowboard (n)	sniėglenčių spòrtas (v)	['snʲiɛglʲɛnt͡sʲuː 'sportas]
Bogenschießen (n)	šaudymas iš lañko (v)	['ʃaʊdʲiːmas ɪʃ 'lʲaŋkɔ]

134. Fitnessstudio

Hantel (f)	štanga (m)	['ʃtanga]
Hanteln (pl)	svarmenys (v dgs)	['svaːrmʲɛnʲiːs]
Trainingsgerät (n)	treniruòklis (v)	[trʲɛnʲɪ'rʊaklʲɪs]
Fahrradtrainer (m)	dviratinis treniruòklis (v)	[dvʲɪra'tʲɪnʲɪs trʲɛnʲɪ'rʊaklʲɪs]

Laufband (n)	bėgimo takelis (v)	[bʲeːgʲɪmɔ taˈkʲælʲɪs]
Reck (n)	skersinis (v)	[skʲɛrˈsʲɪnʲɪs]
Barren (m)	lygiagretės (m dgs)	[lʲiːˈgʲægrʲɛtʲeːs]
Sprungpferd (n)	arklỹs (v)	[arkˈlʲiːs]
Matte (f)	paklotas (v)	[pakˈlʲoːtas]
Sprungseil (n)	šokỹklė (m)	[ʃoˈkʲiːklʲeː]
Aerobic (n)	aerobika (m)	[aɛˈrobʲɪka]
Yoga (m)	joga (m)	[jɔˈga]

135. Hockey

Eishockey (n)	ledo ritulỹs (v)	[ˈlʲædɔ rʲɪtʊˈlʲiːs]
Eishockeyspieler (m)	ledo ritulininkas (v)	[ˈlʲædɔ ˈrʲɪtʊlʲɪnʲɪŋkas]
Hockey spielen	žaisti ledo ritulį	[ˈʒʌɪstʲɪ ˈlʲædɔ rʲɪˈtʊlʲɪː]
Eis (n)	ledas (v)	[ˈlʲædas]
Puck (m)	ritulỹs (v)	[rʲɪtʊˈlʲiːs]
Hockeyschläger (m)	ritmuša (m)	[ˈrʲɪtmʊʃa]
Schlittschuhe (pl)	pačiūžos (m dgs)	[paˈtʃʲuːʒos]
Bord (m)	bortas (v)	[ˈbortas]
Schuss (m)	metimas (v)	[mʲɛˈtʲɪmas]
Torwart (m)	vartininkas (v)	[ˈvartʲɪnʲɪŋkas]
Tor (n)	įvartis (v)	[ˈiːvartʲɪs]
ein Tor schießen	įmušti įvartį	[iːˈmʊʃtʲɪ ˈiːvartʲɪː]
Drittel (n)	kėlinỹs (v)	[kʲeːlʲɪˈnʲiːs]
zweites Drittel (n)	2-as kėlinỹs (v)	[ˈantras kʲeːlʲɪnʲiːs]
Ersatzbank (f)	atsarginių suolas (v)	[atsarˈgʲɪnʲuː ˈsʊɑlʲas]

136. Fußball

Fußball (m)	futbolas (v)	[ˈfʊtbolʲas]
Fußballspieler (m)	futbolininkas (v)	[ˈfʊtbolʲɪnʲɪŋkas]
Fußball spielen	žaisti futbolą	[ˈʒʌɪstʲɪ ˈfʊtbolʲaː]
Oberliga (f)	aukščiausia lyga (m)	[ɑʊkʃʲtʃʲæʊsʲɛ ˈlʲiːga]
Fußballclub (m)	futbolo klubas (v)	[ˈfʊtbolʲo ˈklʲʊbas]
Trainer (m)	treneris (v)	[ˈtrʲɛnʲɛrʲɪs]
Besitzer (m)	savininkas (v)	[savʲɪˈnʲɪŋkas]
Mannschaft (f)	komanda (m)	[kɔˈmanda]
Mannschaftskapitän (m)	komandos kapitonas (v)	[kɔˈmandos kapʲɪˈtoːnas]
Spieler (m)	žaidėjas (v)	[ʒʌɪˈdʲeːjas]
Ersatzspieler (m)	atsarginis žaidėjas (v)	[atsarˈgʲɪnʲɪs ʒʌɪˈdʲeːjas]
Stürmer (m)	puolėjas (v)	[pʊɑˈlʲeːjas]
Mittelstürmer (m)	vidurio puolėjas (v)	[vʲɪdʊrʲo pʊɑˈlʲeːjas]
Torjäger (m)	puolėjas (v)	[pʊɑˈlʲeːjas]
Verteidiger (m)	gynėjas (v)	[gʲiːˈnʲeːjas]

Läufer (m)	saũgas (v)	['sɑʊgas]
Spiel (n)	rungtỹnės (m dgs)	[rʊŋk'tʲiːnʲeːs]
sich begegnen	susitìkti	[sʊsʲɪ'tʲɪktʲɪ]
Finale (n)	finãlas (v)	[fʲɪ'naːlʲas]
Halbfinale (n)	pùsfinalis (v)	['pʊsfʲɪnalʲɪs]
Meisterschaft (f)	čempionãtas (v)	[tʂʲɛmpʲɪjo'naːtas]
Halbzeit (f)	kėlinỹs (v)	[kʲeːlʲɪ'nʲiːs]
erste Halbzeit (f)	1-as kėlinỹs (v)	['pʲɪrmas kʲeːlʲɪnʲiːs]
Halbzeit (Pause)	pértrauka (m)	['pʲɛrtrɑʊka]
Tor (n)	var̃tai (v)	['vartʌɪ]
Torwart (m)	var̃tininkas (v)	['vartʲɪnʲɪŋkas]
Torpfosten (m)	štánga (m)	['ʃtanga]
Torlatte (f)	sijà (m)	[sʲɪ'ja]
Netz (n)	tìnklas (v)	['tʲɪŋklʲas]
ein Tor zulassen	praléisti ı̨̃ varti̧	[pra'lʲɛɪstʲɪ 'iːvartʲɪː]
Ball (m)	kamuolỹs (v)	[kamʊɑ'lʲiːs]
Pass (m)	pasuõtė (m)	[pa'sʊɑtʲeː]
Schuss (m)	smū̃gis (v)	['smuːgʲɪs]
schießen (vi)	smū̃giuoti	[smuː'gʲʊatʲɪ]
Freistoß (m)	baudõs smū̃gis (v)	[bɑʊ'doːs 'smuːgʲɪs]
Eckball (m)	kampìnis smū̃gis (v)	[kam'pʲɪnʲɪs 'smuːgʲɪs]
Attacke (f)	atakà (m)	[ata'ka]
Gegenangriff (m)	kontratakà (m)	[kɔntrata'ka]
Kombination (f)	kombinãcija (m)	[kɔmbʲɪ'naːtsʲɪjɛ]
Schiedsrichter (m)	arbìtras (v)	[ar'bʲɪtras]
pfeifen (vi)	švìlpti	['ʃvʲɪlʲptʲɪ]
Pfeife (f)	švìlpukas (v)	[ʃvʲɪlʲ'pʊkas]
Foul (n)	pažeidìmas (v)	[paʒʲɛɪ'dʲɪmas]
foulen (vt)	pažeı̃sti	[pa'ʒʲɛɪstʲɪ]
vom Platz verweisen	pašãlinti iš aikštė̃s	[pa'ʃaːlʲɪntʲɪ ɪʃ ʌɪk'ʃtʲeːs]
gelbe Karte (f)	geltóna kortẽlė (m)	[gʲɛlʲ'tona korʲ'tʲæːlʲeːJ
rote Karte (f)	raudóna kortẽlė (m)	[rɑʊ'dona korʲ'tʲæːlʲeː]
Disqualifizierung (f)	diskvalifikãvimas (v)	[dʲɪskvalʲɪfʲɪ'kaːvʲɪmas]
disqualifizieren (vt)	diskvalifikúoti	[dʲɪskvalʲɪfʲɪ'kʊɑtʲɪ]
Elfmeter (m)	baudinỹs (v)	[bɑʊdʲɪ'nʲiːs]
Mauer (f)	síena (m)	['sʲɪɛna]
schießen (ein Tor ~)	ı̨̀ mušti	[iː'mʊʃtʲɪ]
Tor (n)	ı̨̃ vartis (v)	['iːvartʲɪs]
ein Tor schießen	ı̨̀ mušti ı̨̃ varti̧	[iː'mʊʃtʲɪ 'iːvartʲɪː]
Wechsel (m)	pakeitìmas (v)	[pakʲɛɪ'tʲɪmas]
ersetzen (vt)	pakeı̃sti	[pa'kʲɛɪstʲɪ]
Regeln (pl)	taisỹklės (m dgs)	[tʌɪ'sʲiːklʲeːs]
Taktik (f)	tãktika (m)	['taːktʲɪka]
Stadion (n)	stadiònas (v)	[stadʲɪ'ɔnas]
Tribüne (f)	tribūnà (m)	[trʲɪbu:'na]
Anhänger (m)	aistruõlis (v), sirgãlius (v)	[ʌɪstrʊ'ɑlʲɪs], [sʲɪr'gaːlʲʊs]
schreien (vi)	rė̃kti	['rʲeːktʲɪ]

Anzeigetafel (f)	švieslentė (m)	[ʃvʲɛslʲɛntʲeː]
Ergebnis (n)	rezultātas (v)	[rʲɛzʊlʲˈtaːtas]
Niederlage (f)	pralaimėjimas (v)	[pralʲʌɪˈmʲɛjɪmas]
verlieren (vt)	pralaimėti	[pralʲʌɪˈmʲeːtʲɪ]
Unentschieden (n)	lygiosios (m dgs)	[lʲiːgʲosʲos]
unentschieden spielen	sužaisti lygiomìs	[sʊˈʒʌɪstʲɪ lʲiːgʲoˈmʲɪs]
Sieg (m)	pérgalė (m)	[ˈpʲɛrgalʲeː]
gewinnen (vt)	nugalėti	[nʊgaˈlʲeːtʲɪ]
Meister (m)	čempionas (v)	[tʂɛmˈpʲɪjonas]
der beste	geriáusias	[gʲɛˈrʲæʊsʲæs]
gratulieren (vi)	svéikinti	[ˈsvʲɛɪkʲɪntʲɪ]
Kommentator (m)	komentātorius (v)	[komʲɛnˈtaːtorʲʊs]
kommentieren (vt)	komentúoti	[komʲɛnˈtʊɑtʲɪ]
Übertragung (f)	transliācija (m)	[transˈlʲætsʲɪjɛ]

137. Ski alpin

Ski (pl)	slìdės (m dgs)	[ˈslʲɪdʲeːs]
Ski laufen	slidinėti	[slʲɪdʲɪˈnʲeːtʲɪ]
Skiort (m)	kalnų̃ slidinėjimo kurortas (v)	[kalʲˈnu: slʲɪdʲɪˈnʲɛjɪmɔ kʊˈrortas]
Skilift (m)	kéltuvas (v)	[ˈkʲɛlʲtʊvas]
Skistöcke (pl)	lazdõs (m dgs)	[lʲazˈdoːs]
Abhang (m)	núokalnė (m)	[ˈnʊokalʲnʲeː]
Slalom (m)	slãlomas (v)	[ˈslʲaːlʲomas]

138. Tennis Golf

Golf (n)	gòlfas (v)	[ˈgolʲfas]
Golfklub (m)	gòlfo klùbas (v)	[ˈgolʲfɔ ˈklʲʊbas]
Golfspieler (m)	gòlfo žaidėjas (v)	[ˈgolʲfɔ ʒʌɪˈdʲeːjas]
Loch (n)	duobùtė (m)	[dʊɑˈbʊtʲeː]
Schläger (m)	riedmuša (m)	[ˈrʲɛdmʊʃa]
Golfwagen (m)	vežimėlis riedmušoms (v)	[vʲɛʒʲɪˈmʲeːlʲɪs ˈrʲɛdmʊʃoms]
Tennis (n)	tènisas (v)	[ˈtʲɛnʲɪsas]
Tennisplatz (m)	tèniso aikštėlė (m)	[ˈtʲɛnʲɪsɔ ʌɪkʃˈtʲæːlʲeː]
Aufschlag (m)	padavìmas (v)	[padaˈvʲɪmas]
angeben (vi)	padúoti	[paˈdʊɑtʲɪ]
Tennisschläger (m)	rakẽtė (m)	[raˈkʲɛtʲeː]
Netz (n)	tèniso tiñklas (v)	[ˈtʲɛnʲɪsɔ ˈtʲɪŋklʲas]
Ball (m)	kamuolỹs (v)	[kamʊɑˈlʲiːs]

139. Schach

Schach (n)	šachmãtai (v)	[ʃaxˈmaːtʌɪ]
Schachfiguren (pl)	šachmãtai (v)	[ʃaxˈmaːtʌɪ]

Schachspieler (m)	šachmatininkas (v)	[ʃaxˈmaːtʲɪnʲɪŋkas]
Schachbrett (n)	šachmatų lenta (m)	[ʃaxˈmaːtu̠ lʲɛnˈta]
Figur (f)	figūra (m)	[fʲɪguːˈra]
Weißen (pl)	balti	[balʲˈtʲɪ]
Schwarze (pl)	juodi	[jʊɑˈdʲɪ]
Bauer (m)	pėstininkas (v)	[ˈpʲeːstʲɪnʲɪŋkas]
Läufer (m)	rikis (v)	[ˈrʲɪkʲɪs]
Springer (m)	žirgas (v)	[ˈʒʲɪrgas]
Turm (m)	bokštas (v)	[ˈbokʃtas]
Königin (f)	valdovė (m)	[valʲˈdoːvʲeː]
König (m)	karalius (v)	[kaˈraːlʲʊs]
Zug (m)	ėjimas (v)	[ɛːˈjɪmas]
einen Zug machen	eiti	[ˈɛɪtʲɪ]
opfern (vt)	paaukoti	[paɑʊˈkotʲɪ]
Rochade (f)	rokiruotė (m)	[rokʲɪˈrʊɑtʲeː]
Schach (n)	šachas (v)	[ˈʃaːxas]
Matt (n)	matas (v)	[ˈmaːtas]
Schachturnier (n)	šachmatų turnyras (v)	[ʃaxˈmaːtuː tʊrˈnʲiːras]
Großmeister (m)	didmeistris (v)	[ˈdʲɪdmʲɛɪstrʲɪs]
Kombination (f)	kombinacija (m)	[kɔmbʲɪˈnaːtsʲɪjɛ]
Partie (f), Spiel (n)	partija (m)	[ˈpartʲɪjɛ]
Damespiel (n)	šaškės (m dgs)	[ˈʃaːʃkʲeːs]

140. Boxen

Boxen (n)	boksas (v)	[ˈboksas]
Boxkampf (m)	kova (m)	[kɔˈva]
Zweikampf (m)	dvikova (m)	[ˈdvʲɪkova]
Runde (f)	raundas (v)	[ˈrɑʊndas]
Ring (m)	ringas (v)	[ˈrʲɪngas]
Gong (m, n)	gongas (v)	[ˈgongas]
Schlag (m)	smūgis (v)	[ˈsmuːgʲɪs]
Knockdown (m)	nokdaunas (v)	[nokˈdɑʊnas]
Knockout (m)	nokautas (v)	[noˈkɑʊtas]
k.o. schlagen (vt)	nokautuoti	[nokɑʊˈtʊɑtʲɪ]
Boxhandschuh (m)	bokso pirštinė (m)	[ˈboksɔ ˈpʲɪrʃtʲɪnʲeː]
Schiedsrichter (m)	teisėjas (v)	[tʲɛɪˈsʲeːjas]
Leichtgewicht (n)	lengvas svoris (v)	[ˈlʲɛŋgvas ˈsvoːrʲɪs]
Mittelgewicht (n)	vidutinis svoris (v)	[vʲɪdʊˈtʲɪnʲɪs ˈsvoːrʲɪs]
Schwergewicht (n)	sunkus svoris (v)	[sʊŋˈkʊs ˈsvoːrʲɪs]

141. Sport. Verschiedenes

Olympische Spiele (pl)	Olimpinės žaidynės (m dgs)	[oˈlʲɪmpʲɪnʲeːs ʒʌɪˈdʲiːnʲeːs]
Sieger (m)	nugalėtojas (v)	[nʊgaˈlʲeːtoːjɛs]

German	Litauisch	Aussprache
siegen (vi)	nugalėti	[nʊgaˈlʲeːtʲɪ]
gewinnen (Sieger sein)	laimėti	[lʲʌɪˈmʲeːtʲɪ]
Tabellenführer (m)	lyderis (v)	[ˈlʲiːdʲɛrʲɪs]
führen (vi)	būti lyderiu	[ˈbuːtʲɪ ˈlʲiːdʲɛrʲʊ]
der erste Platz	pirmoji vieta (m)	[pʲɪrˈmoːjɪ vʲiɛˈta]
der zweite Platz	antroji vieta (m)	[anˈtroːjɪ vʲiɛˈta]
der dritte Platz	trečioji vieta (m)	[trʲɛˈtʂʲoːjɪ vʲiɛˈta]
Medaille (f)	medalis (v)	[mʲɛˈdaːlʲɪs]
Trophäe (f)	trofėjus (v)	[troˈfʲeːjʊs]
Pokal (m)	taurė (m)	[tɑʊˈrʲeː]
Siegerpreis m (m)	prizas (v)	[ˈprʲɪzas]
Hauptpreis (m)	pagrindinis prizas (v)	[pagrʲɪnˈdʲɪnʲɪs ˈprʲɪzas]
Rekord (m)	rekordas (v)	[rʲɛˈkordas]
einen Rekord aufstellen	pasiekti rekordą	[paˈsʲiɛktʲɪ rʲɛˈkordaː]
Finale (n)	finalas (v)	[fʲɪˈnaːlʲas]
Final-	finalinis	[fʲɪˈnaːlʲɪnʲɪs]
Meister (m)	čempionas (v)	[tʂʲɛmˈpʲɪjɔnas]
Meisterschaft (f)	čempionatas (v)	[tʂʲɛmpʲɪjɔˈnaːtas]
Stadion (n)	stadionas (v)	[stadʲɪˈɔnas]
Tribüne (f)	tribūna (m)	[trʲɪbuːˈna]
Fan (m)	sirgalius (v)	[sʲɪrˈgaːlʲʊs]
Gegner (m)	varžovas (v)	[varˈʒoːvas]
Start (m)	startas (v)	[ˈstartas]
Ziel (n), Finish (n)	finišas (v)	[ˈfʲɪnʲɪʃas]
Niederlage (f)	pralaimėjimas (v)	[pralʲʌɪˈmʲɛjɪmas]
verlieren (vt)	pralaimėti	[pralʲʌɪˈmʲeːtʲɪ]
Schiedsrichter (m)	teisėjas (v)	[tʲɛɪˈsʲeːjas]
Jury (f)	žiuri (v)	[ʒʲʊˈrʲɪ]
Ergebnis (n)	rezultatas (v)	[rʲɛzʊlʲˈtaːtas]
Unentschieden (n)	lygiosios (m dgs)	[ˈlʲiːgʲosʲos]
unentschieden spielen	sužaisti lygiomis	[sʊˈʒʌɪstʲɪ lʲiːgʲoˈmʲɪs]
Punkt (m)	taškas (v)	[ˈtaːʃkas]
Ergebnis (n)	rezultatas (v)	[rʲɛzʊlʲˈtaːtas]
Spielabschnitt (m)	kėlinys (v)	[kʲeːlʲɪˈnʲiːs]
Halbzeit (f), Pause (f)	pertrauka (m)	[ˈpʲɛrtrɑʊka]
Doping (n)	dopingas (v)	[ˈdopʲɪngas]
bestrafen (vt)	skirti baudą	[ˈskʲɪrtʲɪ ˈbɑʊdaː]
disqualifizieren (vt)	diskvalifikuoti	[dʲɪskvalʲɪfʲɪˈkʊɑtʲɪ]
Sportgerät (n)	prietaisas (v)	[ˈprʲiɛtʌɪsas]
Speer (m)	ietis (m)	[ˈjɛtʲɪs]
Kugel (im Kugelstoßen)	rutulys (v)	[rʊtʊˈlʲiːs]
Kugel (f), Ball (m)	kamuolys (v)	[kamʊɑˈlʲiːs]
Ziel (n)	taikinys (v)	[tʌɪkʲɪˈnʲiːs]

Zielscheibe (f)	taikinỹs (v)	[tʌɪkʲɪˈnʲiːs]
schießen (vi)	šáuti	[ˈʃɑʊtʲɪ]
genau (Adj)	tikslùs	[tʲɪksˈlʲʊs]
Trainer (m)	trèneris (v)	[ˈtrʲɛnʲɛrʲɪs]
trainieren (vt)	treniruóti	[trʲɛnʲɪˈrʊatʲɪ]
trainieren (vi)	treniruótis	[trʲɛnʲɪˈrʊatʲɪs]
Training (n)	treniruõtė (m)	[trɛnʲɪˈrʊatʲeː]
Turnhalle (f)	spòrto sãlė (m)	[ˈsportɔ saːˈlʲeː]
Übung (f)	pratìmas (v)	[praˈtʲɪmas]
Aufwärmen (n)	pramankštà (m)	[pramaŋkʃˈta]

Ausbildung

142. Schule

Schule (f)	mokykla (m)	[mokʲiːkʲlʲa]
Schulleiter (m)	mokyklos direktorius (v)	[moˈkʲiːklʲos dʲɪˈrʲɛktorʲʊs]
Schüler (m)	mokinys (v)	[mokʲɪˈnʲiːs]
Schülerin (f)	mokinė (m)	[mokʲɪˈnʲeː]
Schuljunge (m)	moksleivis (v)	[moksˈlʲɛɪvʲɪs]
Schulmädchen (f)	moksleivė (m)	[moksˈlʲɛɪvʲeː]
lehren (vt)	mókyti	[ˈmokʲiːtʲɪ]
lernen (Englisch ~)	mókytis	[ˈmokʲiːtʲɪs]
auswendig lernen	mókytis atmintinai	[ˈmokʲiːtʲɪs atmʲɪntʲɪˈnʌɪ]
lernen (vi)	mókytis	[ˈmokʲiːtʲɪs]
in der Schule sein	mókytis	[ˈmokʲiːtʲɪs]
die Schule besuchen	eiti į mokyklą	[ˈɛɪtʲɪ iː moˈkʲɪːkʲlʲaː]
Alphabet (n)	abėcėlė (m)	[abʲeːˈtsʲeːlʲeː]
Fach (n)	dalykas (v)	[daˈlʲiːkas]
Klassenraum (m)	klasė (m)	[ˈklʲaːsʲeː]
Stunde (f)	pamoka (m)	[pamoˈka]
Pause (f)	pertrauka (m)	[ˈpʲɛrtraʊka]
Schulglocke (f)	skambutis (v)	[skamˈbʊtʲɪs]
Schulbank (f)	suolas (v)	[ˈsʊɑlʲas]
Tafel (f)	lenta (m)	[lʲɛnˈta]
Note (f)	pažymys (v)	[paʒʲiːˈmʲiːs]
gute Note (f)	geras pažymys (v)	[ˈgʲæras paʒʲiːˈmʲiːs]
schlechte Note (f)	prastas pažymys (v)	[ˈpraːstas paʒʲiːˈmʲiːs]
eine Note geben	rašyti pažymį	[raˈʃɪːtʲɪ ˈpaːʒɪːmʲɪː]
Fehler (m)	klaida (m)	[klʲʌɪˈda]
Fehler machen	daryti klaidas	[daˈrʲiːtʲɪ klʲʌɪˈdas]
korrigieren (vt)	taisyti	[tʌɪˈsʲiːtʲɪ]
Spickzettel (m)	paruoštukas (v)	[parʊɑˈʃtʊkas]
Hausaufgabe (f)	namų darbas (v)	[naˈmuː ˈdarbas]
Übung (f)	pratimas (v)	[praˈtʲɪmas]
anwesend sein	būti	[ˈbuːtʲɪ]
fehlen (in der Schule ~)	nebūti	[nʲɛˈbuːtʲɪ]
versäumen (Schule ~)	praleisti pamokas	[praˈlʲɛɪstʲɪ ˈpaːmokas]
bestrafen (vt)	bausti	[ˈbaʊstʲɪ]
Strafe (f)	bausmė (m)	[baʊsˈmʲeː]
Benehmen (n)	elgesys (v)	[ɛlʲgʲɛˈsʲiːs]

Zeugnis (n)	dienynas (v)	[dʲiɛ'nʲi:nas]
Bleistift (m)	pieštukas (v)	[pʲiɛʃ'tʊkas]
Radiergummi (m)	trintukas (v)	[trʲɪn'tʊkas]
Kreide (f)	kreida (m)	[krʲɛɪda]
Federkasten (m)	penalas (v)	[pʲɛ'nalʲas]
Schulranzen (m)	portfelis (v)	['portfʲɛlʲɪs]
Kugelschreiber, Stift (m)	tušinukas (v)	[tʊʃɪ'nʊkas]
Heft (n)	sąsiuvinis (v)	['sa:sʲʊvʲɪnʲɪs]
Lehrbuch (n)	vadovėlis (v)	[vado'vʲe:lʲɪs]
Zirkel (m)	skriestuvas (v)	[skrʲiɛ'stʊvas]
zeichnen (vt)	braižyti	[brʌɪ'ʒʲi:tʲɪ]
Zeichnung (f)	brėžinys (v)	[brʲe:ʒʲɪ'nʲi:s]
Gedicht (n)	eilėraštis (v)	[ɛɪ'lʲe:raʃtʲɪs]
auswendig (Adv)	atmintinai	[atmʲɪntʲɪ'nʌɪ]
auswendig lernen	mokytis atmintinai	['mokʲi:tʲɪs atmʲɪntʲɪ'nʌɪ]
Ferien (pl)	atostogos (m dgs)	[a'tostogos]
in den Ferien sein	atostogauti	[atosto'gaʊtʲɪ]
Ferien verbringen	praleisti atostogas	[pra'lʲɛɪstʲɪ a'tostogas]
Test (m), Prüfung (f)	kontrolinis darbas (v)	[kɔn'trolʲɪnʲɪs 'darbas]
Aufsatz (m)	rašinys (v)	[raʃɪ'nʲi:s]
Diktat (n)	diktantas (v)	[dʲɪk'tantas]
Prüfung (f)	egzaminas (v)	[ɛg'za:mʲnas]
Prüfungen ablegen	laikyti egzaminus	[lʲʌɪ'kʲi:tʲɪ ɛg'za:mʲɪnʊs]
Experiment (n)	bandymas (v)	['bandʲi:mas]

143. Hochschule. Universität

Akademie (f)	akademija (m)	[aka'dʲɛmʲɪjɛ]
Universität (f)	universitetas (v)	[ʊnʲɪvʲɛrsʲɪ'tʲɛtas]
Fakultät (f)	fakultetas (v)	[fakʊlʲ'tʲɛtas]
Student (m)	studentas (v)	[stʊ'dʲɛntas]
Studentin (f)	studentė (m)	[stʊ'dentʲe:]
Lehrer (m)	dėstytojas (v)	['dʲe:stʲi:to:jɛs]
Hörsaal (m)	auditorija (m)	[aʊdʲɪ'torʲɪjɛ]
Hochschulabsolvent (m)	absolventas (v)	[absolʲ'vʲɛntas]
Diplom (n)	diplomas (v)	[dʲɪp'lʲomas]
Dissertation (f)	disertacija (m)	[dʲɪsʲɛr'ta:tsʲɪjɛ]
Forschung (f)	tyrinėjimas (v)	[tʲi:rʲɪ'nʲɛjɪmas]
Labor (n)	laboratorija (m)	[lʲabora'torʲɪjɛ]
Vorlesung (f)	paskaita (m)	[paskʌɪ'ta]
Kommilitone (m)	bendrakursis (v)	[bʲɛndra'kʊrsʲɪs]
Stipendium (n)	stipendija (m)	[stʲɪ'pʲɛndʲɪjɛ]
akademischer Grad (m)	mokslinis laipsnis (v)	['moksl ʲɪnʲɪs 'lʌɪpsnʲɪs]

144. Naturwissenschaften. Fächer

Mathematik (f)	matemãtika (m)	[matʲɛ'maːtʲɪka]
Algebra (f)	álgebra (m)	['alʲgʲɛbra]
Geometrie (f)	geometrija (m)	[gʲɛo'mʲɛtrʲɪjɛ]
Astronomie (f)	astronòmija (m)	[astro'nomʲɪjɛ]
Biologie (f)	biològija (m)	[bʲɪjo'lʲogʲɪjɛ]
Erdkunde (f)	geogràfija (m)	[gʲɛo'graːfʲɪjɛ]
Geologie (f)	geològija (m)	[gʲɛo'lʲogʲɪjɛ]
Geschichte (f)	istòrija (m)	[ɪs'torʲɪjɛ]
Medizin (f)	medicinà (m)	[mʲɛdʲɪtsʲɪ'na]
Pädagogik (f)	pedagògika (m)	[pʲɛda'gogʲɪka]
Recht (n)	teisė (m)	['tʲɛisʲeː]
Physik (f)	fìzika (m)	['fʲɪzʲɪka]
Chemie (f)	chèmija (m)	['xʲɛmʲɪjɛ]
Philosophie (f)	filosòfija (m)	[fʲɪlʲo'sofʲɪjɛ]
Psychologie (f)	psichològija (m)	[psʲɪxo'lʲogʲɪjɛ]

145. Schrift. Rechtschreibung

Grammatik (f)	gramãtika (m)	[gra'maːtʲɪka]
Lexik (f)	lèksika (m)	['lʲɛksʲɪka]
Phonetik (f)	fonètika (m)	[fo'nʲɛtʲɪka]
Substantiv (n)	daiktãvardis (v)	[dʌɪk'taːvardʲɪs]
Adjektiv (n)	bũdvardis (v)	['buːdvardʲɪs]
Verb (n)	veiksmãžodis (v)	[vʲɛɪks'maːʒodʲɪs]
Adverb (n)	príeveiksmis (v)	['prʲiɛvʲɛɪksmʲɪs]
Pronomen (n)	ívardis (v)	['iːvardʲɪs]
Interjektion (f)	jaustùkas (v)	[jɛus'tukas]
Präposition (f)	príelinksnis (v)	['prʲiɛlʲɪŋksnʲɪs]
Wurzel (f)	žõdžio šaknìs (m)	['ʒoːdʒʲo ʃak'nʲɪs]
Endung (f)	galũnė (m)	[ga'lʲuːnʲeː]
Vorsilbe (f)	príešdėlis (v)	['prʲiɛʃdʲeːlʲɪs]
Silbe (f)	skiemuõ (v)	[skʲiɛ'mua]
Suffix (n), Nachsilbe (f)	príesaga (m)	['prʲiɛsaga]
Betonung (f)	kìrtis (m)	['kʲɪrtʲɪs]
Apostroph (m)	apostrofas (v)	[apos'trofas]
Punkt (m)	tãškas (v)	['taːʃkas]
Komma (n)	kablėlis (v)	[kab'lʲæelʲɪs]
Semikolon (n)	kabliãtaškis (v)	[kab'lʲæetaʃkʲɪs]
Doppelpunkt (m)	dvìtaškis (v)	['dvʲɪtaʃkʲɪs]
Auslassungspunkte (pl)	daũgtaškis (v)	['dauktaʃkʲɪs]
Fragezeichen (n)	klaustùkas (v)	[klʲau'stukas]
Ausrufezeichen (n)	šauktùkas (v)	[ʃauk'tukas]

Anführungszeichen (pl)	kabutės (m dgs)	[ka'bʊtʲeːs]
in Anführungszeichen	kabutėse	[ka'bʊtʲeːse]
runde Klammern (pl)	skliausteliai (v dgs)	[sklʲɛʊ'stʲælʲɛɪ]
in Klammern	skliaustėliuose	[sklʲɛʊ'stʲælʲʊosʲɛ]
Bindestrich (m)	defisas (v)	[dʲɛ'fɪsas]
Gedankenstrich (m)	brūkšnys (v)	[bruːkʃ'nʲiːs]
Leerzeichen (n)	tárpas (v)	['tarpas]
Buchstabe (m)	raĩdė (m)	['rʌɪdʲeː]
Großbuchstabe (m)	didžióji raĩdė (m)	[dʲɪ'dʒʲoːjɪ 'rʌɪdʲeː]
Vokal (m)	balsis (v)	['balʲsʲɪs]
Konsonant (m)	príebalsis (v)	['prʲiɛbalʲsʲɪs]
Satz (m)	sakinỹs (v)	[sakʲɪ'nʲiːs]
Subjekt (n)	veiksnỹs (v)	[vʲɛɪks'nʲiːs]
Prädikat (n)	tarinỹs (v)	[tarʲɪ'nʲiːs]
Zeile (f)	eilutė (m)	[ɛɪ'lʲʊtʲeː]
in einer neuen Zeile	iš naujõs eilutės	[ɪʃ 'naʊjoːs ɛɪ'lʲʊtʲeːs]
Absatz (m)	pastraipa (m)	[past'rʌɪpa]
Wort (n)	žõdis (v)	['ʒoːdʲɪs]
Wortverbindung (f)	žõdžių junginỹs (v)	['ʒoːdʒʲuː jʊŋgʲɪ'nʲiːs]
Redensart (f)	iššireiškimas (v)	[ɪʃʃɪrʲɛɪʃ'kʲɪmas]
Synonym (n)	sinonìmas (v)	[sʲɪno'nʲɪmas]
Antonym (n)	antonìmas (v)	[anto'nʲɪmas]
Regel (f)	taisyklė (m)	[tʌɪ'sʲiːklʲeː]
Ausnahme (f)	išimtìs (m)	[ɪʃɪm'tʲɪs]
richtig (Adj)	teisìngas	[tʲɛɪ'sʲɪngas]
Konjugation (f)	asmenuōtė (m)	[asmeˈnʊatʲeː]
Deklination (f)	linksniuōtė (m)	[lʲɪŋksˈnʲʊoːtʲeː]
Kasus (m)	linksnis (v)	['lʲɪŋksnʲɪtɛ]
Frage (f)	kláusimas (v)	['klʲaʊsʲɪmas]
unterstreichen (vt)	pabraukti	[paˈbraʊktʲɪ]
punktierte Linie (f)	punktyras (v)	[pʊŋk'tʲiːras]

146. Fremdsprachen

Sprache (f)	kalbà (m)	[kalʲˈba]
Fremd-	užsienio	['ʊʒsʲiɛnʲɔ]
Fremdsprache (f)	užsienio kalbà (m)	['ʊʒsʲiɛnʲɔ kalʲˈba]
studieren (z.B. Jura ~)	studijúoti	[stʊdʲɪˈjʊatʲɪ]
lernen (Englisch ~)	mókytis	['mokʲiːtʲɪs]
lesen (vi, vt)	skaitýti	[skʌɪˈtʲiːtʲɪ]
sprechen (vi, vt)	kalbėti	[kalʲˈbʲeːtʲɪ]
verstehen (vt)	suprasti	[sʊpˈrastʲɪ]
schreiben (vi, vt)	rašýti	[raˈʃɪːtʲɪ]
schnell (Adv)	greĩtai	['grʲɛɪtʌɪ]
langsam (Adv)	lėtaĩ	[lʲeːˈtʌɪ]

fließend (Adv)	laisvai	[lʲʌɪsˈvʌɪ]
Regeln (pl)	taisyklės (m dgs)	[tʌɪˈsʲiːklʲeːs]
Grammatik (f)	gramatika (m)	[graˈmaːtʲɪka]
Vokabular (n)	leksika (m)	[ˈlʲɛksʲɪka]
Phonetik (f)	fonetika (m)	[foˈnʲɛtʲɪka]
Lehrbuch (n)	vadovėlis (v)	[vadoˈvʲeːlʲɪs]
Wörterbuch (n)	žodynas (v)	[ʒoˈdʲiːnas]
Selbstlernbuch (n)	savimokos vadovėlis (v)	[saˈvʲɪmokos vadoˈvʲeːlʲɪs]
Sprachführer (m)	pasikalbėjimų knygelė (m)	[pasʲɪkalʲˈbʲɛjɪmuː knʲiːˈgʲælʲeː]
Kassette (f)	kasetė (m)	[kaˈsʲɛtʲeː]
Videokassette (f)	vaizdajuostė (m)	[vʌɪzˈdaːjʊɑstʲeː]
CD (f)	kompaktinis diskas (v)	[komˈpaːktʲɪnʲɪs ˈdʲɪskas]
DVD (f)	DVD diskas (v)	[dʲɪvʲˈdʲɪ dʲɪsˈkas]
Alphabet (n)	abėcėlė (m)	[abʲeːˈtsʲeːlʲeː]
buchstabieren (vt)	sakyti paraidžiui	[saˈkʲiːtʲɪ parʌɪˈdʒʲʊɪ]
Aussprache (f)	tarimas (v)	[taˈrʲɪmas]
Akzent (m)	akcentas (v)	[akˈtsʲɛntas]
mit Akzent	su akcentu	[ˈsʊ aktsʲɛnˈtʊ]
ohne Akzent	be akcento	[ˈbʲɛ akˈtsʲɛntɔ]
Wort (n)	žodis (v)	[ˈʒoːdʲɪs]
Bedeutung (f)	prasmė (m)	[prasˈmʲeː]
Kurse (pl)	kursai (v dgs)	[ˈkʊrsʌɪ]
sich einschreiben	užsirašyti	[ʊʒsʲɪraˈʃɪːtʲɪ]
Lehrer (m)	dėstytojas (v)	[ˈdʲeːstʲiːtojɛs]
Übertragung (f)	vertimas (v)	[vʲɛrˈtʲɪmas]
Übersetzung (f)	vertimas (v)	[vʲɛrˈtʲɪmas]
Übersetzer (m)	vertėjas (v)	[vʲɛrˈtʲeːjas]
Dolmetscher (m)	vertėjas (v)	[vʲɛrˈtʲeːjas]
Polyglott (m, f)	poliglotas (v)	[polʲɪˈglotas]
Gedächtnis (n)	atmintis (m)	[atmʲɪnˈtʲɪs]

147. Märchenfiguren

Weihnachtsmann (m)	Kalėdų Senis (v)	[kaˈlʲeːduː ˈsenʲɪs]
Aschenputtel (n)	Pelenė (m)	[pʲɛˈlʲænʲeː]
Nixe (f)	undinė (m)	[ʊnˈdʲɪnʲeː]
Neptun (m)	Neptūnas (v)	[nʲɛpˈtuːnas]
Zauberer (m)	burtininkas (v)	[ˈbʊrtʲɪnʲɪŋkas]
Zauberin (f)	burtininkė (v)	[ˈbʊrtʲɪnʲɪŋkʲeː]
magisch, Zauber-	stebuklingas	[stʲɛbʊkˈlʲɪngas]
Zauberstab (m)	burtų lazdelė (m)	[ˈbʊrtuː lazˈdʲælʲeː]
Märchen (n)	pasaka (m)	[ˈpaːsaka]
Wunder (n)	stebuklas (v)	[stʲɛˈbʊklʲas]
Zwerg (m)	gnomas (v)	[ˈgnomas]

sich verwandeln in ...	pavir̃sti į ...	[paˈvʲɪrstʲɪ iː..]
Geist (m)	vaiduõklis (v)	[vʌɪˈdʊɑklʲɪs]
Gespenst (n)	šmė́kla (m)	[ˈʃmʲeːklʲa]
Ungeheuer (n)	pabaĩsa (m)	[paˈbʌɪsa]
Drache (m)	drakõnas (v)	[draˈkonas]
Riese (m)	mil̃žinas (v)	[ˈmʲɪlʲʒʲɪnas]

148. Sternzeichen

Widder (m)	ãvinas (v)	[ˈaːvʲɪnas]
Stier (m)	jáutis (v)	[ˈjɑʊtʲɪs]
Zwillinge (pl)	Dvyniaĩ (v dgs)	[dvʲiːˈnʲɛɪ]
Krebs (m)	vėžỹs (v)	[vʲeːˈʒʲiːs]
Löwe (m)	liū́tas (v)	[ˈlʲuːtas]
Jungfrau (f)	mergẽlė (m)	[mʲɛrˈɡʲælʲeː]

Waage (f)	svarstỹklės (m dgs)	[svarˈstʲiːklʲeːs]
Skorpion (m)	skorpiõnas (v)	[skorpʲɪˈɔnas]
Schütze (m)	šaulỹs (v)	[ʃɑʊˈlʲiːs]
Steinbock (m)	ožiarãgis (v)	[ɔʒʲæˈraːɡʲɪs]
Wassermann (m)	vandẽnis (v)	[vanˈdʲænʲɪs]
Fische (pl)	žuvys (m dgs)	[ˈʒʊvʲiːs]

Charakter (m)	charãkteris (v)	[xaˈraːktʲɛrʲɪs]
Charakterzüge (pl)	charãkterio brúožai (v dgs)	[xaˈraːktʲɛrʲɔ ˈbrʊɑʒʌɪ]
Benehmen (n)	elgesỹs (v)	[ɛlʲɡʲɛˈsʲiːs]
wahrsagen (vt)	burti	[ˈbʊrtʲɪ]
Wahrsagerin (f)	burė́ja (m)	[bʊˈrʲeːja]
Horoskop (n)	horoskòpas (v)	[ɣoroˈskopas]

Kunst

149. Theater

Theater (n)	teãtras (v)	[tʲɛˈaːtras]
Oper (f)	òpera (m)	[ˈopʲɛra]
Operette (f)	operètė (m)	[opʲɛˈrʲɛtʲeː]
Ballett (n)	balètas (v)	[baˈlʲɛtas]
Theaterplakat (n)	afišà (m)	[afʲɪˈʃa]
Truppe (f)	trupė̃ (m)	[ˈtrʊpʲeː]
Tournee (f)	gastrolės (m dgs)	[gasˈtrolʲeːs]
auf Tournee sein	gastroliúoti	[gastroˈlʲʊɑtʲɪ]
proben (vt)	repetúoti	[rʲɛpʲɛˈtʊɑtʲɪ]
Probe (f)	repetìcija (m)	[rʲɛpʲɛˈtʲɪtsʲɪjɛ]
Spielplan (m)	repertuãras (v)	[rʲɛpʲɛrtʊˈaːras]
Aufführung (f)	vaidìnimas (v)	[vʌɪˈdʲɪnʲɪmas]
Vorstellung (f)	spektãklis (v)	[spʲɛkˈtaːklʲɪs]
Theaterstück (n)	pjesė̃ (m)	[ˈpjæsʲeː]
Karte (f)	bìlietas (v)	[ˈbʲɪlʲiɛtas]
Theaterkasse (f)	bìlietų kasà (m)	[ˈbʲɪlʲiɛtu: kaˈsa]
Halle (f)	hòlas (v)	[ˈɣolʲas]
Garderobe (f)	rūbinė̃ (m)	[ˈruːbʲɪnʲeː]
Garderobennummer (f)	numeriùkas (v)	[nʊmʲɛˈrʲʊkas]
Opernglas (n)	žiūrõnas (v)	[ʒʲuːˈroːnas]
Platzanweiser (m)	kontoliẽrius (v)	[kɔntroˈlʲɛrʲʊs]
Parkett (n)	pàrteris (v)	[ˈpartʲɛrʲɪs]
Balkon (m)	balkònas (v)	[baˈlʲkonas]
der erste Rang	beletãžas (v)	[bʲɛlʲɛˈtaːʒas]
Loge (f)	ložė̃ (m)	[ˈlʲoʒʲeː]
Reihe (f)	eilė̃ (m)	[ɛɪˈlʲeː]
Platz (m)	vietà (m)	[vʲiɛˈta]
Publikum (n)	pùblika (m)	[ˈpʊblʲɪka]
Zuschauer (m)	žiūrõvas (v)	[ʒʲuːˈroːvas]
klatschen (vi)	plõti	[ˈplʲoːtʲɪ]
Applaus (m)	plojìmai (v dgs)	[plʲoˈjɪmʌɪ]
Ovation (f)	ovãcijos (m dgs)	[oˈvaːtsʲɪjɔs]
Bühne (f)	scenà (m)	[stsʲɛˈna]
Vorhang (m)	ùždanga (m)	[ˈʊʒdanga]
Dekoration (f)	dekorãcija (m)	[dʲɛkoˈraːtsʲɪjɛ]
Kulissen (pl)	kulìsai (v dgs)	[kʊˈlʲɪsʌɪ]
Szene (f)	scenà (m)	[stsʲɛˈna]
Akt (m)	ãktas (v), veĩksmas (v)	[ˈaːktas], [ˈvʲɛɪksmas]
Pause (f)	antrãktas (v)	[anˈtraːktas]

150. Kino

Schauspieler (m)	aktorius (v)	[ˈaːktorʲʊs]
Schauspielerin (f)	aktorė (m)	[ˈaːktorʲeː]
Kino (n)	kinas (v)	[ˈkʲɪnas]
Folge (f)	serija (m)	[ˈsʲɛrʲɪɛ]
Krimi (m)	detektyvas (v)	[dʲɛtʲɛkˈtʲiːvas]
Actionfilm (m)	veiksmo filmas (v)	[ˈvʲɛɪksmɔ ˈfʲɪlʲmas]
Abenteuerfilm (m)	nuotykių filmas (v)	[ˈnʊatʲiːkʲuː ˈfʲɪlʲmas]
Science-Fiction-Film (m)	fantastinis filmas (v)	[fanˈtaːstʲɪnʲɪs ˈfʲɪlʲmas]
Horrorfilm (m)	siaubo filmas (v)	[ˈsʲɛʊbɔ ˈfʲɪlʲmas]
Komödie (f)	kino komedija (m)	[ˈkʲɪnɔ koˈmʲɛdʲɪɛ]
Melodrama (n)	melodrama (m)	[mʲɛlʲodraˈma]
Drama (n)	drama (m)	[draˈma]
Spielfilm (m)	meninis filmas (v)	[ˈmʲænʲɪnʲɪs ˈfʲɪlʲmas]
Dokumentarfilm (m)	dokumentinis filmas (v)	[dokʊˈmʲɛntʲɪnʲɪs ˈfʲɪlʲmas]
Zeichentrickfilm (m)	animacinis filmas (v)	[anʲɪˈmaːtsʲɪnʲɪs ˈfʲɪlʲmas]
Stummfilm (m)	nebylusis filmas (v)	[nʲɛbʲiːˈlʊsʲɪs ˈfʲɪlʲmas]
Rolle (f)	vaidmuo (v)	[vʌɪdˈmʊa]
Hauptrolle (f)	pagrindinis vaidmuo (v)	[pagrʲɪnˈdʲɪnʲɪs vʌɪdˈmʊa]
spielen (Schauspieler)	vaidinti	[vʌɪˈdʲɪntʲɪ]
Filmstar (m)	kino žvaigždė (m)	[ˈkʲɪnɔ ʒvʌɪgʒˈdʲeː]
bekannt	žinomas	[ˈʒʲɪnomas]
berühmt	garsus	[garˈsʊs]
populär	populiarus	[popʊlʲæˈrʊs]
Drehbuch (n)	scenarijus (v)	[stsʲɛˈnaːrʲɪjʊs]
Drehbuchautor (m)	scenaristas (v)	[stsʲɛnaˈrʲɪstas]
Regisseur (m)	režisierius (v)	[rʲɛʒʲɪˈtsʲɛrʲʊs]
Produzent (m)	prodiuseris (v)	[proˈdʲʊsʲɛrʲɪs]
Assistent (m)	asistentas (v)	[asʲɪsˈtʲɛntas]
Kameramann (m)	operatorius (v)	[opʲɛˈraːtorʲʊs]
Stuntman (m)	kaskadininkas (v)	[kasˈkaːdʲɪnʲɪŋkas]
einen Film drehen	filmuoti	[fʲɪlʲˈmʊatʲɪ]
Probe (f)	bandymai (v dgs)	[ˈbandʲiːmʌɪ]
Dreharbeiten (pl)	filmavimas (v)	[fʲɪlʲˈmaːvʲɪmas]
Filmteam (n)	filmavimo grupė (m)	[fʲɪlʲˈmaːvʲɪmɔ ˈgrʊpʲeː]
Filmset (m)	filmavimo aikštelė (m)	[fʲɪlʲˈmaːvʲɪmɔ ʌɪkʃˈtʲælʲeː]
Filmkamera (f)	filmavimo kamera (m)	[fʲɪlʲˈmaːvʲɪmɔ ˈkaːmʲɛra]
Kino (n)	kino teatras (v)	[ˈkʲɪnɔ tʲɛˈaːtras]
Leinwand (f)	ekranas (v)	[ɛkˈraːnas]
einen Film zeigen	rodyti filmą	[ˈrodʲiːtʲɪ fʲɪlʲmaː]
Tonspur (f)	garso takelis (v)	[ˈgarsɔ taˈkʲælʲɪs]
Spezialeffekte (pl)	specialieji efektai (v dgs)	[spʲɛtsʲɪjaˈlʲiɛjɪ ɛˈfʲɛktʌɪ]
Untertitel (pl)	subtitrai (v dgs)	[sʊpˈtʲɪtrʌɪ]
Abspann (m)	titrai (v)	[ˈtʲɪtrʌɪ]
Übersetzung (f)	vertimas (v)	[vʲɛrˈtʲɪmas]

151. Gemälde

Kunst (f)	mēnas (v)	['mʲænas]
schönen Künste (pl)	dailíeji menaĩ (v dgs)	[dʌɪ'lʲiɛjɪ mʲɛ'nʌɪ]
Kunstgalerie (f)	galèrija (m)	[ga'lʲɛrʲɪjɛ]
Kunstausstellung (f)	paveĩkslų parodà (m)	[pa'vʲɛɪkslʲu: paro'da]

Malerei (f)	tapýba (m)	[ta'pʲi:ba]
Graphik (f)	gràfika (m)	['gra:fʲɪka]
abstrakte Kunst (f)	abstrakcionìzmas (v)	[abstraktsʲɪjo'nʲɪzmas]
Impressionismus (m)	impresionìzmas (v)	[ɪmprʲɛsʲɪjo'nʲɪzmas]

Bild (n)	paveĩkslas (v)	[pa'vʲɛɪkslʲas]
Zeichnung (Kohle- usw.)	piešinỹs (v)	[pʲiɛʃɪ'nʲi:s]
Plakat (n)	plakàtas (v)	[plʲa'ka:tas]

Illustration (f)	iliustrãcija (m)	[ɪlʲʊs'tra:tsʲɪjɛ]
Miniatur (f)	miniatiūrà (m)	[mʲɪnʲɪja'tʲu:'ra]
Kopie (f)	kòpija (m)	['kopʲɪjɛ]
Reproduktion (f)	reprodùkcija (m)	[rʲɛpro'duktsʲɪjɛ]

Mosaik (n)	mozaĩka (m)	[mo'za:ika]
Glasmalerei (f)	vitràžas (v)	[vʲɪt'ra:ʒas]
Fresko (n)	freskà (m)	[frʲɛs'ka]
Gravüre (f)	graviūrà (m)	[gravʲu:'ra]

Büste (f)	biùstas (v)	['bʲustas]
Skulptur (f)	skulptūrà (m)	[skʊlʲptu:'ra]
Statue (f)	statulà (m)	[statʊ'lʲa]
Gips (m)	gìpsas (v)	['gʲɪpsas]
aus Gips	ìš gìpso	[ɪʃ 'gʲɪpsɔ]

Porträt (n)	portrètas (v)	[por'trʲɛtas]
Selbstporträt (n)	autoportrètas (v)	[autopor'trʲɛtas]
Landschaftsbild (n)	vietovaizdis (v)	[vʲiɛ'tovʌɪzdʲɪs]
Stillleben (n)	natiurmòrtas (v)	[natʲʊr'mortas]
Karikatur (f)	karikatūrà (m)	[karʲɪkatu:'ra]

Farbe (f)	dažaĩ (v dgs)	[da'ʒʌɪ]
Aquarellfarbe (f)	akvarèlė (m)	[akva'rʲɛlʲe:]
Öl (n)	aliẽjus (v)	[a'lʲiɛjus]
Bleistift (m)	pieštùkas (v)	[pʲiɛʃ'tʊkas]
Tusche (f)	tùšas (v)	['tʊʃas]
Kohle (f)	anglỹs (m dgs)	[aŋ'glʲi:s]

zeichnen (vt)	piẽšti	['pʲɛʃtʲɪ]
malen (vi, vt)	piẽšti	['pʲɛʃtʲɪ]
Modell stehen	pozúoti	[po'zuatʲɪ]
Modell (Mask.)	pozúotojas (v)	[po'zuato:jɛs]
Modell (Fem.)	pozúotoja (m)	[po'zuato:jɛ]

Maler (m)	dailininkas (v)	['dʌɪlʲɪnʲɪŋkas]
Kunstwerk (n)	kūrinỹs (v)	[ku:rʲɪ'nʲi:s]
Meisterwerk (n)	šedèvras (v)	[ʃɛ'dʲɛvras]
Atelier (n), Werkstatt (f)	dirbtùvė (m)	[dʲɪrp'tʊvʲe:]

133

Leinwand (f)	drobė (m)	['drobʲeː]
Staffelei (f)	molbėrtas (v)	[molʲˈbʲɛrtas]
Palette (f)	paletė (m)	[paˈlʲɛtʲeː]
Rahmen (m)	rėmai (v)	[ˈrʲeːmʌɪ]
Restauration (f)	restauravimas (v)	[rʲɛstɑʊˈraːvʲɪmas]
restaurieren (vt)	restauruoti	[rʲɛstɑʊˈrʊatʲɪ]

152. Literatur und Dichtkunst

Literatur (f)	literatūra (m)	[lʲɪtʲɛratuːˈra]
Autor (m)	autorius (v)	[ˈɑʊtorʲʊs]
Pseudonym (n)	slapyvardis (v)	[slʲaˈpʲiːvardʲɪs]
Buch (n)	knyga (m)	[knʲiːˈga]
Band (m)	tomas (v)	[ˈtomas]
Inhaltsverzeichnis (n)	turinys (v)	[tʊrʲɪˈnʲiːs]
Seite (f)	puslapis (v)	[ˈpʊslʲapʲɪs]
Hauptperson (f)	pagrindinis veikėjas (v)	[pagrʲɪnˈdʲɪnʲɪs vʲɛɪˈkʲeːjas]
Autogramm (n)	autografas (v)	[ɑʊtoˈgraːfas]
Kurzgeschichte (f)	apsakymas (v)	[apˈsaːkʲiːmas]
Erzählung (f)	apysaka (m)	[aˈpʲiːsaka]
Roman (m)	romanas (v)	[roˈmaːnas]
Werk (Buch usw.)	raštai (v)	[ˈraːʃtʌɪ]
Fabel (f)	pasakėčia (m)	[pasaˈkʲeːtʂʲæ]
Krimi (m)	detektyvas (v)	[dʲɛtʲɛkˈtʲiːvas]
Gedicht (n)	eilėraštis (v)	[ɛɪˈlʲeːraʃtʲɪs]
Dichtung (f), Poesie (f)	poezija (m)	[poˈɛzʲɪjɛ]
Gedicht (n)	poema (m)	[poˈɛma]
Dichter (m)	poetas (v)	[poˈɛtas]
schöne Literatur (f)	beletristika (m)	[bʲɛlʲɛˈtrʲɪstʲɪka]
Science-Fiction (f)	mokslinė fantastika (m)	[ˈmokslʲɪnʲeː fanˈtaːstʲɪka]
Abenteuer (n)	nuotykiai (v)	[ˈnʊatʲiːkʲɛɪ]
Schülerliteratur (pl)	mokslinė literatūra (m)	[ˈmokslʲɪnʲeː lʲɪtʲɛratuːˈra]
Kinderliteratur (f)	vaikų literatūra (m)	[vʌɪˈkuː lʲɪtʲɛratuːˈra]

153. Zirkus

Zirkus (m)	cirkas (v)	[ˈtsʲɪrkas]
Wanderzirkus (m)	kilnojamasis cirkas (v)	[kʲɪlʲˈnojamasʲɪs ˈtsʲɪrkas]
Programm (n)	programa (m)	[progra'ma]
Vorstellung (f)	vaidinimas (v)	[vʌɪˈdʲɪnʲɪmas]
Nummer (f)	numeris (v)	[ˈnʊmʲɛrʲɪs]
Manege (f)	arena (m)	[arʲɛˈna]
Pantomime (f)	pantomima (m)	[pantomʲɪˈma]
Clown (m)	klounas (v)	[ˈkʲlounas]
Akrobat (m)	akrobatas (v)	[akroˈbaːtas]

Akrobatik (f)	akrobãtika (m)	[akro'baːtʲɪka]
Turner (m)	gimnãstas (v)	[gʲɪmˈnaːstas]
Turnen (n)	gimnãstika (m)	[gʲɪmˈnaːstʲɪka]
Salto (m)	sàlto (v)	[ˈsalʲtɔ]

Kraftmensch (m)	atlètas (v)	[atˈlʲɛtas]
Bändiger, Dompteur (m)	trámdytojas (v)	[ˈtramdʲiːtoːjɛs]
Reiter (m)	jojìkas (v)	[joˈjɪkas]
Assistent (m)	asisteñtas (v)	[asʲɪsˈtʲɛntas]

Trick (m)	triùkas (v)	[ˈtrʲʊkas]
Zaubertrick (m)	fòkusas (v)	[ˈfokʊsas]
Zauberkünstler (m)	fòkusininkas (v)	[ˈfokʊsʲɪnʲɪŋkas]

Jongleur (m)	žongliẽrius (v)	[ʒonˈglʲɛrʲʊs]
jonglieren (vi)	žonglirúoti	[ʒonglʲɪˈrʊɑtʲɪ]
Dresseur (m)	dresúotojas (v)	[drʲɛˈsʊɑtoːjɛs]
Dressur (f)	dresãvimas (v)	[drʲɛˈsaːvʲɪmas]
dressieren (vt)	dresúoti	[drʲɛˈsʊɑtʲɪ]

154. Musik. Popmusik

Musik (f)	mùzika (m)	[ˈmʊzʲɪka]
Musiker (m)	muzikántas (v)	[mʊzʲɪˈkantas]
Musikinstrument (n)	mùzikos instrumeñtas (v)	[ˈmʊzʲɪkos instrʊˈmʲɛntas]
spielen (auf der Gitarre ~)	gróti ...	[ˈgrotʲɪ ...]

Gitarre (f)	gitarà (m)	[gʲɪtaˈra]
Geige (f)	smuĩkas (v)	[ˈsmʊɪkas]
Cello (n)	violončèlė (m)	[vʲɪjolonˈtʂʲɛlʲeː]
Kontrabass (m)	kontrabòsas (v)	[kontraˈboːsas]
Harfe (f)	árfa (m)	[ˈarfa]

Klavier (n)	pianìnas (v)	[pʲɪjaˈnʲɪnas]
Flügel (m)	fortepijõnas (v)	[fortʲɛpʲɪˈjoːnas]
Orgel (f)	vargõnai (v)	[varˈgoːnʌɪ]

Blasinstrumente (pl)	pučiamíeji (v dgs)	[pʊtsʲæˈmʲiɛjɪ]
Oboe (f)	obòjus (v)	[oˈbojʊs]
Saxophon (n)	saksofònas (v)	[saksoˈfonas]
Klarinette (f)	klarnètas (v)	[klʲarˈnʲɛtas]
Flöte (f)	fleità (m)	[flʲɛɪˈta]
Trompete (f)	dūdà (m)	[duːˈda]

| Akkordeon (n) | akordeònas (v) | [akordʲɛˈonas] |
| Trommel (f) | bũgnas (v) | [ˈbuːgnas] |

Duo (n)	duètas (v)	[dʊˈjɛtas]
Trio (n)	trìo (v)	[ˈtrʲɪɔ]
Quartett (n)	kvartètas (v)	[kvarˈtʲɛtas]
Chor (m)	chòras (v)	[ˈxoras]
Orchester (n)	orkèstras (v)	[orˈkʲɛstras]
Popmusik (f)	popmùzika (m)	[popˈmʊzʲɪka]
Rockmusik (f)	ròko mùzika (m)	[ˈrokɔ ˈmʊzʲɪka]

| Rockgruppe (f) | roko grupė (m) | ['rokɔ 'grʊpʲeː] |
| Jazz (m) | džiazas (v) | ['dʒʲæzas] |

| Idol (n) | stabas (v) | ['staːbas] |
| Verehrer (m) | gerbėjas (v) | [gʲɛr'bʲeːjas] |

Konzert (n)	koncertas (v)	[kɔn'tsʲɛrtas]
Sinfonie (f)	simfonija (m)	[sʲɪm'fonʲɪjɛ]
Komposition (f)	kūrinys (v)	[kuːrʲɪ'nʲiːs]
komponieren (vt)	sukurti	[sʊ'kʊrtʲɪ]

Gesang (m)	dainavimas (v)	[dʌɪ'naːvʲɪmas]
Lied (n)	daina (m)	[dʌɪ'na]
Melodie (f)	melodija (m)	[mʲɛ'lʲodʲɪjɛ]
Rhythmus (m)	ritmas (v)	['rʲɪtmas]
Blues (m)	bliuzas (v)	['blʲʊzas]

Noten (pl)	natos (m dgs)	['naːtos]
Taktstock (m)	dirigento batuta (m)	[dʲɪrʲɪ'gʲɛntɔ batʊ'ta]
Bogen (m)	strykas (v)	['strʲiːkas]
Saite (f)	styga (m)	[stʲiː'ga]
Koffer (Violinen-)	dėklas (v)	['dʲeːklʲas]

Erholung. Unterhaltung. Reisen

155. Ausflug. Reisen

Tourismus (m)	turìzmas (v)	[tʊˈrʲɪzmas]
Tourist (m)	turìstas (v)	[tʊˈrʲɪstas]
Reise (f)	kelionė (m)	[kʲɛˈlʲoːnʲeː]
Abenteuer (n)	nuotykis (v)	[ˈnʊɑtʲiːkʲɪs]
Fahrt (f)	išvyka (m)	[ˈɪʃvʲiːka]

Urlaub (m)	atostogos (m dgs)	[aˈtostogos]
auf Urlaub sein	atostogauti	[atostoˈgɑʊtʲɪ]
Erholung (f)	poilsis (v)	[ˈpoɪlʲsʲɪs]

Zug (m)	traukinỹs (v)	[trɑʊkʲɪˈnʲiːs]
mit dem Zug	tráukiniu	[ˈtrɑʊkʲɪnʲʊ]
Flugzeug (n)	lėktùvas (v)	[lʲeːkˈtʊvas]
mit dem Flugzeug	lėktuvù	[lʲeːktʊˈvʊ]
mit dem Auto	automobiliù	[ɑʊtomobʲɪˈlʲʊ]
mit dem Schiff	laivù	[lʲʌɪˈvʊ]

Gepäck (n)	bagãžas (v)	[baˈgaːʒas]
Koffer (m)	lagamìnas (v)	[lʲagaˈmʲɪnas]
Gepäckwagen (m)	bagãžo vežimėlis (v)	[baˈgaːʒɔ vɛʒʲɪˈrʲmʲeːlʲɪs]

Pass (m)	pãsas (v)	[ˈpaːsas]
Visum (n)	vizà (m)	[vʲɪˈza]
Fahrkarte (f)	bìlietas (v)	[ˈbʲɪlʲiɛtas]
Flugticket (n)	lėktùvo bìlietas (v)	[lʲeːkˈtʊvɔ ˈbʲɪlʲiɛtas]

Reiseführer (m)	vadõvas (v)	[vaˈdoːvas]
Landkarte (f)	žemėlapis (v)	[ʒeˈmʲeːlʲapʲɪs]
Gegend (f)	vietóvė (m)	[vʲiɛˈtovʲeː]
Ort (wunderbarer ~)	vietà (m)	[vʲiɛˈta]

Exotika (pl)	egzòtika (m)	[ɛgˈzotʲɪka]
exotisch	egzòtinis	[ɛgˈzotʲɪnʲɪs]
erstaunlich (Adj)	nuostabùs	[nʊɑstaˈbʊs]

Gruppe (f)	grupė (m)	[ˈgrʊpʲeː]
Ausflug (m)	ekskùrsija (m)	[ɛksˈkʊrsʲɪjɛ]
Reiseleiter (m)	ekskùrsijos vadõvas (v)	[ɛksˈkʊrsʲɪjɔs vaˈdoːvas]

156. Hotel

Hotel (n), Gasthaus (n)	viẽšbutis (v)	[ˈvʲeʃbʊtʲɪs]
Motel (n)	motèlis (v)	[moˈtʲɛlʲɪs]
drei Sterne	3 žvaigždùtės	[ˈtrʲɪs ʒvʌɪgʒˈdʊtʲeːs]

Deutsch	Litauisch	Aussprache
fünf Sterne	5 žvaigždutės	['penʲkʲos ʒvʌɪgʒ'dutʲeːs]
absteigen (vi)	apsistoti	[apsʲɪs'totʲɪ]
Hotelzimmer (n)	kambarỹs (v)	[kamba'rʲiːs]
Einzelzimmer (n)	vienvietis kambarỹs (v)	['vʲiɛn'vʲɛtʲɪs kamba'rʲiːs]
Zweibettzimmer (n)	dvivietis kambarỹs (v)	[dvʲɪ'vʲɛtʲɪs kamba'rʲiːs]
reservieren (vt)	rezervúoti kam̃barį	[rʲɛzʲɛr'vuatʲɪ 'kambarʲɪː]
Halbpension (f)	pusiáu pensiònas (v)	[pʊsʲæʊ pʲɛnsʲɪ'jonas]
Vollpension (f)	pensiònas (v)	[pʲɛnsʲɪ'jonas]
mit Bad	sù vonià	['sʊ vo'nʲæ]
mit Dusche	sù dušù	['sʊ dʊ'ʃʊ]
Satellitenfernsehen (n)	palydovinė televìzija (m)	[palʲiː'doːvʲɪnʲeː tʲɛlʲɛ'vʲɪzʲɪjɛ]
Klimaanlage (f)	kondicioniẽrius (v)	[kondʲɪtsʲɪjɔ'nʲɛrʲʊs]
Handtuch (n)	rañkšluostis (v)	['raŋkʃlʲʊastʲɪs]
Schlüssel (m)	rãktas (v)	['raːktas]
Verwalter (m)	administrãtorius (v)	[admʲɪnʲɪs'traːtorʲʊs]
Zimmermädchen (n)	kambarìnė (m)	[kamba'rʲɪnʲeː]
Träger (m)	nešìkas (v)	[nʲɛ'ʃʲɪkas]
Portier (m)	registrãtorius (v)	[rʲɛgʲɪs'traːtorʲʊs]
Restaurant (n)	restorãnas (v)	[rʲɛsto'raːnas]
Bar (f)	bãras (v)	['baːras]
Frühstück (n)	pùsryčiai (v dgs)	['pʊsrʲiːtʂʲɛɪ]
Abendessen (n)	vakariẽnė (m)	[vaka'rʲɛnʲeː]
Buffet (n)	švẽdiškas stãlas (v)	['ʃvʲɛdʲɪʃkas 'staːlʲas]
Foyer (n)	vestibiùlis (v)	[vʲɛstʲɪ'bʲʊlʲɪs]
Aufzug (m), Fahrstuhl (m)	lìftas (v)	['lʲɪftas]
BITTE NICHT STÖREN!	NETRUKDÝTI!	[nʲɛtrʊk'dʲiːtʲɪ]
RAUCHEN VERBOTEN!	NERŪKÝTI!	[nʲɛruː'kʲiːtʲɪ]

157. Bücher. Lesen

Deutsch	Litauisch	Aussprache
Buch (n)	knygà (m)	[knʲiː'ga]
Autor (m)	áutorius (v)	['autorʲʊs]
Schriftsteller (m)	rašýtojas (v)	[ra'ʃʲɪːtoːjɛs]
verfassen (vt)	parašýti	[para'ʃʲɪːtʲɪ]
Leser (m)	skaitýtojas (v)	[skʌɪ'tʲiːtoːjɛs]
lesen (vi, vt)	skaitýti	[skʌɪ'tʲiːtʲɪ]
Lesen (n)	skaĩtymas (v)	['skʌɪtʲiːmas]
still (~ lesen)	týliai	['tʲiːlʲɛɪ]
laut (Adv)	gar̃siai	['garsʲɛɪ]
verlegen (vt)	léisti	['lʲɛɪstʲɪ]
Ausgabe (f)	leidýba (v)	[lʲɛɪ'dʲɪba]
Herausgeber (m)	leidė́jas (v)	[lʲɛɪ'dʲeːjas]
Verlag (m)	leidyklà (v)	[lʲɛɪdʲiː'kʲla]
erscheinen (Buch)	išeĩti	[ɪ'ʃɛɪtʲɪ]

Deutsch	Litauisch	Aussprache
Erscheinen (n)	išėjimas (v)	[ɪʃeːˈjɪmas]
Auflage (f)	tiražas (v)	[tʲɪˈraːʒas]
Buchhandlung (f)	knygynas (v)	[knʲiːˈgʲiːnas]
Bibliothek (f)	biblioteka (m)	[bʲɪblʲɪjɔtʲɛˈka]
Erzählung (f)	apysaka (m)	[aˈpʲiːsaka]
Kurzgeschichte (f)	apsakymas (v)	[apˈsaːkʲiːmas]
Roman (m)	romanas (v)	[roˈmaːnas]
Krimi (m)	detektyvas (v)	[dʲɛtʲɛkˈtʲiːvas]
Memoiren (pl)	memuarai (v dgs)	[mʲɛmʊˈaːrʌɪ]
Legende (f)	legenda (m)	[lʲɛgʲɛnˈda]
Mythos (m)	mitas (v)	[ˈmʲɪtas]
Gedichte (pl)	eilėraščiai (v dgs)	[ɛɪˈlʲeːraʃtʂʲɛɪ]
Autobiographie (f)	autobiografija (m)	[ɑʊtobˈɪjɔˈgraːfʲɪjɛ]
ausgewählte Werke (pl)	rinktiniai raštai (v dgs)	[rʲɪŋkˈtʲɪnʲɛɪ raːʃtʌɪ]
Science-Fiction (f)	fantastika (m)	[fanˈtaːstʲɪka]
Titel (m)	pavadinimas (v)	[pavaˈdʲɪnʲɪmas]
Einleitung (f)	įvadas (v)	[ˈiːvadas]
Titelseite (f)	titulinis lapas (v)	[tʲɪtʊˈlʲɪnʲɪs ˈlaːpas]
Kapitel (n)	skyrius (v)	[ˈskʲiːrʲʊs]
Auszug (m)	ištrauka (m)	[ˈɪʃtrɑʊka]
Episode (f)	epizodas (v)	[ɛpʲɪˈzodas]
Sujet (n)	siužetas (v)	[sʲʊˈʒʲɛtas]
Inhalt (m)	turinys (v)	[tʊrʲɪˈnʲiːs]
Inhaltsverzeichnis (n)	turinys (v)	[tʊrʲɪˈnʲiːs]
Hauptperson (f)	pagrindinis veikėjas (v)	[pagrʲɪnˈdʲɪnʲɪs vʲɛɪˈkʲeːjas]
Band (m)	tomas (v)	[ˈtomas]
Buchdecke (f)	viršelis (v)	[vʲɪrˈʃælʲɪs]
Einband (m)	apdarai (v dgs)	[apdaˈrʌɪ]
Lesezeichen (n)	žymėlė (m)	[ʒʲiːˈmʲælʲeː]
Seite (f)	puslapis (v)	[ˈpʊslʲapʲɪs]
blättern (vi)	vartyti	[varˈtʲiːtʲɪ]
Ränder (pl)	paraštės (m dgs)	[ˈpaːraʃtʲeːs]
Notiz (f)	žymė (m)	[ʒʲiːˈmʲeː]
Anmerkung (f)	pastaba (m)	[pastaˈba]
Text (m)	tekstas (v)	[ˈtʲɛkstas]
Schrift (f)	šriftas (v)	[ˈʃrʲɪftas]
Druckfehler (m)	spaudos klaida (m)	[spɑʊˈdoːs klʲʌɪˈda]
Übersetzung (f)	vertimas (v)	[vʲɛrˈtʲɪmas]
übersetzen (vt)	versti	[ˈvʲɛrstʲɪ]
Original (n)	originalas (v)	[orʲɪgʲɪˈnaːlʲas]
berühmt	žinomas	[ˈʒʲɪnomas]
unbekannt	nežinomas	[nʲɛˈʒʲɪnomas]
interessant	įdomus	[iːdoˈmʊs]
Bestseller (m)	perkamiausia knyga (m)	[pʲɛrkaˈmʲæʊsʲɛ knʲiːˈga]

T&P Books. Wortschatz Deutsch-Litauisch für das Selbststudium - 9000 Wörter

Wörterbuch (n)	žodýnas (v)	[ʒo'dʲiːnas]
Lehrbuch (n)	vadovėlis (v)	[vado'vʲeːlʲɪs]
Enzyklopädie (f)	enciklopėdija (m)	[ɛntsʲɪkʲlʲo'pʲɛdʲɪjɛ]

158. Jagen. Fischen

Jagd (f)	medžióklė (m)	[mʲɛ'dʒʲoːkʲlʲeː]
jagen (vi)	medžióti	[mʲɛ'dʒʲotʲɪ]
Jäger (m)	medžiótojas (v)	[mʲɛ'dʒʲoto:jɛs]

schießen (vi)	šáudyti	['ʃaʊdʲiːtʲɪ]
Gewehr (n)	šáutuvas (v)	['ʃaʊtʊvas]
Patrone (f)	šovinỹs (v)	[ʃovʲɪ'nʲiːs]
Schrot (n)	šrataĩ (v dgs)	[ʃra'tʌɪ]

Falle (f)	spą́stai (v dgs)	['spaːstʌɪ]
Schlinge (f)	slãstai (v dgs)	['sʲlʲaːstʌɪ]
in die Falle gehen	pakliū́ti į̃ spą́stus	[pak'lʲuːtʲɪ iː 'spaːstʊs]
eine Falle stellen	spė́sti spą́stus	['spʲeːstʲɪ 'spaːstʊs]

Wilddieb (m)	brakoniẽrius (v)	[brako'nʲɛrʲʊs]
Wild (n)	žvėríena (m)	[ʒvʲeː'rʲiɛna]
Jagdhund (m)	medžióklinis šuõ (v)	[mʲɛ'dʒʲoːkʲlʲɪnʲɪs 'ʃʊɑ]
Safari (f)	safãris (v)	[sa'farʲɪs]
ausgestopftes Tier (n)	baidỹklė (m)	[bʌɪ'dʲiːkʲlʲeː]

Fischer (m)	žvejỹs (v)	[ʒvʲɛ'jɪːs]
Fischen (n)	žvejójimas (v)	[ʒvʲɛ'jɔːjɪmas]
angeln, fischen (vt)	žvejóti, žuváuti	[ʒvʲɛ'jotʲɪ], [ʒʊ'vaʊtʲɪ]

Angel (f)	meškerẽ (m)	[mʲɛʃkɛ'rʲeː]
Angelschnur (f)	vãlas (v)	['vaːlʲas]
Haken (m)	kabliùkas (v)	[kab'lʲʊkas]
Schwimmer (m)	plū̃dė (m)	[ˈpʲlʲuːdʲeː]
Köder (m)	jaũkas (v)	['jɛʊkas]

die Angel auswerfen	užmèsti mẽškerę	[ʊʒ'mʲɛstʲɪ 'mʲæʃkʲɛrʲɛː]
anbeißen (vi)	kìbti	['kʲɪptʲɪ]

Fang (m)	žvejõklės laimìkis (v)	[ʒvʲɛ'jɔːkʲlʲeːs lʌɪ'mʲɪkʲɪs]
Eisloch (n)	eketẽ (m)	[eke'tʲeː]

Netz (n)	tiñklas (v)	['tʲɪŋkʲlʲas]
Boot (n)	val̃tis (m)	['valʲtʲɪs]
mit dem Netz fangen	žvejóti tinklaĩs	[ʒvʲɛ'jotʲɪ tʲɪŋk'lʲʌɪs]
das Netz hineinwerfen	užmèsti tinklùs	[ʊʒ'mʲɛstʲɪ tʲɪŋk'lʲʊs]

das Netz einholen	ištráukti tinklùs	[ɪʃ'traʊktʲɪ tʲɪŋk'lʲʊs]
ins Netz gehen	pakliū́ti į̃ tinklùs	[pak'lʲuːtʲɪ iː tʲɪŋk'lʲʊs]

Walfänger (m)	bangìnių medžiótojas (v)	[ban'gʲɪnʲuː mʲɛ'dʒʲoto:jɛs]
Walfangschiff (n)	bangìnių medžiótojų laĩvas (v)	[ban'gʲɪnʲuː mʲɛ'dʒʲoto:juː 'lʲʌɪvas]
Harpune (f)	žebérklas (v)	[ʒʲɛ'bʲɛrkʲlʲas]

159. Spiele. Billard

Billard (n)	biliárdas (v)	[bʲɪlʲɪˈjardas]
Billardzimmer (n)	biliárdinė (m)	[bʲɪlʲɪˈjardʲɪnʲeː]
Billardkugel (f)	biliárdo kamuolỹs (v)	[bʲɪlʲɪˈjardɔ kamʊɑˈlʲiːs]
eine Kugel einlochen	įmùšti kãmuolį	[iːˈmʊʃtʲɪ ˈkaːmʊɑlʲɪː]
Queue (n)	biliárdo lazdà (m)	[bʲɪlʲɪˈjardɔ lazˈda]
Tasche (f), Loch (n)	kišẽnė (m)	[kʲɪˈʃænʲeː]

160. Spiele. Kartenspiele

Karo (n)	bū́gnai (v dgs)	[ˈbuːgnʌɪ]
Pik (n)	vỹnai (v dgs)	[ˈvʲiːnʌɪ]
Herz (n)	šìrdys (m dgs)	[ˈʃɪrdʲiːs]
Kreuz (n)	krỹžiai (v dgs)	[ˈkrʲiːʒʲɛɪ]
As (n)	tū́zas (v)	[ˈtuːzas]
König (m)	karãlius (v)	[kaˈraːlʲʊs]
Dame (f)	damà (m)	[daˈma]
Bube (m)	valètas (v)	[vaˈlʲɛtas]
Spielkarte (f)	kortà (m)	[kɔrˈta]
Karten (pl)	kõrtos (m dgs)	[ˈkɔrtos]
Trumpf (m)	kõziris (v)	[ˈkɔːzʲɪrʲɪs]
Kartenspiel (abgenutztes ~)	málka (m)	[ˈmalʲka]
Punkt (m)	akìs (m)	[aˈkʲɪs]
ausgeben (vt)	dalìnti	[daˈlʲɪntʲɪ]
mischen (vt)	maišýti	[mʌɪˈʃɪːtʲɪ]
Zug (m)	ėjìmas (v)	[ɛːˈjɪmas]
Falschspieler (m)	sukčiáutojas (v)	[sʊkˈtʂʲæʊtoːjɛs]

161. Kasino. Roulette

Kasino (n)	kazinò (v)	[kazʲɪˈno]
Roulette (n)	rulètė (m)	[rʊˈlʲɛtʲeː]
Einsatz (m)	stãtymas (v)	[ˈstaːtʲiːmas]
setzen (auf etwas ~)	darýti stãtymus	[daˈrʲiːtʲɪ ˈstaːtʲiːmʊs]
Rot (n)	raudónas	[rɑʊˈdonas]
Schwarz (n)	júodas	[ˈjʊodas]
auf Rot setzen	statýti añt raudóno	[staˈtʲiːtʲɪ ant rɑʊˈdono]
auf Schwarz setzen	statýti añt juõdo	[staˈtʲiːtʲɪ ant ˈjʊɑdo]
Croupier (m)	krupjė̃ (m)	[krʊˈpjeː]
das Rad drehen	sùkti rulètę	[ˈsʊktʲɪ rʊˈlʲɛtʲɛː]
Spielregeln (pl)	žaidìmo taisỹklės (m dgs)	[ʒʌɪˈdʲɪmo tʌɪˈsʲiːklʲeːs]
Spielmarke (f)	žetònas (v)	[ʒʲɛˈtonas]
gewinnen (vt)	laiméti	[lʲʌɪˈmʲeːtʲɪ]
Gewinn (m)	laiméjimas (v)	[lʲʌɪˈmʲeːjɪmas]

verlieren (vt)	pralaiméti	[pralʲʌɪˈmʲeːtʲɪ]
Verlust (m)	pralaiméjimas (v)	[pralʲʌɪˈmʲɛjɪmas]

Spieler (m)	lošéjas (v)	[lʲoˈʃeːjas]
Blackjack (n)	dvìdešimt víenas (v)	[ˈdvʲɪdʲɛʃʲɪmt ˈvʲiɛnas]
Würfelspiel (n)	lošìmas kauliùkais (v)	[loˈʃɪmas kɑʊˈlʲʊkʌɪs]
Würfeln (pl)	kauliùkai (v dgs)	[kɑʊˈlʲʊkʌɪ]
Spielautomat (m)	lošimų automãtas (v)	[lʲoʃɪˈmuː ɑʊtoˈmaːtas]

162. Erholung. Spiele. Verschiedenes

spazieren gehen (vi)	vaikščioti	[ˈvʌɪkʃtsʲotʲɪ]
Spaziergang (m)	pasivaikščiojimas (v)	[pasʲɪˈvʌɪkʃtsʲojɪmas]
Fahrt (im Wagen)	pasivažinėjimas (v)	[pasʲɪvaʒʲɪˈnʲɛjɪmas]
Abenteuer (n)	nuotykis (v)	[ˈnʊɑtʲiːkʲɪs]
Picknick (n)	ìškyla (m)	[ˈɪʃkʲiːlʲa]

Spiel (n)	žaidìmas (v)	[ʒʌɪˈdʲɪmas]
Spieler (m)	žaidéjas (v)	[ʒʌɪˈdʲeːjas]
Partie (f)	pártija (m)	[ˈpartʲɪjɛ]

Sammler (m)	kolekcioniẽrius (v)	[kɔlʲɛktsʲɪjɔˈnʲɛrʲʊs]
sammeln (vt)	kolekcionúoti	[kɔlʲɛktsʲɪjɔˈnʊɑtʲɪ]
Sammlung (f)	kolèkcija (m)	[kɔˈlʲɛktsʲɪjɛ]

Kreuzworträtsel (n)	kryžiãžodis (v)	[krʲiːˈʒʲæʒodʲɪs]
Rennbahn (f)	hipodròmas (v)	[ɣʲɪpoˈdromas]
Diskothek (f)	diskotekà (m)	[dʲɪskotʲɛˈka]

Sauna (f)	sáuna (m)	[ˈsɑʊna]
Lotterie (f)	lotèrija (m)	[lʲoˈtʲɛrʲɪjɛ]

Wanderung (f)	žỹgis (v)	[ˈʒʲiːgʲɪs]
Lager (n)	stovyklà (m)	[stovʲiˈkʲlʲa]
Zelt (n)	palapìnė (m)	[palʲaˈpʲɪnʲeː]
Kompass (m)	kompasas (v)	[ˈkompasas]
Tourist (m)	turìstas (v)	[tʊˈrʲɪstas]

fernsehen (vi)	žiūrė́ti	[ʒʲuːˈrʲeːtʲɪ]
Fernsehzuschauer (m)	televìzijos žiūrõvas (v)	[tʲɛlʲɛˈvʲɪzʲɪjɔs ˈʒʲuːroːvas]
Fernsehsendung (f)	televìzijos laidà (m)	[tʲɛlʲɛˈvʲɪzʲɪjɔs lʌɪˈda]

163. Fotografie

Kamera (f)	fotoaparãtas (v)	[fotoapaˈraːtas]
Foto (n)	fòto (v)	[ˈfotɔ]

Fotograf (m)	fotogrãfas (v)	[fotoˈgraːfas]
Fotostudio (n)	fotogrãfijos stùdija (m)	[fotoˈgraːfʲɪjɔs ˈstʊdʲɪjɛ]
Fotoalbum (n)	fotoalbùmas (v)	[fotoalʲˈbʊmas]
Objektiv (n)	objektỹvas (v)	[objɛktʲiːvas]
Teleobjektiv (n)	teleobjektỹvas (v)	[tʲɛlʲɛobjɛkˈtʲiːvas]

| Filter (n) | filtras (v) | ['fɪlʲtras] |
| Linse (f) | lęšis (v) | ['lʲɛːʃɪs] |

Optik (f)	optika (m)	['optʲɪka]
Blende (f)	diafragma (m)	[dʲɪjafrag'ma]
Belichtungszeit (f)	išlaikymas (v)	[ɪʃlʲʌɪkʲiːmas]
Sucher (m)	ieškiklis (v)	[ɪɛʃkʲɪklʲɪs]

Digitalkamera (f)	skaitmeninė kamera (m)	[skʌɪtme'nʲɪnʲe: 'kaːmera]
Stativ (n)	stovas (v)	['stoːvas]
Blitzgerät (n)	blykstė (m)	['blʲiːkstʲeː]

fotografieren (vt)	fotografuoti	[fotogra'fuatʲɪ]
aufnehmen (vt)	fotografuoti	[fotogra'fuatʲɪ]
sich fotografieren lassen	fotografuotis	[fotogra'fuatʲɪs]

Fokus (m)	ryškumas (v)	[rʲiːʃ'kumas]
den Fokus einstellen	nustatyti ryškumą	[nusta'tʲiːtʲɪ rʲiːʃ'kumaː]
scharf (~ abgebildet)	ryškus	[rʲiːʃ'kʊs]
Schärfe (f)	ryškumas (v)	[rʲiːʃ'kumas]

| Kontrast (m) | kontrastas (v) | [kɔn'traːstas] |
| kontrastreich | kontrastingas | [kɔntras'tʲɪngas] |

Aufnahme (f)	nuotrauka (m)	['nuɑtrɑuka]
Negativ (n)	negatyvas (v)	[nʲɛga'tʲiːvas]
Rollfilm (m)	fotojuosta (m)	[fotoː'juɑsta]
Einzelbild (n)	kadras (v)	['kaːdras]
drucken (vt)	spausdinti	['spɑusdʲɪntʲɪ]

164. Strand. Schwimmen

Strand (m)	paplūdimys (v)	[paˈplʲuːdʲɪmʲiːs]
Sand (m)	smėlis (v)	['smʲeːlʲɪs]
menschenleer	dykuminis	[dʲiːku'mʲɪnʲɪs]

Bräune (f)	įdegis (v)	['iːdʲɛgʲɪs]
sich bräunen	įdegti	[iːˈdʲɛktʲɪ]
gebräunt	įdėgęs	[iːˈdʲægʲɛːs]
Sonnencreme (f)	įdegio kremas (v)	['iːdʲɛgʲɔ 'krʲɛmas]

Bikini (m)	bikinis (v)	[bʲɪˈkʲɪnʲɪs]
Badeanzug (m)	maudymosi kostiumėlis (v)	['mɑudʲiːmosʲɪ kostʲʊ'mʲeːlʲɪs]
Badehose (f)	glaudės (m dgs)	['glʲɑudʲeːs]

Schwimmbad (n)	baseinas (v)	[ba'sʲɛɪnas]
schwimmen (vi)	plaukioti	['plʲɑukʲotʲɪ]
Dusche (f)	dušas (v)	['duʃas]
sich umkleiden	persirengti	['pʲɛrsʲɪrʲɛŋktʲɪ]
Handtuch (n)	rankšluostis (v)	['raŋkʃlʲʊastʲɪs]

Boot (n)	valtis (m)	['valʲtʲɪs]
Motorboot (n)	kateris (v)	['kaːtʲɛrʲɪs]
Wasserski (m)	vandens slidės (m dgs)	[van'dʲɛns 'slʲɪdʲeːs]

Tretboot (n)	vandens dviratis (v)	[van'dʲɛns 'dvʲɪratʲɪs]
Surfen (n)	banglenčių sportas (v)	['baŋglʲɛntʂʲu: 'sportas]
Surfer (m)	banglentininkas (v)	['baŋglʲɛntʲɪnʲɪŋkas]

Tauchgerät (n)	akvalangas (v)	[akva'lʲangas]
Schwimmflossen (pl)	plaukmenys (v dgs)	['plʲaʊkmʲɛnʲi:s]
Maske (f)	kaukė (m)	['kaʊkʲe:]
Taucher (m)	naras (v)	['na:ras]
tauchen (vi)	nardyti	['nardʲi:tʲɪ]
unter Wasser	po vandeniu	['po: 'vandʲɛnʲʊ]

Sonnenschirm (m)	skėtis (v)	['skʲe:tʲɪs]
Liege (f)	šezlongas (v)	[ʃʲɛz'lʲongas]
Sonnenbrille (f)	akiniai (dgs)	[akʲɪ'nʲɛɪ]
Schwimmmatratze (f)	plaukimo čiužinys (v)	[plʲaʊ'kʲɪmɔ tʂʲʊʒʲɪ'nʲi:s]

spielen (vi, vt)	žaisti	['ʒʌɪstʲɪ]
schwimmen gehen	maudytis	['maʊdʲi:tʲɪs]

Ball (m)	kamuolys (v)	[kamʊɑ'lʲi:s]
aufblasen (vt)	pripūsti	[prʲɪ'pu:stʲɪ]
aufblasbar	pripučiamas	['prʲɪpʊtʂʲæmas]

Welle (f)	banga (m)	[ban'ga]
Boje (f)	plūduras (v)	['plʲu:dʊras]
ertrinken (vi)	skęsti	['skʲɛ:stʲɪ]

retten (vt)	gelbėti	['gʲælʲbʲe:tʲɪ]
Schwimmweste (f)	gelbėjimosi liemenė (m)	['gʲælʲbʲe:jimosʲɪ lʲiɛ'mʲænʲe:]
beobachten (vt)	stebėti	[stɛ'bʲe:tʲɪ]
Bademeister (m)	gelbėtojas (v)	['gʲælʲbʲe:to:jɛs]

TECHNISCHES ZUBEHÖR. TRANSPORT

Technisches Zubehör

165. Computer

Deutsch	Litauisch	Aussprache
Computer (m)	kompiùteris (v)	[kɔm'pʲʊtʲɛrʲɪs]
Laptop (m), Notebook (n)	nešiojamasis kompiùteris (v)	[nʲɛ'ʃojamasʲɪs kom'pʲʊtʲɛrʲɪs]
einschalten (vt)	įjùngti	[i:'jʊŋktʲɪ]
abstellen (vt)	išjùngti	[ɪ'ʃjʊŋktʲɪ]
Tastatur (f)	klaviatūrà (m)	[klʲavʲætu:'ra]
Taste (f)	klavìšas (v)	[klʲa'vʲɪʃas]
Maus (f)	pelė̃ (m)	[pʲɛ'lʲe:]
Mousepad (n)	kilimė̃lis (v)	[kʲɪlʲɪ'mʲe:lʲɪs]
Knopf (m)	mygtùkas (v)	[mʲi:k'tʊkas]
Cursor (m)	žymẽklis (v)	[ʒʲi:'mʲæklʲɪs]
Monitor (m)	monìtorius (v)	[mo'nʲɪtorʲʊs]
Schirm (m)	ekrãnas (v)	[ɛk'ra:nas]
Festplatte (f)	kietàsis dìskas (v)	[kʲiɛ'tasʲɪs 'dʲɪskas]
Festplattengröße (f)	kíetojo dìsko talpà (m)	['kʲiɛtojo 'dʲɪsko talʲ'pa]
Speicher (m)	atmintìs (m)	[atmʲɪn'tʲɪs]
Arbeitsspeicher (m)	operatyvióji atmintìs (m)	[opʲɛratʲi:'vʲo:jɪ atmʲɪn'tʲɪs]
Datei (f)	fáilas (v)	['fʌɪlʲas]
Ordner (m)	ãplankas (v)	['a:plʲaŋkas]
öffnen (vt)	atidarýti	[atʲɪda'rʲi:tʲɪ]
schließen (vt)	uždarýti	[ʊʒda'rʲi:tʲɪ]
speichern (vt)	išsáugoti	[ɪʃ'saʊgotʲɪ]
löschen (vt)	ištrìnti	[ɪʃ'trʲɪntʲɪ]
kopieren (vt)	nukopijúoti	[nʊkopʲɪ'jʊatʲɪ]
sortieren (vt)	rūšiúoti	[ru:'ʃʊatʲɪ]
transferieren (vt)	pérrašyti	['pʲɛrraʃɪ:tʲɪ]
Programm (n)	programà (m)	[progra'ma]
Software (f)	programìnė į́ranga (m)	[pro'gra:mʲɪnʲe: 'i:ranga]
Programmierer (m)	programúotojas (v)	[progra'mʊato:jɛs]
programmieren (vt)	programúoti	[progra'mʊatʲɪ]
Hacker (m)	programìšius (v)	[progra'mʲɪʃʊs]
Kennwort (n)	slaptãžodis (v)	[slʲap'ta:ʒodʲɪs]
Virus (m, n)	vìrusas (v)	['vʲɪrʊsas]
entdecken (vt)	aptìkti	[ap'tʲɪktʲɪ]

| Byte (n) | baitas (v) | ['bʌɪtas] |
| Megabyte (n) | megabaitas (v) | [mʲɛga'bʌɪtas] |

| Daten (pl) | duomenys (v dgs) | ['dʊamʲɛnʲiːs] |
| Datenbank (f) | duomenų bāzė (m) | [dʊame'nu: 'ba:zʲe:] |

Kabel (n)	laidas (v)	['lʲʌɪdas]
trennen (vt)	prijungti	[prʲɪ'jʊŋkʲɪ]
anschließen (vt)	atjungti	[a'tjʊŋkʲɪ]

166. Internet. E-Mail

Internet (n)	internetas (v)	[ɪntʲɛr'nʲɛtas]
Browser (m)	naršyklė (m)	[nar'ʃɪːklʲeː]
Suchmaschine (f)	paieškos sistema (m)	[paʲiɛʃ'koːs sʲɪstʲɛ'ma]
Provider (m)	tiekėjas (v)	[tʲiɛ'kʲeːjas]

Webmaster (m)	svetainių kūrėjas (v)	[sveˈtʌɪnʲuː kuːˈrʲeːjas]
Website (f)	svetainė (m)	[sveˈtʌɪnʲeː]
Webseite (f)	tinklālapis (v)	[tʲɪŋkˈlʲaːlʲapʲɪs]

| Adresse (f) | ādresas (v) | ['aːdrʲɛsas] |
| Adressbuch (n) | adresų knyga (m) | [adrʲɛ'su: knʲiː'ga] |

Mailbox (f)	pašto dėžutė (m)	['paːʃtɔ dʲeː'ʒʊtʲeː]
Post (f)	korespondencija (m)	[kɔrʲɛspon'dʲɛntsʲɪjɛ]
überfüllt (-er Briefkasten)	pērpildytas	['pʲɛrpʲɪlʲdʲiːtas]

Mitteilung (f)	pranešimas (v)	[pranʲɛ'ʃɪmas]
eingehenden Nachrichten	įeinantys pranešimai (v dgs)	[iːˈɛɪnantʲɪːs pranʲɛ'ʃɪːmʌɪ]
ausgehenden Nachrichten	išeinantys pranešimai (v dgs)	[ɪ'ʃɛɪnantʲiːs pranʲɛ'ʃɪmʌɪ]

Absender (m)	siuntėjas (v)	[sʲʊn'tʲeːjas]
senden (vt)	išsiųsti	[ɪʃsʲuːstʲɪ]
Absendung (f)	išsiuntimas (v)	[ɪʃsʲʊn'tʲɪmas]

| Empfänger (m) | gavėjas (v) | [ga'vʲeːjas] |
| empfangen (vt) | gauti | ['gaʊtʲɪ] |

| Briefwechsel (m) | susirašinėjimas (v) | [sʊsʲɪraʃɪ'nʲɛjɪmas] |
| im Briefwechsel stehen | susirašinėti | [sʊsʲɪraʃɪ'nʲeːtʲɪ] |

Datei (f)	failas (v)	['fʌɪlʲas]
herunterladen (vt)	parsisiųsti	[parsʲɪ'sʲuːstʲɪ]
schaffen (vt)	sukurti	[sʊ'kʊrtʲɪ]
löschen (vt)	ištrinti	[ɪʃ'trʲɪntʲɪ]
gelöscht (Datei)	ištrintas	[ɪʃ'trʲɪntas]

Verbindung (f)	ryšys (v)	[rʲiː'ʃɪːs]
Geschwindigkeit (f)	greitis (v)	['grʲɛɪtʲɪs]
Modem (n)	modemas (v)	[mo'dʲɛmas]
Zugang (m)	prieiga (v)	['prʲɪʲɛɪga]
Port (m)	prievadas (v)	['prʲɪɛvadas]
Anschluss (m)	pajungimas (v)	[pajʊn'gʲɪmas]

sich anschließen	prisijungti	[prʲɪsʲɪˈjʊŋktʲɪ]
auswählen (vt)	pasirinkti	[pasʲɪˈrʲɪŋktʲɪ]
suchen (vt)	ieškoti	[ɪɛʃˈkotʲɪ]

167. Elektrizität

Elektrizität (f)	elektra (m)	[ɛlʲɛktˈra]
elektrisch	elektrinis	[ɛlʲɛkˈtrʲɪnʲɪs]
Elektrizitätswerk (n)	elektros stotis (m)	[ɛˈlʲɛktros stoˈtʲɪs]
Energie (f)	energija (m)	[ɛˈnʲɛrgʲɪjɛ]
Strom (m)	elektros energija (m)	[ɛˈlʲɛktros ɛˈnʲɛrgʲɪjɛ]

Glühbirne (f)	lemputė (m)	[lʲɛmˈpʊtʲeː]
Taschenlampe (f)	žibintuvas (v)	[ʒʲɪbʲɪnˈtʊvas]
Straßenlaterne (f)	žibintas (v)	[ʒʲɪˈbʲɪntas]

Licht (n)	šviesa (m)	[ʃvʲɛˈsa]
einschalten (vt)	įjungti	[iːˈjʊŋktʲɪ]
ausschalten (vt)	išjungti	[ɪˈʃjʊŋktʲɪ]
das Licht ausschalten	užgesinti šviesą	[ʊʒgʲɛˈsʲɪntʲɪ ˈʃvʲɛsaː]

durchbrennen (vi)	perdegti	[ˈpʲɛrdʲɛktʲɪ]
Kurzschluss (m)	trumpasis jungimas (v)	[trʊmˈpasʲɪs jʊnˈgʲɪmas]
Riß (m)	trūkimas (v)	[truːˈkʲɪmas]
Kontakt (m)	kontaktas (v)	[kɔnˈtaːktas]

Schalter (m)	jungiklis (v)	[jʊnˈgʲɪklʲɪs]
Steckdose (f)	šakutės lizdas (v)	[ʃaˈkʊtʲeːs ˈlʲɪzdas]
Stecker (m)	šakutė (m)	[ʃaˈkʊtʲeː]
Verlängerung (f)	ilgintuvas (v)	[ɪlʲgʲɪnˈtʊvas]

Sicherung (f)	saugiklis (v)	[sɑʊˈgʲɪklʲɪs]
Leitungsdraht (m)	laidas (v)	[ˈlʲʌɪdas]
Verdrahtung (f)	instaliacija (m)	[ɪnstaˈlʲætsʲɪjɛ]

Ampere (n)	amperas (v)	[amˈpʲɛras]
Stromstärke (f)	srovės stipris (v)	[sroˈvʲeːs ˈstʲɪprʲɪs]
Volt (n)	voltas (v)	[ˈvolʲtas]
Voltspannung (f)	įtampa (m)	[ˈiːtampa]

| Elektrogerät (n) | elektros prietaisas (v) | [ɛˈlʲɛktros ˈprʲɪɛtʌɪsas] |
| Indikator (m) | indikatorius (v) | [ɪndʲɪˈkaːtorʲʊs] |

Elektriker (m)	elektrikas (v)	[ɛˈlʲɛktrʲɪkas]
löten (vt)	lituoti	[lʲɪˈtʊatʲɪ]
Lötkolben (m)	lituoklis (v)	[lʲɪˈtʊaklʲɪs]
Strom (m)	srovė (m)	[sroˈvʲeː]

168. Werkzeug

| Werkzeug (n) | įrankis (v) | [ˈiːraŋkʲɪs] |
| Werkzeuge (pl) | įrankiai (v dgs) | [ˈiːraŋkʲɛɪ] |

Ausrüstung (f)	įranga (m)	['iːranga]
Hammer (m)	plaktùkas (v)	[plʲak'tʊkas]
Schraubenzieher (m)	atsuktùvas (v)	[atsʊk'tʊvas]
Axt (f)	kirvis (v)	['kʲɪrvʲɪs]
Säge (f)	pjūklas (v)	['pjuːklʲas]
sägen (vt)	pjáuti	['pjautʲɪ]
Hobel (m)	õblius (v)	['oːblʲʊs]
hobeln (vt)	obliúoti	[ob'lʲʊatʲɪ]
Lötkolben (m)	lituõklis (v)	[lʲɪ'tʊaklʲɪs]
löten (vt)	lituõti	[lʲɪ'tʊatʲɪ]
Feile (f)	dildė (m)	['dʲɪlʲdʲeː]
Kneifzange (f)	rẽplės (m dgs)	['rʲæplʲeːs]
Flachzange (f)	plókščiosios rẽplės (m dgs)	['plokʃtsʲosʲos 'rʲæplʲeːs]
Stemmeisen (n)	káltas (v)	['kalʲtas]
Bohrer (m)	grã̧žtas (v)	['graːʒtas]
Bohrmaschine (f)	grę̃žtùvas (v)	[grʲɛːʒ'tʊvas]
bohren (vt)	grę̃žti	['grʲɛːʒtʲɪ]
Messer (n)	peĩlis (v)	['pʲɛɪlʲɪs]
Klinge (f)	ãšmenys (v dgs)	['aːʃmʲɛnʲiːs]
scharf (-e Messer usw.)	aštrùs	[aʃt'rʊs]
stumpf	bùkas	['bʊkas]
stumpf werden (vi)	atbùkti	[at'bʊktʲɪ]
schärfen (vt)	galą́sti	[ga'lʲaːstʲɪ]
Bolzen (m)	var̃žtas (v)	['varʒtas]
Mutter (f)	veržlė̃ (m)	[vʲɛrʒ'lʲeː]
Gewinde (n)	sriẽgis (v)	['srʲɛgʲɪs]
Holzschraube (f)	sraĩgtas (v)	['srʌɪktas]
Nagel (m)	vinìs (m)	[vʲɪ'nʲɪs]
Nagelkopf (m)	galvùtė (m)	[galʲ'vʊtʲeː]
Lineal (n)	liniuõtė (m)	[lʲɪ'nʲʊoːtʲeː]
Metermaß (n)	rulẽtė (m)	[rʊ'lʲɛtʲeː]
Wasserwaage (f)	gulsčiùkas (v)	[gʊlʲs'tsʲʊkas]
Lupe (f)	lùpa (m)	['lʲʊpa]
Messinstrument (n)	matãvimo príetaisas (v)	[maˈtaːvʲɪmɔ 'prʲiɛtʌɪsas]
messen (vt)	matúoti	[ma'tʊatʲɪ]
Skala (f)	skalė̃ (m)	['skaːlʲeː]
Ablesung (f)	rodmuõ (v)	[rod'mʊa]
Kompressor (m)	kompresòrius (v)	[kɔm'prʲɛsorʲʊs]
Mikroskop (n)	mikroskòpas (v)	[mʲɪkro'skopas]
Pumpe (f)	siurblỹs (v)	[sʲʊr'blʲiːs]
Roboter (m)	ròbotas (v)	['robotas]
Laser (m)	lãzeris (v)	['lʲaːzʲɛrʲɪs]
Schraubenschlüssel (m)	veržlių̃ rãktas (v)	[vʲɛrʒ'lʲuː 'raːktas]
Klebeband (n)	lipnì júosta (m)	[lʲɪp'nʲɪ 'jʊasta]

Klebstoff (m)	klijaĩ (v dgs)	[klʲɪˈjʌɪ]
Sandpapier (n)	švìtrinis põpierius (v)	[ˈʃvʲɪtrʲɪnʲɪs ˈpoːpʲiɛrʲʊs]
Sprungfeder (f)	spyruõklė (m)	[spʲiːˈrʊaklʲeː]
Magnet (m)	magnètas (v)	[magˈnʲɛtas]
Handschuhe (pl)	pìrštinės (m dgs)	[ˈpʲɪrʃtʲɪnʲeːs]
Leine (f)	vìrvė (m)	[ˈvʲɪrvʲeː]
Schnur (f)	virvẽlė (m)	[vʲɪrˈvʲæelʲeː]
Draht (m)	laĩdas (v)	[ˈlʲʌɪdas]
Kabel (n)	kãbelis (v)	[ˈkabʲɛlʲɪs]
schwerer Hammer (m)	kūjis (v)	[ˈkuːjis]
Brecheisen (n)	laužtùvas (v)	[lʲɑʊʒˈtʊvas]
Leiter (f)	kopėčios (m dgs)	[ˈkopʲeːtʂʲos]
Trittleiter (f)	kilnójamosios kopėčios (m dgs)	[kʲɪlʲˈnojamosʲos ˈkopʲeːtʂʲos]
zudrehen (vt)	užsùkti	[ʊʒˈsʊktʲɪ]
abdrehen (vt)	atsùkti	[atˈsʊktʲɪ]
zusammendrücken (vt)	užspáusti	[ʊʒsˈpaʊstʲɪ]
ankleben (vt)	priklijúoti	[prʲɪklʲɪˈjʊatʲɪ]
schneiden (vt)	pjáuti	[ˈpjaʊtʲɪ]
Störung (f)	gedìmas (v)	[gʲɛˈdʲɪmas]
Reparatur (f)	taĩsymas (v)	[ˈtʌɪsʲiːmas]
reparieren (vt)	taisýti	[tʌɪˈsʲiːtʲɪ]
einstellen (vt)	reguliúoti	[rʲɛgʊˈlʲʊatʲɪ]
prüfen (vt)	tìkrinti	[ˈtʲɪkrʲɪntʲɪ]
Prüfung (f)	patìkrinimas (v)	[paˈtʲɪkrʲɪnʲɪmas]
Ablesung (f)	rodmuõ (v)	[rodˈmʊa]
sicher (zuverlässigen)	patikimas	[ˈpatʲɪkʲɪmas]
kompliziert (Adj)	sudėtìngas	[sʊdʲeːˈtʲɪngas]
verrosten (vi)	rūdýti	[ruːˈdʲiːtʲɪ]
rostig	surūdìjęs	[sʊruːˈdʲɪjɛːs]
Rost (m)	rū́dys (m dgs)	[ˈruːdʲiːs]

Transport

169. Flugzeug

Deutsch	Litauisch	Aussprache
Flugzeug (n)	lėktùvas (v)	[lʲeːkˈtʊvas]
Flugticket (n)	lėktùvo bìlietas (v)	[lʲeːkˈtʊvɔ ˈbʲɪlʲiɛtas]
Fluggesellschaft (f)	aviakompãnija (m)	[avʲækomˈpaːnʲɪjɛ]
Flughafen (m)	óro úostas (v)	[ˈorɔ ˈʊɑstas]
Überschall-	viršgarsìnis	[vʲɪrʃgarˈsʲɪnʲɪs]
Flugkapitän (m)	órlaivio kapitõnas (v)	[ˈorlʲʌɪvʲɔ kapʲɪˈtoːnas]
Besatzung (f)	ekipãžas (v)	[ɛkʲɪˈpaːʒas]
Pilot (m)	pilõtas (v)	[pʲɪˈlʲotas]
Flugbegleiterin (f)	stiuardẽsė (m)	[stʲʊarˈdʲɛsʲeː]
Steuermann (m)	štùrmanas (v)	[ˈʃtʊrmanas]
Flügel (pl)	sparnaĩ (v dgs)	[sparˈnʌɪ]
Schwanz (m)	gãlas (v)	[ˈgaːlʲas]
Kabine (f)	kabinà (m)	[kabʲɪˈna]
Motor (m)	varìklis (v)	[vaˈrʲɪklʲɪs]
Fahrgestell (n)	važiuõklė (m)	[vaʒʲʊˈoːklʲeː]
Turbine (f)	turbinà (m)	[tʊrbʲɪˈna]
Propeller (m)	propèleris (v)	[proˈpʲɛlʲɛrʲɪs]
Flugschreiber (m)	juodà dėžẽ (m)	[jʊɑˈda dʲeːˈʒʲeː]
Steuerrad (n)	vairãratis (v)	[vʌɪˈraːratʲɪs]
Treibstoff (m)	degalaĩ (v dgs)	[dʲɛgaˈlʲʌɪ]
Sicherheitskarte (f)	instrùkcija (m)	[ɪnsˈtrʊktsʲɪjɛ]
Sauerstoffmaske (f)	deguõnies káukė (m)	[dʲɛgʊɑˈnʲiɛs ˈkɑʊkʲeː]
Uniform (f)	unifòrma (m)	[ʊnʲɪˈforma]
Rettungsweste (f)	gélbėjimosi liemẽnė (m)	[ˈgʲælʲbʲeːjɪmosʲɪ lʲiɛˈmʲænʲeː]
Fallschirm (m)	parašiùtas (v)	[paraˈʃʊtas]
Abflug, Start (m)	kilìmas (v)	[kʲɪˈlʲɪmas]
starten (vi)	kìlti	[ˈkʲɪlʲtʲɪ]
Startbahn (f)	kilìmo tãkas (v)	[kʲɪˈlʲɪmɔ ˈtaːkas]
Sicht (f)	matomùmas (v)	[matoˈmʊmas]
Flug (m)	skrỹdis (v)	[ˈskrʲiːdʲɪs]
Höhe (f)	aũkštis (v)	[ˈɑʊkʃtʲɪs]
Luftloch (n)	óro duobẽ (m)	[ˈorɔ dʊɑˈbʲeː]
Platz (m)	vietà (m)	[vʲiɛˈta]
Kopfhörer (m)	ausìnės (m dgs)	[ɑʊˈsʲɪnʲeːs]
Klapptisch (m)	atverčiamàsis staliùkas (v)	[atvʲɛrtʂʲæˈmasʲɪs staˈlʲʊkas]
Bullauge (n)	iliuminãtorius (v)	[ɪlʲʊmʲɪˈnaːtorʲʊs]
Durchgang (m)	praėjìmas (v)	[praeːˈjɪmas]

170. Zug

Zug (m)	traukinỹs (v)	[trɑukʲɪˈnʲiːs]
elektrischer Zug (m)	elektrìnis traukinỹs (v)	[ɛlʲɛkˈtrʲɪnʲɪs trɑukʲɪˈnʲiːs]
Schnellzug (m)	greitàsis traukinỹs (v)	[grʲɛɪˈtasʲɪs trɑukʲɪˈnʲiːs]
Diesellok (f)	motòrvežis (v)	[moˈtorvʲɛʒʲɪs]
Dampflok (f)	garvežỹs (v)	[garvʲɛˈʒʲiːs]
Personenwagen (m)	vagònas (v)	[vaˈgonas]
Speisewagen (m)	vagònas restorãnas (v)	[vaˈgonas rʲɛstoˈraːnas]
Schienen (pl)	bė́giai (v dgs)	[ˈbʲeːgʲɛɪ]
Eisenbahn (f)	geležìnkelis (v)	[gʲɛlʲɛˈʒʲɪŋkʲɛlʲɪs]
Bahnschwelle (f)	pãbėgis (v)	[ˈpaːbʲeːgʲɪs]
Bahnsteig (m)	platfòrma (m)	[plʲatˈforma]
Gleis (n)	kė̃lias (v)	[ˈkʲæːlʲæs]
Eisenbahnsignal (n)	semafòras (v)	[sʲɛmaˈforas]
Station (f)	stotìs (m)	[stoˈtʲɪs]
Lokomotivführer (m)	mašinìstas (v)	[maʃɪˈnʲɪstas]
Träger (m)	nešìkas (v)	[nʲɛˈʃɪkas]
Schaffner (m)	konduktorius (v)	[kɔnˈduktorʲʊs]
Fahrgast (m)	keleìvis (v)	[kʲɛˈlʲɛɪvʲɪs]
Fahrkartenkontrolleur (m)	kontoliẽrius (v)	[kɔntroˈlʲɛrʲʊs]
Flur (m)	koridorius (v)	[kɔˈrʲɪdorʲʊs]
Notbremse (f)	stãbdymo krãnas (v)	[ˈstaːbdʲiːmɔ ˈkraːnas]
Abteil (n)	kupė̃ (m)	[kʊˈpʲeː]
Liegeplatz (m), Schlafkoje (f)	lentýna (m)	[lʲɛnˈtʲiːna]
oberer Liegeplatz (m)	viršutìnė lentýna (m)	[vʲɪrʃʊˈtʲɪnʲɛː lʲɛnˈtʲiːna]
unterer Liegeplatz (m)	apatìnė lentýna (m)	[apaˈtʲɪnʲɛː lʲɛnˈtʲiːna]
Bettwäsche (f)	pãtalynė (m)	[ˈpaːtalʲiːnʲɛː]
Fahrkarte (f)	bìlietas (v)	[ˈbʲɪlʲiɛtas]
Fahrplan (m)	tvarkãraštis (v)	[tvarˈkaːraʃtʲɪs]
Anzeigetafel (f)	šviẽslentė (m)	[ˈʃvʲɛslʲɛntʲɛː]
abfahren (der Zug)	išvỹkti	[ɪʃˈvʲiːktʲɪ]
Abfahrt (f)	išvykìmas (v)	[ɪʃvʲiːˈkʲɪmas]
ankommen (der Zug)	atvỹkti	[atˈvʲiːktʲɪ]
Ankunft (f)	atvykìmas (v)	[atvʲiːˈkʲɪmas]
mit dem Zug kommen	atvažiúoti tráukiniu	[atvaˈʒʲʊatʲɪ ˈtrɑukʲɪnʲʊ]
in den Zug einsteigen	įlìpti į́ tráukinį	[iːˈlʲɪːptʲɪ iː ˈtrɑukʲɪnʲɪː]
aus dem Zug aussteigen	išlìpti ìš tráukinio	[ɪʃˈlʲɪptʲɪ ɪʃ ˈtrɑukʲɪnʲɔ]
Zugunglück (n)	katastrofà (m)	[katastroˈfa]
entgleisen (vi)	nulė́kti nuõ bė́gių	[nʊˈlʲeːktʲɪ ˈnʊɑ ˈbʲeːgʲuː]
Dampflok (f)	garvežỹs (v)	[garvʲɛˈʒʲiːs]
Heizer (m)	kū́rikas (v)	[ˈkuːrʲɪkas]
Feuerbüchse (f)	kūryklà (m)	[kuːrʲiːˈkʲlʲa]
Kohle (f)	anglìs (m)	[aŋˈgʲlʲɪs]

171. Schiff

Deutsch	Litauisch	Aussprache
Schiff (n)	laĩvas (v)	['lʲʌɪvas]
Fahrzeug (n)	laĩvas (v)	['lʲʌɪvas]
Dampfer (m)	gárlaivis (v)	['garlʲʌɪvʲɪs]
Motorschiff (n)	motòrlaivis (v)	[mo'torlʲʌɪvʲɪs]
Kreuzfahrtschiff (n)	láineris (v)	['lʲʌɪnʲɛrʲɪs]
Kreuzer (m)	kreĩseris (v)	['krʲɛɪsʲɛrʲɪs]
Jacht (f)	jachtà (m)	[jax'ta]
Schlepper (m)	vilkìkas (v)	[vʲɪlʲɪkʲɪkas]
Lastkahn (m)	bárža (m)	['barʒa]
Fähre (f)	kéltas (v)	['kʲɛlʲtas]
Segelschiff (n)	burìnis laĩvas (v)	['burʲɪnʲɪs 'lʲʌɪvas]
Brigantine (f)	brigantinà (m)	[brʲɪgantʲɪ'na]
Eisbrecher (m)	lẽdlaužis (v)	['lʲædlɑʊʒʲɪs]
U-Boot (n)	povandenìnis laĩvas (v)	[povandʲɛ'nʲɪnʲɪs 'lʲʌɪvas]
Boot (n)	váltis (m)	['valʲtʲɪs]
Dingi (n), Beiboot (n)	váltis (m)	['valʲtʲɪs]
Rettungsboot (n)	gélbėjimo váltis (m)	['gʲælʲbʲeːjɪmɔ 'valʲtʲɪs]
Motorboot (n)	kãteris (v)	['kaːtʲɛrʲɪs]
Kapitän (m)	kapitõnas (v)	[kapʲɪ'toːnas]
Matrose (m)	jūreĩvis (v)	[juː'rʲɛɪvʲɪs]
Seemann (m)	jūrìninkas (v)	['juːrʲɪnʲɪŋkas]
Besatzung (f)	ekipãžas (v)	[ɛkʲɪ'paːʒas]
Bootsmann (m)	bòcmanas (v)	['botsmanas]
Schiffsjunge (m)	jùnga (m)	['jʊnga]
Schiffskoch (m)	viréjas (v)	[vʲɪ'rʲeːjas]
Schiffsarzt (m)	laĩvo gýdytojas (v)	['lʲʌɪvo 'gʲiːdʲiːtoːjɛs]
Deck (n)	dẽnis (v)	['dʲænʲɪs]
Mast (m)	stíebas (v)	['stʲɪebas]
Segel (n)	bùrė (m)	['burʲeː]
Schiffsraum (m)	triùmas (v)	['trʲʊmas]
Bug (m)	laĩvo príekis (v)	['lʲʌɪvo 'prʲɪekʲɪs]
Heck (n)	laivãgalis (v)	[lʌɪ'vaːgalʲɪs]
Ruder (n)	ìrklas (v)	['ɪrklʲas]
Schraube (f)	sraĩgtas (v)	['srʌɪktas]
Kajüte (f)	kajùtė (m)	[ka'jʊtʲeː]
Messe (f)	kajutkompãnija (m)	[kajutkom'paːnʲɪjɛ]
Maschinenraum (m)	mašìnų skỹrius (v)	[ma'ʃɪnu 'skʲiːrʲʊs]
Kommandobrücke (f)	kapitõno tiltẽlis (v)	[kapʲɪ'toːno tʲɪlʲ'tʲælʲɪs]
Funkraum (m)	rãdijo kabinà (m)	['raːdʲɪjo kabʲɪ'na]
Radiowelle (f)	bangà (m)	[ban'ga]
Schiffstagebuch (n)	laĩvo žurnãlas (v)	['lʲʌɪvo ʒʊr'naːlʲas]
Fernrohr (n)	žiūrõnas (v)	[ʒʲuː'roːnas]
Glocke (f)	laĩvo skam̃balas (v)	['lʲʌɪvo 'skambalʲas]

Fahne (f)	vėliava (m)	['vʲeːlʲæva]
Seil (n)	lýnas (v)	['lʲiːnas]
Knoten (m)	mãzgas (v)	['maːzgas]

| Geländer (n) | turėklai (v dgs) | [tʊ'rʲeːklʲʌɪ] |
| Treppe (f) | trãpas (v) | ['traːpas] |

Anker (m)	iñkaras (v)	['ɪŋkaras]
den Anker lichten	pakélti iñkarą	[pa'kʲɛlʲtʲɪ 'ɪŋkaraː]
Anker werfen	nulèisti iñkarą	[nʊ'lʲɛɪstʲɪ 'ɪŋkaraː]
Ankerkette (f)	iñkaro grandìnė (m)	['ɪŋkarɔ gran'dʲɪnʲeː]

Hafen (m)	úostas (v)	['ʊastas]
Anlegestelle (f)	príeplauka (m)	['prʲiɛplʲaʊka]
anlegen (vi)	prisišvartúoti	[prʲɪsʲɪʃvar'tʊatʲɪ]
abstoßen (vt)	išplaũkti	[ɪʃplʲaʊktʲɪ]

Reise (f)	kelionė (m)	[kʲɛ'lʲoːnʲeː]
Kreuzfahrt (f)	kruìzas (v)	[krʊ'ɪzas]
Kurs (m), Richtung (f)	kùrsas (v)	['kʊrsas]
Reiseroute (f)	maršrùtas (v)	[marʃrʊtas]

Fahrwasser (n)	farvãteris (v)	[far'vaːtʲɛrʲɪs]
Untiefe (f)	sekluma (m)	[sʲɛklʲʊ'ma]
stranden (vi)	užplaũkti añt seklumõs	[ʊʒ'plʲaʊktʲɪ ant sʲɛklʲʊ'moːs]

Sturm (m)	audrà (m)	[aʊd'ra]
Signal (n)	signãlas (v)	[sʲɪg'naːlʲas]
untergehen (vi)	skę̃sti	['skʲɛːstʲɪ]
Mann über Bord!	Žmogùs vandenyjè!	[ʒmo'gʊs vandʲɛnʲiː'jæ!]
SOS	SOS	[ɛs ɔ ɛs]
Rettungsring (m)	gelbėjimosi rãtas (v)	[gʲɛlʲbʲeːjimosʲɪ 'raːtas]

172. Flughafen

Flughafen (m)	óro úostas (v)	['orɔ 'ʊastas]
Flugzeug (n)	lėktùvas (v)	[lʲeːk'tʊvas]
Fluggesellschaft (f)	aviakompãnija (m)	[avʲækom'paːnʲɪjɛ]
Fluglotse (m)	dispèčeris (v)	[dʲɪs'pʲɛtʂʲɛrʲɪs]

Abflug (m)	išskridìmas (v)	[ɪʃskrʲɪ'dʲɪmas]
Ankunft (f)	atskridìmas (v)	[atskrʲɪ'dʲɪmas]
anfliegen (vi)	atskrìsti	[ats'krʲɪstʲɪ]

| Abflugzeit (f) | išvykìmo laĩkas (v) | [ɪʃvʲi'kʲɪmɔ 'lʲʌɪkas] |
| Ankunftszeit (f) | atvykìmo laĩkas (v) | [atvʲi'kʲɪmɔ 'lʲʌɪkas] |

| sich verspäten | vėlúoti | [vʲeː'lʲʊatʲɪ] |
| Abflugverspätung (f) | skrýdžio atidėjìmas (v) | ['skrʲiːdʒʲɔ atʲɪdʲeː'jɪmas] |

Anzeigetafel (f)	informãcinė šviẽslentė (m)	[ɪnfor'maːtsʲɪnʲeː ʃvʲɛslʲɛntʲeː]
Information (f)	informãcija (m)	[ɪnfor'maːtsʲɪjɛ]
ankündigen (vt)	paskélbti	[pas'kʲɛlʲptʲɪ]
Flug (m)	reĩsas (v)	['rʲɛɪsas]

153

| Zollamt (n) | muĩtinė (m) | ['mʊɪtʲɪnʲe:] |
| Zollbeamter (m) | muĩtininkas (v) | ['mʊɪtʲɪnʲɪŋkas] |

Zolldeklaration (f)	deklarãcija (m)	[dʲɛklʲa'ra:tsʲɪjɛ]
ausfüllen (vt)	užpìldyti	[ʊʒ'pʲɪlʲdʲi:tʲɪ]
die Zollerklärung ausfüllen	užpìldyti deklarãciją	[ʊʒ'pʲɪlʲdʲi:tʲɪ dʲɛkla'ra:tsɪja:]
Passkontrolle (f)	pasų kontrõlė (m)	[pa'su: kon'trolʲe:]

Gepäck (n)	bagãžas (v)	[ba'ga:ʒas]
Handgepäck (n)	rañkinis bagãžas (v)	['raŋkʲɪnʲɪs ba'ga:ʒas]
Kofferkuli (m)	vežimẽlis (v)	[vʲɛʒʲɪ'mʲe:lʲɪs]

Landung (f)	įlaipìnimas (v)	[i:lʲʌɪ'pʲɪ:nʲɪmas]
Landebahn (f)	nusileidìmo tãkas (v)	[nʊsʲɪlʲɛɪ'dʲɪmɔ ta:kas]
landen (vi)	leĩstis	['lʲɛɪstʲɪs]
Fluggasttreppe (f)	laipteliai (v dgs)	[lʌɪp'tʲæLʲɛɪ]

Check-in (n)	registrãcija (m)	[rʲɛgʲɪs'tra:tsʲɪjɛ]
Check-in-Schalter (m)	registrãcijos stãlas (v)	[rʲɛgʲɪs'tra:tsʲɪjɔs 'sta:lʲas]
sich registrieren lassen	užsiregistrúoti	[ʊʒsʲɪrʲɛgʲɪs'trʊatʲɪ]
Bordkarte (f)	įlipìmo talõnas (v)	[i:lʲɪ'pʲɪ:mɔ ta'lonas]
Abfluggate (n)	išėjìmas (v)	[ɪʃe:'jɪmas]

Transit (m)	tranzìtas (v)	[tran'zʲɪtas]
warten (vi)	laũkti	['lʲaʊktʲɪ]
Wartesaal (m)	laukiamàsis (v)	[lʲaʊkʲæ'masʲɪs]
begleiten (vt)	lydėti	[lʲi:'dʲe:tʲɪ]
sich verabschieden	atsisveĩkinti	[atsʲɪ'svʲɛɪkʲɪntʲɪ]

173. Fahrrad. Motorrad

Fahrrad (n)	dvìratis (v)	['dvʲɪratʲɪs]
Motorroller (m)	motorõleris (v)	[moto'rolʲɛrʲɪs]
Motorrad (n)	motocìklas (v)	[moto'tsʲɪklʲas]

Rad fahren	važiúoti dvìračiu	[va'ʒʲʊatʲɪ 'dvʲɪratʂʲʊ]
Lenkstange (f)	vaĩras (v)	['vʌɪras]
Pedal (n)	pedãlas (v)	[pʲɛ'da:lʲas]
Bremsen (pl)	stãbdžiai (v dgs)	[sta:b'dʒʲɛɪ]
Sattel (m)	sẽdynė (m)	[sʲe:'dʲi:nʲe:]

Pumpe (f)	siurblỹs (v)	[sʲʊr'blʲi:s]
Gepäckträger (m)	bagažìnė (m)	[baga'ʒʲɪnʲe:]
Scheinwerfer (m)	žibìntas (v)	[ʒʲɪ'bʲɪntas]
Helm (m)	šálmas (v)	['ʃalʲmas]

Rad (n)	rãtas (v)	['ra:tas]
Schutzblech (n)	spar̃nas (v)	['sparnas]
Felge (f)	rãtlankis (v)	['ra:tlʲaŋkʲɪs]
Speiche (f)	stìpinas (v)	['stʲɪpʲɪnas]

Autos

174. Autotypen

Auto (n)	automobìlis (v)	[ɑʊtomoˈbʲɪlʲɪs]
Sportwagen (m)	spòrtinis automobìlis (v)	[ˈsportʲɪnʲɪs ɑʊtomoˈbʲɪlʲɪs]
Limousine (f)	limuzìnas (v)	[lʲɪmʊˈzʲɪnas]
Geländewagen (m)	visureĩgis (v)	[vʲɪsʊˈrʲɛɪɡʲɪs]
Kabriolett (n)	kabriolètas (v)	[kabrʲɪjoˈlʲɛtas]
Kleinbus (m)	mikroautobùsas (v)	[mʲɪkroɑʊtoˈbʊsas]
Krankenwagen (m)	greitóji pagálba (m)	[ɡrʲɛɪˈtoːjɪ paˈɡalʲba]
Schneepflug (m)	sniẽgo válymo mašinà (m)	[ˈsnʲɛɡɔ ˈvaːlʲiːmɔ maʃɪˈna]
Lastkraftwagen (m)	suñkvežimis (v)	[ˈsʊŋkvʲɛʒʲɪmʲɪs]
Tankwagen (m)	benzìnvežis (v)	[bʲɛnˈzʲɪnvʲɛʒʲɪs]
Kastenwagen (m)	furgònas (v)	[fʊrˈɡonas]
Sattelzug (m)	vilkìkas (v)	[vʲɪlʲˈkʲɪkas]
Anhänger (m)	príekaba (m)	[ˈprʲiɛkaba]
komfortabel	komfortabilùs	[kɔmfortabʲɪˈlʲʊs]
gebraucht	dėvė́tas	[dʲeːˈvʲeːtas]

175. Autos. Karosserie

Motorhaube (f)	kapòtas (v)	[kaˈpotas]
Kotflügel (m)	spar̃nas (v)	[ˈsparnas]
Dach (n)	stógas (v)	[ˈstoɡas]
Windschutzscheibe (f)	príekinis stìklas (v)	[ˈprʲiɛkʲɪnʲɪs ˈstʲɪklʲas]
Rückspiegel (m)	galìnio vaĩzdo véidrodis (v)	[ɡaˈlʲɪnʲɔ ˈvʌɪzdɔ ˈvʲɛɪdrodʲɪs]
Scheibenwaschanlage (f)	plautùvas (v)	[plʲɑʊˈtʊvas]
Scheibenwischer (m)	stìklo valytùvai (v dgs)	[ˈstʲɪklɔ valʲiːˈtʊvʌɪ]
Seitenscheibe (f)	šóninis stìklas (v)	[ˈʃonʲɪnʲɪs ˈstʲɪklʲas]
Fensterheber (m)	stìklo kéltuvas (v)	[ˈstʲɪklɔ ˈkʲɛlʲtʊvas]
Antenne (f)	antenà (m)	[antʲɛˈna]
Schiebedach (n)	liùkas (v)	[ˈlʲʊkas]
Stoßstange (f)	bámperis (v)	[ˈbampʲɛrʲɪs]
Kofferraum (m)	bagãžinė (m)	[baɡaˈʒʲɪnʲeː]
Dachgepäckträger (m)	stógo bagãžinė (m)	[ˈstoɡo baɡaˈʒʲɪnʲeː]
Wagenschlag (m)	durẽlės (m dgs)	[dʊˈrʲælʲeːs]
Türgriff (m)	rañkena (m)	[ˈraŋkʲɛna]
Türschloss (n)	ùžraktas (v)	[ˈʊʒraktas]
Nummernschild (n)	nùmeris (v)	[ˈnʊmʲɛrʲɪs]
Auspufftopf (m)	duslintùvas (v)	[dʊslʲɪnˈtʊvas]

Benzintank (m)	benzino bakas (v)	[bʲɛn'zʲɪnɔ 'baːkas]
Auspuffrohr (n)	išmetimo vamzdis (v)	[ɪʃmʲɛ'tʲɪmɔ 'vamzdʲɪs]
Gas (n)	greitis (v)	['grʲɛɪtʲɪs]
Pedal (n)	pedalas (v)	[pʲɛ'daːlʲas]
Gaspedal (n)	greičio pedalas (v)	['grʲɛɪtʂʲo pʲɛ'daːlʲas]
Bremse (f)	stabdys (v)	[stab'dʲiːs]
Bremspedal (n)	stabdžio pedalas (v)	[sta:b'dʒʲo pʲɛ'daːlʲas]
bremsen (vi)	stabdyti	[stab'dʲiːtʲɪ]
Handbremse (f)	stovėjimo stabdys (v)	[sto'vʲɛjɪmɔ stab'dʲiːs]
Kupplung (f)	sankaba (m)	['saŋkaba]
Kupplungspedal (n)	sankabos pedalas (v)	['saŋkabos pʲɛ'daːlʲas]
Kupplungsscheibe (f)	sankabos diskas (v)	['saŋkabos 'dʲɪskas]
Stoßdämpfer (m)	amortizatorius (v)	[amortʲɪ'zaːtorʲʊs]
Rad (n)	ratas (v)	['raːtas]
Reserverad (n)	atsarginis ratas (v)	[atsar'gʲɪnʲɪs 'raːtas]
Reifen (m)	padanga (m)	[padan'ga]
Radkappe (f)	rato gaubtas (v)	['raːtɔ 'gaʊptas]
Triebräder (pl)	varantieji ratai (v dgs)	['va:rantʲiɛjɪ 'raːtʌɪ]
mit Vorderantrieb	priekiniai varomieji ratai	['prʲiɛkʲɪnʲɛɪ 'va:romʲiɛjɪ 'raːtʌɪ]
mit Hinterradantrieb	galiniai varomieji ratai	[ga'lʲɪnʲɛɪ 'va:romʲiɛjɪ 'raːtʌɪ]
mit Allradantrieb	visi varomieji ratai	[vʲɪ'sʲɪ 'va:romʲiɛjɪ 'raːtʌɪ]
Getriebe (n)	pavarų dėžė (m)	[pava'ruː dʲeː'ʒʲeː]
Automatik-	automatinis	[ɑʊto'maːtʲɪnʲɪs]
Schalt-	mechaninis	[mʲɛ'xa:nʲɪnʲɪs]
Schalthebel (m)	pavarų dėžės svirtis (m)	[pava'ruː dʲeː'ʒʲeːs 'svʲɪrtʲɪs]
Scheinwerfer (m)	žibintas (v)	[ʒʲɪ'bʲɪntas]
Scheinwerfer (pl)	žibintai (v dgs)	[ʒʲɪ'bʲɪntʌɪ]
Abblendlicht (n)	artimos žibintų šviesos (m dgs)	['arʲtʲɪmɔs ʒʲɪ'bʲɪntuː 'ʃvʲɛsos]
Fernlicht (n)	tolimos žibintų šviesos (m dgs)	['tolʲɪmos ʒʲɪ'bʲɪntuː 'ʃvʲɛsos]
Stopplicht (n)	stop signalas (v)	['stop sʲɪg'naːlʲas]
Standlicht (n)	gabaritinės šviesos (m dgs)	[gaba'rʲɪtʲɪnʲeːs 'ʃvʲɛsos]
Warnblinker (m)	avarinės šviesos (m dgs)	[a'va:rʲɪnʲeːs 'ʃvʲɛsos]
Nebelscheinwerfer (pl)	priešrūkiniai žibintai (v dgs)	[prʲiɛʃ'ruːkʲɪnʲɛɪ ʒʲɪ'bʲɪntʌɪ]
Blinker (m)	«posūkis» (v)	['posuːkʲɪs]
Rückfahrscheinwerfer (m)	«atbulinės eigos» lemputė (m)	[atbu'lʲɪnʲeːs ɛɪ'goːs lʲɛm'putʲeː]

176. Autos. Fahrgastraum

Wageninnere (n)	salonas (v)	[sa'lʲonas]
Leder-	odinis	[o'dʲɪnʲɪs]
aus Velours	veliūrinis	[vʲɛ'lʲuːrʲɪnʲɪs]
Polster (n)	apmušalas (v)	['aːpmuʃalʲas]

156

Instrument (n)	príetaisas (v)	['prʲiɛtʌɪsas]
Armaturenbrett (n)	príetaisų skydėlis (v)	['prʲiɛtʌɪsu: skʲi:'dʲælʲɪs]
Tachometer (m)	spidomėtras (v)	[spʲɪdo'mʲɛtras]
Nadel (f)	rodỹklė (m)	[ro'dʲi:klʲe:]
Kilometerzähler (m)	ridõs skaitìklis (v)	[rʲɪ'do:s skʌɪ'tʲɪklʲɪs]
Anzeige (Temperatur-)	daviklis (v)	[da'vʲɪklʲɪs]
Pegel (m)	lỹgis (v)	['lʲi:gʲɪs]
Kontrollleuchte (f)	lemputė (m)	[lʲɛm'pʊtʲe:]
Steuerrad (n)	vaĩras (v)	['vʌɪras]
Hupe (f)	signãlas (v)	[sʲɪg'na:lʲas]
Knopf (m)	mygtùkas (v)	[mʲi:k'tʊkas]
Umschalter (m)	jungìklis (v)	[jʊn'gʲɪklʲɪs]
Sitz (m)	sėdỹnė (m)	[sʲe:'dʲi:nʲe:]
Rückenlehne (f)	atlošas (v)	['a:tlʲoʃas]
Kopfstütze (f)	atlošas galvai (v)	['a:tloʃas 'galʲvʌɪ]
Sicherheitsgurt (m)	saugõs dìržas (v)	[sɑʊ'go:s 'dʲɪrʒas]
sich anschnallen	prisisėgti saugõs diržù	[prʲɪsʲɪ'sʲɛkʲtʲɪ sɑʊ'go:s dʲɪr'ʒʊ]
Einstellung (f)	reguliãvimas (v)	[rʲɛgʊ'lʲævʲɪmas]
Airbag (m)	óro pagálvė (m)	['orɔ pa'galʲvʲe:]
Klimaanlage (f)	kondicioniẽrius (v)	[kondʲɪtsʲɪjo'nʲɛrʲʊs]
Radio (n)	rãdijas (v)	['ra:dʲɪjas]
CD-Spieler (m)	CD grotùvas (v)	[sʲɪdʲɪ gro'tʊvas]
einschalten (vt)	įjùngti	[i:'jʊŋkʲtʲɪ]
Antenne (f)	antenà (m)	[antʲɛ'na]
Handschuhfach (n)	daiktãdėžė (m)	[dʌɪk'ta:dʲe:ʒʲe:]
Aschenbecher (m)	peleninė (m)	[pʲɛlʲɛ'nʲɪnʲe:]

177. Autos. Motor

Triebwerk (n)	varìklis (v)	[va'rʲɪklʲɪs]
Motor (m)	motòras (v)	[mo'toras]
Diesel-	dyzelìnis	[dʲi:zʲɛ'lʲɪnʲɪs]
Benzin-	benzìninis	[bʲɛn'zʲɪnʲɪnʲɪs]
Hubraum (m)	varìklio apimtìs (m)	[va'rʲɪklʲɔ apʲɪm'tʲɪs]
Leistung (f)	galingùmas (v)	[galʲɪn'gʊmas]
Pferdestärke (f)	árklio galià (m)	['arklʲɔ ga'lʲæ]
Kolben (m)	stūmõklis (v)	[stu:'mo:klʲɪs]
Zylinder (m)	cilìndras (v)	[tsʲɪ'lʲɪndras]
Ventil (n)	vožtùvas (v)	[voʒ'tʊvas]
Injektor (m)	inžèktorius (v)	[ɪn'ʒʲɛktorʲʊs]
Generator (m)	generãtorius (v)	[gʲɛnʲɛ'ra:torʲʊs]
Vergaser (m)	karbiurãtorius (v)	[karbʲʊ'ra:torʲʊs]
Motoröl (n)	varìklinė alyvà (m)	[va'rʲɪklʲɪnʲe: alʲi:'va]
Kühler (m)	radiãtorius (v)	[ra'dʲætorʲʊs]
Kühlflüssigkeit (f)	áušinimo skỹstis (v)	['ɑʊʃʲɪnʲɪmo 'skʲi:stʲɪs]
Ventilator (m)	ventiliãtorius (v)	[vʲɛnʲtʲɪ'lʲætorʲʊs]

Autobatterie (f)	akumuliãtorius (v)	[akʊmʊ'lʲætorʲʊs]
Anlasser (m)	stárteris (v)	['startʲɛrʲɪs]
Zündung (f)	uždegìmas (v)	[ʊʒdʲɛ'gʲɪmas]
Zündkerze (f)	uždegìmo žvãkė (m)	[ʊʒdʲɛ'gʲɪmɔ 'ʒvaːkʲeː]

Klemme (f)	gnýbtas (v)	[gnʲiːptas]
Pluspol (m)	pliùsas (v)	['plʲʊsas]
Minuspol (m)	mìnusas (v)	['mʲɪnʊsas]
Sicherung (f)	saugìklis (v)	[sɑʊ'gʲɪklʲɪs]

Luftfilter (m)	óro fìltras (v)	['orɔ 'fʲɪlʲtras]
Ölfilter (m)	alỹvos fìltras (v)	[a'lʲiːvos 'fʲɪlʲtras]
Treibstofffilter (m)	kùro fìltras (v)	['kʊrɔ 'fʲɪlʲtras]

178. Autos. Unfall. Reparatur

Unfall (m)	avãrija (m)	[a'vaːrʲɪjɛ]
Verkehrsunfall (m)	eismo įvykis (v)	['ɛɪsmɔ 'iːvʲɪːkʲɪs]
fahren gegen ...	atsitreñkti	[atsʲɪ'trʲɛŋkʲtʲɪ]
verunglücken (vi)	sudùžti	[sʊ'dʊʒtʲɪ]
Schaden (m)	žalà (m)	[ʒa'lʲa]
heil (Adj)	nenukentėjęs	[nʲɛnʊken'tʲeːjɛːs]

Panne (f)	gedìmas (v)	[gʲɛ'dʲɪmas]
kaputtgehen (vi)	sulū́žti	[sʊ'lʲuːʒtʲɪ]
Abschleppseil (n)	vìlkimo trõsas (v)	['vʲɪlʲkʲɪmɔ 'trosas]

Reifenpanne (f)	pradūrìmas (v)	[pradu:'rʲɪmas]
platt sein	nuléisti	[nʊ'lʲɛɪstʲɪ]
pumpen (vt)	pripumpúoti	[prʲɪpʊm'pʊɑtʲɪ]
Reifendruck (m)	slėgis (v)	['slʲeːgʲɪs]
prüfen (vt)	patìkrinti	[pa'tʲɪkrʲɪntʲɪ]

Reparatur (f)	remòntas (v)	[rʲɛ'montas]
Reparaturwerkstatt (f)	taisyklà (m)	[tʌɪsʲiːk'lʲa]
Ersatzteil (n)	atsargìnė dalìs (m)	[atsarg'ʲɪnʲeː da'lʲɪs]
Einzelteil (n)	detãlė (m)	[dʲɛtaː'lʲeː]

Bolzen (m)	var̃žtas (v)	['varʒtas]
Schraube (f)	sráigtas (v)	['srʌɪktas]
Schraubenmutter (f)	veržlė̃ (m)	[vʲɛrʒ'lʲeː]
Scheibe (f)	póveržlė (m)	['poverʒlʲeː]
Lager (n)	guõlis (v)	['gʊɑlʲɪs]

Rohr (Abgas-)	vamzdė̃lis (v)	[vamz'dʲælʲɪs]
Dichtung (f)	tárpinė (m)	['tarpʲɪnʲeː]
Draht (m)	laĩdas (v)	['lʲʌɪdas]

Wagenheber (m)	kėlìklis (v)	['kʲeːlʲɪklʲɪs]
Schraubenschlüssel (m)	veržlių̃ rãktas (v)	[vʲɛrʒ'lʲuː 'raːktas]
Hammer (m)	plaktùkas (v)	[plʲak'tʊkas]
Pumpe (f)	siurblỹs (v)	[sʲʊr'blʲiːs]
Schraubenzieher (m)	atsuktùvas (v)	[atsʊk'tʊvas]
Feuerlöscher (m)	gesintùvas (v)	[gʲɛsʲɪn'tʊvas]

Warndreieck (n)	avārinis trìkampis (v)	[a'va:rʲɪnʲɪs 'trʲɪkampʲɪs]
abwürgen (Motor)	gèsti	['gʲɛstʲɪ]
Anhalten (~ des Motors)	sustojìmas (v)	[sʊsto'jɪmas]
kaputt sein	būti sulūžusiam	['bu:tʲɪ sʊ'ɫʲu:ʒʊsʲæm]

überhitzt werden (Motor)	pérkaisti	['pʲɛrkʌɪstʲɪ]
verstopft sein	užsiteršti	[ʊʒsʲɪ'tʲɛrʃtʲɪ]
einfrieren (Schloss, Rohr)	užšálti	[ʊʒ'ʃalʲtʲɪ]
zerplatzen (v)	skìlti	['skʲɪlʲtʲɪ]

Druck (m)	slėgis (v)	['sʲlʲe:gʲɪs]
Pegel (m)	lỹgis (v)	['lʲi:gʲɪs]
schlaff (z.B. -e Riemen)	sìlpnas	['sʲɪlʲpnas]

Delle (f)	įduba (m)	['i:dʊba]
Klopfen (n)	trinksėjimas (v)	[trʲɪŋk'sʲɛjɪmas]
Riß (m)	įskilìmas (v)	[i:skʲɪ'lʲɪ:mas]
Kratzer (m)	įbrėžìmas (v)	[i:brʲe:'ʒʲɪ:mas]

179. Autos. Straßen

Fahrbahn (f)	kėlias (v)	['kʲælʲæs]
Schnellstraße (f)	automagistrãlė (m)	[ɑʊtomagʲɪs'tra:lʲe:]
Autobahn (f)	pléntas (v)	['plʲɛntas]
Richtung (f)	kryptìs (m)	[krʲi:pʲtʲɪs]
Entfernung (f)	atstùmas (v)	[at'stʊmas]

Brücke (f)	tìltas (v)	['tʲɪlʲtas]
Parkplatz (m)	stovėjimo vietà (m)	[sto'vʲɛjɪmɔ vʲiɛ'ta]
Platz (m)	aikštė̃ (m)	[ʌɪkʃ'tʲe:]
Autobahnkreuz (n)	sánkryža (m)	['saŋkrʲi:ʒa]
Tunnel (m)	tùnelis (v)	['tʊnʲɛlʲɪs]

Tankstelle (f)	degalìnė (m)	[dʲɛga'lʲɪnʲe:]
Parkplatz (m)	stovėjimo aikštẽlė (m)	[sto'vʲɛjɪmɔ ʌɪkʃ'tʲælʲe:]
Zapfsäule (f)	degalìnė (m)	[dʲɛga'lʲɪnʲe:]
Reparaturwerkstatt (f)	garãžas (v)	[ga'ra:ʒas]
tanken (vt)	pripìlti degalų̃	[prʲɪ'pʲɪlʲtʲɪ dʲɛga'lu:]
Treibstoff (m)	kùras (v)	['kʊras]
Kanister (m)	kanìstras (v)	[ka'nʲɪstras]

Asphalt (m)	asfáltas (v)	[as'falʲtas]
Markierung (f)	žénklinimas (v)	['ʒʲɛŋklʲɪnʲɪmas]
Bordstein (m)	bordiū̃ras (v)	[bor'dʲu:ras]
Leitplanke (f)	užtvara (m)	['ʊʒtvara]
Graben (m)	griovỹs (v)	[grʲo'vʲi:s]
Straßenrand (m)	šalikelė̃ (m)	[ʃa'lʲɪkelʲe:]
Straßenlaterne (f)	stùlpas (v)	['stʊlʲpas]

fahren (vt)	vairúoti	[vʌɪ'rʊɑtʲɪ]
abbiegen (nach links ~)	pasùkti	[pa'sʊktʲɪ]
umkehren (vi)	apsisùkti	[apsʲɪ'sʊktʲɪ]
Rückwärtsgang (m)	atbulìnė eigà (m)	[atbʊ'lʲɪnʲe: ɛɪ'ga]
hupen (vi)	pypsė́ti	[pʲi:p'sʲe:tʲɪ]

159

T&P Books. Wortschatz Deutsch-Litauisch für das Selbststudium - 9000 Wörter

Hupe (f)	garsinis signālas (v)	[gar'sʲɪnʲɪs sʲɪg'naːlʲas]
stecken (im Schlamm ~)	užstrìgti	[ʊʒ'strʲɪktʲɪ]
durchdrehen (Räder)	buksúoti	[bʊk'sʊatʲɪ]
abstellen (Motor ~)	išjùngti	[ɪ'ʃjʊŋktʲɪ]

Geschwindigkeit (f)	greĩtis (v)	['grʲɛɪtʲɪs]
Geschwindigkeit überschreiten	virš́yti greĩtį	['vʲɪrʃɪːtʲɪ 'grʲɛɪtʲɪː]
bestrafen (vt)	skìrti baũdą	['skʲɪrtʲɪ 'baʊdaː]
Ampel (f)	šviesofòras (v)	[ʃvʲiɛso'foras]
Führerschein (m)	vairúotojo pažymėjimas (v)	[vʌɪ'rʊatojo paʒʲiː'mʲɛjɪmas]

Bahnübergang (m)	pérvaža (m)	['pʲɛrvaʒa]
Straßenkreuzung (f)	sánkryža (m)	['saŋkrʲiːʒa]
Fußgängerüberweg (m)	pėsčiųjų pérėja (m)	[pʲeːs'tsʲuːju: 'pʲɛrʲeːja]
Kehre (f)	pósūkis (v)	['posuːkʲɪs]
Fußgängerzone (f)	pėsčiųjų zonà (m)	[pʲeːs'tsʲuːjuː zo'na]

180. Verkehrszeichen

Verkehrsregeln (pl)	kelių eĩsmo taisỹklės (m dgs)	[kʲɛ'lʲuː 'ɛɪsmɔ tʌɪ'sʲiːklʲeːs]
Verkehrszeichen (n)	žénklas (v)	['ʒɛŋklʲas]
Überholen (n)	lenkìmas (v)	[lʲɛŋ'kʲɪmas]
Kurve (f)	pósūkis (v)	['posuːkʲɪs]
Wende (f)	apsisukìmas (v)	[apsʲɪsʊ'kʲɪmas]
Kreisverkehr (m)	žiedìnė sánkryža (m)	[ʒʲiɛ'dʲɪnʲe: 'saŋkrʲiːʒa]

Einfahrt verboten	įvažiúoti draũdžiama	[iːva'ʒʲʊatʲɪ 'draʊdʒʲæma]
Verkehr verboten	eĩsmas draũdžiamas	['ɛɪsmas 'draʊdʒʲæmas]
Überholverbot	leñkti draũdžiama	['lʲɛŋktʲɪ 'draʊdʒʲæma]
Parken verboten	stovéti draũdžiama	[sto'vʲeːtʲɪ 'draʊdʒʲæma]
Halteverbot	sustóti draũdžiama	[sʊs'totʲɪ 'draʊdʒʲæma]

gefährliche Kurve (f)	staigùs pósūkis (v)	[stʌɪ'gʊs 'posuːkʲɪs]
Gefälle (n)	stati nuokalnė	[statʲɪ nʊakalʲ'nʲeː]
Einbahnstraße (f)	vienpùsis eĩsmas (v)	[vʲiɛn'pʊsʲɪs 'ɛɪsmas]
Fußgängerüberweg (m)	pėsčiųjų pérėja (m)	[pʲeːs'tsʲuːju: 'pʲɛrʲeːja]
Schleudergefahr	slidùs kẽlias (v)	[slʲɪ'dʊs 'kʲælʲæs]
Vorfahrt gewähren!	dúoti kẽlią	['dʊatʲɪ 'kʲælʲæː]

MENSCHEN. LEBENSEREIGNISSE

Lebensereignisse

181. Feiertage. Ereignis

Fest (n)	šventė (m)	[ˈʃvʲentʲeː]
Nationalfeiertag (m)	nacionãlinė šventė (m)	[natsʲɪjɔˈnaːlʲɪnʲeː ˈʃvʲentʲeː]
Feiertag (m)	šveñtės dienà (m)	[ˈʃvʲentʲeːs dʲiɛˈna]
feiern (vt)	švę̃sti	[ˈʃvʲɛːstʲɪ]

Ereignis (n)	įvykis (v)	[ˈiːvʲɪːkʲɪs]
Veranstaltung (f)	renginỹs (v)	[rʲɛŋɡʲɪˈnʲiːs]
Bankett (n)	bankètas (v)	[baŋˈkʲɛtas]
Empfang (m)	priėmìmas (v)	[prʲɪʲeːˈmʲɪmas]
Festmahl (n)	puotà (m)	[pʊɐˈta]

Jahrestag (m)	mẽtinės (m dgs)	[ˈmʲætʲɪnʲeːs]
Jubiläumsfeier (f)	jubiliẽjus (v)	[jʊbʲɪˈlʲɛjʊs]
begehen (vt)	atšvę̃sti	[atˈʃvʲɛːstʲɪ]

Neujahr (n)	Naujíeji mẽtai (v dgs)	[naʊˈjiɛjɪ ˈmʲætʌɪ]
Frohes Neues Jahr!	Sù Naujaĩsiais!	[ˈsʊ naʊˈjʌɪsʲɛɪs!]

Weihnachten (n)	Kalė̃dos (m dgs)	[kaˈlʲeːdos]
Frohe Weihnachten!	Linksmų̃ Kalė̃dų!	[lʲɪŋksˈmuː kaˈlʲeːduː!]
Tannenbaum (m)	Kalė̃dinė eglùtė (m)	[kaˈlʲeːdʲɪnʲeː egˈlʊtʲeː]
Feuerwerk (n)	saliùtas (v)	[saˈlʲʊtas]

Hochzeit (f)	vestùvės (m dgs)	[vʲɛsˈtʊvʲeːs]
Bräutigam (m)	jaunìkis (v)	[jɛʊˈnʲɪkʲɪs]
Braut (f)	jaunóji (m)	[jɛʊˈnoːjɪ]

einladen (vt)	kviẽsti	[ˈkvʲɛstʲɪ]
Einladung (f)	kvietìmas (v)	[kvʲiɛˈtʲɪmas]

Gast (m)	svẽčias (v)	[ˈsvʲætʂʲæs]
besuchen (vt)	eĩti į̃ svečiùs	[ˈɛɪtʲɪ iː svʲɛˈtʂʲʊs]
Gäste empfangen	sutìkti svečiùs	[sʊˈtʲɪktʲɪ svʲɛˈtʂʲʊs]

Geschenk (n)	dovanà (m)	[dovaˈna]
schenken (vt)	dovanóti	[dovaˈnotʲɪ]
Geschenke bekommen	gáuti dóvanas	[ˈɡaʊtʲɪ ˈdovanas]
Blumenstrauß (m)	puokštė̃ (m)	[ˈpʊɐkʃtʲeː]

Glückwunsch (m)	sveĩkinimas (v)	[ˈsvʲɛɪkʲɪnʲɪmas]
gratulieren (vi)	sveĩkinti	[ˈsvʲɛɪkʲɪntʲɪ]
Glückwunschkarte (f)	sveĩkinimo atvirùkas (v)	[ˈsvʲɛɪkʲɪnʲɪmɔ atvʲɪˈrʊkas]
eine Karte abschicken	išsių̃sti atvirùką	[ɪʃˈsʲuːstʲɪ atvʲɪˈrʊkaː]

eine Karte erhalten	gáuti atvirùką	['gaʊtʲɪ atvʲɪ'rʊka:]
Trinkspruch (m)	tóstas (v)	['tostas]
anbieten (vt)	vaišìnti	[vʌɪ'ʃɪntʲɪ]
Champagner (m)	šampãnas (v)	[ʃam'pa:nas]
sich amüsieren	lìnksmintis	['lʲɪŋksmʲɪntʲɪs]
Fröhlichkeit (f)	linksmýbė (m)	[lʲɪŋks'mʲi:bʲe:]
Freude (f)	džiaũgsmas (v)	['dʒʲɛʊgsmas]
Tanz (m)	šókis (v)	['ʃo:kʲɪs]
tanzen (vi, vt)	šókti	['ʃoktʲɪ]
Walzer (m)	válsas (v)	['valʲsas]
Tango (m)	tángo (v)	['tangɔ]

182. Bestattungen. Begräbnis

Friedhof (m)	kãpinės (m dgs)	['ka:pʲɪnʲe:s]
Grab (n)	kãpas (v)	['ka:pas]
Kreuz (n)	krỹžius (v)	['krʲi:ʒʲʊs]
Grabstein (m)	añtkapis (v)	['antkapʲɪs]
Zaun (m)	ãptvaras (v)	['a:ptvaras]
Kapelle (f)	koplyčià (m)	[kɔplʲi:'tʂʲæ]
Tod (m)	mirtìs (m)	[mʲɪr'tʲɪs]
sterben (vi)	mìrti	['mʲɪrtʲɪ]
Verstorbene (m)	veliónis (v)	[vʲɛ'lʲonʲɪs]
Trauer (f)	gẽdulas (v)	['gʲædʊlʲas]
begraben (vt)	láidoti	['lʲʌɪdotʲɪ]
Bestattungsinstitut (n)	láidojimo biùras (v)	['lʲʌɪdojɪmɔ 'bʲʊras]
Begräbnis (n)	láidotuvės (m dgs)	['lʲʌɪdotʊvʲe:s]
Kranz (m)	vainìkas (v)	[vʌɪ'nʲɪkas]
Sarg (m)	kar̃stas (v)	['karstas]
Katafalk (m)	katafálkas (v)	[kata'falʲkas]
Totenhemd (n)	lavóndengtė (m)	[lʲa'vo:ndeŋktʲe:]
Trauerzug (m)	gẽdulo procèsija (m)	['gʲædʊlʲɔ prɔ'tsʲɛsʲɪjɛ]
Urne (f)	urnà (m)	['ʊrna]
Krematorium (n)	krematóriumas (v)	[krʲɛma'torʲumas]
Nachruf (m)	nekrològas (v)	[nʲɛkro'lʲogas]
weinen (vi)	ver̃kti	['vʲɛrktʲɪ]
schluchzen (vi)	raudóti	[rɑʊ'dotʲɪ]

183. Krieg. Soldaten

Zug (m)	bū̃rys (v)	[bu:'rʲi:s]
Kompanie (f)	kúopa (m)	['kʊɑpa]
Regiment (n)	pùlkas (v)	['pʊlʲkas]
Armee (f)	ármija (m)	['armʲɪjɛ]

Division (f)	divìzija (m)	[dʲɪˈvʲɪzʲɪjɛ]
Abteilung (f)	bũrỹs (v)	[buːˈrʲiːs]
Heer (n)	kariúomenė (m)	[kaˈrʲuamenʲeː]

| Soldat (m) | kareĩvis (v) | [kaˈrʲɛɪvʲɪs] |
| Offizier (m) | karinińkas (v) | [karʲɪˈnʲɪŋkas] |

Soldat (m)	eilìnis (v)	[ɛɪˈlʲɪnʲɪs]
Feldwebel (m)	seržántas (v)	[sʲɛrˈʒantas]
Leutnant (m)	leitenántas (v)	[lʲɛɪtʲɛˈnantas]
Hauptmann (m)	kapitõnas (v)	[kapʲɪˈtoːnas]
Major (m)	majõras (v)	[maˈjoːras]
Oberst (m)	puĩkininkas (v)	[ˈpʊlʲkʲɪnʲɪŋkas]
General (m)	generõlas (v)	[gʲɛnʲɛˈroːlʲas]

Matrose (m)	jũrininkas (v)	[ˈjuːrʲɪnʲɪŋkas]
Kapitän (m)	kapitõnas (v)	[kapʲɪˈtoːnas]
Bootsmann (m)	bócmanas (v)	[ˈbotsmanas]
Artillerist (m)	artilerìstas (v)	[artʲɪlʲɛˈrʲɪstas]
Fallschirmjäger (m)	desántininkas (v)	[dʲɛˈsantʲɪnʲɪŋkas]
Pilot (m)	lakũnas (v)	[lʲaˈkuːnas]
Steuermann (m)	štùrmanas (v)	[ˈʃtʊrmanas]
Mechaniker (m)	mechãnikas (v)	[mʲɛˈxaːnʲɪkas]

Pionier (m)	pioniẽrius (v)	[pʲɪjoˈnʲɛrʲʊs]
Fallschirmspringer (m)	parašiùtininkas (v)	[paraˈʃʊtʲɪnʲɪŋkas]
Aufklärer (m)	žvaĩgas (v)	[ˈʒvalʲgas]
Scharfschütze (m)	snáiperis (v)	[ˈsnʌɪpʲɛrʲɪs]

Patrouille (f)	patrùlis (v)	[patˈrʊlʲɪs]
patrouillieren (vi)	patruliúoti	[patrʊˈlʲʊatʲɪ]
Wache (f)	sargýbinis (v)	[sarˈgʲiːbʲɪnʲɪs]
Krieger (m)	karỹs (v)	[kaˈrʲiːs]
Patriot (m)	patriòtas (v)	[patrʲɪˈjotas]
Held (m)	dìdvyris (v)	[ˈdʲɪdvʲiːrʲɪs]
Heldin (f)	dìdvyrė (m)	[ˈdʲɪdvʲiːrʲeː]

Verräter (m)	išdavìkas (v)	[ɪʃdaˈvʲɪkas]
verraten (vt)	išdúoti	[ɪʃˈdʊatʲɪ]
Deserteur (m)	dezertỹras (v)	[dʲɛzʲɛrˈtʲiːras]
desertieren (vi)	dezertyrúoti	[dʲɛzʲɛrtʲiːˈrʊatʲɪ]

Söldner (m)	samdinỹs (v)	[samdʲɪˈnʲiːs]
Rekrut (m)	naujõkas (v)	[nɑʊˈjoːkas]
Freiwillige (m)	savanõris (v)	[savaˈnoːrʲɪs]

Getoetete (m)	nužudýtasis (v)	[nʊʒʊˈdʲiːtasʲɪs]
Verwundete (m)	sužeistàsis (v)	[sʊʒʲɛɪˈstasʲɪs]
Kriegsgefangene (m)	belaĩsvis (v)	[bʲɛˈlʲʌɪsvʲɪs]

184. Krieg. Militärische Aktionen. Teil 1

| Krieg (m) | kãras (v) | [ˈkaːras] |
| Krieg führen | kariáuti | [kaˈrʲæʊtʲɪ] |

Bürgerkrieg (m)	piliėtinis kãras (v)	[pʲɪˈlʲɛtʲɪnʲɪs ˈkaːras]
heimtückisch (Adj)	klastìngai	[klʲasˈtʲɪŋɑɪ]
Kriegserklärung (f)	paskelbìmas (v)	[paskʲɛlʲˈbʲɪmas]
erklären (den Krieg ~)	paskélbti	[pasˈkʲɛlʲptʲɪ]
Aggression (f)	agrèsija (m)	[agˈrʲɛsʲɪjɛ]
einfallen (Staat usw.)	pùlti	[ˈpʊlʲtʲɪ]
einfallen (in ein Land ~)	užgróbti	[ʊʒˈgroptʲɪ]
Invasoren (pl)	užgrobìkas (v)	[ʊʒgroˈbʲɪkas]
Eroberer (m), Sieger (m)	užkariáutojas (v)	[ʊʒkaˈrʲæʊtoːjɛs]
Verteidigung (f)	gynýba (m)	[gʲiːˈnʲiːba]
verteidigen (vt)	gìnti	[ˈgʲɪntʲɪ]
sich verteidigen	gìntis	[ˈgʲɪntʲɪs]
Feind (m)	príešas (v)	[ˈprʲiɛʃas]
Gegner (m)	príešininkas (v)	[ˈprʲiɛʃɪnʲɪŋkas]
Feind-	príešo	[ˈprʲiɛʃo]
Strategie (f)	stratègija (m)	[straˈtʲɛgʲɪjɛ]
Taktik (f)	tàktika (m)	[ˈtaːktʲɪka]
Befehl (m)	įsãkymas (v)	[iːˈsaːkʲɪːmas]
Anordnung (f)	kománda (m)	[kɔˈmanda]
befehlen (vt)	įsakýti	[iːsaˈkʲiːtʲɪ]
Auftrag (m)	užduotìs (m)	[ʊʒdʊɑˈtʲɪs]
geheim (Adj)	slãptas	[ˈslʲaːptas]
Schlacht (f), Kampf (m)	mũšis (v)	[ˈmuːʃɪs]
Kampf (m)	kautỹnės (m dgs)	[kɑʊˈtʲiːnʲeːs]
Angriff (m)	atakà (m)	[ataˈka]
Sturm (m)	štùrmas (v)	[ˈʃtʊrmas]
stürmen (vt)	šturmúoti	[ʃtʊrˈmʊɑtʲɪ]
Belagerung (f)	apgulà (m)	[apgʊˈlʲa]
Angriff (m)	puolìmas (v)	[pʊɑˈlʲɪmas]
angreifen (vt)	pùlti	[ˈpʊlʲtʲɪ]
Rückzug (m)	atsitraukìmas (v)	[atsʲɪtrɑʊˈkʲɪmas]
sich zurückziehen	atsitráukti	[atsʲɪˈtrɑʊktʲɪ]
Einkesselung (f)	apsupìmas (v)	[apsʊˈpʲɪmas]
einkesseln (vt)	apsùpti	[apˈsʊptʲɪ]
Bombenangriff (m)	bombardãvimas (v)	[bombarˈdaːvʲɪmas]
eine Bombe abwerfen	numèsti bòmbą	[nʊˈmʲɛstʲɪ ˈbomba:]
bombardieren (vt)	bombardúoti	[bombarˈdʊɑtʲɪ]
Explosion (f)	sprogìmas (v)	[sproˈgʲɪmas]
Schuss (m)	šũvis (v)	[ˈʃuːvʲɪs]
schießen (vt)	iššáuti	[ɪʃˈʃɑʊtʲɪ]
Schießerei (f)	šáudymas (v)	[ˈʃɑʊdʲiːmas]
zielen auf ...	táikytis į̃ ...	[ˈtʌɪkʲiːtʲɪs iː ..]
richten (die Waffe)	nutáikyti	[nʊˈtʌɪkʲiːtʲɪ]

treffen (ins Schwarze ~)	pataikyti	[pa'tʌɪkʲi:tʲɪ]
versenken (vt)	paskandìnti	[paskan'dʲɪntʲɪ]
Loch (im Schiffsrumpf)	pradaužà (m)	[pradɑʊ'ʒa]
versinken (Schiff)	grim̃zti į dùgną	['grʲɪmztʲɪ i: 'dʊgna:]
Front (f)	fròntas (v)	['frontas]
Evakuierung (f)	evakuãcija (m)	[ɛvakʊ'a:tsʲɪjɛ]
evakuieren (vt)	evakúoti	[ɛva'kʊɑtʲɪ]
Stacheldraht (m)	spygliúotoji vielà (m)	[spʲi:g'lʲʊɑtojɪ vʲiɛ'la]
Sperre (z.B. Panzersperre)	užtvara (m)	['ʊʒtvara]
Wachtturm (m)	bókštas (v)	['bokʃtas]
Lazarett (n)	kãro ligóninė (m)	['ka:rɔ lʲɪ'gonʲɪnʲe:]
verwunden (vt)	sužeisti	[sʊ'ʒʲɛɪstʲɪ]
Wunde (f)	žaizdà (m)	[ʒʌɪz'da]
Verwundete (m)	sužeistàsis (v)	[sʊʒʲɛɪ'stasʲɪs]
verletzt sein	bũti sužeistám	['bu:tʲɪ sʊʒʲɛɪs'tam]
schwer (-e Verletzung)	sunkùs	[sʊŋ'kʊs]

185. Krieg. Militärische Aktionen. Teil 2

Gefangenschaft (f)	nelaisvė (m)	[nʲɛ'lʲʌɪsvʲe:]
gefangen nehmen (vt)	paim̃ti į nelaĩsvę	['pʌɪmtʲɪ i: nʲɛ'lʲʌɪsvʲɛ:]
in Gefangenschaft sein	bū́ti nelaĩsvėje	['bu:tʲɪ ne'lʲʌɪsvʲe:je]
in Gefangenschaft geraten	patèkti į nelaĩsvę	[pa'tʲɛktʲɪ i: nʲɛ'lʲʌɪsvʲɛ:]
Konzentrationslager (n)	koncentrãcijos stovyklà (m)	[kontsʲɛn'tra:tsɪjos stovʲi:k'lʲa]
Kriegsgefangene (m)	belaĩsvis (v)	[bʲɛ'lʲʌɪsvʲɪs]
fliehen (vi)	bė́gti iš nelaĩsvės	['bʲe:ktʲɪ ɪʃ ne'lʲʌɪsvʲe:s]
verraten (vt)	išdúoti	[ɪʃ'dʊɑtʲɪ]
Verräter (m)	išdavìkas (v)	[ɪʃda'vʲɪkas]
Verrat (m)	išdavỹstė (m)	[ɪʃda'vʲi:stʲe:]
erschießen (vt)	sušáudyti	[sʊ'ʃɑʊdʲi:tʲɪ]
Erschießung (f)	sušáudymas (v)	[sʊ'ʃɑʊdʲi:mas]
Ausrüstung (persönliche ~)	aprangà (m)	[apran'ga]
Schulterstück (n)	añtpetis (v)	['antpʲɛtʲɪs]
Gasmaske (f)	dujókaukė (m)	[dʊ'jokɑʊkʲe:]
Funkgerät (n)	rãdijo stotẽlė (m)	['ra:dʲɪjo stoˈtʲæelʲe:]
Chiffre (f)	šìfras (v)	['ʃɪfras]
Geheimhaltung (f)	konspirãcija (m)	[konspʲɪ'ra:tsʲɪjɛ]
Kennwort (n)	slaptãžodis (v)	[slʲap'ta:ʒodʲɪs]
Mine (f)	minà (m)	[mʲɪ'na]
Minen legen	užminúoti	[ʊʒmʲɪ'nʊɑtʲɪ]
Minenfeld (n)	minų laũkas (v)	['mʲɪnu: 'lʲɑʊkas]
Luftalarm (m)	óro pavõjus (v)	['orɔ pa'vo:jʊs]
Alarm (m)	aliármas (v)	[a'lʲæ:rmas]
Signal (n)	signãlas (v)	[sʲɪg'na:lʲas]

Signalrakete (f)	signãlinė raketà (m)	[sʲɪg'na:lʲɪnʲe: rake'ta]
Hauptquartier (n)	štãbas (v)	['ʃta:bas]
Aufklärung (f)	žvalgýba (m)	[ʒvalʲ'gʲi:ba]
Lage (f)	padėtìs (m)	[padʲe:'tʲɪs]
Bericht (m)	rãportas (v)	['ra:portas]
Hinterhalt (m)	pasalà (m)	[pasa'lʲa]
Verstärkung (f)	pastìprinimas (v)	[pas'tʲɪprʲɪnʲɪmas]

Zielscheibe (f)	taikinỹs (v)	[tʌɪkʲɪ'nʲi:s]
Schießplatz (m)	poligõnas (v)	[polʲɪ'gonas]
Manöver (n)	kariniai mokymai (v dgs)	[ka'rʲɪnʲɛɪ 'mokʲi:mʌɪ]

Panik (f)	pãnika (m)	['pa:nʲɪka]
Verwüstung (f)	suirùtė (m)	[sʊi'rʊtʲe:]
Trümmer (pl)	griovìmai (m)	[grʲo'vʲɪmas]
zerstören (vt)	griáuti	['grʲæʊtʲɪ]

überleben (vi)	išgyvénti	[ɪʃgʲi:'vʲɛntʲɪ]
entwaffnen (vt)	nuginkluoti	[nʊgʲɪŋ'klʲʊatʲɪ]
handhaben (vt)	naudóti	[naʊ'dotʲɪs]

Stillgestanden!	Ramiaĩ!	[ra'mʲɛɪ!]
Rühren!	Laisvaĩ!	[lʲʌɪs'vʌɪ!]

Heldentat (f)	žỹgdarbis (v)	['ʒʲi:gdarbʲɪs]
Eid (m), Schwur (m)	príesaika (m)	['prʲiɛsʌɪka]
schwören (vi, vt)	prisíekti	[prʲɪ'sʲiɛktʲɪ]

Lohn (Orden, Medaille)	apdovanójimas (v)	[apdova'no:jɪmas]
auszeichnen (mit Orden)	apdovanóti	[apdova'notʲɪ]
Medaille (f)	medãlis (v)	[mʲɛ'da:lʲɪs]
Orden (m)	òrdinas (v)	['ordʲɪnas]

Sieg (m)	pérgalė (m)	['pʲɛrgalʲe:]
Niederlage (f)	pralaimėjimas (v)	[pralʲʌɪ'mʲɛjɪmas]
Waffenstillstand (m)	paliaubos (m dgs)	[pa'lʲæʊbos]

Fahne (f)	vėliava (m)	['vʲe:lʲæva]
Ruhm (m)	šlovẽ (m)	[ʃlʲo'vʲe:]
Parade (f)	parãdas (v)	[pa'ra:das]
marschieren (vi)	žygiúoti	[ʒʲi:'gʲʊatʲɪ]

186. Waffen

Waffe (f)	giñklas (v)	['gʲɪŋklʲas]
Schusswaffe (f)	šaunamàsis giñklas (v)	[ʃaʊna'masʲɪs 'gʲɪŋklʲas]
blanke Waffe (f)	šaltàsis giñklas (v)	[ʃalʲ'tasʲɪs 'gʲɪŋklʲas]

chemischen Waffen (pl)	chèminis giñklas (v)	['xʲɛmʲɪnʲɪs 'gʲɪŋklʲas]
Kern-, Atom-	branduolìnis	[brandʊa'lʲɪnʲɪs]
Kernwaffe (f)	branduolìnis giñklas (v)	[brandʊa'lʲɪnʲɪs 'gʲɪŋklas]

Bombe (f)	bomba (m)	['bomba]
Atombombe (f)	atòminė bomba (m)	[a'tomʲɪnʲe: 'bomba]

Pistole (f)	pistoletas (v)	[pʲɪsto'lʲɛtas]
Gewehr (n)	šautuvas (v)	['ʃautuvas]
Maschinenpistole (f)	automatas (v)	[auto'ma:tas]
Maschinengewehr (n)	kulkosvaidis (v)	[kulʲʲkosvʌɪdʲɪs]
Mündung (f)	žiotys (m dgs)	['ʒʲotʲi:s]
Lauf (Gewehr-)	vamzdis (v)	['vamzdʲɪs]
Kaliber (n)	kalibras (v)	[ka'lʲɪbras]
Abzug (m)	gaidukas (v)	[gʌɪ'dukas]
Visier (n)	taikiklis (v)	[tʌɪ'kʲɪklʲɪs]
Magazin (n)	detuvė (m)	[dʲe:tu'vʲe:]
Kolben (m)	buožė (m)	['buaʒʲe:]
Handgranate (f)	granata (m)	[grana'ta]
Sprengstoff (m)	sprogmuo (v)	['sprogmua]
Kugel (f)	kulka (m)	[kulʲʲka]
Patrone (f)	patronas (v)	[pat'ronas]
Ladung (f)	šovinys (v)	[ʃovʲɪ'nʲi:s]
Munition (f)	šaudmenys (v dgs)	['ʃaudmʲɛnʲi:s]
Bomber (m)	bombonešis (v)	[bom'bonʲɛʃɪs]
Kampfflugzeug (n)	naikintuvas (v)	[nʌɪkʲɪn'tuvas]
Hubschrauber (m)	sraigtasparnis (v)	[srʌɪk'ta:sparnʲɪs]
Flugabwehrkanone (f)	zenitinis pabūklas (v)	[zʲɛ'nʲɪ:tʲɪnʲɪs i:rʲɛngʲɪ'nʲɪ:s]
Panzer (m)	tankas (v)	['taŋkas]
Panzerkanone (f)	patranka (m)	[pat'raŋka]
Artillerie (f)	artilerija (m)	[artʲɪ'lʲɛrʲɪjɛ]
richten (die Waffe)	nutaikyti	[nu'tʌɪkʲi:tʲɪ]
Geschoß (n)	sviedinys (v)	[svʲiɛdʲɪ'nʲi:s]
Wurfgranate (f)	mina (m)	[mʲɪ'na]
Granatwerfer (m)	minosvaidis (v)	[mʲɪ'nosvʌɪdʲɪs]
Splitter (m)	skeveldra (m)	[skʲɛ'vʲɛlʲdra]
U-Boot (n)	povandeninis laivas (v)	[povandʲɛ'nʲɪnʲɪs 'lʲʌɪvas]
Torpedo (m)	torpeda (m)	[torpʲɛ'da]
Rakete (f)	raketa (m)	[rakʲɛ'ta]
laden (Gewehr)	užtaisyti	[uʒtʌɪ'sʲi:tʲɪ]
schießen (vi)	šauti	['ʃautʲɪ]
zielen auf ...	taikytis į ...	['tʌɪkʲi:tʲɪs i: ..]
Bajonett (n)	durtuvas (v)	['durtuvas]
Degen (m)	špaga (m)	[ʃpa'ga]
Säbel (m)	kardas (v)	['kardas]
Speer (m)	ietis (m)	['ɪɛtʲɪs]
Bogen (m)	lankas (v)	['lʲaŋkas]
Pfeil (m)	strėlė (m)	[strʲe:'lʲe:]
Muskete (f)	muškieta (m)	[muʃkʲiɛ'ta]
Armbrust (f)	arbaletas (v)	[arba'lʲɛtas]

187. Menschen der Antike

vorzeitlich	pirmýkštis	[pʲɪr'mʲi:kʃtʲɪs]
prähistorisch	priešistòrinis	[prʲiɛʃɪ'storʲɪnʲɪs]
alt (antik)	senóvinis	[sʲɛ'novʲɪnʲɪs]
Steinzeit (f)	Akmeñs ámžius (v)	[ak'mʲɛns 'amʒʲʊs]
Bronzezeit (f)	Žalvario ámžius (v)	['ʒalʲvarʲɔ 'amʒʲʊs]
Eiszeit (f)	ledýnmetis (v)	[lʲɛ'dʲi:nmʲɛtʲɪs]
Stamm (m)	gentìs (m)	[gʲɛn'tʲɪs]
Kannibale (m)	žmogėdra (m)	[ʒmo'gʲe:dra]
Jäger (m)	medžiótojas (v)	[mʲɛ'dʒʲoto:jɛs]
jagen (vi)	medžióti	[mʲɛ'dʒʲotʲɪ]
Mammut (n)	mamùtas (v)	[ma'mʊtas]
Höhle (f)	ùrvas (v)	['ʊrvas]
Feuer (n)	ugnìs (v)	[ʊg'nʲɪs]
Lagerfeuer (n)	láužas (v)	['lʲaʊʒas]
Höhlenmalerei (f)	piešinỹs ant olõs síenos (v)	[pʲiɛʃɪ'nʲi:s ant o'lʲo:s 'sʲiɛnos]
Werkzeug (n)	dárbo įrankis (v)	['darbɔ 'i:raŋkʲɪs]
Speer (m)	íetis (m)	['ɪɛtʲɪs]
Steinbeil (n), Steinaxt (f)	akmenìnis kir̃vis (v)	[akmʲɛ'nʲɪnʲɪs 'kʲɪrvʲɪs]
Krieg führen	kariáuti	[ka'rʲæʊtʲɪ]
domestizieren (vt)	prijaukìnti	[prʲɪjɛʊ'kʲɪntʲɪ]
Idol (n)	stãbas (v)	['sta:bas]
anbeten (vt)	gárbinti	['garbʲɪntʲɪ]
Aberglaube (m)	príetaras (v)	['prʲiɛtaras]
Evolution (f)	evoliùcija (m)	[ɛvo'lʲʊtsʲɪjɛ]
Entwicklung (f)	výstymasis (v)	['vʲi:stʲi:masʲɪs]
Verschwinden (n)	išnykìmas (v)	[ɪʃnʲi:'kʲɪmas]
sich anpassen	prisitáikyti	[prʲɪsʲɪ'tʌɪkʲi:tʲɪ]
Archäologie (f)	archeològija (m)	[arxʲɛo'lʲogʲɪjɛ]
Archäologe (m)	archeològas (v)	[arxʲɛo'lʲogas]
archäologisch	archeològinis	[arxʲɛo'lʲogʲɪnʲɪs]
Ausgrabungsstätte (f)	kasinėjimai (m dgs)	[kasʲɪ'nʲɛjɪmʌɪ]
Ausgrabungen (pl)	kasinėjimai (m dgs)	[kasʲɪ'nʲɛjɪmʌɪ]
Fund (m)	radinỹs (v)	[radʲɪ'nʲi:s]
Fragment (n)	fragmeñtas (v)	[frag'mʲɛntas]

188. Mittelalter

Volk (n)	tautà (m)	[taʊ'ta]
Völker (pl)	tautõs (m dgs)	[taʊ'to:s]
Stamm (m)	gentìs (m)	[gʲɛn'tʲɪs]
Stämme (pl)	geñtys (m dgs)	['gʲɛntʲi:s]
Barbaren (pl)	bárbarai (v dgs)	['barbarʌɪ]
Gallier (pl)	gãlai (v dgs)	['ga:lʲʌɪ]

Goten (pl)	gotai (v dgs)	['gotʌɪ]
Slawen (pl)	slāvai (m dgs)	['slʲaːvʌɪ]
Wikinger (pl)	vìkingai (v)	['vʲɪkʲɪŋgʌɪ]
Römer (pl)	roménas (v)	[roˈmʲeːnas]
römisch	roméniškas	[roˈmʲeːnʲɪʃkas]
Byzantiner (pl)	bizantiẽčiai (v dgs)	[bʲɪzanˈtʲetʂʲɛɪ]
Byzanz (n)	Bizántija (m)	[bʲɪˈzantʲɪjɛ]
byzantinisch	bizántiškas	[bʲɪˈzantʲɪʃkas]
Kaiser (m)	imperãtorius (v)	[ɪmpʲɛˈraːtorʲʊs]
Häuptling (m)	vãdas (v)	['vaːdas]
mächtig (Kaiser usw.)	galìngas	[gaˈlʲɪŋgas]
König (m)	karãlius (v)	[kaˈraːlʲʊs]
Herrscher (Monarch)	valdõvas (v)	[valʲˈdoːvas]
Ritter (m)	rìteris (v)	['rʲɪtʲerʲɪs]
Feudalherr (m)	feodãlas (v)	[fʲɛoˈdaːlʲas]
feudal, Feudal-	feodãlinis	[fʲɛoˈdaːlʲɪnʲɪs]
Vasall (m)	vasãlas (v)	[vaˈsaːlʲas]
Herzog (m)	hèrcogas (v)	['ɣʲɛrtsogas]
Graf (m)	grãfas (v)	['graːfas]
Baron (m)	barõnas (v)	[baˈroːnas]
Bischof (m)	výskupas (v)	['vʲiːskʊpas]
Rüstung (f)	šarvuõtė (m)	[ʃarˈvʊɑtʲeː]
Schild (m)	skýdas (v)	['skʲiːdas]
Schwert (n)	kárdas (v)	['kardas]
Visier (n)	añtveidis (v)	['antvʲɛɪdʲɪs]
Panzerhemd (n)	šarvìniai marškiniaĩ (v dgs)	[ʃarˈvʲɪnʲɛɪ marʃkʲɪˈnʲɛɪ]
Kreuzzug (m)	krýžiaus žýgis (v)	['krʲiːʒʲɛʊs ˈʒʲiːgʲɪs]
Kreuzritter (m)	kryžiuõtis (v)	[krʲiːʒʲʊˈoːtʲɪs]
Territorium (n)	teritòrija (m)	[tʲɛrʲɪˈtorʲɪjɛ]
einfallen (vt)	pùlti	['pʊlʲtʲɪ]
erobern (vt)	užkariáuti	[ʊʒkaˈrʲæʊtʲɪ]
besetzen (Land usw.)	užgróbti	[ʊʒˈgroptʲɪ]
Belagerung (f)	apgulà (m)	[apgʊˈlʲa]
belagert	àpgultas	['apgʊlʲtas]
belagern (vt)	apgùlti	[apˈgʊlʲtʲɪ]
Inquisition (f)	inkvizìcija (m)	[ɪŋkvʲɪˈzʲɪtsʲɪjɛ]
Inquisitor (m)	inkvizìtorius (v)	[ɪŋkvʲɪˈzʲɪtorʲʊs]
Folter (f)	kankìnimas (v)	[kaŋˈkʲɪnʲɪmas]
grausam (-e Folter)	žiaurùs	[ʒʲɛʊˈrʊs]
Häretiker (m)	erètikas (v)	[ɛˈrʲetʲɪkas]
Häresie (f)	erèzija (m)	[ɛˈrʲezʲɪjɛ]
Seefahrt (f)	navigãcija (m)	[navʲɪˈgaːtsʲɪjɛ]
Seeräuber (m)	pirãtas (v)	[pʲɪˈraːtas]
Seeräuberei (f)	piratãvimas (v)	[pʲɪraˈtaːvʲɪmas]
Enterung (f)	abordãžas (v)	[aborˈdaʒas]

| Beute (f) | grõbis (v) | ['gro:bʲɪs] |
| Schätze (pl) | lõbis (v) | ['lʲo:bʲɪs] |

Entdeckung (f)	atradìmas (v)	[atra'dʲɪmas]
entdecken (vt)	atràsti	[at'rastʲɪ]
Expedition (f)	ekspedìcija (m)	[ɛkspʲɛ'dʲɪtsʲɪjɛ]

Musketier (m)	muškiẽtininkas (v)	[muʃ'kʲɛtʲɪnʲɪŋkas]
Kardinal (m)	kardinõlas (v)	[kardʲɪ'no:lʲas]
Heraldik (f)	herάldika (m)	[ɣʲɛ'ralʲdʲɪka]
heraldisch	herάldikos	[ɣʲɛ'ralʲdʲɪkos]

189. Führungspersonen. Chef. Behörden

König (m)	karãlius (v)	[ka'ra:lʲʊs]
Königin (f)	karaliẽnė (m)	[kara'lʲɪɛnʲe:]
königlich	karãliškas	[ka'ra:lʲɪʃkas]
Königreich (n)	karalỹstė (m)	[kara'lʲi:stʲe:]

| Prinz (m) | prìncas (v) | ['prʲɪntsas] |
| Prinzessin (f) | princèsė (m) | [prʲɪn'tsʲɛsʲe:] |

Präsident (m)	prezideñtas (v)	[prʲɛzʲɪ'dʲɛntas]
Vizepräsident (m)	viceprezideñtas (v)	[vʲɪtsʲɛprʲɛzʲɪ'dʲɛntas]
Senator (m)	senãtorius (v)	[sʲɛ'na:torʲʊs]

Monarch (m)	monárchas (v)	[mo'narxas]
Herrscher (m)	valdõvas (v)	[valʲ'do:vas]
Diktator (m)	diktãtorius (v)	[dʲɪk'ta:torʲʊs]
Tyrann (m)	tirõnas (v)	[tʲɪ'ro:nas]
Magnat (m)	magnãtas (v)	[mag'na:tas]

Direktor (m)	dirèktorius (v)	[dʲɪ'rʲɛktorʲʊs]
Chef (m)	šèfas (v)	['ʃɛfas]
Leiter (einer Abteilung)	valdýtojas (v)	[valʲ'dʲi:to:jɛs]
Boss (m)	bõsas (v)	['bo:sas]
Eigentümer (m)	savinìnkas (v)	[savʲɪ'nʲɪŋkas]

Führer (m)	vãdas (v)	['va:das]
Leiter (Delegations-)	vadõvas (v)	[va'do:vas]
Behörden (pl)	valdžiõs òrganai (v dgs)	[valʲ'dʒʲo:s 'organʌɪ]
Vorgesetzten (pl)	vadovỹbė (m)	[vado'vʲi:bʲe:]

Gouverneur (m)	gubernãtorius (v)	[gʊbʲɛr'na:torʲʊs]
Konsul (m)	kònsulas (v)	['konsʊlʲas]
Diplomat (m)	diplomãtas (v)	[dʲɪplʲo'ma:tas]

| Bürgermeister (m) | mèras (v) | ['mʲɛras] |
| Sheriff (m) | šerìfas (v) | [ʃɛrʲɪfas] |

Kaiser (m)	imperãtorius (v)	[ɪmpʲɛ'ra:torʲʊs]
Zar (m)	cãras (v)	['tsa:ras]
Pharao (m)	faraònas (v)	[fara'onas]
Khan (m)	chãnas (v)	['xa:nas]

190. Straße. Weg. Richtungen

Fahrbahn (f)	kelias (v)	['kʲælʲæs]
Weg (m)	kelias (v)	['kʲælʲæs]
Autobahn (f)	plentas (v)	['plʲɛntas]
Schnellstraße (f)	automagistralė (m)	[ɑʊtomagʲɪs'traːlʲeː]
Bundesstraße (f)	nacionalinis kelias (v)	[natsʲɪjo'naːlʲɪnʲɪs 'kʲælʲæs]
Hauptstraße (f)	pagrindinis kelias (v)	[pagrʲɪn'dʲɪnʲɪs 'kʲælʲæs]
Feldweg (m)	kaimo kelias (v)	['kʌɪmɔ 'kʲælʲæs]
Pfad (m)	takas (v)	[taːkas]
Fußweg (m)	takelis (v)	[ta'kʲælʲɪs]
Wo?	Kur?	['kʊr?]
Wohin?	Kur?	['kʊr?]
Woher?	Iš kur?	[ɪʃ 'kʊr?]
Richtung (f)	kryptis (m)	[krʲiːpʲtʲɪs]
zeigen (vt)	parodyti	[pa'rodʲiːtʲɪ]
nach links	į kairę	[iː 'kʌɪrʲɛː]
nach rechts	į dešinę	[iː 'dʲæʃɪnʲɛː]
geradeaus	tiesiai	['tʲɛsʲɛɪ]
zurück	atgal	[at'galʲ]
Kurve (f)	posūkis (v)	['posuːkʲɪs]
abbiegen (nach links ~)	sukti	['sʊktʲɪ]
umkehren (vi)	apsisukti	[apsʲɪ'sʊktʲɪ]
sichtbar sein	matytis	[ma'tʲiːtʲɪs]
erscheinen (vi)	pasirodyti	[pasʲɪ'rodʲiːtʲɪ]
Aufenthalt (m)	sustojimas (v)	[sʊsto'jɪmas]
sich erholen	pailsėti	[pʌɪlʲ"sʲeːtʲɪ]
Erholung (f)	poilsis (m)	['poɪlʲsʲɪs]
sich verirren	pasiklysti	[pasʲɪ'klʲiːstʲɪ]
führen nach ... (Straße usw.)	vesti prie ...	['vʲɛstʲɪ 'prʲɛ ...]
ankommen in ...	išeiti prie ...	[ɪ'ʃɛɪtʲɪ 'prʲɛ ...]
Strecke (f)	atkarpa (m)	[atkar'pa]
Asphalt (m)	asfaltas (v)	[as'falʲtas]
Bordstein (m)	bordiūras (v)	[bor'dʲuːras]
Graben (m)	griovys (v)	[grʲo'vʲiːs]
Gully (m)	liukas (v)	['lʲʊkas]
Straßenrand (m)	šalikelė (m)	[ʃa'lʲɪkelʲeː]
Schlagloch (n)	duobė (m)	[dʊɑ'bʲeː]
gehen (zu Fuß gehen)	eiti	['ɛɪtʲɪ]
überholen (vt)	aplenkti	[ap'lʲɛŋktʲɪ]
Schritt (m)	žingsnis (v)	['ʒʲɪŋsnʲɪs]
zu Fuß	pėsčiomis	[pʲeːstɕʲo'mʲɪs]

blockieren (Straße usw.)	pérverti	['pʲɛrvʲɛrtʲɪ]
Schlagbaum (m)	užkardas (v)	['ʊʒkardas]
Sackgasse (f)	aklãgatvis (v)	[ak'lʲa:gatvʲɪs]

191. Gesetzesverstoß Verbrecher. Teil 1

Bandit (m)	bandìtas (v)	[ban'dʲɪtas]
Verbrechen (n)	nusikaltìmas (v)	[nʊsʲɪkalʲ'tʲɪmas]
Verbrecher (m)	nusikaltėlis (v)	[nʊsʲɪ'kaltʲe:lʲɪs]

Dieb (m)	vagìs (v)	[va'gʲɪs]
stehlen (vt)	võgti	['vo:ktʲɪ]
Diebstahl (m), Stehlen (n)	vagỹstė (m)	[va'gʲi:stʲe:]

kidnappen (vt)	pagróbti	[pag'roptʲɪ]
Kidnapping (n)	pagrobėjas (v)	[pagro'bʲe:jas]
Kidnapper (m)	pagrobìmas (v)	[pagro'bʲɪmas]

| Lösegeld (n) | ìšpirka (m) | ['ɪʃpʲɪrka] |
| Lösegeld verlangen | reikaláuti išpirkos | [rʲɛɪka'lʲaʊtʲɪ 'ɪʃpʲɪrkos] |

rauben (vt)	plėšikáuti	[plʲeʃɪ'kaʊtʲɪ]
Raub (m)	apiplėšimas (v)	[apʲɪ'plʲeʃɪmas]
Räuber (m)	plėšìkas (v)	[plʲe:'ʃɪkas]

erpressen (vt)	prievartáuti	[prʲɛvar'taʊtʲɪ]
Erpresser (m)	prievartáutojas (v)	[prʲɛvar'taʊto:jɛs]
Erpressung (f)	prievartãvimas (v)	[prʲɛvar'ta:vʲɪmas]

morden (vt)	nužudýti	[nʊʒʊ'dʲi:tʲɪ]
Mord (m)	nužùdymas (v)	[nʊ'ʒʊdʲi:mas]
Mörder (m)	žudìkas (v)	[ʒʊ'dʲɪkas]

Schuss (m)	šũvis (v)	['ʃu:vʲɪs]
schießen (vt)	iššáuti	[ɪʃ'ʃaʊtʲɪ]
erschießen (vt)	nušáuti	[nʊ'ʃaʊtʲɪ]
feuern (vi)	šáudyti	['ʃaʊdʲi:tʲɪ]
Schießerei (f)	šáudymas (v)	['ʃaʊdʲi:mas]

Vorfall (m)	įvykis (v)	['i:vʲɪ:kʲɪs]
Schlägerei (f)	muštỹnės (m dgs)	[mʊʃ'tʲi:nʲe:s]
Hilfe!	Gélbėkit!	['gʲɛlʲbʲe:kʲɪtʲ!]
Opfer (n)	aukà (m)	[aʊ'ka]

beschädigen (vt)	sugadìnti	[sʊga'dʲɪntʲɪ]
Schaden (m)	núostolis (v)	['nʊɔstolʲɪs]
Leiche (f)	lavónas (v)	[lʲa'vonas]
schwer (-es Verbrechen)	sunkùs	[sʊnʲ'kʊs]

angreifen (vt)	užpùlti	[ʊʒ'pʊlʲtʲɪ]
schlagen (vt)	mùšti	['mʊʃtʲɪ]
verprügeln (vt)	sumùšti	[sʊ'mʊʃtʲɪ]
wegnehmen (vt)	atim̃ti	[a'tʲɪmtʲɪ]
erstechen (vt)	papjáuti	[pa'pjaʊtʲɪ]

verstümmeln (vt)	sužalóti	[sʊʒaˈlʲotʲɪ]
verwunden (vt)	sužalóti	[sʊʒaˈlʲotʲɪ]

Erpressung (f)	šantãžas (v)	[ʃanˈtaːʒas]
erpressen (vt)	šantažúoti	[ʃantaˈʒʊatʲɪ]
Erpresser (m)	šantažúotojas (v)	[ʃantaˈʒʊatoːjɛs]

Schutzgelderpressung (f)	rėketas (v)	[ˈrʲɛkʲɛtas]
Erpresser (Racketeer)	reketúotojas (v)	[rʲɛkʲɛˈtʊatoːjɛs]
Gangster (m)	gángsteris (v)	[ˈgangstʲɛrʲɪs]
Mafia (f)	mãfija (m)	[ˈmaːfɪjɛ]

Taschendieb (m)	kišénvagis (v)	[kʲɪˈʃɛnvagʲɪs]
Einbrecher (m)	įsilaužėlis (v)	[iːsʲɪlaʊˈʒʲeːlʲɪs]
Schmuggel (m)	kontrabánda (m)	[kɔntraˈbanda]
Schmuggler (m)	kontrabándininkas (v)	[kɔntraˈbandʲɪnʲɪŋkas]

Fälschung (f)	klastõtė (m)	[klʲasˈtoːtʲeː]
fälschen (vt)	klastóti	[klʲasˈtotʲɪ]
gefälscht	klastõtė	[klʲasˈtoːtʲeː]

192. Gesetzesbruch. Verbrecher. Teil 2

Vergewaltigung (f)	išprievartãvimas (v)	[ɪʃprʲɪɛvarˈtaːvʲɪmas]
vergewaltigen (vt)	išprievartáuti	[ɪʃprʲɪɛvarˈtaʊtʲɪ]
Gewalttäter (m)	prievartáutojas (v)	[prʲɪɛvarˈtaʊtoːjɛs]
Besessene (m)	maniãkas (v)	[manʲɪˈjakas]

Prostituierte (f)	prostitutė (m)	[prɔstʲɪˈtʊtʲeː]
Prostitution (f)	prostitúcija (m)	[prɔstʲɪˈtʊtsʲɪjɛ]
Zuhälter (m)	sutėneris (v)	[sʊˈtʲɛnʲɛrʲɪs]

Drogenabhängiger (m)	narkomãnas (v)	[narkoˈmaːnas]
Drogenhändler (m)	prekiáutojas narkótikais (v)	[prʲɛˈkʲæʊtoːjɛs narˈkotʲɪkʌɪs]

sprengen (vt)	susprogdìnti	[sʊsprɔgˈdʲɪntʲɪ]
Explosion (f)	sprogìmas (v)	[sprɔˈgʲɪmas]
in Brand stecken	padègti	[paˈdʲɛktʲɪ]
Brandstifter (m)	padegėjas (v)	[padʲɛˈgʲeːjas]

Terrorismus (m)	terorìzmas (v)	[tʲɛroˈrʲɪzmas]
Terrorist (m)	teroristas (v)	[tʲɛroˈrʲɪstas]
Geisel (m, f)	įkaitas (v)	[ˈiːkʌɪtas]

betrügen (vt)	apgáuti	[apˈgaʊtʲɪ]
Betrug (m)	apgavỹstė (m)	[apgaˈvʲiːstʲeː]
Betrüger (m)	sukčius (v)	[ˈsʊktʂʲʊs]

bestechen (vt)	papir̃kti	[paˈpʲɪrktʲɪ]
Bestechlichkeit (f)	papirkìmas (v)	[papʲɪrˈkʲɪmas]
Bestechungsgeld (n)	kỹšis (v)	[ˈkʲiːʃɪs]

Gift (n)	nuõdas (v)	[ˈnʊadas]
vergiften (vt)	nunuódyti	[nʊˈnʊadʲiːtʲɪ]

sich vergiften	nusinuõdyti	[nʊsʲɪnʊɑdʲiːtʲɪ]
Selbstmord (m)	savižudỳbė (m)	[savʲɪʒʊ'dʲiːbʲeː]
Selbstmörder (m)	savìžudis (v)	[saˈvʲɪʒʊdʲɪs]
drohen (vi)	grasìnti	[graˈsʲɪntʲɪ]
Drohung (f)	grasìnimas (v)	[graˈsʲɪnʲɪmas]
versuchen (vt)	kėsìntis	[kʲeːˈsʲɪntʲɪs]
Attentat (n)	pasikėsìnimas (v)	[pasʲɪkʲeːˈsʲɪnʲɪmas]
stehlen (Auto ~)	nuvarýti	[nʊvaˈrʲiːtʲɪ]
entführen (Flugzeug ~)	nuvarýti	[nʊvaˈrʲiːtʲɪ]
Rache (f)	kerštas (v)	[ˈkʲɛrʃtas]
sich rächen	keršyti	[ˈkʲɛrʃɪːtʲɪ]
foltern (vt)	kankìnti	[kaŋˈkʲɪntʲɪ]
Folter (f)	kankìnimas (v)	[kaŋˈkʲɪnʲɪmas]
quälen (vt)	kankìnti	[kaŋˈkʲɪntʲɪ]
Seeräuber (m)	piratas (v)	[pʲɪˈraːtas]
Rowdy (m)	chuligãnas (v)	[xʊlʲɪˈgaːnas]
bewaffnet	ginkluotas	[gʲɪŋkˈlʲʊɑtas]
Gewalt (f)	príevarta (m)	[ˈprʲiɛvarta]
Spionage (f)	špionãžas (v)	[ʃpʲoˈnaːʒas]
spionieren (vi)	šnipinėti	[ʃnʲɪpʲɪˈnʲeːtʲɪ]

193. Polizei Recht. Teil 1

Justiz (f)	teĩsmas (v)	[ˈtʲɛɪsmas]
Gericht (n)	teĩsmas (v)	[ˈtʲɛɪsmas]
Richter (m)	teisėjas (v)	[tʲɛɪˈsʲeːjas]
Geschworenen (pl)	prisiekusieji (v)	[prʲɪˈsʲiɛkʊsʲiɛjɪ]
Geschworenengericht (n)	prisiekusiųjų teĩsmas (v)	[prʲɪˈsʲiɛkʊsʲuːjuː ˈtʲɛɪsmas]
richten (vt)	teĩsti	[ˈtʲɛɪstʲɪ]
Rechtsanwalt (m)	advokãtas (v)	[advoˈkaːtas]
Angeklagte (m)	teisiamàsis (v)	[tʲɛɪsʲæˈmasʲɪs]
Anklagebank (f)	teisiamųjų súolas (v)	[tʲɛɪsʲæˈmuːjuː ˈsʊɑlʲas]
Anklage (f)	káltinimai (v)	[ˈkalʲtʲɪnʲɪmʌɪ]
Beschuldigte (m)	káltinamasis (v)	[ˈkalʲtʲɪnamasʲɪs]
Urteil (n)	núosprendis (v)	[ˈnʊɑsprʲɛndʲɪs]
verurteilen (vt)	nuteĩsti	[nʊˈtʲɛɪstʲɪ]
Schuldige (m)	kaltiniñkas (v)	[kalʲtʲɪˈnʲɪŋkas]
bestrafen (vt)	nubaũsti	[nʊˈbaʊstʲɪ]
Strafe (f)	bausmė̃ (m)	[baʊsˈmʲeː]
Geldstrafe (f)	baudà (m)	[baʊˈda]
lebenslange Haft (f)	kalė́jimas ikì gyvõs galvõs (v)	[kaˈlʲɛjɪmas ɪkʲɪ gʲiːˈvoːs galʲˈvoːs]

Todesstrafe (f)	mirties bausmė (m)	[mʲɪrʲtʲɛs baʊsʲmʲeː]
elektrischer Stuhl (m)	elektros kėdė (m)	[eˈlʲɛktros kʲeːˈdʲeː]
Galgen (m)	kartuvės (m dgs)	[ˈkartʊvʲeːs]
hinrichten (vt)	baūsti mirtimì	[ˈbaʊstʲɪ mʲɪrtʲɪˈmʲɪ]
Hinrichtung (f)	baudìmas mirtimì (v)	[baʊˈdʲɪmas mʲɪrtʲɪˈmʲɪ]
Gefängnis (n)	kalėjimas (v)	[kaˈlʲɛjɪmas]
Zelle (f)	kamera (m)	[ˈkaːmʲɛra]
Eskorte (f)	konvòjus (v)	[kɔnˈvojʊs]
Gefängniswärter (m)	prižiūrėtojas (v)	[prʲɪʒʲuːˈrʲeːtoːjɛs]
Gefangene (m)	kalinỹs (v)	[kalʲɪˈnʲiːs]
Handschellen (pl)	antrankiai (v dgs)	[ˈañtrakʲɛɪ]
Handschellen anlegen	uždėti antrankius	[ʊʒˈdʲeːtʲɪ ˈañtraŋkʲʊs]
Ausbruch (Flucht)	pabėgimas (v)	[pabʲeːˈgʲɪmas]
ausbrechen (vi)	pabėgti	[paˈbʲeːktʲɪ]
verschwinden (vi)	dingti	[ˈdʲɪŋktʲɪ]
aus ... entlassen	paleisti	[paˈlʲɛɪstʲɪ]
Amnestie (f)	amnestija (m)	[amˈnʲɛstʲɪjɛ]
Polizei (f)	polìcija (m)	[poˈlʲɪtsʲɪjɛ]
Polizist (m)	polìcininkas (v)	[poˈlʲɪtsʲɪnʲɪŋkas]
Polizeiwache (f)	polìcijos nuovada (m)	[poˈlʲɪtsʲɪjos ˈnʊavada]
Gummiknüppel (m)	guminis pagalỹs (v)	[gʊˈmʲɪnʲɪs pagaˈlʲiːs]
Sprachrohr (n)	garsiakalbis (v)	[garˈsʲækalʲbʲɪs]
Streifenwagen (m)	patrùlio mašinà (m)	[patˈrʊlʲo maʃɪˈna]
Sirene (f)	sirenà (m)	[sʲɪrʲɛˈna]
die Sirene einschalten	įjùngti sirèną	[iːˈjʊŋktʲɪ sʲɪˈrʲɛnaː]
Sirenengeheul (n)	sirenos kaukimas (v)	[sʲɪˈrʲɛnos kaʊˈkʲɪmas]
Tatort (m)	įvykio vietà (m)	[ˈiːvʲɪːkʲo vʲɛˈta]
Zeuge (m)	liudininkas (v)	[ˈlʲʊdʲɪnʲɪŋkas]
Freiheit (f)	laisvė (f)	[ˈlʲʌɪsvʲeː]
Komplize (m)	bendrininkas (v)	[ˈbʲɛndrʲɪnʲɪŋkas]
verschwinden (vi)	pasislėpti	[pasʲɪˈslʲeːptʲɪ]
Spur (f)	pėdsakas (v)	[ˈpʲeːdsakas]

194. Polizei. Recht. Teil 2

Fahndung (f)	paleška (m)	[paˈlʲɛʃka]
suchen (vt)	ieškoti	[ɪɛʃˈkotʲɪ]
Verdacht (m)	įtarimas (v)	[iːtaˈrʲɪːmas]
verdächtig (Adj)	įtartinas	[iːˈtartʲɪnas]
anhalten (Polizei)	sustabdyti	[sʊstabˈdʲiːtʲɪ]
verhaften (vt)	sulaikyti	[sʊlʲʌɪˈkʲiːtʲɪ]
Fall (m), Klage (f)	byla (m)	[bʲiːˈlʲa]
Untersuchung (f)	tyrimas (v)	[tʲiːˈrʲɪmas]
Detektiv (m)	detektyvas (v)	[dʲɛtʲɛkˈtʲiːvas]
Ermittlungsrichter (m)	tyrėjas (v)	[tʲiːˈrʲeːjas]

Version (f)	vėrsija (m)	['vʲɛrsʲɪjɛ]
Motiv (n)	motỹvas (v)	[mo'tʲiːvas]
Verhör (n)	apklausa (m)	[apklʲɑʊ'sa]
verhören (vt)	apklausti	[ap'klʲɑʊstʲɪ]
vernehmen (vt)	apklausti	[ap'klʲɑʊstʲɪ]
Kontrolle (Personen-)	patìkrinimas (v)	[pa'tʲɪkrʲɪnʲɪmas]
Razzia (f)	gaudỹnės (m dgs)	[gɑʊ'dʲiːnʲeːs]
Durchsuchung (f)	krata (m)	[kra'ta]
Verfolgung (f)	vijìmasis (v)	[vʲɪ'jɪmasʲɪs]
nachjagen (vi)	sėkti	['sʲɛktʲɪ]
verfolgen (vt)	sėkti	['sʲɛktʲɪ]
Verhaftung (f)	areštas (v)	['aːrʲɛʃtas]
verhaften (vt)	areštuoti	[arʲɛʃ'tʊɑtʲɪ]
fangen (vt)	pagauti	[pa'gɑʊtʲɪ]
Festnahme (f)	pagavìmas (v)	[paga'vʲɪmas]
Dokument (n)	dokumeñtas (v)	[dokʊ'mʲɛntas]
Beweis (m)	įródymas (v)	[iː'rodʲɪːmas]
beweisen (vt)	įródyti	[iː'rodʲɪːtʲɪ]
Fußspur (f)	pėdsakas (v)	['pʲeːdsakas]
Fingerabdrücke (pl)	pir̃štų antspaudai (v dgs)	['pʲɪrʃtu: 'antspɑʊdʌɪ]
Beweisstück (n)	įkaltis (v)	['iːkalʲtʲɪs]
Alibi (n)	ãlibi (v)	['aːlʲɪbʲɪ]
unschuldig	nekáltas	[nʲɛ'kalʲtas]
Ungerechtigkeit (f)	neteisingùmas (v)	[nʲɛtʲɛɪsʲɪn'gʊmas]
ungerecht	neteisìngas	[nʲɛtʲɛɪ'sʲɪngas]
Kriminal-	kriminãlinis	[krʲɪmʲɪ'naːlʲɪnʲɪs]
beschlagnahmen (vt)	konfiskúoti	[kɔnfʲɪs'kʊɑtʲɪ]
Droge (f)	narkòtikas (v)	[nar'kotʲɪkas]
Waffe (f)	giñklas (v)	['gʲɪŋklʲas]
entwaffnen (vt)	nuginklúoti	[nʊgʲɪŋ'klʲʊɑtʲɪ]
befehlen (vt)	įsakinėti	[iːsakʲɪ'nʲeːtʲɪ]
verschwinden (vi)	diñgti	['dʲɪŋktʲɪ]
Gesetz (n)	įstãtymas (v)	[iː'staːtiːmas]
gesetzlich	teisėtas	[tʲɛɪ'sʲeːtas]
ungesetzlich	neteisėtas	[nʲɛtʲɛɪ'sʲeːtas]
Verantwortlichkeit (f)	atsakomýbė (m)	[atsako'mʲiːbʲeː]
verantwortlich	atsakìngas	[atsa'kʲɪngas]

NATUR

Die Erde. Teil 1

195. Weltall

Kosmos (m)	kòsmosas (v)	['kɔsmosas]
kosmisch, Raum-	kòsminis	['kɔsmʲinʲɪs]
Weltraum (m)	kòsminė erdvė̃ (m)	['kɔsmʲinʲe: ɛrd'vʲe:]
All (n)	visatà (m)	[vʲɪsaˈta]
Universum (n)	pasáulis (v)	[paˈsɑʊlʲɪs]
Galaxie (f)	galãktika (m)	[gaˈlʲaːktʲɪka]
Stern (m)	žvaigždė̃ (m)	[ʒvʌɪgˈʒdʲeː]
Gestirn (n)	žvaigždýnas (v)	[ʒvʌɪgʒˈdʲiːnas]
Planet (m)	planetà (m)	[plʲanʲɛˈta]
Satellit (m)	palydóvas (v)	[palʲiːˈdoːvas]
Meteorit (m)	meteorìtas (v)	[mʲɛtʲɛoˈrʲɪtas]
Komet (m)	kometà (m)	[kɔmʲɛˈta]
Asteroid (m)	asteròidas (v)	[astʲɛˈrɔɪdas]
Umlaufbahn (f)	orbità (m)	[ɔrbʲɪˈta]
sich drehen	sùktis	['sʊktʲɪs]
Atmosphäre (f)	atmosferà (m)	[atmɔsfʲɛˈra]
Sonne (f)	Sáulė (m)	['sɑʊlʲeː]
Sonnensystem (n)	Sáulės sistemà (m)	['sɑʊlʲeːs sʲɪsteˈma]
Sonnenfinsternis (f)	Sáulės užtemìmas (v)	['sɑʊlʲeːs ʊʒtʲɛˈmʲɪmas]
Erde (f)	Žẽmė (m)	['ʒʲæmʲeː]
Mond (m)	Mėnùlis (v)	[mʲeːˈnʊlʲɪs]
Mars (m)	Márasas (v)	['marsas]
Venus (f)	Venerà (m)	[vʲɛnʲɛˈra]
Jupiter (m)	Jupìteris (v)	[jʊˈpʲɪtʲɛrʲɪs]
Saturn (m)	Satùrnas (v)	[saˈtʊrnas]
Merkur (m)	Merkùrijus (v)	[mʲɛrˈkʊrʲijʊs]
Uran (m)	Urãnas (v)	[ʊˈraːnas]
Neptun (m)	Neptū̃nas (v)	[nʲɛpˈtuːnas]
Pluto (m)	Plutònas (v)	[plʲʊˈtonas]
Milchstraße (f)	Paũkščių Tãkas (v)	['pɑʊkʃtʂʲuː 'taːkas]
Der Große Bär	Didíeji Grį̃žulo Rãtai (v dgs)	[dʲɪˈdʲiejɪ 'grʲɪːʒʊlʲɔ 'raːtʌɪ]
Polarstern (m)	Šiaurìnė žvaigždė̃ (m)	[ʃɛʊˈrʲɪnʲeː ʒvʌɪgˈʒdʲeː]
Marsbewohner (m)	marsiẽtis (v)	[marˈsʲɛtʲɪs]
Außerirdischer (m)	ateìvis (v)	[aˈtʲɛɪvʲɪs]

| außerirdisches Wesen (n) | ateivis (v) | [a'tʲɛɪvʲɪs] |
| fliegende Untertasse (f) | skraidanti lėkštė (m) | ['skrʌɪdantʲɪ lʲe:kʃtʲe:] |

Raumschiff (n)	kosminis laivas (v)	['kosmʲɪnʲɪs 'lʲʌɪvas]
Raumstation (f)	orbitos stotis (m)	[or'bʲɪtos sto'tʲɪs]
Raketenstart (m)	startas (v)	['startas]

Triebwerk (n)	variklis (v)	[va'rʲɪklʲɪs]
Düse (f)	tūta (m)	[tu:'ta]
Treibstoff (m)	kuras (v)	['kuras]

Kabine (f)	kabina (m)	[kabʲɪ'na]
Antenne (f)	antena (m)	[antʲɛ'na]
Bullauge (n)	iliuminatorius (v)	[ɪlʲʊmʲɪ'na:torʲʊs]
Sonnenbatterie (f)	saulės baterija (m)	['saʊlʲe:s ba'tʲɛrʲɪjɛ]
Raumanzug (m)	skafandras (v)	[ska'fandras]

| Schwerelosigkeit (f) | nesvarumas (v) | [nʲɛsva'rumas] |
| Sauerstoff (m) | deguonis (v) | [dʲɛ'guɑnʲɪs] |

| Ankopplung (f) | susijungimas (v) | [sʊsʲɪjʊn'gʲɪmas] |
| koppeln (vi) | susijungti | [sʊsʲɪ'jʊŋktʲɪ] |

Observatorium (n)	observatorija (m)	[obsʲɛrva'torʲɪjɛ]
Teleskop (n)	teleskopas (v)	[tʲɛlʲɛ'skopas]
beobachten (vt)	stebėti	[ste'bʲe:tʲɪ]
erforschen (vt)	tyrinėti	[tʲi:rʲɪ'nʲe:tʲɪ]

196. Die Erde

Erde (f)	Žemė (m)	['ʒʲæmʲe:]
Erdkugel (f)	žemės rutulys (v)	['ʒʲæmʲe:s rʊtʊ'lʲi:s]
Planet (m)	planeta (m)	[plʲanʲɛ'ta]

Atmosphäre (f)	atmosfera (m)	[atmosfʲɛ'ra]
Geographie (f)	geografija (m)	[gʲɛo'gra:fʲɪjɛ]
Natur (f)	gamta (m)	[gam'ta]

Globus (m)	gaublys (v)	[gaʊb'lʲi:s]
Landkarte (f)	žemėlapis (v)	[ʒe'mʲe:lʲapʲɪs]
Atlas (m)	atlasas (v)	['a:tlʲasas]

| Europa (n) | Europa (m) | [ɛʊro'pa] |
| Asien (n) | azija (m) | ['a:zʲɪjɛ] |

| Afrika (n) | afrika (m) | ['a:frʲɪka] |
| Australien (n) | Australija (m) | [aʊs'tra:lʲɪjɛ] |

Amerika (n)	Amerika (m)	[a'mʲɛrʲɪka]
Nordamerika (n)	Šiaurės Amerika (m)	['ʃæʊrʲe:s a'mʲɛrʲɪka]
Südamerika (n)	Pietų Amerika (m)	[pʲiɛ'tu: a'mʲɛrʲɪka]

| Antarktis (f) | Antarktida (m) | [antarktʲɪ'da] |
| Arktis (f) | Arktika (m) | ['arktʲɪka] |

197. Himmelsrichtungen

Norden (m)	šiáurė (m)	[ʃæʊrʲeː]
nach Norden	į̃ šiáurę	[iː ˈʃæʊrʲɛː]
im Norden	šiáurėje	[ʃæʊrʲeːje]
nördlich	šiaurìnis	[ʃɛʊˈrʲɪnʲɪs]

Süden (m)	pietùs (v)	[pʲiɛˈtʊs]
nach Süden	į̃ pietùs	[iː pʲiɛˈtʊs]
im Süden	pietuosè	[pʲiɛtʊɑˈsʲɛ]
südlich	pietìnis	[pʲiɛˈtʲɪnʲɪs]

Westen (m)	vakarai̇̃ (v dgs)	[vakaˈrʌɪ]
nach Westen	į̃ vãkarus	[iː ˈvaːkarʊs]
im Westen	vakaruosè	[vakarʊɑˈsʲɛ]
westlich, West-	vakariẽtiškas	[vakaˈrʲɛtʲɪʃkas]

Osten (m)	rytai̇̃ (v dgs)	[rʲiːˈtʌɪ]
nach Osten	į̃ rýtus	[iː ˈrʲɪːtʊs]
im Osten	rytuosè	[rʲiːtʊɑˈsʲɛ]
östlich	rytiẽtiškas	[rʲiːˈtʲɛtʲɪʃkas]

198. Meer. Ozean

Meer (n), See (f)	jū́ra (m)	[ˈjuːra]
Ozean (m)	vandenýnas (v)	[vandʲɛˈnʲiːnas]
Golf (m)	į́lanka (m)	[ˈiːlʲaŋka]
Meerenge (f)	sąsiauris (v)	[ˈsaːsʲɛʊrʲɪs]

Kontinent (m)	žemýnas (v)	[ʒʲɛˈmʲiːnas]
Insel (f)	salà (m)	[saˈlʲa]
Halbinsel (f)	pusiãsalis (v)	[pʊsʲæsalʲɪs]
Archipel (m)	archipelãgas (v)	[arxˈɪpʲɛˈlʲaːgas]

Bucht (f)	užùtekis (v)	[ʊʒʊtʲɛkʲɪs]
Hafen (m)	úostas (v)	[ˈʊɑstas]
Lagune (f)	lagūnà (m)	[lʲaguːˈna]
Kap (n)	iškyšulỹs (v)	[ɪʃkʲiːʃʊˈlʲiːs]

Atoll (n)	atólas (v)	[aˈtolʲas]
Riff (n)	rìfas (v)	[ˈrʲɪfas]
Koralle (f)	korãlas (v)	[kɔˈraːlʲas]
Korallenriff (n)	korãlų rìfas (v)	[kɔˈraːlʲuː ˈrʲɪfas]

tief (Adj)	gilùs	[gʲɪˈlʲʊs]
Tiefe (f)	gỹlis (v)	[ˈgʲiːlʲɪs]
Abgrund (m)	bedùgnė (m)	[bʲɛˈdʊgnʲeː]
Graben (m)	į́duba (m)	[ˈiːdʊba]

Strom (m)	srovė̃ (m)	[sroˈvʲeː]
umspülen (vt)	skaláuti	[skaˈlʲɑʊtʲɪ]
Ufer (n)	pajū́ris (v)	[ˈpajuːrʲɪs]
Küste (f)	pakrántė (m)	[pakˈrantʲeː]

Flut (f)	antplūdis (v)	['antplʲuːdʲɪs]
Ebbe (f)	atoslūgis (v)	[aˈtoslʲuːgʲɪs]
Sandbank (f)	atabradas (v)	[aˈtaːbradas]
Boden (m)	dugnas (v)	[ˈdugnas]

Welle (f)	banga (m)	[banˈga]
Wellenkamm (m)	bangos ketera (m)	[banˈgoːs kʲɛtʲɛˈra]
Schaum (m)	putos (m dgs)	[ˈputos]

Sturm (m)	audra (m)	[ɑudˈra]
Orkan (m)	uraganas (v)	[uraˈgaːnas]
Tsunami (m)	cunamis (v)	[tsʊˈnaːmʲɪs]
Windstille (f)	štilius (v)	[ʃtʲɪˈlʲʊs]
ruhig	ramus	[raˈmʊs]

| Pol (m) | ašigalis (v) | [aˈʃɪgalʲɪs] |
| Polar- | poliarinis | [poˈlʲærʲɪnʲɪs] |

Breite (f)	platuma (m)	[plʲatʊˈma]
Länge (f)	ilguma (m)	[ɪlʲgʊˈma]
Breitenkreis (m)	paralelė (m)	[paraˈlʲɛlʲeː]
Äquator (m)	ekvatorius (v)	[ɛkˈvaːtorʲʊs]

Himmel (m)	dangus (v)	[danˈgʊs]
Horizont (m)	horizontas (v)	[ɣorʲɪˈzontas]
Luft (f)	oras (v)	[ˈoras]

Leuchtturm (m)	švyturỹs (v)	[ʃvʲiːtʊˈrʲiːs]
tauchen (vi)	nardyti	[ˈnardʲiːtʲɪ]
versinken (vi)	nuskęsti	[nʊˈskʲɛːstʲɪ]
Schätze (pl)	lobis (v)	[ˈlʲoːbʲɪs]

199. Namen der Meere und Ozeane

Atlantischer Ozean (m)	Atlanto vandenynas (v)	[atˈlʲantɔ vandʲɛˈnʲiːnas]
Indischer Ozean (m)	Indijos vandenynas (v)	[ˈɪndʲɪjos vandʲɛˈnʲiːnas]
Pazifischer Ozean (m)	Ramusis vandenynas (v)	[raˈmʊsʲɪs vandʲɛˈnʲiːnas]
Arktischer Ozean (m)	Arkties vandenynas (v)	[ˈarktʲiɛs vandʲɛˈnʲiːnas]

Schwarzes Meer (n)	Juodoji jūra (m)	[jʊɑˈdoːjɪ ˈjuːra]
Rotes Meer (n)	Raudonoji jūra (m)	[rɑudoˈnoːjɪ ˈjuːra]
Gelbes Meer (n)	Geltonoji jūra (m)	[gʲɛlʲtoˈnoːjɪ ˈjuːra]
Weißes Meer (n)	Baltoji jūra (m)	[balʲˈtoːjɪ ˈjuːra]

Kaspisches Meer (n)	Kaspijos jūra (m)	[ˈkaːspʲɪjos ˈjuːra]
Totes Meer (n)	Negyvoji jūra (m)	[nʲɛgʲiːˈvoːjɪ ˈjuːra]
Mittelmeer (n)	Viduržemio jūra (m)	[vʲɪˈdʊrʒʲɛmʲɔ ˈjuːra]

| Ägäisches Meer (n) | Egejo jūra (m) | [ɛˈgʲæjo ˈjuːra] |
| Adriatisches Meer (n) | adrijos jūra (m) | [ˈaːdrʲɪjos ˈjuːra] |

Arabisches Meer (n)	Arabijos jūra (m)	[aˈrabʲɪjos ˈjuːra]
Japanisches Meer (n)	Japonijos jūra (m)	[jaˈponʲɪjos juːra]
Beringmeer (n)	Beringo jūra (m)	[ˈbʲɛrʲɪngɔ ˈjuːra]

Südchinesisches Meer (n)	Pietų Kinijos jūra (m)	[pʲiɛ'tu: 'kʲɪnʲɪjɔs 'juːra]
Korallenmeer (n)	Koralų jūra (m)	[kɔ'raːlʲu: 'juːra]
Tasmansee (f)	Tasmanų jūra (m)	[tas'manu: 'juːra]
Karibisches Meer (n)	Karibų jūra (m)	[ka'rʲɪbu: 'juːra]
Barentssee (f)	Barenco jūra (m)	[barʲɛntsɔ 'juːra]
Karasee (f)	Karsko jūra (m)	['karskɔ 'juːra]
Nordsee (f)	Šiaurės jūra (m)	['ʃʲæʊrʲeːs 'juːra]
Ostsee (f)	Baltijos jūra (m)	['balʲtʲɪjɔs 'juːra]
Nordmeer (n)	Norvegijos jūra (m)	[nɔr'vʲɛgʲɪjɔs 'juːra]

200. Berge

Berg (m)	kalnas (v)	['kalʲnas]
Gebirgskette (f)	kalnų virtinė (m)	[kalʲ'nu: vʲɪrtʲɪnʲeː]
Bergrücken (m)	kalnagūbris (v)	[kalʲ'naːguːbrʲɪs]

Gipfel (m)	viršūnė (m)	[vʲɪr'ʃuːnʲeː]
Spitze (f)	pikas (v)	['pʲɪkas]
Bergfuß (m)	papėdė (m)	[pa'pʲeːdʲeː]
Abhang (m)	nuokalnė (m)	['nʊakalʲnʲeː]

Vulkan (m)	ugnikalnis (v)	[ʊg'nʲɪkalʲnʲɪs]
tätiger Vulkan (m)	veikiantis ugnikalnis (v)	['vʲɛɪkʲæntʲɪs ʊg'nʲɪkalʲnʲɪs]
schlafender Vulkan (m)	užgesęs ugnikalnis (v)	[ʊʒ'gʲæsʲɛːs ʊg'nʲɪkalʲnʲɪs]

Ausbruch (m)	išsiveržimas (v)	[ɪʃsʲɪvʲɛr'ʒʲɪmas]
Krater (m)	krateris (v)	['kraːtʲɛrʲɪs]
Magma (n)	magma (m)	[mag'ma]
Lava (f)	lava (m)	[lʲa'va]
glühend heiß (-e Lava)	įkaitęs	[iː'kʌɪtʲɛːs]
Cañon (m)	kanjonas (v)	[ka'njɔ nas]
Schlucht (f)	tarpukalnė (m)	[tar'pʊkalʲnʲeː]
Spalte (f)	tarpėklis (m)	[tar'pʲæklʲɪs]

Gebirgspass (m)	kalnakelis (m)	[kalʲ'nakʲɛlʲɪs]
Plateau (n)	gulstė (m)	[gʊlʲ'stʲeː]
Fels (m)	uola (m)	[ʊɑ'lʲa]
Hügel (m)	kalva (m)	[kalʲ'va]

Gletscher (m)	ledynas (v)	[lʲɛ'dʲiːnas]
Wasserfall (m)	krioklys (v)	[krʲok'lʲiːs]
Geiser (m)	geizeris (v)	['gʲɛɪzʲɛrʲɪs]
See (m)	ežeras (v)	['ɛʒʲɛras]

Ebene (f)	lyguma (m)	[lʲiːgʊ'ma]
Landschaft (f)	peizažas (v)	[pʲɛɪ'zaːʒas]
Echo (n)	aidas (v)	['ʌɪdas]

Bergsteiger (m)	alpinistas (v)	[alʲpʲɪ'nʲɪstas]
Kletterer (m)	uolakopys (v)	[ʊɑlʲako'pʲiːs]
bezwingen (vt)	pavergti	[pa'vʲɛrktʲɪ]
Aufstieg (m)	kopimas (v)	[kɔ'pʲɪmas]

201. Namen der Berge

Alpen (pl)	Álpės (m dgs)	['alʲpʲeːs]
Montblanc (m)	Monblãnas (v)	[monˈblʲaːnas]
Pyrenäen (pl)	Pirėnai (v)	[pʲɪˈrʲeːnʌɪ]

Karpaten (pl)	Karpãtai (v dgs)	[karˈpaːtʌɪ]
Uralgebirge (n)	Urãlo kalnaĩ (v dgs)	[ʊˈraːlɔ kalʲˈnʌɪ]
Kaukasus (m)	Kaukãzas (v)	[kɑʊˈkaːzas]
Elbrus (m)	Elbrùsas (v)	[ɛlʲˈbrʊsas]

Altai (m)	Altãjus (v)	[alʲˈtaːjʊs]
Tian Shan (m)	Tian Šãnis (v)	[tʲæn ˈʃaːnʲɪs]
Pamir (m)	Pamỹras (v)	[paˈmʲiːras]
Himalaja (m)	Himalãjai (v dgs)	[ɣɪmaˈlʲaːjʌɪ]
Everest (m)	Everèstas (v)	[ɛvʲɛˈrʲɛstas]

| Anden (pl) | Añdai (v) | [ˈandʌɪ] |
| Kilimandscharo (m) | Kilimandžãras (v) | [kʲɪlʲɪmanˈdʒaːras] |

202. Flüsse

Fluss (m)	ùpė (m)	[ˈʊpʲeː]
Quelle (f)	šaltìnis (v)	[ʃalʲˈtʲɪnʲɪs]
Flussbett (n)	vagà (m)	[vaˈga]
Stromgebiet (n)	baseĩnas (v)	[baˈsʲɛɪnas]
einmünden in ...	įtekėti į ...	[iːtʲɛˈkʲeːtʲɪ iː ..]

| Nebenfluss (m) | añtplūdis (v) | [ˈantplʲuːdʲɪs] |
| Ufer (n) | krañtas (v) | [ˈkrantas] |

Strom (m)	srovė̃ (m)	[sroˈvʲeː]
stromabwärts	pasroviuĩ	[pasroˈvʲʊɪ]
stromaufwärts	priẽš srõvę	[ˈprʲɛʃ ˈsroːvʲɛː]

Überschwemmung (f)	põtvynis (v)	[ˈpotvʲiːnʲɪs]
Hochwasser (n)	põpludis (v)	[ˈpoplʲuːdʲɪs]
aus den Ufern treten	išsilíeti	[ɪʃsʲɪˈlʲiɛtʲɪ]
überfluten (vt)	tvìndyti	[ˈtvʲɪndʲiːtʲɪ]

| Sandbank (f) | seklumà (m) | [sʲɛklʲʊˈma] |
| Stromschnelle (f) | sleñkstis (v) | [ˈslʲɛŋkstʲɪs] |

Damm (m)	ùžtvanka (m)	[ˈʊʒtvaŋka]
Kanal (m)	kanãlas (v)	[kaˈnaːlʲas]
Stausee (m)	vandeñs saugyklà (m)	[vanˈdʲɛns sɑʊgʲiːkˈlʲa]
Schleuse (f)	šliùzas (v)	[ˈʃlʲʊzas]

Gewässer (n)	vandeñs telkinỹs (v)	[vanˈdʲɛns tʲɛlʲkʲɪˈnʲiːs]
Sumpf (m), Moor (n)	pélkė (m)	[ˈpʲɛlʲkʲeː]
Marsch (f)	liūnas (v)	[ˈlʲuːnas]
Strudel (m)	verpėtas (v)	[vʲɛrˈpʲætas]
Bach (m)	upẽlis (v)	[ʊˈpʲælʲɪs]

Trink- (z.B. Trinkwasser)	gėriamas	['gʲærʲæmas]
Süß- (Wasser)	gėlas	['gʲeːlʲas]

Eis (n)	ledas (v)	['lʲædas]
zufrieren (vi)	užšalti	[ʊʒˈʃalʲtʲɪ]

203. Namen der Flüsse

Seine (f)	Sena (m)	[sʲɛˈna]
Loire (f)	Luara (m)	[lʲʊaˈra]

Themse (f)	Temzė (m)	[ˈtʲɛmzʲeː]
Rhein (m)	Reinas (v)	[ˈrʲɛɪnas]
Donau (f)	Dunojus (v)	[dʊˈnoːjʊs]

Wolga (f)	Volga (m)	[ˈvolʲga]
Don (m)	Donas (v)	[ˈdonas]
Lena (f)	Lena (m)	[lʲɛˈna]

Gelber Fluss (m)	Geltonoji upė (m)	[gʲɛlʲto'noːjɪ ˈʊpʲeː]
Jangtse (m)	Jangdzė (m)	[jangˈdzʲeː]
Mekong (m)	Mekongas (v)	[mʲɛˈkongas]
Ganges (m)	Gangas (v)	[ˈgangas]

Nil (m)	Nilas (v)	[ˈnʲɪlʲas]
Kongo (m)	Kongas (v)	[ˈkongas]
Okavango (m)	Okavangas (v)	[okaˈva ngas]
Sambesi (m)	Zambezė (m)	[zamˈbʲɛzʲeː]
Limpopo (m)	Limpopo (v)	[lʲɪmpoˈpo]
Mississippi (m)	Misisipė (m)	[mʲɪsʲɪˈsʲɪpʲeː]

204. Wald

Wald (m)	miškas (v)	[ˈmʲɪʃkas]
Wald-	miškinis	[mʲɪʃˈkʲɪnʲɪs]

Dickicht (n)	tankumynas (v)	[taŋkʊˈmʲiːnas]
Gehölz (n)	giraitė (m)	[gɪˈrʌɪtʲeː]
Lichtung (f)	laukas (v)	[ˈlʲɑʊkas]

Dickicht (n)	žolynas, beržynas (v)	[ʒoˈlʲiːnas], [bʲɛrˈʒʲiːnas]
Gebüsch (n)	krūmynas (v)	[kruːˈmʲiːnas]

Fußweg (m)	takelis (v)	[taˈkʲælʲɪs]
Erosionsrinne (f)	griovys (v)	[grʲoˈvʲiːs]

Baum (m)	medis (v)	[ˈmʲædʲɪs]
Blatt (n)	lapas (v)	[ˈlʲaːpas]
Laub (n)	lapija (n)	[lʲapʲɪˈja]

Laubfall (m)	lapų kritimas (v)	[ˈlʲaːpu: krʲɪˈtʲɪmas]
fallen (Blätter)	kristi	[ˈkrʲɪstʲɪ]

Wipfel (m)	viršū́nė (m)	[vʲɪrʲʃuːnʲeː]
Zweig (m)	šakà (m)	[ʃaˈka]
Ast (m)	šakà (m)	[ʃaˈka]
Knospe (f)	pum̃puras (v)	[ˈpʊmpʊras]
Nadel (f)	spyglỹs (v)	[spʲiːgˈlʲiːs]
Zapfen (m)	kankorė́žis (v)	[kaŋˈkorʲeːʒʲɪs]
Höhlung (f)	úoksas (v)	[ˈʊaksas]
Nest (n)	lìzdas (v)	[ˈlʲɪzdas]
Höhle (f)	olà (m)	[oˈlʲa]
Stamm (m)	kamíenas (v)	[kaˈmʲiɛnas]
Wurzel (f)	šaknìs (m)	[ʃakˈnʲɪs]
Rinde (f)	žieṽė (m)	[ʒʲiɛˈvʲeː]
Moos (n)	sãmana (m)	[ˈsaːmana]
entwurzeln (vt)	ráuti	[ˈraʊtʲɪ]
fällen (vt)	kir̃sti	[ˈkʲɪrstʲɪ]
abholzen (vt)	iškìrsti	[ɪʃˈkʲɪrstʲɪ]
Baumstumpf (m)	kélmas (v)	[ˈkʲɛlʲmas]
Lagerfeuer (n)	láužas (v)	[ˈlʲaʊʒas]
Waldbrand (m)	gaĩsras (v)	[ˈɡʌɪsras]
löschen (vt)	gesìnti	[ɡʲɛˈsʲɪntʲɪ]
Förster (m)	mìškininkas (v)	[ˈmʲɪʃkʲɪnʲɪŋkas]
Schutz (m)	apsaugà (m)	[apsaʊˈɡa]
beschützen (vt)	sáugoti	[ˈsaʊɡotʲɪ]
Wilddieb (m)	brakoniẽrius (v)	[brakoˈnʲɛrʲʊs]
Falle (f)	spą́stai (v dgs)	[ˈspaːstʌɪ]
sammeln (Pilze ~)	grybáuti	[ɡrʲiːˈbaʊtʲɪ]
pflücken (Beeren ~)	uogáuti	[ʊaˈɡaʊtʲɪ]
sich verirren	pasiklýsti	[pasʲɪˈklʲiːstʲɪ]

205. natürliche Lebensgrundlagen

Naturressourcen (pl)	gamtìniai ìštekliai (v dgs)	[ɡamˈtʲɪnʲɛɪ ˈɪʃtʲɛklʲɛɪ]
Bodenschätze (pl)	naudìngos ìškasenos (m dgs)	[naʊˈdʲɪŋɡos ˈɪʃkasʲɛnos]
Vorkommen (n)	telkinia ̃ı (v dgs)	[tʲɛlʲkʲɪˈnʲɛɪ]
Feld (Ölfeld usw.)	telkinỹs (v)	[tʲɛlʲkʲɪˈnʲiːs]
gewinnen (vt)	iškàsti	[ɪʃˈkastʲɪ]
Gewinnung (f)	laimìkis (v)	[lʲʌɪˈmʲɪkʲɪs]
Erz (n)	rūdà (m)	[ruːˈda]
Bergwerk (n)	rūdýnas (v)	[ruːˈdʲiːnas]
Schacht (m)	šachtà (m)	[ʃaxˈta]
Bergarbeiter (m)	šãchtininkas (v)	[ˈʃaːxtʲɪnʲɪŋkas]
Erdgas (n)	dùjos (m dgs)	[ˈdʊjɔs]
Gasleitung (f)	dujótiekis (v)	[dʊˈjotʲiɛkʲɪs]
Erdöl (n)	naftà (m)	[nafˈta]
Erdölleitung (f)	naftótiekis (v)	[nafˈtotʲiɛkʲɪs]

Ölquelle (f)	naftos bokštas (v)	['na:ftos 'bokʃtas]
Bohrturm (m)	gręžimo bokštas (v)	['grʲɛ:ʒʲɪmɔ 'bokʃtas]
Tanker (m)	tanklaivis (v)	['taŋklʲʌɪvʲɪs]
Sand (m)	smėlis (v)	['smʲe:lʲɪs]
Kalkstein (m)	kalkinis akmuo (v)	['kalʲkʲɪnʲɪs akˈmʊɑ]
Kies (m)	žvyras (v)	['ʒvʲi:ras]
Torf (m)	durpės (m dgs)	['durpʲe:s]
Ton (m)	molis (v)	['molʲɪs]
Kohle (f)	anglis (m)	[angˈlʲɪs]
Eisen (n)	geležis (v)	[gʲɛlʲɛˈʒʲɪs]
Gold (n)	auksas (v)	['ɑuksas]
Silber (n)	sidabras (v)	[sʲɪˈdaːbras]
Nickel (n)	nikelis (v)	['nʲɪkʲɛlʲɪs]
Kupfer (n)	varis (v)	['va:rʲɪs]
Zink (n)	cinkas (v)	['tsʲɪŋkas]
Mangan (n)	manganas (v)	[manˈgaːnas]
Quecksilber (n)	gyvsidabris (v)	['gʲi:vsʲɪdabrʲɪs]
Blei (n)	švinas (v)	['ʃvʲɪnas]
Mineral (n)	mineralas (v)	[mʲɪnʲɛˈraːlʲas]
Kristall (m)	kristalas (v)	[krʲɪsˈtaːlʲas]
Marmor (m)	marmuras (v)	['marmʊras]
Uran (n)	uranas (v)	[ʊˈra:nas]

Die Erde. Teil 2

206. Wetter

Wetter (n)	oras (v)	['oras]
Wetterbericht (m)	oro prognozė (m)	['orɔ prog'nozʲe:]
Temperatur (f)	temperatūra (m)	[tʲɛmpʲɛratu:'ra]
Thermometer (n)	termometras (v)	[tʲɛrmo'mʲɛtras]
Barometer (n)	barometras (v)	[baro'mʲɛtras]
feucht	drėgnas	['drʲe:gnas]
Feuchtigkeit (f)	drėgmė (m)	[drʲe:g'mʲe:]
Hitze (f)	karštis (v)	['karʃtʲɪs]
glutheiß	karštas	['karʃtas]
ist heiß	karšta	['karʃta]
ist warm	šilta	['ʃɪlʲta]
warm (Adj)	šiltas	['ʃɪlʲtas]
ist kalt	šalta	['ʃalʲta]
kalt (Adj)	šaltas	['ʃalʲtas]
Sonne (f)	saulė (m)	['saulʲe:]
scheinen (vi)	šviesti	['ʃvʲestʲɪ]
sonnig (Adj)	saulėta	[sau'lʲe:ta]
aufgehen (vi)	pakilti	[pa'kʲɪlʲtʲɪ]
untergehen (vi)	leistis	['lʲeɪstʲɪs]
Wolke (f)	debesis (v)	[dʲɛbʲɛ'sʲɪs]
bewölkt, wolkig	debesuota	[dʲɛbʲɛ'suɑta]
Regenwolke (f)	debesis (v)	[dʲɛbʲɛ'sʲɪs]
trüb (-er Tag)	apsiniauke	[apsʲɪ'nʲæukʲɛ:]
Regen (m)	lietus (v)	[lʲiɛ'tus]
Es regnet	lyja	['lʲi:ja]
regnerisch (-er Tag)	lietingas	[lʲiɛ'tʲɪngas]
nieseln (vi)	lynoti	[lʲi:'notʲɪ]
strömender Regen (m)	liūtis (m)	['lʲu:tʲɪs]
Regenschauer (m)	liūtis (m)	['lʲu:tʲɪs]
stark (-er Regen)	stiprus	[stʲɪp'rus]
Pfütze (f)	bala (m)	[ba'lʲa]
nass werden (vi)	šlapti	['ʃlʲaptʲɪ]
Nebel (m)	rūkas (v)	['ru:kas]
neblig (-er Tag)	miglotas	[mʲɪg'lʲotas]
Schnee (m)	sniegas (v)	['snʲɛgas]
Es schneit	sninga	['snʲɪŋga]

207. Unwetter Naturkatastrophen

Gewitter (n)	perkūnija (m)	[pʲɛrˈkuːnʲɪjɛ]
Blitz (m)	žaibas (v)	[ˈʒʌɪbas]
blitzen (vi)	žaibuoti	[ʒʌɪˈbʊɑtʲɪ]
Donner (m)	griaustinis (v)	[grʲɛʊsˈtʲɪnʲɪs]
donnern (vi)	griaudėti	[ˈgrʲæʊdʲeːtʲɪ]
Es donnert	griaudėja griaustinis	[ˈgrʲæʊdʲeːja grʲɛʊsˈtʲɪnʲɪs]
Hagel (m)	kruša (m)	[krʊˈʃa]
Es hagelt	krinta kruša	[ˈkrʲɪnta krʊˈʃa]
überfluten (vt)	užlieti	[ʊʒˈlʲiɛtʲɪ]
Überschwemmung (f)	potvynis (v)	[ˈpotvʲiːnʲɪs]
Erdbeben (n)	žemės drebėjimas (v)	[ˈʒʲæmʲeːs dreˈbʲɛjɪmas]
Erschütterung (f)	smūgis (m)	[ˈsmuːgʲɪs]
Epizentrum (n)	epicentras (v)	[ɛpʲɪˈtsʲɛntras]
Ausbruch (m)	išsiveržimas (v)	[ɪʃsʲɪvʲɛrˈʒʲɪmas]
Lava (f)	lava (m)	[lʲaˈva]
Wirbelsturm (m)	viesulas (v)	[ˈvʲiɛsʊlʲas]
Tornado (m)	tornado (v)	[torˈnaːdɔ]
Taifun (m)	taifūnas (v)	[tʌɪˈfuːnas]
Orkan (m)	uraganas (v)	[ʊraˈgaːnas]
Sturm (m)	audra (m)	[ɑʊdˈra]
Tsunami (m)	cunamis (v)	[tsʊˈnaːmʲɪs]
Zyklon (m)	ciklonas (v)	[tsʲɪkˈlʲonas]
Unwetter (n)	dargana (m)	[ˈdargana]
Brand (m)	gaisras (v)	[ˈgʌɪsras]
Katastrophe (f)	katastrofa (m)	[katastroˈfa]
Meteorit (m)	meteoritas (v)	[mʲɛtʲɛoˈrʲɪtas]
Lawine (f)	lavina (m)	[lʲavʲɪˈna]
Schneelawine (f)	griūtis (m)	[grʲuːˈtʲɪs]
Schneegestöber (n)	pūga (m)	[puːˈga]
Schneesturm (m)	pūga (m)	[puːˈga]

208. Geräusche. Klänge

Stille (f)	tyla (m)	[tʲiːˈlʲa]
Laut (m)	garsas (v)	[ˈgarsas]
Lärm (m)	triukšmas (v)	[ˈtrʲʊkʃmas]
lärmen (vi)	triukšmauti	[trʲʊkʃˈmɑʊtʲɪ]
lärmend (Adj)	triukšmingas	[trʲʊkʃˈmʲɪngas]
laut (in lautemTon)	garsiai	[ˈgarsʲɛɪ]
laut (eine laute Stimme)	garsus	[garˈsʊs]
ständig (Adj)	nuolatinis	[nʊalʲaˈtʲɪnʲɪs]

Schrei (m)	rìksmas (v)	['rʲɪksmas]
schreien (vi)	rė̃kti	['rʲeːktʲɪ]
Flüstern (n)	šnabždesỹs (v)	[ʃnabʒdʲɛˈsʲiːs]
flüstern (vt)	šnabždė́ti	[ʃnabʒˈdʲeːtʲɪ]
Gebell (n)	lojìmas (v)	[lʲoˈjɪmas]
bellen (vi)	lóti	[ˈlʲotʲɪ]
Stöhnen (n)	stenė́jimas (v)	[stʲɛˈnʲɛjɪmas]
stöhnen (vi)	stenė́ti	[steˈnʲeːtʲɪ]
Husten (m)	kósėjimas (v)	[ˈkosʲeːjimas]
husten (vi)	kósėti	[ˈkosʲeːtʲɪ]
Pfiff (m)	švilpesỹs (v)	[ʃvʲɪlʲpʲɛˈsʲiːs]
pfeifen (vi)	švil̃pti	[ˈʃvʲɪlʲptʲɪ]
Klopfen (n)	stuksẽnimas (v)	[stʊkˈsʲænʲɪmas]
klopfen (vi)	stuksénti	[stʊkˈsʲɛntʲɪ]
krachen (Laut)	traškė́ti	[traʃˈkʲeːtʲɪ]
Krachen (n)	traškesỹs (v)	[traʃkʲɛˈsʲiːs]
Sirene (f)	sirenà (m)	[sʲɪrʲɛˈna]
Pfeife (Zug usw.)	signãlas (v)	[sʲɪgˈnaːlʲas]
pfeifen (vi)	signalizúoti	[sʲɪgnalʲɪˈzuɑtʲɪ]
Hupe (f)	signãlas (v)	[sʲɪgˈnaːlʲas]
hupen (vi)	signalizúoti	[sʲɪgnalʲɪˈzuɑtʲɪ]

209. Winter

Winter (m)	žiemà (m)	[ʒʲiɛˈma]
Winter-	žiemìnis	[ʒʲiɛˈmʲɪnʲɪs]
im Winter	žiẽmą	[ˈʒʲɛmaː]
Schnee (m)	sniẽgas (v)	[ˈsnʲɛgas]
Es schneit	sniñga	[ˈsnʲɪŋga]
Schneefall (m)	sniẽgas (v)	[ˈsnʲɛgas]
Schneewehe (f)	pusnìs (m)	[pʊsˈnʲɪs]
Schneeflocke (f)	sniẽgena (m)	[ˈsnʲɛgʲɛna]
Schneeball (m)	sniegėlis (m)	[snʲiɛˈgʲælʲɪs]
Schneemann (m)	besmegẽnis (v)	[bʲɛsmʲɛˈgʲænʲɪs]
Eiszapfen (m)	varvẽklis (v)	[varˈvʲæklʲɪs]
Dezember (m)	grúodis (v)	[ˈgrʊɑdʲɪs]
Januar (m)	saũsis (v)	[ˈsɑʊsʲɪs]
Februar (m)	vasãris (v)	[vaˈsaːrʲɪs]
Frost (m)	šáltis (v)	[ˈʃalʲtʲɪs]
frostig, Frost-	šáltas	[ˈʃalʲtas]
unter Null	žemiaũ nùlio	[ʒʲɛˈmʲɛʊ ˈnʊlʲo]
leichter Frost (m)	šalčiai (v dgs)	[ˈʃalʲtɕʲɛɪ]
Reif (m)	šerkšnà (m)	[ʃɛrkʃˈna]
Kälte (f)	šáltis (v)	[ˈʃalʲtʲɪs]

Es ist kalt	šalta	['ʃalʲta]
Pelzmantel (m)	kailiniaĩ (v dgs)	[kʌɪlʲɪ'nʲɛɪ]
Fausthandschuhe (pl)	kùmštinės (m dgs)	['kʊmʃtʲɪnʲe:s]
erkranken (vi)	susir̃gti	[sʊ'sʲɪrktʲɪ]
Erkältung (f)	péršalimas (v)	['pʲɛrʃalʲɪmas]
sich erkälten	péršalti	['pʲɛrʃalʲtʲɪ]
Eis (n)	lẽdas (v)	['lʲædas]
Glatteis (n)	plìkledis (v)	['plʲɪklʲɛdʲɪs]
zufrieren (vi)	užšálti	[ʊʒ'ʃalʲtʲɪ]
Eisscholle (f)	ledókšnis (v)	[lʲɛ'dokʃnʲɪs]
Ski (pl)	slìdės (m dgs)	['slʲɪdʲe:s]
Skiläufer (m)	slìdininkas (v)	['slʲɪdʲɪnʲɪŋkas]
Ski laufen	slidinéti	[slʲɪdʲɪ'nʲe:tʲɪ]
Schlittschuh laufen	čiuožinéti	[tʂʲʊoʒɪ'nʲe:tʲɪ]

Fauna

210. Säugetiere. Raubtiere

Raubtier (n)	plėšrūnas (v)	[pᶥeːʃruːnas]
Tiger (m)	tìgras (v)	['tᶥɪgras]
Löwe (m)	liūtas (v)	['lᶥuːtas]
Wolf (m)	vìlkas (v)	['vᶥɪlᶥkas]
Fuchs (m)	lãpė (m)	['lᶥaːpᶥeː]
Jaguar (m)	jaguãras (v)	[jagʊ'aːras]
Leopard (m)	leopárdas (v)	[lᶥɛo'pardas]
Gepard (m)	gepárdas (v)	[gᶥɛ'pardas]
Panther (m)	panterà (m)	[pantᶥɛ'ra]
Puma (m)	pumà (m)	[pʊ'ma]
Schneeleopard (m)	snieginis leopárdas (v)	[snᶥiɛ'gᶥɪnᶥɪs lᶥɛo'pardas]
Luchs (m)	lūšis (m)	['lᶥuːʃɪs]
Kojote (m)	kojotas (v)	[kɔ'jɔ tas]
Schakal (m)	šakãlas (v)	[ʃa'kaːlᶥas]
Hyäne (f)	hienà (m)	[ɣᶥiɛ'na]

211. Tiere in freier Wildbahn

Tier (n)	gyvūnas (v)	[gᶥiː'vuːnas]
Bestie (f)	žvėrìs (v)	[ʒvᶥeː'rᶥɪs]
Eichhörnchen (n)	voverė̃ (m)	[vove'rᶥeː]
Igel (m)	ežỹs (v)	[ɛʒᶥiːs]
Hase (m)	kiškis, zuìkis (v)	['kᶥɪʃkᶥɪs], ['zʊɪkᶥɪs]
Kaninchen (n)	triùšis (v)	['trᶥʊʃɪs]
Dachs (m)	barsùkas (v)	[bar'sʊkas]
Waschbär (m)	meškėnas (v)	[mᶥɛʃ'kᶥeːnas]
Hamster (m)	žiurkėnas (v)	[ʒᶥʊr'kᶥeːnas]
Murmeltier (n)	švilpìkas (v)	[ʃvᶥɪlᶥ'pᶥɪkas]
Maulwurf (m)	kurmis (v)	['kʊrmᶥɪs]
Maus (f)	pelė̃ (m)	[pᶥɛ'lᶥeː]
Ratte (f)	žiùrkė (m)	['ʒᶥʊrkᶥeː]
Fledermaus (f)	šikšnósparnis (v)	[ʃɪkʃ'nosparnᶥɪs]
Hermelin (n)	šermuonėlis (v)	[ʃermʊɑ'nᶥeːlᶥɪs]
Zobel (m)	sãbalas (v)	['saːbalᶥas]
Marder (m)	kiáunė (m)	['kᶥæʊnᶥeː]
Wiesel (n)	žebenkštìs (m)	[ʒᶥɛbᶥɛŋkʃ'tᶥɪs]
Nerz (m)	audìnė (m)	[ɑʊ'dᶥɪnᶥeː]

| Biber (m) | bėbras (v) | ['bʲæbras] |
| Fischotter (m) | ūdra (m) | ['uːdra] |

Pferd (n)	arklỹs (v)	[arkˈlʲiːs]
Elch (m)	briedis (v)	['brʲiɛdʲɪs]
Hirsch (m)	elnias (v)	['ɛlʲnʲæs]
Kamel (n)	kupranugaris (v)	[kʊpranʊˈgaːrʲɪs]

Bison (m)	bizonas (v)	[bʲɪˈzonas]
Wisent (m)	stumbras (v)	['stʊmbras]
Büffel (m)	buivolas (v)	['bʊivolʲas]

Zebra (n)	zebras (v)	['zʲɛbras]
Antilope (f)	antilopė (m)	[antʲɪˈlʲopʲeː]
Reh (n)	stirna (m)	['stʲɪrna]
Damhirsch (m)	danielius (v)	[daˈnʲɛlʲʊs]
Gämse (f)	gemzė (m)	['gʲɛmzʲeː]
Wildschwein (n)	šernas (v)	['ʃɛrnas]

Wal (m)	banginis (v)	[banˈgʲɪnʲɪs]
Seehund (m)	ruonis (v)	['rʊɑnʲɪs]
Walroß (n)	vėplỹs (v)	[vʲeːpˈlʲiːs]
Seebär (m)	kotikas (v)	['kotʲɪkas]
Delfin (m)	delfinas (v)	[dʲɛlʲˈfɪnas]

Bär (m)	lokỹs (v), meška (m)	[lʲoˈkʲiːs], [mʲɛʃˈka]
Eisbär (m)	baltasis lokỹs (v)	[balʲˈtasʲɪs lʲoˈkʲiːs]
Panda (m)	panda (m)	['panda]

Affe (m)	beždžionė (m)	[bʲɛʒˈdʒʲoːnʲeː]
Schimpanse (m)	šimpanzė (m)	[ʃɪmˈpanzʲeː]
Orang-Utan (m)	orangutangas (v)	[orangʊˈtangas]
Gorilla (m)	gorila (m)	[gorʲɪˈlʲa]
Makak (m)	makaka (m)	[makaˈka]
Gibbon (m)	gibonas (v)	[gʲɪˈbonas]

Elefant (m)	dramblỹs (v)	[dramˈblʲiːs]
Nashorn (n)	raganosis (v)	[ragaˈnoːsʲɪs]
Giraffe (f)	žirafa (m)	[ʒʲɪraˈfa]
Flusspferd (n)	begemotas (v)	[bʲɛgʲɛˈmotas]

| Känguru (n) | kengūra (m) | [kʲɛnˈguːˈra] |
| Koala (m) | koala (m) | [kɔaˈlʲa] |

Manguste (f)	mangusta (m)	[mangʊsˈta]
Chinchilla (n)	šinšila (m)	[ʃɪnʃɪˈrʲlʲa]
Stinktier (n)	skunkas (v)	['skʊŋkas]
Stachelschwein (n)	dygliuotis (v)	[dʲiːgˈlʲʊotʲɪs]

212. Haustiere

Katze (f)	katė (m)	[kaˈtʲeː]
Kater (m)	katinas (v)	['kaːtʲɪnas]
Hund (m)	šuõ (v)	['ʃʊɑ]

Pferd (n)	arklỹs (v)	[ark'lʲi:s]
Hengst (m)	eřžilas (v)	['ɛrʒʲɪlʲas]
Stute (f)	kumẽlė (m)	[kʊ'mʲæelʲe:]

Kuh (f)	kárvė (m)	['karvʲe:]
Stier (m)	bùlius (v)	['bʊlʲʊs]
Ochse (m)	jáutis (v)	['jɑʊtʲɪs]

Schaf (n)	avìs (m)	[a'vʲɪs]
Widder (m)	ãvinas (v)	['a:vʲɪnas]
Ziege (f)	ožkà (m)	[oʒ'ka]
Ziegenbock (m)	ožỹs (v)	[o'ʒʲi:s]

| Esel (m) | ãsilas (v) | ['a:sʲɪlʲas] |
| Maultier (n) | mùlas (v) | ['mʊlʲas] |

Schwein (n)	kiaũlė (m)	['kʲɛʊlʲe:]
Ferkel (n)	paršelis (v)	[par'ʃælʲɪs]
Kaninchen (n)	triùšis (v)	['trʲʊʃɪs]

| Huhn (n) | vištà (m) | [vʲɪʃ'ta] |
| Hahn (m) | gaidỹs (v) | [gʌɪ'dʲi:s] |

Ente (f)	ántis (m)	['antʲɪs]
Enterich (m)	antìnas (v)	['antʲɪnas]
Gans (f)	žąsinas (v)	['ʒa:sʲɪnas]

| Puter (m) | kalakùtas (v) | [kalʲa'kʊtas] |
| Pute (f) | kalakùtė (m) | [kalʲa'kʊtʲe:] |

Haustiere (pl)	namìniai gyvūnai (v dgs)	[na'mʲɪnʲɛɪ gʲi:'vu:nʌɪ]
zahm	prijaukìntas	[prʲɪjɛʊ'kʲɪntas]
zähmen (vt)	prijaukìnti	[prʲɪjɛʊ'kʲɪntʲɪ]
züchten (vt)	augìnti	[ɑʊ'gʲɪntʲɪ]

Farm (f)	fèrma (m)	['fʲɛrma]
Geflügel (n)	namìnis paũkštis (v)	[na'mʲɪnʲɪs 'pɑʊkʃtʲɪs]
Vieh (n)	galvìjas (v)	[gal'vʲɪjɛs]
Herde (f)	bandà (m)	[ban'da]

Pferdestall (m)	arklìdė (m)	[ark'lʲɪdʲe:]
Schweinestall (m)	kiaulìdė (m)	[kʲɛʊ'lʲɪdʲe:]
Kuhstall (m)	karvìdė (m)	[kar'vʲɪdʲe:]
Kaninchenstall (m)	triušìdė (m)	[trʲʊ'ʃɪdʲe:]
Hühnerstall (m)	vištìdė (m)	[vʲɪʃ'tʲɪdʲe:]

213. Hunde. Hunderassen

Hund (m)	šuõ (v)	['ʃʊɑ]
Schäferhund (m)	avìganis (v)	[a'vʲɪganʲɪs]
Pudel (m)	pùdelis (v)	['pʊdʲɛlʲɪs]
Dachshund (m)	tãksas (v)	['ta:ksas]
Bulldogge (f)	buldògas (v)	[bʊlʲ'dogas]
Boxer (m)	bòkseris (v)	['boksʲɛrʲɪs]

Mastiff (m)	mastifas (v)	[mas'tʲɪfas]
Rottweiler (m)	rotveileris (v)	[rot'vʲɛɪlʲɛrʲɪs]
Dobermann (m)	dobermanas (v)	['dobʲermanas]

Basset (m)	basetas (v)	[ba'sʲɛtas]
Bobtail (m)	bobteilas (v)	[bop'tʲɛɪlʲas]
Dalmatiner (m)	dalamatinas (v)	[dalʲama'tʲɪnas]
Cocker-Spaniel (m)	kokerspanielis (v)	['kokʲɛr spa'nʲɛlʲɪs]

Neufundländer (m)	niufaundlendas (v)	[nʲʊfaʊnd'lʲɛñdas]
Bernhardiner (m)	senbernaras (v)	[sʲɛnbʲɛr'na:ras]

Eskimohund (m)	haskis (v)	['ɣa:skʲɪs]
Chow-Chow (m)	čiau čiau (v)	['tʃʲɛʊ 'tʃʲɛʊ]
Spitz (m)	špicas (v)	['ʃpʲɪtsas]
Mops (m)	mopsas (v)	['mopsas]

214. Tierlaute

Gebell (n)	lojimas (v)	[lʲo'jɪmas]
bellen (vi)	loti	['lʲotʲɪ]
miauen (vi)	miaukseti	[mʲɛʊk'sʲe:tʲɪ]
schnurren (Katze)	murkti	['mʊrktʲɪ]

muhen (vi)	mukti	['mu:ktʲɪ]
brüllen (Stier)	baubti	['baʊptʲɪ]
knurren (Hund usw.)	riaumoti	[rʲɛʊ'motʲɪ]

Heulen (n)	kaukimas (v)	[kaʊ'kʲɪmas]
heulen (vi)	kaukti	['kaʊktʲɪ]
winseln (vi)	iñkšti	['ɪŋkʃtʲɪ]

meckern (Ziege)	bliauti	['blʲæʊtʲɪ]
grunzen (vi)	kriukseti	[krʲʊk'sʲe:tʲɪ]
kreischen (vi)	klykauti	['klʲi:kaʊtʲɪ]

quaken (vi)	kvakseti	[kvak'sʲe:tʲɪ]
summen (Insekt)	zvimbti	['zvʲɪmptʲɪ]
zirpen (vi)	svirpti	['svʲɪrptʲɪ]

215. Jungtiere

Tierkind (n)	jauniklis (v)	[jɛʊ'nʲɪklʲɪs]
Kätzchen (n)	kačiukas (v)	[ka'tʃʲʊkas]
Mausjunge (n)	peliukas (v)	[pʲɛ'lʲʊkas]
Hündchen (n), Welpe (m)	šuniukas (v)	[ʃʊ'nʲʊkas]

Häschen (n)	zuikutis (v)	[zʊɪ'kʊtʲɪs]
Kaninchenjunge (n)	triušelis (v)	[trʲʊ'ʃælʲɪs]
Wolfsjunge (n)	vilkiukas (v)	[vʲɪlʲ'kʲʊkas]
Fuchsjunge (n)	lapiukas (v)	[lʲa'pʲʊkas]
Bärenjunge (n)	meškiukas (v)	[mʲɛʃ'kʲʊkas]

Löwenjunge (n)	liūtùkas (v)	[lʲuːˈtʊkas]
junger Tiger (m)	tigriùkas (v)	[tʲɪgˈrʲʊkas]
Elefantenjunge (n)	drambliùkas (v)	[dramˈblʲʊkas]
Ferkel (n)	paršiùkas (v)	[parˈʃʊkas]
Kalb (junge Kuh)	veršiùkas (v)	[vʲɛrˈʃʊkas]
Ziegenkitz (n)	ožiùkas (v)	[oˈʒʲʊkas]
Lamm (n)	eriùkas (v)	[ɛˈrʲʊkas]
Hirschkalb (n)	elniùkas (v)	[ɛlʲˈnʲʊkas]
Kamelfohlen (n)	kupranugariùkas (v)	[kʊpranʊgaˈrʲʊkas]
junge Schlange (f)	gyvačiùkas (v)	[gʲiːvaˈtsʲʊkas]
Fröschlein (n)	varliùkas (v)	[varˈlʲʊkas]
junger Vogel (m)	paukščiùkas (v)	[pɑʊkʃˈtsʲʊkas]
Küken (n)	viščiùkas (v)	[vʲɪʃˈtsʲʊkas]
Entlein (n)	ančiùkas (v)	[anˈtsʲʊkas]

216. Vögel

Vogel (m)	paũkštis (v)	[ˈpɑʊkʃtʲɪs]
Taube (f)	balañdis (v)	[baˈlʲandʲɪs]
Spatz (m)	žvìrblis (v)	[ˈʒvʲɪrblʲɪs]
Meise (f)	zýlė (m)	[ˈzʲiːlʲeː]
Elster (f)	šárka (m)	[ˈʃarka]
Rabe (m)	var̃nas (v)	[ˈvarnas]
Krähe (f)	várna (m)	[ˈvarna]
Dohle (f)	kúosa (m)	[ˈkʊɑsa]
Saatkrähe (f)	kovàs (v)	[kɔˈvas]
Ente (f)	ántis (m)	[ˈantʲɪs]
Gans (f)	žąsinas (v)	[ˈʒaːsʲɪnas]
Fasan (m)	fazanas (v)	[faˈzaːnas]
Adler (m)	erẽlis (v)	[ɛˈrʲælʲɪs]
Habicht (m)	vãnagas (v)	[ˈvaːnagas]
Falke (m)	sãkalas (v)	[ˈsaːkalʲas]
Greif (m)	grìfas (v)	[ˈgrʲɪfas]
Kondor (m)	kondòras (v)	[kɔnˈdoras]
Schwan (m)	gulbė̃ (m)	[ˈgʊlʲbʲeː]
Kranich (m)	gérvė (m)	[ˈgʲɛrvʲeː]
Storch (m)	gañdras (v)	[ˈgandras]
Papagei (m)	papūgà (m)	[papuːˈga]
Kolibri (m)	kolìbris (v)	[kɔˈlʲɪbrʲɪs]
Pfau (m)	pòvas (v)	[ˈpovas]
Strauß (m)	strùtis (v)	[ˈstrʊtʲɪs]
Reiher (m)	garnỹs (v)	[garˈnʲiːs]
Flamingo (m)	flamìngas (v)	[flʲaˈmʲɪngas]
Pelikan (m)	pelikãnas (v)	[pʲɛlʲɪˈkaːnas]
Nachtigall (f)	lakštiñgala (m)	[lʲakʃˈtʲɪngalʲa]

Schwalbe (f)	kregždė (m)	[krʲɛgʒ'dʲeː]
Drossel (f)	strazdas (v)	['straːzdas]
Singdrossel (f)	strazdas giesmininkas (v)	['straːzdas gʲɪɛsmʲɪ'nʲɪŋkas]
Amsel (f)	juodasis strazdas (v)	[jʊɑ'dasʲɪs s'traːzdas]

Segler (m)	čiurlys (v)	[tʂʲʊr'lʲiːs]
Lerche (f)	vyturys, vieversys (v)	[vʲiːtʊ'rʲiːs], [vʲiɛvɛr'sʲiːs]
Wachtel (f)	putpelė (m)	['pʊtpelʲeː]

Specht (m)	genys (v)	[gʲɛ'nʲiːs]
Kuckuck (m)	gegutė (m)	[gʲɛ'gʊtʲeː]
Eule (f)	peléda (m)	[pʲɛ'lʲeːda]
Uhu (m)	apuokas (v)	[a'pʊɑkas]
Auerhahn (m)	kurtinys (v)	[kʊrtʲɪ'nʲiːs]
Birkhahn (m)	tetervinas (v)	['tʲætʲɛrvʲɪnas]
Rebhuhn (n)	kurapka (m)	[kʊrap'ka]

Star (m)	varnėnas (v)	[var'nʲeːnas]
Kanarienvogel (m)	kanarėlė (m)	[kana'rʲeːlʲeː]
Haselhuhn (n)	jerubė (m)	[jerʊ'bʲeː]
Buchfink (m)	kikilis (v)	[kʲɪ'kʲɪlʲɪs]
Gimpel (m)	sniegena (m)	['snʲɛgʲɛna]

Möwe (f)	žuvėdra (m)	[ʒʊ'vʲeːdra]
Albatros (m)	albatrosas (v)	[alʲba't'rosas]
Pinguin (m)	pingvinas (v)	[pʲɪng'vʲɪnas]

217. Vögel. Gesang und Laute

singen (vt)	dainuoti, giedoti	[dʌɪ'nʊɑtʲɪ], [gʲɪɛ'dotʲɪ]
schreien (vi)	rėkti	['rʲeːktʲɪ]
kikeriki schreien	giedoti	[gʲɪɛ'dotʲɪ]
kikeriki	kakariekū	[kakarʲɪɛ'kʊ]

gackern (vi)	kudakoti	[kʊda'kotʲɪ]
krächzen (vi)	karkti	['karktʲɪ]
schnattern (Ente)	krekseti	[krʲɛk'sʲeːtʲɪ]
piepsen (vi)	cypti	['tsʲiːptʲɪ]
zwitschern (vi)	čiulbėti	[tʂʲʊlʲ'bʲeːtʲɪ]

218. Fische. Meerestiere

Brachse (f)	karšis (v)	['karʃʲɪs]
Karpfen (m)	karpis (v)	['karpʲɪs]
Barsch (m)	ešerys (v)	[ɛʃɛ'rʲiːs]
Wels (m)	šamas (v)	['ʃaːmas]
Hecht (m)	lydeka (m)	[lʲiːdʲɛ'ka]

Lachs (m)	lašiša (m)	[lʲaʃʲɪ'ʃa]
Stör (m)	ersketas (v)	[erʃ'kʲeːtas]
Hering (m)	silkė (m)	['sʲɪlʲkʲeː]
atlantische Lachs (m)	lašiša (m)	[lʲaʃʲɪ'ʃa]

| Makrele (f) | skumbrė (m) | ['skumbrʲeː] |
| Scholle (f) | plėkšnė (m) | ['plʲækʃnʲeː] |

Zander (m)	starkis (v)	['starkʲɪs]
Dorsch (m)	menkė (m)	['mʲɛŋkʲeː]
Tunfisch (m)	tunas (v)	['tunas]
Forelle (f)	upėtakis (v)	[ʊ'pʲeːtakʲɪs]

Aal (m)	ungurỹs (v)	[ʊŋgʊ'rʲiːs]
Zitterrochen (m)	elektrinė raja (m)	[ɛlʲɛk'trʲɪnʲeː ra'ja]
Muräne (f)	murėna (m)	[mʊrʲɛ'na]
Piranha (m)	piranija (m)	[pʲɪ'raːnʲɪjɛ]

Hai (m)	ryklỹs (v)	[rʲɪk'lʲiːs]
Delfin (m)	delfinas (v)	[dʲɛlʲ'fʲɪnas]
Wal (m)	banginis (v)	[ban'gʲɪnʲɪs]

Krabbe (f)	krabas (v)	['kraːbas]
Meduse (f)	medūza (m)	[mʲɛduːˈza]
Krake (m)	aštuonkojis (v)	[aʃtʊaŋ'koːjis]

Seestern (m)	jūros žvaigždė (m)	['juːros ʒvʌɪgʒ'dʲeː]
Seeigel (m)	jūros ežỹs (v)	['juːros ɛ'ʒʲiːs]
Seepferdchen (n)	jūros arkliukas (v)	['juːros ark'lʲʊkas]

Auster (f)	austrė (m)	['aʊstrʲeː]
Garnele (f)	krevetė (m)	[krʲɛ'vʲɛtʲeː]
Hummer (m)	omaras (v)	[o'maːras]
Languste (f)	langustas (v)	[lʲan'gustas]

219. Amphibien Reptilien

| Schlange (f) | gyvatė (m) | [gʲiː'vaːtʲeː] |
| Gift-, giftig | nuodingas | [nʊɑ'dʲɪngas] |

Viper (f)	angis (v)	[an'gʲɪs]
Kobra (f)	kobra (m)	[kɔb'ra]
Python (m)	pitonas (v)	[pʲɪ'tonas]
Boa (f)	smauglỹs (v)	[smaʊg'lʲiːs]
Ringelnatter (f)	žaltỹs (v)	[ʒalʲ'tʲiːs]
Klapperschlange (f)	barškuolė (m)	[barʃ'kʊalʲeː]
Anakonda (f)	anakonda (m)	[ana'konda]

Eidechse (f)	driežas (v)	['drʲiɛʒas]
Leguan (m)	iguana (m)	[ɪgʊa'na]
Waran (m)	varanas (v)	[va'raːnas]
Salamander (m)	salamandra (m)	[salʲa'mandra]
Chamäleon (n)	chameleonas (v)	[xamʲɛlʲɛ'onas]
Skorpion (m)	skorpionas (v)	[skorpʲɪ'ɔnas]

Schildkröte (f)	vėžlỹs (v)	[vʲeːʒ'lʲiːs]
Frosch (m)	varlė (m)	[var'lʲeː]
Kröte (f)	rupūžė (m)	['rʊpuːʒʲeː]
Krokodil (n)	krokodilas (v)	[kroko'dʲɪlʲas]

220. Insekten

Insekt (n)	vabzdỹs (v)	[vabz'dʲi:s]
Schmetterling (m)	drugẽlis (v)	[drʊ'gʲælʲɪs]
Ameise (f)	skruzdėlė (m)	[skrʊz'dʲælʲe:]
Fliege (f)	mùsė (m)	['mʊsʲe:]
Mücke (f)	úodas (v)	['ʊɑdas]
Käfer (m)	vãbalas (v)	['va:balʲas]
Wespe (f)	vapsvà (m)	[vaps'va]
Biene (f)	bìtė (m)	['bʲɪtʲe:]
Hummel (f)	kamãnė (m)	[ka'ma:nʲe:]
Bremse (f)	gylỹs (v)	[gʲi:'lʲi:s]
Spinne (f)	vóras (v)	['voras]
Spinnennetz (n)	voratinklis (v)	[vo'ra:tʲɪŋklʲɪs]
Libelle (f)	laũmžirgis (v)	['lʲɑʊmʒʲɪrgʲɪs]
Grashüpfer (m)	žiógas (v)	['ʒʲogas]
Schmetterling (m)	peteliškė (m)	[pʲɛtʲɛ'lʲɪʃkʲe:]
Schabe (f)	tarakõnas (v)	[tara'ko:nas]
Zecke (f)	érkė (m)	['ʲærkʲe:]
Floh (m)	blusà (m)	[blʲʊ'sa]
Kriebelmücke (f)	mãšalas (v)	['ma:ʃalʲas]
Heuschrecke (f)	skėrỹs (v)	[skʲe:'rʲi:s]
Schnecke (f)	sraigė (m)	['srʌɪgʲe:]
Heimchen (n)	svirplỹs (v)	[svʲɪrp'lʲi:s]
Leuchtkäfer (m)	jõnvabalis (v)	['jɔ:nvabalʲɪs]
Marienkäfer (m)	boružė (m)	[bo'rʊʒʲe:]
Maikäfer (m)	grambuolỹs (v)	[grambʊɑ'lʲi:s]
Blutegel (m)	dėlė̃ (m)	[dʲe:'lʲe:]
Raupe (f)	vìkšras (v)	['vʲɪkʃras]
Wurm (m)	slíekas (v)	['slʲiɛkas]
Larve (f)	kirmelė (m)	[kʲɪrme'lʲe:]

221. Tiere. Körperteile

Schnabel (m)	snãpas (v)	['sna:pas]
Flügel (pl)	sparnaĩ (v dgs)	[spar'nʌɪ]
Fuß (m)	kója (m)	['koja]
Gefieder (n)	apsiplunksnãvimas (v)	[apsʲɪplʲʊŋks'na:vʲɪmas]
Feder (f)	plùnksna (m)	['plʲʊŋksna]
Haube (f)	skristùkas (v)	[skrʲɪ'stʊkas]
Kiemen (pl)	žiáunos (m dgs)	['ʒʲæʊnos]
Laich (m)	ìkrai (v dgs)	['ɪkrʌɪ]
Larve (f)	lérva (m)	['lʲɛrva]
Flosse (f)	pelekas (v)	['pʲælʲɛkas]
Schuppe (f)	žvynaĩ (v dgs)	[ʒvʲi:'nʌɪ]
Stoßzahn (m)	ìltis (m)	['ɪlʲtʲɪs]

Pfote (f)	lėtena (m)	['lʲætʲɛna]
Schnauze (f)	snùkis (v)	['snʊkʲɪs]
Rachen (m)	nasraì (v)	[nas'rʌɪ]
Schwanz (m)	uodegà (m)	[ʊɑdʲɛ'ga]
Barthaar (n)	ūsai (v dgs)	['uːsʌɪ]

| Huf (m) | kanópa (m) | [ka'nopa] |
| Horn (n) | rãgas (v) | ['raːgas] |

Panzer (m)	šárvas (v)	['ʃarvas]
Muschel (f)	kriauklė̃ (m)	[krʲɛʊk'lʲeː]
Schale (f)	lùkštas (v)	['lʲʊkʃtas]

| Fell (n) | vìlna (m) | ['vʲɪlʲna] |
| Haut (f) | káilis (v) | ['kʌɪlʲɪs] |

222. Tierverhalten

fliegen (vi)	skraidýti	[skrʌɪ'dʲiːtʲɪ]
herumfliegen (vi)	sùkti ratùs	['sʊktʲɪ ra'tʊs]
wegfliegen (vi)	išskrìsti	[ɪʃ'skrʲɪstʲɪ]
schlagen (mit den Flügeln ~)	plasnóti	[plʲas'notʲɪ]

picken (vt)	lèsti	['lʲɛstʲɪ]
bebrüten (vt)	peréti kiaušiniùs	[pʲɛ'rʲeːtʲɪ kʲɛʊʃɪ'nʲʊs]
ausschlüpfen (vi)	išsirìsti	[ɪʃsʲɪ'rʲɪstʲɪ]
ein Nest bauen	sùkti	['sʊktʲɪ]

kriechen (vi)	šliáužioti	['ʃlʲæʊʒʲotʲɪ]
stechen (Insekt)	gélti	['gʲɛlʲtʲɪ]
beißen (vt)	įką́sti	[iː'kaːstʲɪ]

schnüffeln (vt)	úostyti	['ʊɑstʲiːtʲɪ]
bellen (vi)	lóti	['lʲotʲɪ]
zischen (vi)	šnỹpšti	['ʃnʲiːpʃtʲɪ]
erschrecken (vt)	gą́sdinti	['gaːsdʲɪntʲɪ]
angreifen (vt)	pùlti	['pʊlʲtʲɪ]

nagen (vi)	griáužti	['grʲæʊʒtʲɪ]
kratzen (vt)	draskýti	[dras'kʲiːtʲɪ]
sich verstecken	slė̃ptis	['slʲeːpʲtʲɪs]

spielen (vi)	žaìsti	['ʒʌɪstʲɪ]
jagen (vi)	medžióti	[mʲɛ'dʒʲotʲɪ]
Winterschlaf halten	miegóti žiemõs miegù	[mʲɛ'gotʲɪ ʒʲɛ'moːs mʲɛ'gʊ]
aussterben (vi)	išmìrti	[ɪʃ'mʲɪrtʲɪ]

223. Tiere. Lebensräume

Lebensraum (f)	gyvavimo aplinkà (m)	[gʲiː'vavʲɪmɔ apʲlʲɪŋ'ka]
Wanderung (f)	migrãcija (m)	[mʲɪ'graːtsʲɪjɛ]
Berg (m)	kálnas (v)	['kalʲnas]

Riff (n)	rìfas (v)	['rʲɪfas]
Fels (m)	uolà (m)	[ʊɑ'lʲa]

Wald (m)	mìškas (v)	['mʲɪʃkas]
Dschungel (m, n)	džiùnglės (m dgs)	['dʒʲʊnglʲeːs]
Savanne (f)	savanà (m)	[sava'na]
Tundra (f)	tùndra (m)	['tʊndra]

Steppe (f)	stepė (m)	['stʲɛpʲeː]
Wüste (f)	dykumà (m)	[dʲiːkʊ'ma]
Oase (f)	oãzė (m)	[oˈaːzʲeː]

Meer (n), See (f)	jū́ra (m)	['juːra]
See (m)	ẽžeras (v)	['ɛʒʲɛras]
Ozean (m)	vandenýnas (v)	[vandʲɛ'nʲiːnas]

Sumpf (m)	pelkė (m)	['pʲɛlʲkʲeː]
Süßwasser-Teich (m)	gėlavandenis	[gʲeːlʲavan'dʲænʲɪs]
Fluss (m)	tvenkinỹs (v)	[tvʲɛŋkʲɪ'nʲiːs]
	ùpė (m)	['ʊpʲeː]

Höhle (f), Bau (m)	irštvà (m)	[ɪrʃt'va]
Nest (n)	lìzdas (v)	['lʲɪzdas]
Höhlung (f)	drevė̃ (m)	[dre'vʲeː]
Loch (z.B. Wurmloch)	olà (m)	[o'lʲa]
Ameisenhaufen (m)	skruzdėlýnas (v)	[skrʊzdʲeː'lʲiːnas]

224. Tierpflege

Zoo (m)	zoològijos sõdas (v)	[zooˈlʲogʲɪjos 'soːdas]
Schutzgebiet (n)	draustìnis (v)	[draʊs'tʲɪnʲɪs]

Zucht (z.B. Hunde~)	veisyklà (m)	[vʲɛɪsʲiːk'lʲa]
Freigehege (n)	voljèras (v)	[vo'lʲjæras]
Käfig (m)	nar̃vas (v)	['narvas]
Hundehütte (f)	gur̃bas (v)	['gʊrbas]

Taubenschlag (m)	balañdinė (m)	[ba'lʲandʲɪnʲeː]
Aquarium (n)	akvãriumas (v)	[ak'vaːrʲʊmas]
Delphinarium (n)	delfinariumas (v)	[dʲɛlʲfʲɪ'narʲʊmas]

züchten (vt)	veĩsti	['vʲɛɪstʲɪ]
Wurf (m)	palikuõnys (v dgs)	[palʲɪ'kʊɑnʲiːs]
zähmen (vt)	prijaukìnti	[prʲɪ'jɛʊ'kʲɪntʲɪ]
dressieren (vt)	dresúoti	[drʲɛ'sʊɑtʲɪ]

Futter (n)	pãšaras (v)	['paːʃaras]
füttern (vt)	šérti	['ʃɛrtʲɪ]

Zoohandlung (f)	zoològijos parduotùvė (m)	[zoˈlʲogʲɪjos pardʊɑ'tʊvʲeː]
Maulkorb (m)	añtsnukis (v)	['antsnʊkʲɪs]
Halsband (n)	apýkaklė (m)	[aˈpʲiːkaklʲeː]
Rufname (m)	var̃das (v)	['vardas]
Stammbaum (m)	genealògija (m)	[gʲɛnʲɛaˈlʲogʲɪjɛ]

225. Tiere. Verschiedenes

Rudel (Wölfen)	gaujà (m)	[gɑuja]
Vogelschwarm (m)	pulkas (v)	[ˈpʊlʲkas]
Schwarm (~ Heringe usw.)	būrỹs (v)	[buːˈrʲiːs]
Pferdeherde (f)	tabū́nas (v)	[taˈbuːnas]
Männchen (n)	pãtinas (v)	[ˈpaːtʲɪnas]
Weibchen (n)	patelė̃ (m)	[paˈtʲælʲeː]
hungrig	álkanas	[ˈalʲkanas]
wild	laukìnis	[lʲɑuˈkʲɪnʲɪs]
gefährlich	pavojìngas	[pavoˈjɪngas]

226. Pferde

Pferd (n)	arklỹs (v)	[arkˈlʲiːs]
Rasse (f)	gamtà (m)	[gamˈta]
Fohlen (n)	eržiliùkas (v)	[ɛrʒɪˈlʲʊkas]
Stute (f)	kumelė̃ (m)	[kʊˈmʲælʲeː]
Mustang (m)	mustángas (v)	[mʊsˈtangas]
Pony (n)	pònis (v)	[ˈponʲɪs]
schweres Zugpferd (n)	sunkùsis arklỹs (v)	[sʊnˈkʊsʲɪs arkˈlʲiːs]
Mähne (f)	karčiaĩ (v dgs)	[ˈkartsʲɛɪ]
Schwanz (m)	uodegà (m)	[ʊadʲɛˈga]
Huf (m)	kanópa (m)	[kaˈnopa]
Hufeisen (n)	pasagà (m)	[pasaˈga]
beschlagen (vt)	pakáustyti	[paˈkɑustʲiːtʲɪ]
Schmied (m)	kálvis (v)	[ˈkalʲvʲɪs]
Sattel (m)	balnas (v)	[ˈbalʲnas]
Steigbügel (m)	balnãkilpė (m)	[balʲˈnakɪlʲpʲeː]
Zaum (m)	brìzgilas (v)	[ˈbrʲɪzgʲɪlʲas]
Zügel (pl)	vadelė̃s (m dgs)	[vaˈdʲælʲeːs]
Peitsche (f)	rim̃bas (v)	[ˈrʲɪmbas]
Reiter (m)	jodinė́tojas (v)	[jɔdʲɪˈnʲeːtoːjɛs]
satteln (vt)	pabalnóti	[pabalʲˈnotʲɪ]
besteigen (vt)	atsisė́sti į̃ bal̃ną	[atsʲɪˈsʲeːstʲɪ iː ˈbalʲnaː]
Galopp (m)	šuoliãvimas (v)	[ʃʊɑˈlʲævʲɪmas]
galoppieren (vi)	jóti šúoliais	[ˈjotʲɪ ˈʃʊalʲɛɪs]
Trab (m)	risčia (m)	[rʲɪsˈtsʲæ]
traben (vi)	jóti risčià	[ˈjotʲɪ rʲɪsˈtsʲæ]
Rennpferd (n)	arklỹs šúolininkas (v)	[arkˈlʲiːs ˈʃʊalʲɪnʲɪŋkas]
Rennen (n)	žirgų̃ lenktỹnės (m dgs)	[ʒʲɪrˈgu: lʲɛŋkˈtʲiːnʲeːs]
Pferdestall (m)	arklýdė (m)	[arkˈlʲiːdʲeː]
füttern (vt)	šérti	[ˈʃɛrtʲɪ]

Heu (n)	**šiẽnas** (v)	[ˈʃɪɛnas]
tränken (vt)	**gìrdyti**	[ˈgʲɪrdʲiːtʲɪ]
striegeln (vt)	**valýti**	[vaˈlʲiːtʲɪ]
weiden (vi)	**ganýtis**	[gaˈnʲiːtʲɪs]
wiehern (vi)	**žvéngti**	[ˈʒvʲɛŋktʲɪ]
ausschlagen (Pferd)	**spìrti**	[ˈspʲɪrtʲɪ]

Flora

227. Bäume

Baum (m)	mẽdis (v)	['mʲædʲɪs]
Laub-	lapuõtis	[lʲapu'atʲɪs]
Nadel-	spygliuõtis	[spʲiːgʲlʲuoːtʲɪs]
immergrün	vìsžalis	['vʲɪsʒalʲɪs]
Apfelbaum (m)	obelìs (m)	[obʲɛ'lʲɪs]
Birnbaum (m)	kriáušė (m)	['krʲæuʃeː]
Süßkirschbaum (m)	trẽšnė (m)	['trʲæʃnʲeː]
Sauerkirschbaum (m)	vyšnià (m)	[vʲiːʃnʲæ]
Pflaumenbaum (m)	slyvà (m)	[slʲiː'va]
Birke (f)	béržas (v)	['bʲɛrʒas]
Eiche (f)	ą́žuolas (v)	['aːʒuɑlʲas]
Linde (f)	líepa (m)	['lʲiɛpa]
Espe (f)	drebulė̃ (m)	[drebʊ'lʲeː]
Ahorn (m)	klẽvas (v)	['klʲævas]
Fichte (f)	ẽglė (m)	['ʲæglʲeː]
Kiefer (f)	pušìs (m)	[pʊ'ʃɪs]
Lärche (f)	maũmedis (v)	['mɑumʲɛdʲɪs]
Tanne (f)	kẽnis (v)	['kʲeːnʲɪs]
Zeder (f)	kedras (v)	['kʲɛdras]
Pappel (f)	túopa (m)	['tʊɑpa]
Vogelbeerbaum (m)	šermùkšnis (v)	[ʃɛr'mʊkʃnʲɪs]
Weide (f)	glúosnis (v)	['glʲuɑsnʲɪs]
Erle (f)	alksnìs (v)	['alʲksnʲɪs]
Buche (f)	bùkas (v)	['bʊkas]
Ulme (f)	gúoba (m)	['guɑba]
Esche (f)	úosis (v)	['ʊɑsʲɪs]
Kastanie (f)	kaštõnas (v)	[kaʃ'toːnas]
Magnolie (f)	magnòlija (m)	[mag'nolʲɪjɛ]
Palme (f)	pálmė (m)	['palʲmʲeː]
Zypresse (f)	kiparìsas (v)	[kʲɪpa'rʲɪsas]
Mangrovenbaum (m)	mañgro mẽdis (v)	['mɑ̃ŋgrɔ 'mʲædʲɪs]
Baobab (m)	baobãbas (v)	[baoˈbaːbas]
Eukalyptus (m)	eukalìptas (v)	[ɛuka'lʲɪptas]
Mammutbaum (m)	sekvojà (m)	[sʲɛkvoː'jɛ]

228. Büsche

Strauch (m)	krū́mas (v)	['kruːmas]
Gebüsch (n)	krūmýnas (v)	[kruː'mʲiːnas]

| Weinstock (m) | vynuogỹnas (v) | [vʲiːnʊɑˈgʲiːnas] |
| Weinberg (m) | vynuogỹnas (v) | [vʲiːnʊɑˈgʲiːnas] |

Himbeerstrauch (m)	aviẽtė (m)	[aˈvʲɛtʲeː]
rote Johannisbeere (f)	raudonàsis serbeñtas (v)	[rɑʊdoˈnasʲɪs sʲɛrˈbʲɛntas]
Stachelbeerstrauch (m)	agrãstas (v)	[agˈraːstas]

Akazie (f)	akãcija (m)	[aˈkaːtsʲɪjɛ]
Berberitze (f)	raugeřškis (m)	[rɑʊˈgʲɛrʃkʲɪs]
Jasmin (m)	jazmìnas (v)	[jazˈmʲɪnas]

Wacholder (m)	kadagỹs (v)	[kadaˈgʲiːs]
Rosenstrauch (m)	rõžių krū̃mas (v)	[ˈroːʒʲuː ˈkruːmas]
Heckenrose (f)	erškė́tis (v)	[erʃˈkʲeːtʲɪs]

229. Pilze

Pilz (m)	grỹbas (v)	[ˈgrʲiːbas]
essbarer Pilz (m)	válgomas grỹbas (v)	[ˈvalʲgomas ˈgrʲiːbas]
Giftpilz (m)	nuodìngas grỹbas (v)	[nʊɑˈdʲɪngas ˈgrʲiːbas]
Hut (m)	kepurė̃lė (m)	[kʲɛpʊˈrʲeːlʲeː]
Stiel (m)	kótas (v)	[ˈkotas]

Steinpilz (m)	baravỹkas (v)	[baraˈvʲiːkas]
Rotkappe (f)	raudonvìršis (v)	[rɑʊdonˈvʲɪrʃɪs]
Birkenpilz (m)	lė́pšis (v)	[ˈlʲæpʃɪs]
Pfifferling (m)	voveráitė (m)	[voveˈrʌɪtʲeː]
Täubling (m)	ūmė́dė (m)	[uːmʲeːˈdʲeː]

Morchel (f)	briedžiùkas (v)	[brʲɛˈdʒʲʊkas]
Fliegenpilz (m)	musmìrė (m)	[ˈmʊsmʲɪrʲeː]
Grüner Knollenblätterpilz	šùngrybis (v)	[ˈʃʊngrʲiːbʲɪs]

230. Obst. Beeren

Frucht (f)	vaĩsius (v)	[ˈvʌɪsʲʊs]
Früchte (pl)	vaĩsiai (v dgs)	[ˈvʌɪsʲɛɪ]
Apfel (m)	obuolỹs (v)	[obʊɑˈlʲiːs]
Birne (f)	kriáušė (m)	[ˈkrʲæʊʃʲeː]
Pflaume (f)	slyvà (m)	[slʲiːˈva]

Erdbeere (f)	brãškė (m)	[ˈbraːʃkʲeː]
Sauerkirsche (f)	vyšnià (m)	[vʲiːʃnʲæ]
Süßkirsche (f)	trẽšnė (m)	[ˈtrʲæʃnʲeː]
Weintrauben (pl)	vỹnuogės (m dgs)	[ˈvʲiːnʊɑgʲeːs]

Himbeere (f)	aviẽtė (m)	[aˈvʲɛtʲeː]
schwarze Johannisbeere (f)	juodíeji serbeñtai (v dgs)	[jʊɑˈdʲiɛjɪ sʲɛrˈbʲɛntʌɪ]
rote Johannisbeere (f)	raudoníeji serbeñtai (v dgs)	[rɑʊdoˈnʲɛjɪ sʲɛrˈbʲɛntʌɪ]
Stachelbeere (f)	agrãstas (v)	[agˈraːstas]
Moosbeere (f)	spáŋguolė (m)	[ˈspaŋgʊɑlʲeː]
Apfelsine (f)	apelsìnas (v)	[apʲɛlʲʲsʲɪnas]

Mandarine (f)	mandarìnas (v)	[manda'rʲɪnas]
Ananas (f)	ananãsas (v)	[ana'naːsas]
Banane (f)	banãnas (v)	[ba'naːnas]
Dattel (f)	datùlė (m)	[da'tʊlʲeː]

Zitrone (f)	citrinà (m)	[tsʲɪtrʲɪ'na]
Aprikose (f)	abrikòsas (v)	[abrʲɪ'kosas]
Pfirsich (m)	pèrsikas (v)	['pʲɛrsʲɪkas]
Kiwi (f)	kìvis (v)	['kʲɪvʲɪs]
Grapefruit (f)	greìpfrutas (v)	['grʲɛɪpfrʊtas]

Beere (f)	úoga (m)	['ʊaga]
Beeren (pl)	úogos (m dgs)	['ʊagos]
Preiselbeere (f)	bruknė̃s (m dgs)	['brʊknʲeːs]
Walderdbeere (f)	žemuogė̃s (m dgs)	['ʒʲæmʊagʲeːs]
Heidelbeere (f)	mėlynė̃s (m dgs)	[mʲeː'lʲiːnʲeːs]

231. Blumen. Pflanzen

| Blume (f) | gėlė̃ (m) | [gʲeː'lʲeː] |
| Blumenstrauß (m) | púokštė (m) | ['pʊakʃtʲeː] |

Rose (f)	rõžė (m)	['roːʒʲeː]
Tulpe (f)	tùlpė (m)	['tʊlʲpʲeː]
Nelke (f)	gvazdìkas (v)	[gvaz'dʲɪkas]
Gladiole (f)	kardẽlis (v)	[kar'dʲælʲɪs]

Kornblume (f)	rugiagėlė̃ (m)	['rʊgʲægʲeːlʲeː]
Glockenblume (f)	varpẽlis (v)	[var'pʲælʲɪs]
Löwenzahn (m)	pienė̃ (m)	['pʲɛnʲeː]
Kamille (f)	ramùnė (m)	[ra'mʊnʲeː]

Aloe (f)	alijõšius (v)	[alʲɪ'jɔːʃʊs]
Kaktus (m)	kãktusas (v)	['kaktʊsas]
Gummibaum (m)	fìkusas (v)	['fʲɪkʊsas]

Lilie (f)	lelijà (m)	[lʲɛlʲɪ'ja]
Geranie (f)	pelargònija (m)	[pʲɛlʲar'gonʲɪjɛ]
Hyazinthe (f)	hiacìntas (v)	[ɣʲɪja'tsʲɪntas]

Mimose (f)	mimozà (m)	[mʲɪmo'za]
Narzisse (f)	narcìzas (v)	[nar'tsʲɪzas]
Kapuzinerkresse (f)	nastùrta (m)	[nas'tʊrta]

Orchidee (f)	orchidėja (m)	[orxʲɪ'dʲeːja]
Pfingstrose (f)	bijū̃nas (v)	[bʲɪ'juːnas]
Veilchen (n)	našlaitė̃ (m)	[naʃlʲʌɪtʲeː]

Stiefmütterchen (n)	darželinė̃ našláitė (m)	[dar'ʒʲælʲɪnʲeː naʃlʌɪtʲeː]
Vergissmeinnicht (n)	neužmirštuolė̃ (m)	[nʲɛʊʒmʲɪrʃtʊalʲeː]
Gänseblümchen (n)	saulùtė (m)	[saʊ'lʲʊtʲeː]

| Mohn (m) | aguonà (m) | [agʊa'na] |
| Hanf (m) | kanãpė (m) | [ka'naːpʲeː] |

Deutsch	Litauisch	Aussprache
Minze (f)	mėtà (m)	[mʲeː'ta]
Maiglöckchen (n)	pakalnutė (m)	[pakalʲ'nʊtʲeː]
Schneeglöckchen (n)	sniẽgena (m)	['snʲɛgʲɛna]
Brennnessel (f)	dilgėlė (m)	[dʲɪlʲ'gʲælʲeː]
Sauerampfer (m)	rūgštynė (m)	[ruːgʃ'tʲiːnʲeː]
Seerose (f)	vandeñs lelijà (m)	[van'dʲɛns lʲɛlʲɪ'ja]
Farn (m)	papartis (v)	[pa'partʲɪs]
Flechte (f)	kerpė (m)	['kʲɛrpʲeː]
Gewächshaus (n)	oranžerija (m)	[oran'ʒʲɛrʲɪjɛ]
Rasen (m)	gazonas (v)	[ga'zonas]
Blumenbeet (n)	klomba (m)	['klʲomba]
Pflanze (f)	áugalas (v)	['aʊgalʲas]
Gras (n)	žolė̃ (m)	[ʒo'lʲeː]
Grashalm (m)	žolelė (m)	[ʒo'lʲælʲeː]
Blatt (n)	lãpas (v)	['lʲaːpas]
Blütenblatt (n)	žiedlapis (v)	['ʒʲiɛdlʲapʲɪs]
Stiel (m)	stíebas (v)	['stʲiɛbas]
Knolle (f)	gumbas (v)	['gʊmbas]
Jungpflanze (f)	želmuõ (v)	[ʒʲɛlʲ'mʊɑ]
Dorn (m)	spyglỹs (v)	[spʲiːg'lʲiːs]
blühen (vi)	žydėti	[ʒʲiː'dʲeːtʲɪ]
welken (vi)	výsti	['vʲiːstʲɪ]
Geruch (m)	kvãpas (v)	['kvaːpas]
abschneiden (vt)	nupjáuti	[nʊ'pjaʊtʲɪ]
pflücken (vt)	nuskìnti	[nʊ'skʲɪntʲɪ]

232. Getreide, Körner

Deutsch	Litauisch	Aussprache
Getreide (n)	grūdas (v)	['gruːdas]
Getreidepflanzen (pl)	grūdinės kultūros (m dgs)	[gruː'dʲɪnʲeːs kʊlʲ'tuːros]
Ähre (f)	várpa (m)	['varpa]
Weizen (m)	kviečiaĩ (v dgs)	[kvʲiɛ'tʃʲɛɪ]
Roggen (m)	rugiaĩ (v dgs)	[rʊ'gʲɛɪ]
Hafer (m)	ãvižos (m dgs)	['aːvʲɪʒos]
Hirse (f)	sóra (m)	['sora]
Gerste (f)	miežiai (v dgs)	['mʲɛʒʲɛɪ]
Mais (m)	kukurūzas (v)	[kʊkʊ'ruːzas]
Reis (m)	rýžiai (v)	['rʲiːʒʲɛɪ]
Buchweizen (m)	grìkiai (v dgs)	['grʲɪkʲɛɪ]
Erbse (f)	žìrniai (v dgs)	['ʒʲɪrnʲɛɪ]
weiße Bohne (f)	pupelės (m dgs)	[pʊ'pʲælʲeːs]
Sojabohne (f)	soja (m)	[so:'jɛ]
Linse (f)	lęšiai (v dgs)	['lʲɛːʃʲɛɪ]
Bohnen (pl)	pupos (m dgs)	['pʊpos]

233. Gemüse. Grünzeug

| Gemüse (n) | daržovės (m dgs) | [darˈʒovʲeːs] |
| grünes Gemüse (pl) | žalumynai (v) | [ʒalʲʊˈmʲiːnʌɪ] |

Tomate (f)	pomidoras (v)	[pomʲɪˈdoras]
Gurke (f)	agurkas (v)	[aˈgʊrkas]
Karotte (f)	morka (m)	[morˈka]
Kartoffel (f)	bulvė (m)	[ˈbʊlʲvʲeː]
Zwiebel (f)	svogūnas (v)	[svoˈguːnas]
Knoblauch (m)	česnakas (v)	[tʂʲɛsˈnaːkas]

Kohl (m)	kopūstas (v)	[kɔˈpuːstas]
Blumenkohl (m)	kalafioras (v)	[kalʲaˈfloras]
Rosenkohl (m)	briuselio kopūstas (v)	[ˈbrʲʊsʲɛlʲɔ koˈpuːstas]
Brokkoli (m)	brokolių kopūstas (v)	[ˈbrokolʲuː koˈpuːstas]

Rote Bete (f)	runkelis, burokas (v)	[ˈrʊŋkʲɛlʲɪs], [bʊˈroːkas]
Aubergine (f)	baklažanas (v)	[baklʲaˈʒaːnas]
Zucchini (f)	agurotis (v)	[agʊˈroːtʲɪs]
Kürbis (m)	moliūgas (v)	[moˈlʲuːgas]
Rübe (f)	ropė (m)	[ˈropʲeː]

Petersilie (f)	petražolė (m)	[pʲɛˈtraːʒolʲeː]
Dill (m)	krapas (v)	[ˈkraːpas]
Kopf Salat (m)	salota (m)	[salʲoˈta]
Sellerie (m)	saliėras (v)	[saˈlʲɛras]
Spargel (m)	smidras (v)	[ˈsmʲɪdras]
Spinat (m)	špinātas (v)	[ʃpʲɪˈnaːtas]

Erbse (f)	žirniai (v dgs)	[ˈʒʲɪrnʲɛɪ]
Bohnen (pl)	pupos (m dgs)	[ˈpʊpos]
Mais (m)	kukurūzas (v)	[kʊkʊˈruːzas]
weiße Bohne (f)	pupelės (m dgs)	[pʊˈpʲælʲeɪs]

Pfeffer (m)	pipiras (v)	[pʲɪˈpʲɪras]
Radieschen (n)	ridikas (v)	[rʲɪˈdʲɪkas]
Artischocke (f)	artišokas (v)	[artʲɪˈʃokas]

REGIONALE GEOGRAPHIE

Länder. Nationalitäten

234. Westeuropa

Europa (n)	Europà (m)	[ɛuro'pa]
Europäische Union (f)	europiẽtis (v)	[ɛuro'pʲɛtʲɪs]
Europäer (m)	europiẽtė (m)	[euro'pʲɛtʲeː]
europäisch	europiẽtiškas	[ɛuro'pʲɛtʲɪʃkas]
Österreich	Áustrija (m)	['austrʲɪjɛ]
Österreicher (m)	áustras (v)	['austras]
Österreicherin (f)	áustrė (m)	['austrʲeː]
österreichisch	áustriškas	['austrʲɪʃkas]
Großbritannien	Didžiój̇i Britãnija (m)	[dʲɪ'dʒʲoːjɪ brʲɪ'taːnʲɪjɛ]
England	Ánglija (m)	['anglʲɪjɛ]
Brite (m)	ánglas (v)	['anglʲas]
Britin (f)	ánglė (m)	['anglʲeː]
englisch	ángliškas	['anglʲɪʃkas]
Belgien	Bel̃gija (m)	['bʲɛlʲgʲɪjɛ]
Belgier (m)	bel̃gas (v)	['bʲɛlʲgas]
Belgierin (f)	bel̃gė (m)	['bɛlʲgʲeː]
belgisch	bel̃giškas	['bʲɛlʲgʲɪʃkas]
Deutschland	Vokietìja (m)	[vokʲiɛ'tʲɪja]
Deutsche (m)	vókietis (v)	['vokʲiɛtʲɪs]
Deutsche (f)	vókietė (m)	['vokʲiɛtʲeː]
deutsch	vókiškas	['vokʲɪʃkas]
Niederlande (f)	Nýderlandai (v dgs)	['nʲiːdʲɛrlʲandʌɪ]
Holland (n)	Olándija (m)	[o'lʲandʲɪjɛ]
Holländer (m)	olándas (v)	[o'lʲandas]
Holländerin (f)	olándė (m)	[o'lʲandʲeː]
holländisch	olándiškas	[o'lʲandʲɪʃkas]
Griechenland	Graĩkija (m)	['grʌɪkʲɪjɛ]
Grieche (m)	graĩkas (v)	['grʌɪkas]
Griechin (f)	graĩkė (m)	['grʌɪkʲeː]
griechisch	graĩkiškas	['grʌɪkʲɪʃkas]
Dänemark	Dãnija (m)	['daːnʲɪjɛ]
Däne (m)	dãnas (v)	['daːnas]
Dänin (f)	dãnė (m)	['daːnʲeː]
dänisch	dãniškas	['daːnʲɪʃkas]
Irland	Aĩrija (m)	['ʌɪrʲɪjɛ]
Ire (m)	aĩris (v)	['ʌɪrʲɪs]

Irin (f)	airė (m)	['ʌɪrʲeː]
irisch	airiškas	['ʌɪrʲɪʃkas]

Island	Islándija (m)	[ɪsˈlʲandʲɪjɛ]
Isländer (m)	islándas (v)	[ɪsˈlʲandas]
Isländerin (f)	islándė (m)	[ɪsˈlʲandʲeː]
isländisch	islándiškas	[ɪsˈlʲandʲɪʃkas]

Spanien	Ispãnija (m)	[ɪsˈpaːnʲɪjɛ]
Spanier (m)	ispãnas (v)	[ɪsˈpaːnas]
Spanierin (f)	ispãnė (m)	[ɪsˈpaːnʲeː]
spanisch	ispãniškas	[ɪsˈpaːnʲɪʃkas]

Italien	Itãlija (m)	[ɪˈtaːlʲɪjɛ]
Italiener (m)	itãlas (v)	[ɪˈtaːlʲas]
Italienerin (f)	itãlė (m)	[ɪˈtaːlʲeː]
italienisch	itãliškas	[ɪˈtaːlʲɪʃkas]

Zypern	Kìpras (v)	[ˈkʲɪpras]
Zypriot (m)	kipriẽtis (v)	[kʲɪˈprʲɛtʲɪs]
Zypriotin (f)	kipriẽtė (m)	[kʲɪˈprʲɛtʲeː]
zyprisch	kipriẽtiškas	[kʲɪpˈrʲɛtʲɪʃkas]

Malta	Málta (m)	[ˈmalʲta]
Malteser (m)	maltiẽtis (v)	[malʲˈtʲɛtʲɪs]
Malteserin (f)	maltiẽtė (m)	[malʲˈtʲɛtʲeː]
maltesisch	maltiẽtiškas	[malʲˈtʲɛtʲɪʃkas]

Norwegen	Norvègija (m)	[norˈvʲɛgʲɪjɛ]
Norweger (m)	norvègas (v)	[norˈvʲɛgas]
Norwegerin (f)	norvègė (m)	[norˈvʲɛgʲeː]
norwegisch	norvègiškas	[norˈvʲɛgʲɪʃkas]

Portugal	Portugãlija (m)	[portʊˈgaːlʲɪjɛ]
Portugiese (m)	portugãlas (v)	[portʊˈgaːlʲas]
Portugiesin (f)	portugãlė (m)	[portʊˈgaːlʲeː]
portugiesisch	portugãliškas	[portʊˈgaːlʲɪʃkas]

Finnland	Súomija (m)	[ˈsʊɑmʲɪjɛ]
Finne (m)	súomis (v)	[ˈsʊɑmʲɪs]
Finnin (f)	súomė (m)	[ˈsʊɑmʲeː]
finnisch	súomiškas	[ˈsʊɑmʲɪʃkas]

Frankreich	Prancūzijà (m)	[prantsuːzʲɪˈja]
Franzose (m)	prancū̃zas (v)	[pranˈtsuːzas]
Französin (f)	prancū̃zė (m)	[pranˈtsuːzʲeː]
französisch	prancū̃ziškas	[pranˈtsuːzʲɪʃkas]

Schweden	Švèdija (m)	[ˈʃvʲɛdʲɪjɛ]
Schwede (m)	švèdas (v)	[ˈʃvʲɛdas]
Schwedin (f)	švèdė (m)	[ˈʃvʲɛdʲeː]
schwedisch	švèdiškas	[ˈʃvʲɛdʲɪʃkas]

Schweiz (f)	Šveicãrija (m)	[ʃvʲɛɪˈtsaːrʲɪjɛ]
Schweizer (m)	šveicãras (v)	[ʃvʲɛɪˈtsaːras]
Schweizerin (f)	šveicãrė (m)	[ʃvʲɛɪˈtsaːrʲeː]

schweizerisch	šveicãriškas	[ʃvʲɛɪˈtsaːrʲɪʃkas]
Schottland	Škòtija (m)	[ˈʃkotʲɪjɛ]
Schotte (m)	škòtas (v)	[ˈʃkotas]
Schottin (f)	škòtė (m)	[ˈʃkotʲeː]
schottisch	škòtiškas	[ˈʃkotʲɪʃkas]

Vatikan (m)	Vatikãnas (v)	[vatʲɪkaːnas]
Liechtenstein	Lìchtenšteinas (v)	[ˈlʲɪxtʲɛnʃtʲɛɪnas]
Luxemburg	Liùksemburgas (v)	[ˈlʲʊksʲɛmbʊrgas]
Monaco	Mònakas (v)	[ˈmonakas]

235. Mittel- und Osteuropa

Albanien	Albãnija (m)	[alʲˈbaːnʲɪjɛ]
Albaner (m)	albãnas (v)	[alʲˈbaːnas]
Albanerin (f)	albãnė (m)	[alʲˈbaːnʲeː]
albanisch	albãniškas	[alʲˈbaːnʲɪʃkas]

Bulgarien	Bulgãrija (m)	[bʊlʲˈgaːrʲɪjɛ]
Bulgare (m)	bulgãras (v)	[bʊlʲˈgaːras]
Bulgarin (f)	bulgãrė (m)	[bʊlʲˈgaːrʲeː]
bulgarisch	bulgãriškas	[bʊlʲˈgaːrʲɪʃkas]

Ungarn	Veñgrija (m)	[ˈvʲɛŋgrʲɪjɛ]
Ungar (m)	veñgras (v)	[ˈvʲɛŋgras]
Ungarin (f)	veñgrė (m)	[ˈvʲɛŋgrʲeː]
ungarisch	veñgriškas	[ˈvʲɛŋgrʲɪʃkas]

Lettland	Lãtvija (m)	[ˈlʲaːtvʲɪjɛ]
Lette (m)	lãtvis (v)	[ˈlʲaːtvʲɪs]
Lettin (f)	lãtvė (m)	[ˈlʲaːtvʲeː]
lettisch	lãtviškas	[ˈlʲaːtvʲɪʃkas]

Litauen	Lietuvà (m)	[lʲiɛtʊˈva]
Litauer (m)	lietùvis (v)	[lʲiɛˈtʊvʲɪs]
Litauerin (f)	lietùvė (m)	[lʲiɛˈtʊvʲeː]
litauisch	lietùviškas	[lʲiɛˈtʊvʲɪʃkas]

Polen	Lénkija (m)	[ˈlʲɛŋkʲɪjɛ]
Pole (m)	lénkas (v)	[ˈlʲɛŋkas]
Polin (f)	lénkė (m)	[ˈlʲɛŋkʲeː]
polnisch	lénkiškas	[ˈlʲɛŋkʲɪʃkas]

Rumänien	Rumùnija (m)	[rʊˈmʊnʲɪjɛ]
Rumäne (m)	rumùnas (v)	[rʊˈmʊnas]
Rumänin (f)	rumùnė (m)	[rʊˈmʊnʲeː]
rumänisch	rumùniškas	[rʊˈmʊnʲɪʃkas]

Serbien	Seŕbija (m)	[ˈsʲɛrbʲɪjɛ]
Serbe (m)	seŕbas (v)	[ˈsʲɛrbas]
Serbin (f)	seŕbė (m)	[ˈsʲɛrbʲeː]
serbisch	seŕbiškas	[ˈsʲɛrbʲɪʃkas]
Slowakei (f)	Slovãkija (m)	[slʲoˈvaːkʲɪjɛ]
Slowake (m)	slovãkas (v)	[slʲoˈvaːkas]

Slowakin (f)	slovãkė (m)	[slʲo'vaːkʲeː]
slowakisch	slovãkiškas	[slʲo'vakʲɪʃkas]
Kroatien	Kroãtija (m)	[kro'aːtʲɪjɛ]
Kroate (m)	kroãtas (v)	[kro'aːtas]
Kroatin (f)	kroãtė (m)	[kro'aːtʲeː]
kroatisch	kroãtiškas	[kro'aːtʲɪʃkas]
Tschechien	Čèkija (m)	['tʂʲɛkʲɪjɛ]
Tscheche (m)	čèkas (v)	['tʂʲɛkas]
Tschechin (f)	čèkė (m)	['tʂʲɛkʲeː]
tschechisch	čèkiškas	['tʂʲɛkʲɪʃkas]
Estland	Èstija (m)	['ɛstʲɪjɛ]
Este (m)	èstas (v)	['ɛstas]
Estin (f)	èstė (m)	['ɛstʲeː]
estnisch	èstiškas	['ɛstʲɪʃkas]
Bosnien und Herzegowina	Bòsnija ír Hercegovinà (m)	['bosnʲɪja ir ɣʲɛrtsʲɛgovʲɪ'na]
Makedonien	Makedònija (m)	[makʲɛ'donʲɪjɛ]
Slowenien	Slovėnija (m)	[slʲo'vʲeːnʲɪjɛ]
Montenegro	Juodkalnijà (m)	[juɑdkalʲnʲɪ'ja]

236. Frühere UdSSR Republiken

Aserbaidschan	Azerbaidžãnas (v)	[azʲɛrbʌɪ'dʒaːnas]
Aserbaidschaner (m)	azerbaidžaniẽtis (v)	[azʲɛrbʌɪ'dʒaːnʲɛtis]
Aserbaidschanerin (f)	azerbaidžaniẽtė (m)	[azʲɛrbʌɪ'dʒaːnʲɛtʲeː]
aserbaidschanisch	azerbaidžaniẽtiškas	[azʲɛrbʌɪdʒa'nʲɛtiʃkas]
Armenien	Armènija (m)	[ar'mʲeːnʲɪjɛ]
Armenier (m)	arménas (v)	[ar'mʲeːnas]
Armenierin (f)	arménė (m)	[ar'mʲeːnʲeː]
armenisch	arméniškas	[ar'mʲeːnʲɪʃkas]
Weißrussland	Baltarùsija (m)	[balʲta'rʊsʲɪjɛ]
Weißrusse (m)	baltarùsas (v)	[balʲta'rʊsas]
Weißrussin (f)	baltarùsė (m)	[balʲta'rʊsʲeː]
weißrussisch	baltarùsiškas	[balʲta'rʊsʲɪʃkas]
Georgien	Grùzija (m)	['grʊzʲɪjɛ]
Georgier (m)	gruzìnas (v)	[grʊ'zʲɪnas]
Georgierin (f)	gruzìnė (m)	[grʊ'zʲɪnʲeː]
georgisch	gruzìniškas	[grʊ'zʲɪnʲɪʃkas]
Kasachstan	Kazãchija (m)	[ka'zaːxʲɪjɛ]
Kasache (m)	kazãchas (v)	[ka'zaːxas]
Kasachin (f)	kazãchė (m)	[ka'zaːxʲeː]
kasachisch	kazãchiškas	[ka'zaːxiʃkas]
Kirgisien	Kirgìzija (m)	[kʲɪr'gʲɪzʲɪjɛ]
Kirgise (m)	kirgìzas (v)	[kʲɪr'gʲɪzʲas]
Kirgisin (f)	kirgìzė (m)	[kʲɪr'gʲɪzʲeː]
kirgisisch	kirgìziškas	[kʲɪr'gʲɪzʲɪʃkas]

Moldawien	Moldāvija (m)	[molʲˈdaːvʲɪjɛ]
Moldauer (m)	moldāvas (v)	[molʲˈdaːvas]
Moldauerin (f)	moldāvė (m)	[molʲˈdaːvʲeː]
moldauisch	moldāviškas	[molʲˈdaːvʲɪʃkas]

Russland	Rùsija (m)	[ˈrʊsʲɪjɛ]
Russe (m)	rùsas (v)	[ˈrʊsas]
Russin (f)	rùsė (m)	[ˈrʊsʲeː]
russisch	rùsiškas	[ˈrʊsʲɪʃkas]

Tadschikistan	Tadžìkija (m)	[tadˈʒˈɪkʲɪjɛ]
Tadschike (m)	tadžìkas (v)	[tadˈʒˈɪkas]
Tadschikin (f)	tadžìkė (m)	[tadˈʒˈɪkʲeː]
tadschikisch	tadžìkiškas	[tadˈʒˈɪkʲɪʃkas]

Turkmenistan	Turkménija (m)	[tʊrkˈmʲeːnʲɪjɛ]
Turkmene (m)	turkménas (v)	[tʊrkˈmʲeːnas]
Turkmenin (f)	turkménė (m)	[tʊrkˈmʲeːnʲeː]
turkmenisch	turkméniškas	[tʊrkˈmʲeːnʲɪʃkas]

Usbekistan	Uzbèkija (m)	[ʊzˈbʲɛkʲɪjɛ]
Usbeke (m)	uzbèkas (v)	[ʊzˈbʲɛkas]
Usbekin (f)	uzbèkė (m)	[ʊzˈbʲɛkʲeː]
usbekisch	uzbèkiškas	[ʊzˈbʲɛkʲɪʃkas]

Ukraine (f)	Ukrainà (m)	[ʊkrʌɪˈna]
Ukrainer (m)	ukrainiẽtis (v)	[ʊkrʌɪˈnʲɛtʲɪs]
Ukrainerin (f)	ukrainiẽtė (m)	[ʊkrʌɪˈnʲɛtʲeː]
ukrainisch	ukrainiẽtiškas	[ʊkrʌɪˈnʲɛtʲɪʃkas]

237. Asien

Asien	āzija (m)	[ˈaːzʲɪjɛ]
asiatisch	azijiẽtiškas	[azʲɪˈjɪɛtʲɪʃkas]

Vietnam	Vietnāmas (v)	[vʲɛtˈnaːmas]
Vietnamese (m)	vietnamiẽtis (v)	[vʲɛtnaˈmʲɛtʲɪs]
Vietnamesin (f)	vietnamiẽtė (m)	[vʲɛtnaˈmʲɛtʲeː]
vietnamesisch	vietnamiẽtiškas	[vʲɛtnaˈmʲɛtʲɪʃkas]

Indien	Ìndija (m)	[ˈɪndʲɪjɛ]
Inder (m)	ìndas (v)	[ˈɪndas]
Inderin (f)	ìndė (m)	[ˈɪndʲeː]
indisch	ìndiškas	[ˈɪndʲɪʃkas]

Israel	Izraèlis (v)	[ɪzraˈʲɛlʲɪs]
Israeli (m)	izraeliẽtis (v)	[ɪzraʲɛˈlʲɛtʲɪs]
Israeli (f)	izraeliẽtė (m)	[ɪzraʲɛˈlʲɛtʲeː]
israelisch	izraeliẽtiškas	[ɪzraʲɛˈlʲɛtʲɪʃkas]

Jude (m)	žỹdas (v)	[ˈʒʲiːdas]
Jüdin (f)	žỹdė (m)	[ˈʒʲiːdʲeː]
jüdisch	žỹdiškas	[ˈʒʲiːdʲɪʃkas]
China	Kìnija (m)	[ˈkʲɪnʲɪjɛ]

Chinese (m)	kiniẽtis (v)	[kʲɪ'nʲɛtʲɪs]
Chinesin (f)	kiniẽtė (m)	[kʲɪ'nʲɛtʲe:]
chinesisch	kiniẽtiškas	[kʲɪ'nʲɛtʲɪʃkas]

Koreaner (m)	korėjiẽtis (v)	[kɔrʲe:'jɛtʲɪs]
Koreanerin (f)	korėjiẽtė (m)	[kɔrʲe:'jɛtʲe:]
koreanisch	korėjiẽtiškas	[kɔrʲe:'jɛtʲɪʃkas]

Libanon (m)	Libãnas (v)	[lʲɪ'banas]
Libanese (m)	libiẽtis (v)	[lʲɪ'bʲɛtʲɪs]
Libanesin (f)	libiẽtė (m)	[lʲɪ'bʲɛtʲe:]
libanesisch	libiẽtiškas	[lʲɪ'bʲɛtʲɪʃkas]

Mongolei (f)	Mongòlija (m)	[mon'golʲɪjɛ]
Mongole (m)	mongòlas (v)	[mon'golʲas]
Mongolin (f)	mongòlė (m)	[mon'golʲe:]
mongolisch	mongòliškas	[mon'golʲɪʃkas]

Malaysia	Malaĩzija (m)	[ma'lʲʌɪzʲɪjɛ]
Malaie (m)	malaiziẽtis (v)	[malʲʌɪ'zʲɛtʲɪs]
Malaiin (f)	malaiziẽtė (m)	[malʲʌɪ'zʲɛtʲe:]
malaiisch	malaiziẽtiškas	[malʲʌɪ'zʲɛtʲɪʃkas]

Pakistan	Pakistãnas (v)	[pakʲɪ'sta:nas]
Pakistaner (m)	pakistaniẽtis (v)	[pakʲɪsta'nʲɛtʲɪs]
Pakistanerin (f)	pakistaniẽtė (m)	[pakʲɪsta'nʲɛtʲe:]
pakistanisch	pakistãniškas	[pakʲɪ'sta:nʲɪʃkas]

Saudi-Arabien	Saũdo Arãbija (m)	[sa'ʊdɔ a'ra:bʲɪjɛ]
Araber (m)	arãbas (v)	[a'ra:bas]
Araberin (f)	arãbė (m)	[a'ra:bʲe:]
arabisch	arãbiškas	[a'ra:bʲɪʃkas]

Thailand	Tailándas (v)	[tʌɪ'lʲandas]
Thailänder (m)	tailandiẽtis (v)	[tʌɪlʲan'dʲɛtʲɪs]
Thailänderin (f)	tailandiẽtė (m)	[tʌɪlʲan'dʲɛtʲe:]
thailändisch	tailandiẽtiškas	[tʌɪlʲan'dʲɛtʲɪʃkas]

Taiwan	Taivãnis (v)	[tʌɪ'vanʲɪs]
Taiwaner (m)	taivaniẽtis (v)	[tʌɪva'nʲɛtʲɪs]
Taiwanerin (f)	taivaniẽtė (m)	[tʌɪva'nʲɛtʲe:]
taiwanisch	taivaniẽtiškas	[tʌɪva'nʲɛtʲɪʃkas]

Türkei (f)	Tuȓkija (m)	['tʊrkʲɪjɛ]
Türke (m)	tuȓkas (v)	['tʊrkas]
Türkin (f)	tuȓkė (m)	['tʊrkʲe:]
türkisch	tuȓkiškas	['tʊrkʲɪʃkas]

Japan	Japònija (m)	[ja'ponʲɪjɛ]
Japaner (m)	japònas (v)	[ja'ponas]
Japanerin (f)	japònė (m)	[ja'ponʲe:]
japanisch	japòniškas	[ja'ponʲɪʃkas]

Afghanistan	Afganistãnas (v)	[afganʲɪ'sta:nas]
Bangladesch	Bangladèšas (v)	[banglʲa'dʲɛʃas]
Indonesien	Indonezijà (m)	[ɪndonʲɛzʲɪ'ja]

Jordanien	Jordãnija (m)	[jɔrˈdaːnʲɪjɛ]
Irak	Irãkas (v)	[ɪˈraːkas]
Iran	Irãnas (v)	[ɪˈraːnas]
Kambodscha	Kambodžà (m)	[kamboˈdʒa]
Kuwait	Kuveĩtas (v)	[kʊˈvʲɛɪtas]

Laos	Laòsas (v)	[lʲaˈosas]
Myanmar	Mianmãras (v)	[mʲænˈmaːras]
Nepal	Nepãlas (v)	[nʲɛˈpaːlʲas]
Vereinigten Arabischen Emirate	Jungtìniai Arãbų Emiratai (v dgs)	[jʊŋkˈtʲɪnʲɛɪ aˈraːbuː ɛmʲɪratʌɪ]

Syrien	Sìrija (m)	[ˈsʲɪrʲɪjɛ]
Palästina	Palestinà (m)	[palʲɛsˈtʲɪna]
Südkorea	Pietų Koréja (m)	[pʲiɛˈtuː koˈrʲeːja]
Nordkorea	Šiáurės Koréja (m)	[ˈʃæʊrʲeːs koˈrʲeːja]

238. Nordamerika

Die Vereinigten Staaten	Jungtìnės Amèrikos Valstìjos (m dgs)	[jʊŋkˈtʲɪnʲeːs aˈmʲɛrʲɪkos valʲsˈtʲɪjos]
Amerikaner (m)	amerikiẽtis (v)	[amʲɛrʲɪˈkʲɛtʲɪs]
Amerikanerin (f)	amerikiẽtė (m)	[amerʲɪˈkʲɛtʲeː]
amerikanisch	amerikiẽtiškas	[amʲɛrʲɪˈkʲɛtʲɪʃkas]

Kanada	Kanadà (m)	[kanaˈda]
Kanadier (m)	kanadiẽtis (v)	[kanaˈdʲɛtʲɪs]
Kanadierin (f)	kanadiẽtė (m)	[kanaˈdʲɛtʲeː]
kanadisch	kanadiẽtiškas	[kanaˈdʲɛtʲɪʃkas]

Mexiko	Mèksika (m)	[ˈmʲɛksʲɪka]
Mexikaner (m)	meksikiẽtis (v)	[mʲɛksʲɪˈkʲɛtʲɪs]
Mexikanerin (f)	meksikiẽtė (m)	[mʲɛksʲɪˈkʲɛtʲeː]
mexikanisch	meksikiẽtiškas	[mʲɛksʲɪˈkʲɛtʲɪʃkas]

239. Mittel- und Südamerika

Argentinien	Argentinà (m)	[argʲɛntʲɪˈna]
Argentinier (m)	argentiniẽtis (v)	[argʲɛntʲɪˈnʲɛtʲɪs]
Argentinierin (f)	argentiniẽtė (m)	[argentʲɪˈnʲɛtʲeː]
argentinisch	argentiniẽtiškas	[argʲɛntʲɪˈnʲɛtʲɪʃkas]

Brasilien	Brazìlija (m)	[braˈzʲɪlʲɪjɛ]
Brasilianer (m)	brazìlas (v)	[braˈzʲɪlʲas]
Brasilianerin (f)	brazìlė (m)	[braˈzʲɪlʲeː]
brasilianisch	brazìliškas	[braˈzʲɪlʲɪʃkas]

Kolumbien	Kolùmbija (m)	[koˈlʲʊmbʲɪjɛ]
Kolumbianer (m)	kolumbiẽtis (v)	[kolʲʊmˈbʲɛtʲɪs]
Kolumbianerin (f)	kolumbiẽtė (m)	[kolʲʊmˈbʲɛtʲeː]
kolumbianisch	kolumbiẽtiškas	[kolʲʊmˈbʲɛtʲɪʃkas]
Kuba	Kubà (m)	[kʊˈba]

Kubaner (m)	kubietis (v)	[kʊˈbʲɛtʲɪs]
Kubanerin (f)	kubietė (m)	[kʊˈbʲɛtʲeː]
kubanisch	kubietiškas	[kʊˈbʲɛtʲɪʃkas]
Chile	Čilė (m)	[ˈtʂʲɪlʲeː]
Chilene (m)	čilietis (v)	[tʂʲɪˈlʲɛtʲɪs]
Chilenin (f)	čilietė (m)	[tʂʲɪˈlʲɛtʲeː]
chilenisch	čilietiškas	[tʂʲɪˈlʲɛtʲɪʃkas]
Bolivien	Bolivija (m)	[boˈlʲɪvʲɪjɛ]
Venezuela	Venesuela (m)	[vʲɛnʲɛsʊʲɛˈlʲa]
Paraguay	Paragvājus (v)	[paragˈvaːjʊs]
Peru	Perù (v)	[pʲɛˈrʊ]
Suriname	Surināmis (v)	[sʊrʲɪˈnamʲɪs]
Uruguay	Urugvājus (v)	[ʊrʊgˈvaːjʊs]
Ecuador	Ekvadòras (v)	[ɛkvaˈdoras]
Die Bahamas	Bahāmų salõs (m dgs)	[baˈɣamuː ˈsalʲoːs]
Haiti	Haìtis (v)	[ɣʌˈɪtʲɪs]
Dominikanische Republik	Dominìkos Respùblika (m)	[domʲɪˈnʲɪkos rʲɛsˈpʊblʲɪka]
Panama	Panamà (m)	[panaˈma]
Jamaika	Jamaìka (m)	[jaˈmʌɪka]

240. Afrika

Ägypten	Egìptas (v)	[ɛˈgʲɪptas]
Ägypter (m)	egiptietis (v)	[ɛgʲɪpˈtʲɛtʲɪs]
Ägypterin (f)	egiptietė (m)	[ɛgʲɪpˈtʲɛtʲeː]
ägyptisch	egiptietiškas	[ɛgʲɪpˈtʲɛtʲɪʃkas]
Marokko	Maròkas (v)	[maˈrokas]
Marokkaner (m)	marokietis (v)	[maroˈkʲɛtʲɪɐ]
Marokkanerin (f)	marokietė (m)	[maroˈkʲɛtʲeː]
marokkanisch	marokietiškas	[maroˈkʲɛtʲɪʃkas]
Tunesien	Tunìsas (v)	[tʊˈnʲɪsas]
Tunesier (m)	tunisietis (v)	[tʊnʲɪˈsʲɛtʲɪs]
Tunesierin (f)	tunisietė (m)	[tʊnʲɪˈsʲɛtʲeː]
tunesisch	tunisietiškas	[tʊnʲɪˈsʲɛtʲɪʃkas]
Ghana	Ganà (m)	[gaˈna]
Sansibar	Zanzibāras (v)	[zanzʲɪˈbaːras]
Kenia	Kènija (m)	[ˈkʲɛnʲɪjɛ]
Libyen	Lìbija (m)	[ˈlʲɪbʲɪjɛ]
Madagaskar	Madagaskāras (v)	[madagasˈkaːras]
Namibia	Namìbija (m)	[naˈmʲɪbʲɪjɛ]
Senegal	Senegālas (v)	[sʲɛnʲɛˈgaːlʲas]
Tansania	Tanzānija (m)	[tanˈzaːnʲɪjɛ]
Republik Südafrika	Pietų āfrikos respùblika (m)	[pʲɪɛˈtuː ˈaːfrʲɪkos rʲɛsˈpʊblʲɪka]
Afrikaner (m)	afrikietis (v)	[afrʲɪˈkʲɛtʲɪs]
Afrikanerin (f)	afrikietė (m)	[afrʲɪˈkʲɛtʲeː]
afrikanisch	afrikietiškas	[afrʲɪˈkʲɛtʲɪʃkas]

241. Australien. Ozeanien

Australien	Austrālija (m)	[aʊsˈtraːlʲɪjɛ]
Australier (m)	australietis (v)	[aʊstraˈlʲɛtʲɪs]
Australierin (f)	australietė (m)	[aʊstraˈlʲɛtʲeː]
australisch	austrāliškas	[aʊˈstraːlʲɪʃkas]

Neuseeland	Naujóji Zelándija (m)	[naʊˈjoːjɪ zʲɛˈlʲandʲɪjɛ]
Neuseeländer (m)	Naujósios Zelándijos gyventojas (v)	[naʊˈjoːsʲos zʲɛˈlʲandʲɪjos gʲiːˈvʲɛntoːjɛs]
Neuseeländerin (f)	Naujósios Zelándijos gyventoja (m)	[naʊˈjoːsʲos zʲɛˈlʲandʲɪjos gʲiːˈvʲɛntoːjɛ]
neuseeländisch	Naujósios Zelándijos	[naʊˈjoːsʲos zʲɛˈlʲandʲɪjos]

Tasmanien	Tasmānija (m)	[tasˈmaːnʲɪjɛ]
Französisch-Polynesien	Prancūzijos Polinėzija (m)	[prantsuːˈzʲɪjos polʲɪˈnʲɛzʲɪjɛ]

242. Städte

Amsterdam	Ámsterdamas (v)	[ˈamstʲɛrdamas]
Ankara	Ankarà (m)	[aŋkaˈra]
Athen	Aténai (v dgs)	[aˈtʲeːnʌɪ]

Bagdad	Bagdādas (v)	[bagˈdaːdas]
Bangkok	Bankòkas (v)	[baŋˈkokas]
Barcelona	Barselonà (m)	[barsʲɛlʲoˈna]
Beirut	Beirùtas (v)	[bʲɛɪˈrʊtas]
Berlin	Berlỹnas (v)	[bʲɛrˈlʲiːnas]

Bombay	Bombėjus (v)	[bomˈbʲeːjʊs]
Bonn	Bonà (m)	[boˈna]
Bordeaux	Bordò (v)	[borˈdo]
Bratislava	Bratislavà (m)	[bratʲɪsˡlʲaˈva]
Brüssel	Briùselis (v)	[ˈbrʲʊsʲɛlʲɪs]
Budapest	Budapèštas (v)	[bʊdaˈpʲɛʃtas]
Bukarest	Bukarèštas (v)	[bʊkaˈrʲɛʃtas]

Chicago	Čikagà (m)	[tʂʲɪkaˈga]
Daressalam	Dár es Salãmas (v)	[ˈdar ɛs saˈlʲaːmas]
Delhi	Dèlis (v)	[ˈdʲɛlʲɪs]
Den Haag	Hagà (m)	[ɣaˈga]
Dubai	Dubājus (v)	[dʊˈbaːjʊs]
Dublin	Dùblinas (v)	[ˈdʊblʲɪnas]
Düsseldorf	Diùseldorfas (v)	[ˈdʲʊsʲɛlʲdorfas]

Florenz	Florencija (m)	[flʲoˈrʲɛntsʲɪjɛ]
Frankfurt	Fránkfurtas (v)	[ˈfraŋkfurtas]
Genf	Ženevà (m)	[ʒʲɛnʲɛˈva]

Hamburg	Hámburgas (v)	[ˈɣamburgas]
Hanoi	Hanòjus (v)	[ɣaˈnojʊs]
Havanna	Havanà (m)	[ɣavaˈna]
Helsinki	Helsinkis (v)	[ˈɣʲɛlʲsʲɪŋkʲɪs]

Hiroshima	Hirosima (m)	[ɣˈɪrosʲɪˈma]
Hongkong	Honkongas (v)	[ɣoŋˈkongas]
Istanbul	Stambulas (v)	[stamˈbʊlʲas]
Jerusalem	Jeruzalė (m)	[jeˈrʊzalʲeː]

Kairo	Kairas (v)	[kʌˈɪras]
Kalkutta	Kalkuta (m)	[kalʲkʊˈta]
Kiew	Kijevas (v)	[ˈkʲɪjɛvas]
Kopenhagen	Kopenhaga (m)	[kopʲɛnɣaˈga]
Kuala Lumpur	Kvala Lumpuras (v)	[ˈkvalʲa ˈlʲʊmpʊras]

Lissabon	Lisabona (m)	[lʲɪsaboˈna]
London	Londonas (v)	[ˈlʲondonas]
Los Angeles	Los Andželas (v)	[lʲoːs ˈandʒɛlʲas]
Lyon	Lionas (v)	[lʲɪˈjonas]

Madrid	Madridas (v)	[madˈrʲɪdas]
Marseille	Marselis (v)	[marˈsʲɛlʲɪs]
Mexiko-Stadt	Meksikas (v)	[ˈmʲɛksʲɪkas]
Miami	Majamis (v)	[maˈjaːmʲɪs]
Montreal	Monrealis (v)	[monrʲɛˈaːlʲɪs]

| Moskau | Maskva (m) | [maskˈva] |
| München | Miunchenas (v) | [ˈmʲʊnxʲɛnas] |

Nairobi	Nairobis (v)	[nʌɪˈrobʲɪs]
Neapel	Neapolis (v)	[nʲɛˈaːpolʲɪs]
New York	Niujorkas (v)	[nʲʊˈjo rkas]
Nizza	Nica (m)	[nʲɪˈtsa]

| Oslo | Oslas (v) | [oslʲas] |
| Ottawa | Otava (m) | [otaˈva] |

Paris	Paryžius (v)	[paˈrʲiːʒʲʊs]
Peking	Pekinas (v)	[pʲɛˈkʲɪnas]
Prag	Praha (m)	[praɣa]

| Rio de Janeiro | Rio de Žaneiras (v) | [ˈrʲɪjo dʲɛ ʒaˈnʲɛɪras] |
| Rom | Roma (m) | [roˈma] |

Sankt Petersburg	Sankt-Peterburgas (v)	[saŋkt-pʲɛtʲɛrˈburgas]
Schanghai	Šanchajus (v)	[ʃanˈxaːjʊs]
Seoul	Seulas (v)	[sʲɛˈʊ lʲas]
Singapur	Singapūras (v)	[sʲɪngaˈpuːras]

| Stockholm | Stokholmas (v) | [ˈstokɣolʲmas] |
| Sydney | Sidnėjus (v) | [sʲɪdˈnʲeːjʊs] |

Taipeh	Taipėjus (v)	[tʌɪˈpʲeːjʊs]
Tokio	Tokijas (v)	[ˈtokʲɪjas]
Toronto	Torontas (v)	[toˈrontas]

Venedig	Venecija (m)	[vʲɛˈnʲɛtsʲɪjɛ]
Warschau	Varšuva (m)	[ˈvarʃuva]
Washington	Vašingtonas (v)	[ˈvaːʃɪŋktonas]
Wien	Viena (m)	[ˈvʲɪɛna]

243. Politik. Regierung. Teil 1

Politik (f)	politika (m)	[poˈlʲɪtʲɪka]
politisch	politinis	[poˈlʲɪtʲɪnʲɪs]
Politiker (m)	politikas (v)	[poˈlʲɪtʲɪkas]
Staat (m)	valstybė (m)	[valʲsˈtʲiːbʲeː]
Bürger (m)	piliėtis (v)	[pʲɪˈlʲɛtʲɪs]
Staatsbürgerschaft (f)	pilietybė (m)	[pʲɪlʲiɛˈtʲiːbʲeː]
Staatswappen (n)	nacionãlinis hẽrbas (v)	[natsʲɪjoˈnaːlʲɪnʲɪs ˈɣʲɛrbas]
Nationalhymne (f)	valstybinis hìmnas (v)	[valʲsˈtʲiːbʲɪnʲɪs ˈɣʲɪmnas]
Regierung (f)	vyriausybė (m)	[vʲiːrʲɛuˈsʲiːbʲeː]
Staatschef (m)	šaliẽs vadõvas (v)	[ʃaˈlʲɛs vaˈdoːvas]
Parlament (n)	parlameñtas (v)	[parlʲaˈmʲɛntas]
Partei (f)	pártija (m)	[ˈpartʲɪjɛ]
Kapitalismus (m)	kapitalìzmas (v)	[kapʲɪtaˈlʲɪzmas]
kapitalistisch	kapitalìstinis	[kapʲɪtaˈlʲɪstʲɪnʲɪs]
Sozialismus (m)	socialìzmas (v)	[sotsʲɪjaˈlʲɪzmas]
sozialistisch	socialìstinis	[sotsʲɪjaˈlʲɪstʲɪnʲɪs]
Kommunismus (m)	komunìzmas (v)	[kɔmʊˈnʲɪzmas]
kommunistisch	komunìstinis	[kɔmʊˈnʲɪstʲɪnʲɪs]
Kommunist (m)	komunìstas (v)	[kɔmʊˈnʲɪstas]
Demokratie (f)	demokrãtija (m)	[dʲɛmoˈkraːtʲɪjɛ]
Demokrat (m)	demokrãtas (v)	[dʲɛmoˈkraːtas]
demokratisch	demokrãtinis	[dʲɛmoˈkraːtʲɪnʲɪs]
demokratische Partei (f)	demokrãtinė pártija (m)	[dʲɛmoˈkraːtʲɪnʲeː ˈpartʲɪjɛ]
Liberale (m)	liberãlas (v)	[lʲɪbʲɛˈraːlas]
liberal	liberalùs	[lʲɪbʲɛraˈlʊs]
Konservative (m)	konservãtorius (v)	[kɔnsʲɛrˈvaːtorʲʊs]
konservativ	konservatyvùs	[kɔnsʲɛrvatʲiːˈvʊs]
Republik (f)	respùblika (m)	[rʲɛsˈpʊblʲɪka]
Republikaner (m)	republikõnas (v)	[rʲɛspʊblʲɪˈkoːnas]
Republikanische Partei (f)	respublikìnė pártija (m)	[rʲɛspʊblʲɪˈkʲɪnʲeː ˈpartʲɪjɛ]
Wahlen (pl)	rinkìmai (v dgs)	[rʲɪŋˈkʲɪmʌɪ]
wählen (vt)	išriñkti	[ɪʃˈrʲɪŋktʲɪ]
Wähler (m)	rinkė́jas (v)	[rʲɪŋˈkʲeːjas]
Wahlkampagne (f)	rinkìmo kampãnija (m)	[rʲɪŋˈkʲɪmɔ kamˈpaːnʲɪjɛ]
Abstimmung (f)	balsãvimas (v)	[balʲˈsaːvʲɪmas]
abstimmen (vi)	balsúoti	[balʲˈsʊɑtʲɪ]
Abstimmungsrecht (n)	balsãvimo teĩsė (m)	[balʲˈsaːvʲɪmɔ ˈtʲæɪsʲeː]
Kandidat (m)	kandidãtas (v)	[kandʲɪˈdaːtas]
kandidieren (vi)	balotirúotis	[balʲotʲɪˈrʊɑtʲɪs]
Kampagne (f)	kampãnija (m)	[kamˈpaːnʲɪjɛ]

Oppositions- Opposition (f)	opozìcinis opozìcija (m)	[opoˈzʲɪtsʲɪnʲɪs] [opoˈzʲɪtsʲɪjɛ]
Besuch (m) Staatsbesuch (m) international	vizìtas (v) oficialùs vizìtas (v) tarptautìnis	[vʲɪˈzʲɪtas] [ofʲɪtsʲɪjaˈlʲus vʲɪˈzʲɪtas] [tarptɑʊˈtʲɪnʲɪs]
Verhandlungen (pl) verhandeln (vi)	derỳbos (m dgs) vèsti derỳbas	[dʲɛˈrʲiːbos] [ˈvʲɛstʲɪ dʲɛˈrʲiːbas]

244. Politik. Regierung. Teil 2

Gesellschaft (f) Verfassung (f) Macht (f) Korruption (f)	visúomenė (m) konstitùcija (m) valdžià (m) korùpcija (m)	[vʲɪˈsʊɑmenʲeː] [kɔnstʲɪˈtutsʲɪjɛ] [valʲˈdʒʲæ] [kɔˈrʊptsʲɪjɛ]
Gesetz (n) gesetzlich (Adj)	įstãtymas (v) teisėtas	[iːˈstaːtiːmas] [tʲɛɪˈsʲeːtas]
Gerechtigkeit (f) gerecht	teisingùmas (v) teisìngas	[tʲɛɪsʲɪnˈgumas] [tʲɛɪˈsʲɪngas]
Komitee (n) Gesetzentwurf (m) Budget (n) Politik (f) Reform (f) radikal	komitètas (v) įstãtymo projèktas (v) biudžètas (v) polìtika (m) refòrma (m) radikalùs	[kɔmʲɪˈtʲɛtas] [iːˈstaːtiːmɔ proˈjɛktas] [bʲʊˈdʒʲɛtas] [pɔˈlʲɪtʲɪka] [rʲɛˈforma] [radʲɪkaˈlʲʊs]
Macht (f) mächtig (Adj) Anhänger (m) Einfluss (m)	jėgà (m) galìngas šalinìnkas (v) įtaka (m)	[jeːˈga] [gaˈlʲɪŋgas] [ʃalʲɪˈnʲɪŋkas] [ˈiːtaka]
Regime (n) Konflikt (m) Verschwörung (f) Provokation (f)	režìmas (v) konflìktas (v) są́mokslas (v) provokãcija (m)	[rʲɛˈʒʲɪmas] [kɔnˈflʲɪktas] [ˈsaːmokslʲas] [provoˈkaːtsʲɪjɛ]
stürzen (vt) Sturz (m) Revolution (f)	nuvérsti nuvertìmas (v) revoliùcija (m)	[nʊˈvʲɛrstʲɪ] [nʊvʲɛrˈtʲɪmas] [rʲɛvoˈlʲʊtsʲɪjɛ]
Staatsstreich (m) Militärputsch (m)	pérversmas (v) karìnis pérversmas (v)	[ˈpʲɛrvʲɛrsmas] [kaˈrʲɪnʲɪs ˈpʲɛrvʲɛrsmas]
Krise (f) Rezession (f) Demonstrant (m) Demonstration (f) Ausnahmezustand (m) Militärbasis (f) Stabilität (f)	krìzė (m) ekonòminis kritìmas (v) demonstrántas (v) demonstrãcija (m) kãro padėtìs (m) karìnė bãzė (m) stabilùmas (v)	[ˈkrʲɪzʲeː] [ɛkoˈnomʲɪnʲɪs krʲɪˈtʲɪmas] [dʲɛmonsˈtrantas] [dʲɛmonsˈtraːtsʲɪjɛ] [ˈkaːrɔ padʲeːˈtʲɪs] [kaˈrʲɪnʲeː ˈbaːzʲeː] [stabʲɪˈlʲʊmas]

stabil	stabilùs	[stabʲɪˈlʲʊs]
Ausbeutung (f)	eksploatãcija (m)	[ɛksplʲoaˈtaːtsʲɪjɛ]
ausbeuten (vt)	eksploatúoti	[ɛksplʲoaˈtʊatʲɪ]
Rassismus (m)	rasìzmas (v)	[raˈsʲɪzmas]
Rassist (m)	rasìstas (v)	[raˈsʲɪstas]
Faschismus (m)	fašìzmas (v)	[faˈʃɪzmas]
Faschist (m)	fašìstas (v)	[faˈʃɪstas]

245. Länder. Verschiedenes

Ausländer (m)	užsieniẽtis (v)	[ʊʒsʲiɛˈnʲɛtʲɪs]
ausländisch	užsieniẽtiškas	[ʊʒsʲiɛˈnʲɛtʲɪʃkas]
im Ausland	ùžsienyje	[ˈʊʒsʲiɛnʲiːjɛ]
Auswanderer (m)	emigrántas (v)	[ɛmʲɪˈgrantas]
Auswanderung (f)	emigrãcija (m)	[ɛmʲɪˈgraːtsʲɪjɛ]
auswandern (vi)	emigrúoti	[ɛmʲɪˈgrʊatʲɪ]
Westen (m)	Vakaraĩ (v dgs)	[vakaˈrʌɪ]
Osten (m)	Rytaĩ (v dgs)	[rʲiːˈtʌɪ]
Ferner Osten (m)	Tolimì Rytaĩ (v dgs)	[tolʲɪˈmʲɪ rʲiːˈtʌɪ]
Zivilisation (f)	civilizãcija (m)	[tsʲɪvʲɪlʲɪˈzaːtsʲɪjɛ]
Menschheit (f)	žmonijà (m)	[ʒmonʲɪˈja]
Welt (f)	pasáulis (v)	[paˈsaʊlʲɪs]
Frieden (m)	taikà (m)	[tʌɪˈka]
Welt-	pasáulinis	[paˈsaʊlʲɪnʲɪs]
Heimat (f)	tėvỹnė (f)	[tʲeːˈvʲiːnʲeː]
Volk (n)	tautà (m), liáudis (m)	[taʊˈta], [ˈlʲæʊdʲɪs]
Bevölkerung (f)	gyvéntojai (v)	[gʲiːˈvʲɛntoːjɛi]
Leute (pl)	žmõnės (v dgs)	[ˈʒmoːnʲeːs]
Nation (f)	nãcija (m)	[ˈnaːtsʲɪjɛ]
Generation (f)	kartà (m)	[karˈta]
Territorium (n)	teritòrija (m)	[tʲɛrʲɪˈtorʲɪjɛ]
Region (f)	regiònas (v)	[rʲɛgʲɪˈjonas]
Staat (z.B. ~ Alaska)	valstijà (m)	[valʲstʲɪˈja]
Tradition (f)	tradìcija (m)	[traˈdʲɪtsʲɪjɛ]
Brauch (m)	paprotỹs (v)	[paproˈtʲiːs]
Ökologie (f)	ekològija (m)	[ɛkoˈlʲogʲɪjɛ]
Indianer (m)	indénas (v)	[ɪnˈdʲeːnas]
Zigeuner (m)	čigõnas (v)	[tʂɪˈgoːnas]
Zigeunerin (f)	čigõnė (m)	[tʂɪˈgoːnʲeː]
Zigeuner-	čigõniškas	[tʂɪˈgoːnʲɪʃkas]
Reich (n)	impèrija (m)	[ɪmˈpʲɛrʲɪjɛ]
Kolonie (f)	kolònija (m)	[koˈlʲonʲɪjɛ]
Sklaverei (f)	vergijà (m)	[vʲɛrgʲɪˈja]
Einfall (m)	invãzija (m)	[ɪnˈvaːzʲɪjɛ]
Hunger (m)	bãdas (v)	[ˈbaːdas]

246. Wichtige Religionsgruppen. Konfessionen

| Religion (f) | religija (m) | [rʲɛˈlʲɪgʲɪjɛ] |
| religiös | religinis | [rʲɛˈlʲɪgʲɪnʲɪs] |

Glaube (m)	tikėjimas (v)	[tʲɪˈkʲɛjɪmas]
glauben (vt)	tikėti	[tʲɪˈkʲeːtʲɪ]
Gläubige (m)	tikintis (v)	[ˈtʲɪkʲɪntʲɪs]

| Atheismus (m) | ateizmas (v) | [atʲɛˈɪzmas] |
| Atheist (m) | ateistas (v) | [atʲɛˈɪstas] |

Christentum (n)	Krikščionybė (m)	[krʲɪkʃtsʲoˈnʲiːbʲeː]
Christ (m)	krikščionis (v)	[krʲɪkʃˈtsʲonʲɪs]
christlich	krikščioniškas	[krʲɪkʃˈtsʲonʲɪʃkas]

Katholizismus (m)	Katalicizmas (v)	[katalʲɪˈtsʲɪzmas]
Katholik (m)	katalikas (v)	[kataˈlʲɪkas]
katholisch	katalikiškas	[kataˈlʲɪkʲɪʃkas]

Protestantismus (m)	Protestantizmas (v)	[protʲɛstanˈtʲɪzmas]
Protestantische Kirche (f)	Protestántų bažnyčia (m)	[protʲɛsˈtantuː baʒˈnʲiːtʂʲæ]
Protestant (m)	protestántas (v)	[protʲɛsˈtantas]

Orthodoxes Christentum (n)	Stačiatikybė (m)	[statʂʲætʲɪˈkʲiːbʲeː]
Orthodoxe Kirche (f)	Stačiatikių bažnyčia (m)	[staˈtʂʲætʲɪkʲuː baʒˈnʲiːtʂʲæ]
orthodoxer Christ (m)	stačiatikis	[staˈtʂʲætʲɪkʲɪs]

Presbyterianismus (m)	Presbiterionizmas (v)	[prʲɛsbʲɪtʲɛrʲɪjoˈnʲɪzmas]
Presbyterianische Kirche (f)	Presbiteriõnų bažnyčia (m)	[prʲɛsbʲɪtʲɛrʲɪˈjoːnuː baʒˈnʲiːtʂʲæ]
Presbyterianer (m)	presbiteriõnas (v)	[prʲɛsbʲɪtʲɛrʲɪˈjoːnas]

| Lutherische Kirche (f) | Liuteronų bažnyčia (m) | [lʲutʲɛˈroːnuː baʒˈnʲiːtʂʲæ] |
| Lutheraner (m) | liuteronas (v) | [lʲutʲɐˈroːnas] |

| Baptismus (m) | Baptizmas (v) | [bapˈtʲɪzmas] |
| Baptist (m) | baptistas (v) | [bapˈtʲɪstas] |

Anglikanische Kirche (f)	Anglikonų bažnyčia (m)	[anglʲɪˈkoːnuː baʒˈnʲiːtʂʲæ]
Anglikaner (m)	anglikonas (v)	[anglʲɪˈkoːnas]
Mormone (m)	mormonas (v)	[morˈmonas]

| Judentum (n) | Judaizmas (v) | [judʌˈɪzmas] |
| Jude (m) | žydas (v) | [ˈʒʲiːdas] |

| Buddhismus (m) | Budizmas (v) | [bʊˈdʲɪzmas] |
| Buddhist (m) | budistas (v) | [bʊˈdʲɪstas] |

| Hinduismus (m) | Induizmas (v) | [ɪndʊˈɪzmas] |
| Hindu (m) | induistas (v) | [ɪndʊˈɪstas] |

Islam (m)	Islāmas (v)	[ɪsˈlʲaːmas]
Moslem (m)	musulmonas (v)	[mʊsʊlʲˈmoːnas]
moslemisch	musulmoniškas	[mʊsʊlʲˈmoːnʲɪʃkas]
Schiismus (m)	Šiizmas (v)	[ʃʲɪˈɪzmas]

Schiit (m)	šiitas (v)	[ʃɪˈɪtas]
Sunnismus (m)	Sunìzmas (v)	[suˈnʲɪzmas]
Sunnit (m)	sunìtas (v)	[suˈnʲɪtas]

247. Religionen. Priester

Priester (m)	šventìkas (v)	[ʃvʲɛnˈtʲɪkas]
Papst (m)	Ròmos pópiežius (v)	[ˈromos ˈpopʲiɛʒʲus]
Mönch (m)	vienuõlis (v)	[vʲiɛˈnuɑlʲɪs]
Nonne (f)	vienuõlė (m)	[vʲiɛˈnuɑlʲeː]
Pfarrer (m)	pãstorius (v)	[ˈpaːstorʲus]
Abt (m)	abãtas (v)	[aˈbaːtas]
Vikar (m)	vikãras (v)	[vʲɪˈkaːras]
Bischof (m)	výskupas (v)	[ˈvʲiːskupas]
Kardinal (m)	kardinõlas (v)	[kardʲɪˈnoːlʲas]
Prediger (m)	pamokslãutojas (v)	[pamokˈslʲɑutoːjɛs]
Predigt (f)	pamókslas (v)	[paˈmokslʲas]
Gemeinde (f)	parapijiẽčiai (v dgs)	[parapʲɪˈjɪɛtʂʲɛɪ]
Gläubige (m)	tikìntis (v)	[ˈtʲɪkʲɪntʲɪs]
Atheist (m)	ateìstas (v)	[atʲɛˈɪstas]

248. Glauben. Christentum. Islam

Adam	Adõmas (v)	[aˈdoːmas]
Eva	Ievà (m)	[ɪɛˈva]
Gott (m)	Diẽvas (v)	[ˈdʲɛvas]
Herr (m)	Viẽšpats (v)	[ˈvʲɛʃpats]
Der Allmächtige	Visagãlis (v)	[vʲɪsaˈgaːlʲɪs]
Sünde (f)	núodėmė (m)	[ˈnuadʲeːmʲeː]
sündigen (vi)	nusidėti	[nusʲɪˈdʲeːtʲɪ]
Sünder (m)	nuodėmìngas (v)	[nuadʲeːˈmʲɪngas]
Sünderin (f)	nuodėmìngoji (m)	[nuadʲeːˈmʲɪngojɪ]
Hölle (f)	prãgaras (v)	[ˈpraːgaras]
Paradies (n)	rõjus (v)	[ˈroːjus]
Jesus	Jėzus (v)	[ˈjeːzus]
Jesus Christus	Jėzus Krìstus (v)	[ˈjeːzus ˈkrʲɪstus]
der Heiliger Geist	Šventóji dvasià (m)	[ʃvʲɛnˈtoːjɪ dvaˈsʲæ]
der Erlöser	Išganýtojas (v)	[ɪʃgaˈnʲiːtoːjɛs]
die Jungfrau Maria	Diẽvo Mótina (m)	[ˈdʲɛvɔ ˈmotʲɪna]
Teufel (m)	Vélnias (v)	[ˈvʲɛlʲnʲæs]
teuflisch	velniškas	[ˈvʲɛlʲnʲɪʃkas]
Satan (m)	Šėtõnas (v)	[ʃeːˈtoːnas]

satanisch	šėtoniškas	[ʃʲe:'to:nʲɪʃkas]
Engel (m)	ángelas (v)	['angʲɛlʲas]
Schutzengel (m)	ángelas-sárgas (v)	['angʲɛlʲas-'sargas]
Engel(s)-	ángeliškas	['angʲɛlʲɪʃkas]
Apostel (m)	apáštalas (v)	[a'pa:ʃtalʲas]
Erzengel (m)	archángelas (v)	[ar'xangʲɛlʲas]
Antichrist (m)	Antikrìstas (v)	[antʲɪ'krʲɪstas]
Kirche (f)	Bažnýčia (m)	[baʒ'nʲi:tʂʲæ]
Bibel (f)	bìblija (m)	['bʲɪblʲɪjɛ]
biblisch	biblijìnis	[bʲɪblʲɪ'jɪnʲɪs]
Altes Testament (n)	Senàsis Testameñtas (v)	[sʲɛ'nasʲɪs tʲɛsta'mʲɛntas]
Neues Testament (n)	Naujàsis Testameñtas (v)	[nɑʊ'jasʲɪs tʲɛsta'mʲɛntas]
Evangelium (n)	Evangèlija (m)	[ɛvan'gʲɛlʲɪjɛ]
Heilige Schrift (f)	Šveñtas rãštas (v)	['ʃvʲɛntas 'ra:ʃtas]
Himmelreich (n)	Dangùs (v), Dangaùs Karalỹstė (m)	[dan'gʊs], [dan'gɑʊs kara'lʲi:stʲe:]
Gebot (n)	įsãkymas (v)	[i:'sa:kʲɪ:mas]
Prophet (m)	prãnašas (v)	['pra:naʃas]
Prophezeiung (f)	pranašỹstė (m)	[pranaʃʲɪ:stʲe:]
Allah	Alãchas (v)	[a'lʲa:xas]
Mohammed	Magomètas (v)	[mago'mʲɛtas]
Koran (m)	Korãnas (v)	[kɔ'ra:nas]
Moschee (f)	mečẽtė (m)	[mʲɛ'tʂʲɛtʲe:]
Mullah (m)	mulà (m)	[mʊ'lʲa]
Gebet (n)	maldà (m)	[malʲda]
beten (vi)	melstis	['mʲɛlʲstʲɪs]
Wallfahrt (f)	maldininkỹstė (m)	[malʲdʲɪnʲɪŋ'kʲɪstʲe:]
Pilger (m)	maldinìnkas (v)	[malʲdʲɪ'nʲɪŋkas]
Mekka (n)	Mekà (m)	[mʲɛ'ka]
Kirche (f)	bažnýčia (m)	[baʒ'nʲi:tʂʲæ]
Tempel (m)	šventóvė (m)	[ʃvɛn'tovʲe:]
Kathedrale (f)	kãtedra (m)	['ka:tʲɛdra]
gotisch	gòtiškas	['gotʲɪʃkas]
Synagoge (f)	sinagogà (m)	[sʲɪnago'ga]
Moschee (f)	mečẽtė (m)	[mʲɛ'tʂʲɛtʲe:]
Kapelle (f)	koplyčià (m)	[kɔplʲi:'tʂʲæ]
Abtei (f)	abãtija (m)	[a'ba:tʲɪjɛ]
Nonnenkloster (n)	vienuolýnas (v)	[vʲɪɛnʊɑ'lʲi:nas]
Mönchskloster (n)	vienuolýnas (v)	[vʲɪɛnʊɑ'lʲi:nas]
Glocke (f)	var̃pas (v)	['varpas]
Glockenturm (m)	varpìnė (m)	['varpʲɪnʲe:]
läuten (Glocken)	skambìnti	['skambʲɪntʲɪ]
Kreuz (n)	krỹžius (v)	['krʲi:ʒʊs]
Kuppel (f)	kùpolas (v)	['kʊpolʲas]
Ikone (f)	ikonà (m)	[ɪko'na]

Seele (f)	síela (m)	['sʲiɛlʲa]
Schicksal (n)	likìmas (v)	[lʲɪ'kʲɪmas]
das Böse	blõgis (v)	['blʲo:gʲɪs]
Gute (n)	gėris (v)	['gʲe:rʲɪs]
Vampir (m)	vampỹras (v)	[vam'pʲi:ras]
Hexe (f)	rãgana (m)	['ra:gana]
Dämon (m)	dėmonas (v)	['dʲɛmonas]
Geist (m)	dvasià (m)	[dva'sʲæ]
Sühne (f)	atpirkìmas (v)	[atpʲɪr'kʲɪmas]
sühnen (vt)	išpìŕkti	[ɪʃ'pʲɪrktʲɪ]
Gottesdienst (m)	pãmaldos (m dgs)	['pa:malʲdos]
die Messe lesen	tarnáuti	[tar'nɑʊtʲɪ]
Beichte (f)	išpažintìs (m)	[ɪʃpaʒʲɪn'tʲɪs]
beichten (vi)	atlìkti išpažintį	[at'lʲɪ:ktʲɪ 'i:ʃpaʒʲɪntʲɪ:]
Heilige (m)	šventãsis (v)	[ʃvʲɛn'tasʲɪs]
heilig	švéntintas	['ʃvʲɛntʲɪntas]
Weihwasser (n)	šveñtas vanduõ (v)	['ʃvʲɛntas van'dʊɑ]
Ritual (n)	rituãlas (v)	[rʲɪtʊ'a:lʲas]
rituell	rituãlinis	[rʲɪtʊ'a:lʲɪnʲɪs]
Opfer (n)	aukójimas (v)	[ɑʊ'ko:jɪmas]
Aberglaube (m)	prietaringùmas (v)	[prʲiɛtarʲɪn'gʊmas]
abergläubisch	prietaríngas	[prʲiɛta'rʲɪngas]
Nachleben (n)	pomirtìnis gyvẽnimas (v)	[pomʲɪr'tʲɪnʲɪs gʲi:'vʲænʲɪmas]
ewiges Leben (n)	ámžinas gyvẽnimas (v)	['amʒɪnas gʲi:'vʲænʲɪmas]

VERSCHIEDENES

249. Verschiedene nützliche Wörter

Anfang (m)	pradžià (m)	[prad'ʒʲæ]
Anstrengung (f)	pãstangos (m dgs)	['pa:stangos]
Anteil (m)	dalìs (m)	[da'lʲɪs]
Art (Typ, Sorte)	rū́šis (m)	['ru:ʃɪs]
Auswahl (f)	pasirinkìmas (v)	[pasʲɪrʲɪŋ'kʲɪmas]
Barriere (f)	užtvara (m)	['ʊʒtvara]
Basis (f)	bãzė (m)	['ba:zʲe:]
Beispiel (n)	pavyzdỹs (v)	[pavʲi:z'dʲi:s]
bequem (gemütlich)	patogùs	[pato'gʊs]
Bilanz (f)	balánsas (v)	[ba'lʲansas]
Ding (n)	daĩktas (v)	['dʌɪktas]
dringend (Adj)	skubùs	[skʊ'bʊs]
dringend (Adv)	skubiaĩ	[skʊ'bʲɛɪ]
Effekt (m)	efèktas (v)	[ɛ'fʲɛktas]
Eigenschaft (Werkstoff~)	savýbė (m)	[sa'vʲi:bʲe:]
Element (n)	elemeñtas (v)	[ɛlʲɛ'mʲɛntas]
Ende (n)	pabaigà (m)	[pabʌɪ'ga]
Entwicklung (f)	vỹstymas (v)	['vʲi:stʲi:mas]
Fachwort (n)	tèrminas (v)	['tʲɛrmʲɪnas]
Fehler (m)	klaidà (m)	[klʲʌɪ'da]
Form (z.B. Kugel-)	fòrma (m)	['forma]
Fortschritt (m)	progrèsas (v)	[pro'grʲɛsas]
Gegenstand (m)	objèktas (v)	[ob'jɛktas]
Geheimnis (n)	paslaptìs (m)	[paslʲap'tʲɪs]
Grad (Ausmaß)	laĩpsnis (v)	['lʲʌɪpsnʲɪs]
Halt (m), Pause (f)	sustojìmas (v)	[sʊsto'jɪmas]
häufig (Adj)	dãžnas	['da:ʒnas]
Hilfe (f)	pagálba (m)	[pa'galʲba]
Hindernis (n)	kliū́tis (m)	['klʲu:tʲɪs]
Hintergrund (m)	fònas (v)	['fonas]
Ideal (n)	ideãlas (v)	[idʲɛ'a:lʲas]
Kategorie (f)	kategòrija (m)	[katʲɛ'gorʲɪjɛ]
Kompensation (f)	kompensãcija (m)	[kompʲɛn'sa:tsʲɪjɛ]
Labyrinth (n)	labirìntas (v)	[lʲabʲɪ'rʲɪntas]
Lösung (Problem usw.)	sprendìmas (v)	[sprʲɛn'dʲɪmas]
Moment (m)	momeñtas (v)	[mo'mʲɛntas]
Nutzen (m)	naudà (m)	[nɑʊ'da]
Original (Schriftstück)	originãlas (v)	[orʲɪgʲɪ'na:lʲas]
Pause (kleine ~)	páuzė (m)	['pɑʊzʲe:]

Position (f)	pozìcija (m)	[poˈzʲɪtsʲɪjɛ]
Prinzip (n)	prìncipas (v)	[ˈprʲɪntsʲɪpas]
Problem (n)	problemà (m)	[problʲɛˈma]
Prozess (m)	procèsas (v)	[proˈtsʲɛsas]
Reaktion (f)	reãkcija (m)	[rʲɛˈaːktsʲɪjɛ]
Reihe (Sie sind an der ~)	eilễ (m)	[ɛɪˈlʲeː]
Risiko (n)	rìzika (m)	[ˈrʲɪzʲɪka]
Serie (f)	sèrija (m)	[ˈsʲɛrʲɪjɛ]
Situation (f)	situãcija (m)	[sʲɪˈtʊaːtsʲɪjɛ]
Standard-	standártinis	[stanˈdartʲɪnʲɪs]
Standard (m)	standártas (v)	[stanˈdartas]
Stil (m)	stìlius (v)	[ˈstʲɪlʲʊs]
System (n)	sistemà (m)	[sʲɪstʲɛˈma]
Tabelle (f)	lentẽlė (m)	[lʲɛnˈtʲælʲeː]
Tatsache (f)	fãktas (v)	[ˈfaːktas]
Teilchen (n)	dalelýtė (m)	[dalʲɛˈlʲiːtʲeː]
Tempo (n)	tempas (v)	[ˈtʲɛmpas]
Typ (m)	tìpas (v)	[ˈtʲɪpas]
Unterschied (m)	skìrtumas (v)	[ˈskʲɪrtʊmas]
Ursache (z.B. Todes-)	priežastìs (m)	[prʲɛʒasˈtʲɪs]
Variante (f)	variántas (v)	[varʲɪˈrjantas]
Vergleich (m)	palýginimas (v)	[paˈlʲiːɡʲɪnʲɪmas]
Wachstum (n)	augìmas (v)	[ɑʊˈɡʲɪmas]
Wahrheit (f)	tiesà (m)	[tʲiɛˈsa]
Weise (Weg, Methode)	bū̃das (v)	[ˈbuːdas]
Zone (f)	zonà (m)	[zoˈna]
Zufall (m)	sutapìmas (v)	[sʊtaˈpʲɪmas]

250. Bestimmungswörter. Adjektive. Teil 1

abgemagert	sulýsęs	[sʊˈlʲiːsʲɛːs]
ähnlich	panašùs	[panaˈʃʊs]
alt (z.B. die -en Griechen)	senóvinis	[sʲɛˈnovʲɪnʲɪs]
alt, betagt	sẽnas	[ˈsʲænas]
andauernd	ilgalaĩkis	[ɪlʲɡaˈlʌɪkʲɪs]
angenehm	malonùs	[malʲoˈnʊs]
arm	skurdùs	[skʊrˈdʊs]
ausgezeichnet	puikùs	[pʊiˈkʊs]
ausländisch, Fremd-	užsieniẽtiškas	[ʊʒsʲiɛˈnʲɛtʲɪʃkas]
Außen-, äußer	išorìnis	[ɪʃoˈrʲɪnʲɪs]
bedeutend	reikšmìngas	[rʲɛɪkʃmʲɪngas]
begrenzt	ribótas	[rʲɪˈbotas]
beständig	nuolatìnis	[nʊɑlʲaˈtʲɪnʲɪs]
billig	pigùs	[pʲɪˈɡʊs]
bitter	kartùs	[karˈtʊs]
blind	ãklas	[ˈaːklʲas]

brauchbar	tiñkamas	['tʲɪŋkamas]
breit (Straße usw.)	platùs	[pʲa'tʊs]
bürgerlich	piliẽtinis	[pʲɪ'lʲɛtʲɪnʲɪs]
dankbar	dėkìngas	[dʲe:'kʲɪngas]
das wichtigste	svarbiáusias	[svar'bʲæʊsʲæs]
der letzte	paskutìnis	[paskʊ'tʲɪnʲɪs]
dicht (-er Nebel)	tìrštas	['tʲɪrʃtas]
dick (-e Mauer usw.)	stóras	['storas]
dick (-er Nebel)	tánkus	['taŋkʊs]
dumm	kvaĩlas	['kvʌɪlʲas]
dunkel (Raum usw.)	tamsùs	[tam'sʊs]
dunkelhäutig	tamsaũs gỹmio	[tam'sɑʊs 'gʲi:mʲɔ]
durchsichtig	skaidrùs	[skʌɪd'rʊs]
düster	niūrùs	[nʲu:'rʊs]
einfach	pàprastas	['paprastas]
einfach (Problem usw.)	pàprastas	['paprastas]
einzigartig (einmalig)	unikalùs	[ʊnʲɪka'lʲʊs]
eng, schmal (Straße usw.)	siaũras	['sʲɛʊras]
ergänzend	papìldomas	[pa'pʲɪlʲdomas]
ermüdend (Arbeit usw.)	várginantis	['vargʲɪnantʲɪs]
feindlich	príešiškas	['prʲiɛʃɪʃkas]
fern (weit entfernt)	tólimas	['tolʲɪmas]
fern (weit)	tólimas	['tolʲɪmas]
fett (-es Essen)	riebùs	[rʲiɛ'bʊs]
feucht	drėgnas	['drʲe:gnas]
flüssig	skỹstas	['skʲi:stas]
frei (-er Eintritt)	laĩsvas	['lʲʌɪsvas]
frisch (Brot usw.)	šviežias	['ʃvʲɛʒʲæs]
froh	liñksmas	['lʲɪŋksmas]
fruchtbar (-er Böden)	vaisìngas	[vʌɪ'sʲɪngas]
ganz (komplett)	pìlnas, vìsiškas	['pʲɪlʲnas], ['vʲɪsʲɪʃkas]
gebraucht	naudótas	[nɑʊ'dotas]
gebräunt (sonnen-)	įdẽgęs	[i:'dʲægʲɛ:s]
gedämpft, matt (Licht)	blánkus	['blʲaŋkʊs]
gefährlich	pavojìngas	[pavo'jɪngas]
gegensätzlich	príešingas	['prʲiɛʃɪngas]
gegenwärtig	tìkras	['tʲɪkras]
gemeinsam	beñdras	['bʲɛndras]
genau, pünktlich	tikslùs	[tʲɪks'lʲʊs]
gerade, direkt	tiesùs	[tʲiɛ'sʊs]
geräumig (Raum)	erdvùs	[ɛrd'vʊs]
geschlossen	uždarýtas, uždaras	[ʊʒdarʲi:tas], ['ʊʒdaras]
gesetzlich	teisėtas	[tʲɛɪ'sʲe:tas]
gewöhnlich	pàprastas	['paprastas]
glatt (z.B. poliert)	lỹgus	['lʲi:gʊs]
glatt, eben	lỹgus	['lʲi:gʊs]

gleich (z.B. ~ groß)	didžiùlis	[dʲɪˈdʒʲʊlʲɪs]
glücklich	laimìngas	[lʲʌɪˈmʲɪngas]
groß	dìdelis	[ˈdʲɪdʲɛlʲɪs]
gut (das Buch ist ~)	gẽras	[ˈgʲæras]
gut (gütig)	gẽras	[ˈgʲæras]
hart (harter Stahl)	kíetas	[ˈkʲiɛtas]
Haupt-	svarbùs	[svarˈbʊs]
hauptsächlich	pagrindìnis	[pagrʲɪnˈdʲɪnʲɪs]
Heimat-	gim̃tas	[ˈgʲɪmtas]
heiß	kar̃štas	[ˈkarʃtas]
Hinter-	užpakalìnis	[ʊʒpakaˈlʲɪnʲɪs]
höchst	aukščiáusias	[ɑʊkʃˈtʂʲæʊsʲæs]
höflich	mandagùs	[mandaˈgʊs]
hungrig	álkanas	[ˈalʲkanas]
in Armut lebend	skurdùs	[skʊrˈdʊs]
innen-	vidìnis	[vʲɪˈdʲɪnʲɪs]
jung	jáunas	[ˈjɑʊnas]
kalt (Getränk usw.)	šáltas	[ˈʃalʲtas]
Kinder-	vaĩkiškas	[ˈvʌɪkʲɪʃkas]
klar (deutlich)	áiškus	[ˈʌɪʃkʊs]
klein	mãžas	[ˈmaːʒas]
klug, clever	protìngas	[proˈtʲɪngas]
kompatibel	sudẽrinamas	[sʊˈdʲærʲɪnamas]
kostenlos, gratis	nemókamas	[nʲɛˈmokamas]
krank	ser̃gantis	[ˈsʲɛrgantʲɪs]
kühl (-en morgen)	vėsùs	[vʲeːˈsʊs]
künstlich	dirbtìnis	[dʲɪrpˈtʲɪnʲɪs]
kurz (räumlich)	trum̃pas	[ˈtrʊmpas]
kurz (zeitlich)	trumpalaĩkis	[trʊmpaˈlʲʌɪkʲɪs]
kurzsichtig	trumparẽgis	[trʊmpaˈrʲægʲɪs]

251. Bestimmungswörter. Adjektive. Teil 2

lang (langwierig)	ìlgas	[ˈɪlʲgas]
laut (-e Stimme)	stiprùs	[stʲɪpˈrʊs]
lecker	skanùs	[skaˈnʊs]
leer (kein Inhalt)	tùščias	[ˈtʊʃtʂʲæs]
leicht (wenig Gewicht)	leñgvas	[ˈlʲɛngvas]
leise (~ sprechen)	tylùs	[tʲiːˈlʲʊs]
licht (Farbe)	šviesùs	[ʃvʲiɛˈsʊs]
link (-e Seite)	kairỹs	[kʌɪˈrʲiːs]
mager, dünn	plónas	[ˈplʲonas]
matt (Lack usw.)	mãtinis	[ˈmaːtʲɪnʲɪs]
möglich	įmãnomas	[iːˈmaːnomas]
müde (erschöpft)	pavar̃gęs	[paˈvargʲɛːs]
Nachbar-	kaimýninis	[kʌɪˈmʲiːnʲɪnʲɪs]

nachlässig	atsainus	[atsʌɪ'nʊs]
nächst	artimiáusias	[artʲɪ'mʲæʊsʲæs]
nächst (am -en Tag)	tolèsnis	[toˈlʲɛsnʲɪs]
nah	artimas	['artʲɪmas]
nass (-e Kleider)	šlāpias	[ˈʃlʲa:pʲæs]
negativ	neĩgiamas	[ˈnʲɛɪgʲæmas]
nervös	nervúotas	[nʲɛr'vʊɑtas]
nett (freundlich)	míelas	[ˈmʲiɛlʲas]
neu	naũjas	['nɑʊjas]
nicht groß	nedìdelis	[nʲɛˈdʲɪdʲɛlʲɪs]
nicht schwierig	nesunkùs	[nʲɛsʊŋˈkʊs]
normal	normalùs	[norma'lʲʊs]
nötig	reikalìngas	[rʲɛɪkaˈlʲɪngas]
notwendig	būtinas	['bu:tʲɪnas]
obligatorisch, Pflicht-	privãlomas	[prʲɪ'va:lʲomas]
offen	atidarýtas	[atʲɪda'rʲi:tas]
öffentlich	visuomenìnis	[vʲɪsʊɑmʲɛ'nʲɪnʲɪs]
original (außergewöhnlich)	originalùs	[orʲɪgʲɪna'lʲʊs]
persönlich	privatùs	[prʲɪva'tʊs]
platt (flach)	plókščias	[ˈplʲokʃtʂʲæs]
privat (in Privatbesitz)	asmenìnis	[asmʲɛ'nʲɪnʲɪs]
pünktlich (Ich bin gerne ~)	punktualùs	[pʊŋktʊa'lʲʊs]
rätselhaft	paslaptìngas	[paslʲap'tʲɪngas]
recht (-e Hand)	dešinỹs	[dʲɛʃɪ'nʲi:s]
reif (Frucht usw.)	prisírpęs	[prʲɪ'sʲɪrpʲɛ:s]
richtig	teisìngas	[tʲɛɪ'sʲɪngas]
riesig	vienódas	[vʲiɛ'nodas]
riskant	rizikìngas	[rʲɪzʲɪ'kʲɪngas]
roh (nicht gekocht)	žãlias	[ˈʒa:lʲæs]
ruhig	ramùs	[ra'mʊs]
salzig	sūrùs	[su:'rʊs]
sauber (rein)	švarùs	[ʃva'rʊs]
sauer	rūgštùs	[ru:gʃtʊs]
scharf (-e Messer usw.)	aštrùs	[aʃt'rʊs]
schlecht	blõgas	[ˈblʲo:gas]
schmutzig	pu̇rvinas	[ˈpʊrvʲɪnas]
schnell	greĩtas	[ˈgrʲɛɪtas]
schön (-es Mädchen)	gražùs	[gra'ʒʊs]
schön (-es Schloß usw.)	nuostabùs	[nʊɑsta'bʊs]
schwer (~ an Gewicht)	sunkùs	[sʊŋ'kʊs]
schwierig	sunkùs	[sʊŋ'kʊs]
schwierig (-es Problem)	sudėtìngas	[sudʲe:'tʲɪngas]
seicht (nicht tief)	seklùs	[sʲɛkˈlʲʊs]
selten	rẽtas	[ˈrʲætas]
sicher (nicht gefährlich)	saugùs	[sɑʊˈgʊs]
sonnig	saulétas	[sɑʊˈlʲe:tas]
sorgfältig	tvarkìngas	[tvar'kʲɪngas]

sorgsam	rūpestìngas	[ruːpʲɛsˈtʲɪngas]
speziell, Spezial-	specialùs	[spʲɛtsʲɪjaˈlʲʊs]
stark (-e Konstruktion)	patvarùs	[patvaˈrʊs]
stark (kräftig)	stiprùs	[stʲɪpˈrʊs]
still, ruhig	ramùs	[raˈmʊs]
süß	saldùs	[salʲˈdʊs]
Süß- (Wasser)	gėlas	[ˈgʲeːlʲas]
teuer	brangùs	[branˈgʊs]
tiefgekühlt	užšáldytas	[ʊʒˈʃalʲdʲiːtas]
tot	mìręs	[ˈmʲɪrʲɛːs]
traurig	liūdnas	[ˈlʲuːdnas]
traurig, unglücklich	liūdnas	[ˈlʲuːdnas]
trocken (Klima)	saūsas	[ˈsɑʊsas]
übermäßig	besaĩkis	[bʲɛˈsʌɪkʲɪs]
unbedeutend	nereikšmìngas	[nʲɛrʲɛɪkʃˈmʲɪngas]
unbeweglich	nėjudantis	[ˈnʲɛjʊdantʲɪs]
undeutlich	neaiškus	[nʲɛˈʌɪʃkʊs]
unerfahren	nepatỹręs	[nʲɛpaˈtʲiːrʲɛːs]
unmöglich	neį̃manomas	[nʲɛɪːˈmaːnomas]
Untergrund- (geheim)	pógrindinis	[ˈpogrʲɪndʲɪnʲɪs]
unterschiedlich	į̃vairùs	[iːvʌɪˈrʊs]
ununterbrochen	nepértraukiamas	[nʲɛˈpʲɛrtrɑʊkʲæmas]
unverständlich	neaiškus	[nʲɛˈʌɪʃkʊs]
vergangen	praeitas	[ˈprɑʲɛɪtas]
verschieden	skirtìngas	[skʲɪrˈtʲɪngas]
voll (gefüllt)	pìlnas	[ˈpʲɪlʲnas]
vorig (in der -en Woche)	praėję̃s	[prɑˈeːjɛːs]
vorzüglich	puikùs	[pʊʲiˈkʊs]
wahrscheinlich	tikėtinas	[tʲɪˈkʲeːtʲɪnas]
warm (mäßig heiß)	šìltas	[ˈʃɪlʲtas]
weich (-e Wolle)	mìnkštas	[ˈmʲɪŋkʃtas]
wichtig	svarbùs	[svarˈbʊs]
wolkenlos	giẽdras	[ˈgʲɛdras]
zärtlich	švelnùs	[ʃvʲɛlʲˈnʊs]
zentral (in der Mitte)	centrìnis	[tsʲɛnˈtrʲɪnʲɪs]
zerbrechlich (Porzellan usw.)	trapùs	[traˈpʊs]
zufrieden	paténkintas	[paˈtʲɛŋkʲɪntas]
zufrieden (glücklich und ~)	paténkintas	[paˈtʲɛŋkʲɪntas]

500 WICHTIGE VERBEN

252. Verben A-D

abbiegen (vi)	sùkti	['sʊktʲɪ]
abhacken (vt)	nukirstì	[nʊkʲɪrsˈtʲɪ]
abhängen von …	priklausýti nuõ …	[prʲɪklʲɑʊˈsʲiːtʲɪ nʊɑ …]
ablegen (Schiff)	išplaũkti	[ɪʃplʲɑʊktʲɪ]
abnehmen (vt)	nuiminė́ti	[nʊimʲɪˈnʲeːtʲɪ]
abreißen (vt)	atplė́šti	[atˈplʲeːʃtʲɪ]
absagen (vt)	atsakýti	[atsaˈkʲiːtʲɪ]
abschicken (vt)	siųsti	[ˈsʲuːstʲɪ]
abschneiden (vt)	atkir̃pti	[atˈkʲɪrptʲɪ]
adressieren (an …)	kreĩptis	[ˈkrʲɛɪptʲɪs]
ähnlich sein	bū́ti panašiù	[ˈbuːtʲɪ panaˈʃʊ]
amputieren (vt)	amputúoti	[ampʊˈtʊɑtʲɪ]
amüsieren (vt)	smãginti	[ˈsmaːgʲɪntʲɪ]
anbinden (vt)	prirìšti	[prʲɪˈrʲɪʃtʲɪ]
ändern (vt)	pakeĩsti	[paˈkʲɛɪstʲɪ]
andeuten (vt)	užsimiñti	[ʊʒsʲɪˈmʲɪntʲɪ]
anerkennen (vt)	atpažìnti	[atpaˈʒʲɪntʲɪ]
anflehen (vt)	maldáuti	[malʲˈdaʊtʲɪ]
Angst haben (vor …)	bijóti	[bʲɪˈjotʲɪ]
anklagen (vt)	kaltinti	[ˈkalʲtʲɪntʲɪ]
anklopfen (vi)	bélsti	[ˈbʲɛlʲstʲɪ]
ankommen (der Zug)	atvỹkti	[atˈvʲiːktʲɪ]
anlegen (Schiff)	švartúoti	[ʃvarˈtʊɔtʲɪ]
anstecken (~ mit …)	užkrė́sti	[ʊʒˈkrʲeːstʲɪ]
anstreben (vt)	siẽkti	[ˈsʲiɛktʲɪ]
antworten (vi)	atsakinė́ti	[atsakʲɪˈnʲeːtʲɪ]
anzünden (vt)	uždègti	[ʊʒˈdʲɛktʲɪ]
applaudieren (vi)	plóti	[ˈplʲotʲɪ]
arbeiten (vi)	dìrbti	[ˈdʲɪrptʲɪ]
ärgern (vt)	pýkdyti	[ˈpʲiːkdʲiːtʲɪ]
assistieren (vi)	asistúoti	[asʲɪsˈtʊɑtʲɪ]
atmen (vi)	kvėpúoti	[kvʲeˈpʊɑtʲɪ]
attackieren (vt)	atakúoti	[ataˈkʊɑtʲɪ]
auf … zählen	tikė́tis …	[tʲɪˈkʲeːtʲɪs …]
auf jmdn böse sein	pỹkti añt …	[ˈpʲiːktʲɪ ant …]
aufbringen (vt)	érzinti	[ˈɛrzʲɪntʲɪ]
aufräumen (vt)	tvarkýti	[tvarˈkʲiːtʲɪ]
aufschreiben (vt)	užrašinė́ti	[ʊʒraʃʲɪˈnʲeːtʲɪ]

aufseufzen (vi)	įkvėpti	[iːkʲvʲeːptʲɪ]
aufstehen (vi)	kéltis	[ˈkʲɛlʲtʲɪs]
auftauchen (U-Boot)	išnirti	[ɪʃnʲɪrtʲɪ]

ausdrücken (vt)	išréikšti	[ɪʃˈrʲɛɪkʃtʲɪ]
ausgehen (vi)	išeĩti	[ɪˈʃɛɪtʲɪ]
aushalten (vt)	kę̃sti	[ˈkʲɛːstʲɪ]
ausradieren (vt)	nutrìnti	[nʊˈtrʲɪntʲɪ]

ausreichen (vi)	užtèks	[ʊʒˈtʲɛks]
ausschalten (vt)	išjùngti	[ɪˈʃjʊŋktʲɪ]
ausschließen (vt)	šãlinti	[ˈʃaːlʲɪntʲɪ]
aussprechen (vt)	tar̃ti	[ˈtartʲɪ]

austeilen (vt)	išdalìnti	[ɪʃdaˈlʲɪntʲɪ]
auswählen (vt)	atriñkti	[atˈrʲɪŋktʲɪ]
auszeichnen (mit Orden)	apdovanóti	[apdovaˈnotʲɪ]
baden (vi)	máudyti	[ˈmaʊdʲiːtʲɪ]
bedauern (vt)	gailėtis	[gʌɪˈlʲeːtʲɪs]

bedeuten (bezeichnen)	réikšti	[ˈrʲɛɪkʃtʲɪ]
bedienen (vt)	aptarnáuti	[aptarˈnaʊtʲɪ]
beeinflussen (vt)	darýti įtaką	[daˈrʲiːtʲɪ ˈiːtaka:]
beenden (vi)	pabaĩgti	[paˈbʌɪktʲɪ]
befehlen (vt)	įsakýti	[iːsaˈkʲiːtʲɪ]

befestigen (vt)	tvìrtinti	[ˈtvʲɪrtʲɪntʲɪ]
befreien (vt)	išláisvinti	[ɪʃˈlʲʌɪsvʲɪntʲɪ]
befriedigen (vt)	tenkinti	[ˈtʲɛŋkʲɪntʲɪ]
begießen (vt)	laĩstyti	[ˈlʲʌɪstʲiːtʲɪ]

beginnen (vi)	pradėti	[praˈdʲeːtʲɪ]
begleiten (vt)	lydėti	[lʲiːˈdʲeːtʲɪ]
begrenzen (vt)	ribóti	[rʲɪˈbotʲɪ]
begrüßen (vt)	sveĩkinti	[ˈsvʲɛɪkʲɪntʲɪ]

behalten (alte Briefe)	sáugoti	[ˈsaʊgotʲɪ]
behandeln (vt)	gýdyti	[ˈgʲiːdʲiːtʲɪ]
behaupten (vt)	teĩgti	[ˈtʲɛɪktʲɪ]
bekannt machen	supažìndinti	[sʊpaˈʒʲɪndʲɪntʲɪ]
belauschen (Gespräch)	pasiklausýti	[pasʲɪkʲlʲaʊˈsʲiːtʲɪ]

beleidigen (vt)	skriaũsti	[ˈskrʲɛʊstʲɪ]
beleuchten (vt)	šviẽsti	[ˈʃvʲɛstʲɪ]
bemerken (vt)	pastebėti	[pasteˈbʲeːtʲɪ]
beneiden (vt)	pavydėti	[pavʲiːˈdʲeːtʲɪ]

benennen (vt)	vadìnti	[vaˈdʲɪntʲɪ]
benutzen (vt)	naudótis	[naʊˈdotʲɪs]
beobachten (vt)	stebėti	[steˈbʲeːtʲɪ]
berichten (vt)	pranešinėti	[pranʲɛʃɪˈnʲeːtʲɪ]

bersten (vi)	skilinėti	[skʲɪlʲɪˈnʲeːtʲɪ]
beruhen auf …	bazúotis	[baˈzʊɑtʲɪs]
beruhigen (vt)	ramìnti	[raˈmʲɪntʲɪ]
berühren (vt)	liẽstis	[ˈlʲɛstʲɪs]

beseitigen (vt)	pašalinti	[paˈʃaːlʲɪntʲɪ]
besitzen (vt)	turėti	[tʊˈrʲeːtʲɪ]
besprechen (vt)	aptarti	[apˈtartʲɪ]
bestehen auf	reikalauti	[rʲɛɪkaˈlʲaʊtʲɪ]
bestellen (im Restaurant)	užsakinėti	[ʊʒsakʲɪˈnʲeːtʲɪ]
bestrafen (vt)	bausti	[ˈbaʊstʲɪ]
beten (vi)	melstis	[ˈmʲɛlʲstʲɪs]
beunruhigen (vt)	jaudinti	[ˈjaʊdʲɪntʲɪ]
bewachen (vt)	saugoti	[ˈsaʊgotʲɪ]
bewahren (vt)	saugoti	[ˈsaʊgotʲɪ]
beweisen (vt)	įrodyneti	[iːrodʲɪːˈnʲeːtʲɪ]
bewundern (vt)	žavėtis	[ʒaˈvʲeːtʲɪs]
bezeichnen (bedeuten)	reikšti	[ˈrʲɛɪkʃtʲɪ]
bilden (vt)	sudarinėti	[sʊdarʲɪˈnʲeːtʲɪ]
binden (vt)	surišti	[sʊˈrʲɪʃtʲɪ]
bitten (jmdn um etwas ~)	prašyti	[praˈʃɪːtʲɪ]
blenden (vt)	apakinti	[aˈpaːkʲɪntʲɪ]
brechen (vt)	laužyti	[ˈlʲaʊʒʲiːtʲɪ]
bügeln (vt)	lyginti	[ˈlʲiːgʲɪntʲɪ]

253. Verben E-H

danken (vi)	dėkoti	[dʲeːˈkotʲɪ]
denken (vi, vt)	galvoti	[galʲˈvotʲɪ]
denunzieren (vt)	pranešti	[praˈnʲɛʃtʲɪ]
dividieren (vt)	dalinti	[daˈlʲɪntʲɪ]
dressieren (vt)	dresuoti	[drʲɛˈsʊatʲɪ]
drohen (vi)	grasinti	[graˈsʲɪntʲɪ]
eindringen (vi)	prasiskverbti	[prasʲɪsˈkvʲɛrptʲɪ]
einen Fehler machen	klysti	[ˈklʲiːstʲɪ]
einen Schluss ziehen	daryti išvadas	[daˈrʲiːtʲɪ ˈɪʃvadas]
einladen (zum Essen ~)	kviesti	[ˈkvʲɛstʲɪ]
einpacken (vt)	įvynioti	[iːvʲɪːˈnʲotʲɪ]
einrichten (vt)	įrenginėti	[iːrengʲɪˈnʲeːtʲɪ]
einschalten (vt)	įjungti	[iːˈjʊŋktʲɪ]
einschreiben (vt)	įrašinėti	[iːraʃʲɪˈnʲeːtʲɪ]
einsetzen (vt)	įterpti	[iːˈtʲɛrptʲɪ]
einstellen (Personal ~)	samdyti	[samˈdʲiːtʲɪ]
einstellen (vt)	liautis	[ˈlʲæʊtʲɪs]
einwenden (vt)	prieštarauti	[prʲɛʃtaˈraʊtʲɪ]
empfehlen (vt)	rekomenduoti	[rʲɛkomʲɛnˈdʊatʲɪ]
entdecken (Land usw.)	atverti	[atˈvʲɛrtʲɪ]
entfernen (Flecken ~)	šalinti	[ˈʃaːlʲɪntʲɪ]
entscheiden (vt)	spręsti	[ˈsprʲeːstʲɪ]
entschuldigen (vt)	atleisti	[atˈlʲɛɪstʲɪ]
entzücken (vt)	žavėti	[ʒaˈvʲeːtʲɪ]

erben (vt)	paveldėti	[pavelʲˈdʲeːtʲɪ]
erblicken (vt)	pamatyti	[pamaˈtʲiːtʲɪ]
erfinden (das Rad neu ~)	išrasti	[ɪʃrastʲɪ]
erinnern (vt)	priminti	[prʲɪˈmʲɪntʲɪ]
erklären (vt)	aiškinti	[ˈʌɪʃkʲɪntʲɪ]
erlauben (jemandem etwas)	leisti	[ˈlʲɛɪstʲɪ]
erlauben, gestatten (vt)	leisti	[ˈlʲɛɪstʲɪ]
erleichtern (vt)	palengvinti	[paˈlʲɛŋgvʲɪntʲɪ]
ermorden (vt)	žudyti	[ʒʊˈdʲiːtʲɪ]
ermüden (vt)	varginti	[ˈvargʲɪntʲɪ]
ermutigen (vt)	įkvėpti	[iːkˈvʲeːptʲɪ]
ernennen (vt)	skirti	[ˈskʲɪrtʲɪ]
erörtern (vt)	apsvarstyti	[apsvarsˈtʲiːtʲɪ]
erraten (vt)	spėti	[ˈspʲeːtʲɪ]
erreichen (Nordpol usw.)	pasiekti	[paˈsʲiɛktʲɪ]
erröten (vi)	raudonuoti	[rɑʊdoˈnʊɑtʲɪ]
erscheinen (am Horizont ~)	rodytis	[ˈrodʲiːtʲɪs]
erscheinen (Buch usw.)	išeiti	[ɪˈʃɛɪtʲɪ]
erschweren (vt)	apsunkinti	[apˈsʊŋkʲɪntʲɪ]
erstaunen (vt)	stebinti	[ˈstʲæbʲɪntʲɪ]
erstellen (einer Liste ~)	sudarinėti	[sʊdarʲɪˈrʲnʲeːtʲɪ]
ertrinken (vi)	skęsti	[ˈskʲɛːstʲɪ]
erwähnen (vt)	paminėti	[pamʲɪˈnʲeːtʲɪ]
erwarten (vt)	laukti	[ˈlʲɑʊktʲɪ]
erzählen (vt)	pasakoti	[ˈpaːsakotʲɪ]
erzielen (Ergebnis usw.)	siekti	[ˈsʲiɛktʲɪ]
essen (vi, vt)	valgyti	[ˈvalʲgʲiːtʲɪ]
existieren (vi)	egzistuoti	[ɛgzʲɪsˈtʊɑtʲɪ]
fahren (mit 90 km/h ~)	važiuoti	[vaˈʒʲʊɑtʲɪ]
fallen lassen	išmesti	[ɪʃmʲɛstʲɪ]
fangen (vt)	gaudyti	[ˈgɑʊdʲiːtʲɪ]
finden (vt)	rasti	[ˈrastʲɪ]
fischen (vt)	gaudyti žuvį	[ˈgɑʊdʲɪːtʲɪ ˈʒʊvʲIː]
fliegen (vi)	skraidyti	[skrʌɪˈdʲiːtʲɪ]
folgen (vi)	sekti ...	[ˈsʲɛktʲɪ ...]
fortbringen (vt)	išnešti	[ɪʃˈnʲɛʃtʲɪ]
fortsetzen (vt)	tęsti	[ˈtʲɛːstʲɪ]
fotografieren (vt)	fotografuoti	[fotograˈfʊɑtʲɪ]
frühstücken (vi)	pusryčiauti	[ˈpʊsrʲiːtʂɛʊtʲɪ]
fühlen (vt)	jausti	[ˈjɑʊstʲɪ]
führen (vt)	vadovauti	[vadoˈvɑʊtʲɪ]
füllen (mit Wasse usw.)	pripildyti	[prʲɪˈrʲpʲɪlʲdʲiːtʲɪ]
füttern (vt)	maitinti	[mʌɪˈtʲɪntʲɪ]
garantieren (vt)	garantuoti	[garanˈtʊɑtʲɪ]
geben (sein Bestes ~)	duoti	[ˈdʊɑtʲɪ]
gebrauchen (vt)	naudoti	[nɑʊˈdotʲɪ]

| gefallen (vi) | patìkti | [paˈtʲɪktʲɪ] |
| gehen (zu Fuß gehen) | eĩti | [ˈɛɪtʲɪ] |

gehorchen (vi)	bū́ti pavaldžiám	[ˈbuːtʲɪ pavalʲˈdʒʲæm]
gehören (vi)	priklausýti	[prʲɪklʲɑʊˈsʲiːtʲɪ]
gelegen sein	gulė́ti	[ɡʊˈlʲeːtʲɪ]
genesen (vi)	sveĩkti	[ˈsvʲɛɪktʲɪ]

gereizt sein	ir̃zti	[ˈɪrztʲɪ]
gernhaben (vt)	mė́gti	[ˈmʲeːktʲɪ]
gestehen (Verbrecher)	prisipažìnti	[prʲɪsʲɪpaˈʒʲɪntʲɪ]
gießen (Wasser ~)	pìlti	[ˈpʲɪlʲtʲɪ]

glänzen (vi)	žibė́ti	[ʒʲɪˈbʲeːtʲɪ]
glauben (Er glaubt, dass …)	manýti	[maˈnʲiːtʲɪ]
graben (vt)	ráuti	[ˈrɑʊtʲɪ]
gratulieren (vi)	sveĩkinti	[ˈsvʲɛɪkʲɪntʲɪ]

gucken (spionieren)	stebė́ti	[stʲɛˈbʲeːtʲɪ]
haben (vt)	turė́ti	[tʊˈrʲeːtʲɪ]
handeln (in Aktion treten)	veĩkti	[ˈvʲɛɪktʲɪ]
hängen (an der Wand usw.)	kabìnti	[kaˈbʲɪntʲɪ]

heiraten (vi)	vèsti	[ˈvʲɛstʲɪ]
helfen (vi)	padė́ti	[paˈdʲeːtʲɪ]
herabsteigen (vi)	leĩstis	[ˈlʲɛɪstʲɪs]
hereinkomen (vi)	įeĩti	[iːˈɛɪtʲɪ]
herunterlassen (vt)	nuleĩsti	[nʊˈlʲɛɪstʲɪ]

hinzufügen (vt)	papìldyti	[paˈpʲɪlʲdʲiːtʲɪ]
hoffen (vi)	tikė́tis	[tʲɪˈkʲeːtʲɪs]
hören (Geräusch ~)	girdė́ti	[ɡʲɪrˈdʲeːtʲɪ]
hören (jmdm zuhören)	klausýti	[klʲɑʊˈsʲiːtʲɪ]

254. Verben I-R

imitieren (vt)	imitúoti	[ɪmʲɪˈtʊatʲɪ]
impfen (vt)	skiẽpyti	[ˈskʲɛpʲiːtʲɪ]
importieren (vt)	importúoti	[ɪmporˈtʊatʲɪ]
in Gedanken versinken	susimąstýti	[sʊsʲɪmaːsˈtʲiːtʲɪ]

in Ordnung bringen	tvarkýti	[tvarˈkʲiːtʲɪ]
informieren (vt)	informúoti	[ɪnforˈmʊatʲɪ]
instruieren (vt)	instruktúoti	[ɪnstrʊkˈtʊatʲɪ]
interessieren (vt)	dõminti	[ˈdoːmʲɪntʲɪ]

isolieren (vt)	izoliúoti	[ɪzoˈlʲʊatʲɪ]
jagen (vi)	medžióti	[mʲɛˈdʒʲotʲɪ]
kämpfen (~ gegen)	kovóti	[kɔˈvotʲɪ]
kämpfen (sich schlagen)	káutis	[ˈkɑʊtʲɪs]
kaufen (vt)	pir̃kti	[ˈpʲɪrktʲɪ]

| kennen (vt) | pažinóti | [paʒʲɪˈnotʲɪ] |
| kennenlernen (vt) | susipažìnti | [sʊsʲɪpaˈʒʲɪntʲɪ] |

klagen (vi)	skųstis	['sku:stʲɪs]
kompensieren (vt)	kompensúoti	[kɔmpʲɛn'suatʲɪ]
komponieren (vt)	kùrti	['kurtʲɪ]
kompromittieren (vt)	kompromitúoti	[kɔmpromʲɪ'tuatʲɪ]
konkurrieren (vi)	konkurúoti	[kɔŋku'ruatʲɪ]
können (v mod)	galéti	[ga'lʲe:tʲɪ]
kontrollieren (vt)	kontroliúoti	[kɔntro'lʲuatʲɪ]
koordinieren (vt)	koordinúoti	[koordʲɪ'nuatʲɪ]
korrigieren (vt)	taisýti	[tʌɪ'sʲi:tʲɪ]
kosten (vt)	kainúoti	[kʌɪ'nuatʲɪ]
kränken (vt)	įžeidinéti	[i:ʒʲɛɪdʲɪ'nʲe:tʲɪ]
kratzen (vt)	draskýti	[dras'kʲi:tʲɪ]
Krieg führen	kariáuti	[ka'rʲæutʲɪ]
lächeln (vi)	šypsótis	[ʃɪ:p'sotʲɪs]
lachen (vi)	juõktis	['juaktʲɪs]
laden (Ein Gewehr ~)	užtaisýti	[uʒtʌɪ'sʲi:tʲɪ]
laden (LKW usw.)	kráuti	['krautʲɪ]
lancieren (starten)	pradéti	[pra'dʲe:tʲɪ]
laufen (vi)	bégti	['bʲe:ktʲɪ]
leben (vi)	egzistúoti	[ɛgzʲɪs'tuatʲɪ]
lehren (vt)	mokìnti	[mo'kʲɪntʲɪ]
leiden (vi)	kentéti	[kʲɛn'tʲe:tʲɪ]
leihen (Geld ~)	skõlintis	['sko:lʲɪntʲɪs]
leiten (Betrieb usw.)	vadováuti	[vado'vautʲɪ]
lenken (ein Auto ~)	vairúoti mašìną	[vʌɪ'ruatʲɪ ma'ʃɪna:]
lernen (vt)	nagrinéti	[nagrʲɪ'nʲe:tʲɪ]
lesen (vi, vt)	skaitýti	[skʌɪ'tʲi:tʲɪ]
lieben (vt)	myléti	[mʲi:'lʲe:tʲɪ]
liegen (im Bett usw.)	guléti	[gu'lʲe:tʲɪ]
losbinden (vt)	atrỹšti	[at'rʲi:ʃtʲɪ]
löschen (Feuer)	gesìnti	[gʲɛ'sʲɪntʲɪ]
lösen (Aufgabe usw.)	spręsti	['sprʲe:stʲɪ]
loswerden (jmdm. od etwas)	atsikratýti ...	[atsʲɪkra'tʲi:tʲɪ ...]
lügen (vi)	melúoti	[mʲɛ'lʲuatʲɪ]
machen (vt)	darýti	[da'rʲi:tʲɪ]
markieren (vt)	atžyméti	[atʒʲi:'mʲe:tʲɪ]
meinen (glauben)	manýti	[ma'nʲi:tʲɪ]
memorieren (vt)	įsimiñti	[i:sʲɪ'mʲɪntʲɪ]
mieten (ein Boot ~)	núomotis	['nuamotʲɪs]
mieten (Haus usw.)	núomotis	['nuamotʲɪs]
mischen (vt)	maišýti	[mʌɪ'ʃɪ:tʲɪ]
mitbringen (vt)	atvèžti	[at'vʲɛʒtʲɪ]
mitteilen (vt)	pranèšti	[pra'nʲɛʃtʲɪ]
müde werden	pavar̃gti	[pa'varktʲɪ]
multiplizieren (vt)	dáuginti	['daugʲɪntʲɪ]
müssen (v mod)	privaléti	[prʲɪva'lʲe:tʲɪ]

nachgeben (vi)	nusileisti	[nusʲɪ'lʲɛɪstʲɪ]
nehmen (jmdm. etwas ~)	atimti	[a'tʲɪmtʲɪ]

nehmen (vt)	imti	['ɪmtʲɪ]
noch einmal sagen	kartoti	[kar'totʲɪ]
nochmals tun (vt)	perdaryti	['pʲɛrdarʲi:tʲɪ]
notieren (vt)	pažymėti	[paʒʲi:'mʲe:tʲɪ]

nötig sein	būti reikalingu	['bu:tʲɪ rʲɛɪka'lʲɪŋgʊ]
notwendig sein	būti reikalingu	['bu:tʲɪ rʲɛɪka'lʲɪŋgʊ]
öffnen (vt)	atidaryti	[atʲɪda'rʲi:tʲɪ]
passen (Schuhe, Kleid)	tikti	['tʲɪktʲɪ]
pflücken (Blumen)	skinti	['skʲɪntʲɪ]

planen (vt)	planuoti	[plʲa'nʊatʲɪ]
prahlen (vi)	girtis	['gʲɪrtʲɪs]
projektieren (vt)	projektuoti	[projɛk'tʊatʲɪ]
protestieren (vi)	protestuoti	[protʲɛs'tʊatʲɪ]

provozieren (vt)	provokuoti	[provo'kʊatʲɪ]
putzen (vt)	valyti	[va'lʲi:tʲɪ]
raten (zu etwas ~)	patarti	[pa'tartʲɪ]
rechnen (vt)	skaičiuoti	[skʌɪ'tsʲʊatʲɪ]

regeln (vt)	tvarkyti	[tvar'kʲi:tʲɪ]
reinigen (vt)	valyti	[va'lʲi:tʲɪ]
reparieren (vt)	taisyti	[tʌɪ'sʲi:tʲɪ]
reservieren (vt)	rezervuoti	[rʲɛzʲɛr'vʊatʲɪ]

retten (vt)	gelbėti	['gʲælʲbʲe:tʲɪ]
richten (den Weg zeigen)	nukreipti	[nʊk'rʲɛɪptʲɪ]
riechen (an etwas ~)	uostyti	['ʊastʲi:tʲɪ]
riechen (gut ~)	kvepėti	[kve'pʲe:tʲɪ]

ringen (Sport)	kovoti	[ko'votʲɪ]
riskieren (vt)	rizikuoti	[rʲɪzʲɪ'kʊatʲɪ]
rufen (seinen Hund ~)	pakviesti	[pak'vʲɛstʲɪ]
rufen (um Hilfe ~)	kviesti	['kvʲɛstʲɪ]

255. Verben S-U

säen (vt)	sėti	['sʲe:tʲɪ]
sagen (vt)	pasakyti	[pasa'kʲi:tʲɪ]
schaffen (Etwas Neues zu ~)	sukurti	[sʊ'kʊrtʲɪ]
schelten (vt)	barti	['bartʲɪ]

schieben (drängen)	stumti	['stʊmtʲɪ]
schießen (vi)	šaudyti	['ʃaʊdʲi:tʲɪ]
schlafen gehen	gultis miegoti	['gʊlʲtʲɪs mʲiɛ'gotʲɪ]
schlagen (mit …)	muštis	['mʊʃtʲɪs]

schlagen (vt)	trankyti	[traŋ'kʲi:tʲɪ]
schließen (vt)	uždaryti	[ʊʒda'rʲi:tʲɪ]
schmeicheln (vi)	meilikauti	[mʲɛɪlʲɪ'kaʊtʲɪ]

| schmücken (vt) | grāžinti | ['graːʒʲɪntʲɪ] |
| schreiben (vi, vt) | rašýti | [raˈʃɪːtʲɪ] |

schreien (vi)	rėkti	[ˈrʲeːktʲɪ]
schütteln (vt)	kratýti	[kraˈtʲiːtʲɪ]
schweigen (vi)	tylėti	[tʲiːˈlʲeːtʲɪ]
schwimmen (vi)	plaũkti	[ˈplʲaʊktʲɪ]

| schwimmen gehen | máudytis | [ˈmaʊdʲiːtʲɪs] |
| sehen (vt) | žiūrėti | [ʒʲuːˈrʲeːtʲɪ] |

sein (vi)	bū́ti	[ˈbuːtʲɪ]
sich abwenden	nusisùkti	[nʊsʲɪˈsʊktʲɪ]
sich amüsieren	lìnksmintis	[ˈlʲɪŋksmʲɪntʲɪs]
sich anschließen	prisijùngti	[prʲɪsʲɪˈjʊŋktʲɪ]

sich anstecken	užsikrė́sti	[ʊʒsʲɪˈkrʲeːstʲɪ]
sich aufregen	jáudintis	[ˈjaʊdʲɪntʲɪs]
sich ausruhen	ilsėtis	[ɪlʲˈsʲeːtʲɪs]
sich beeilen	skubėti	[skʊˈbʲeːtʲɪ]

sich benehmen	el̃gtis	[ˈɛlʲktʲɪs]
sich beschmutzen	išsipurṽinti	[ɪʃsʲɪˈpʊrvʲɪntʲɪ]
sich datieren	datúoti	[daˈtʊatʲɪ]
sich einmischen	kìštis	[ˈkʲɪʃtʲɪs]
sich empören	pìktintis	[ˈpʲɪktʲɪntʲɪs]

sich entschuldigen	atsiprašinéti	[atsʲɪpraʃɪˈnʲeːtʲɪ]
sich erhalten	išsisáugoti	[ɪʃsʲɪˈsaʊɡotʲɪ]
sich erinnern	atmiñti	[atˈmʲɪntʲɪ]
sich interessieren	domėtis	[doˈmʲeːtʲɪs]
sich kämmen	šukúotis	[ʃʊˈkʊatʲɪs]

sich konsultieren mit ...	konsultúotis sù ...	[kɔnsʊlʲˈtʊatʲɪs sʊ ...]
sich konzentrieren	koncentrúotis	[kɔntsʲɛnˈtrʊatʲɪs]
sich langweilen	ilgė́tis	[ɪlʲˈɡʲeːtʲɪs]
sich nach ... erkundigen	sužinóti	[sʊʒʲɪˈnotʲɪ]

sich nähern	artė́ti	[arˈtʲeːtʲɪ]
sich rächen	keršyti	[ˈkʲɛrʃɪːtʲɪ]
sich rasieren	skùstis	[ˈskʊstʲɪs]
sich setzen	atsisė́sti	[atsʲɪˈsʲeːstʲɪ]

sich Sorgen machen	jáudintis	[ˈjaʊdʲɪntʲɪs]
sich überzeugen	įsitìkinti	[iːsʲɪˈtʲɪːkʲɪntʲɪ]
sich unterscheiden	skìrtis	[ˈskʲɪrtʲɪs]
sich vergrößern	didėti	[dʲɪdʲeːtʲɪ]
sich verlieben	įsimylėti	[iːsʲɪmʲɪːˈlʲeːtʲɪ]

sich verteidigen	gintis	[ˈɡʲɪntʲɪs]
sich vorstellen	prisistatýti	[prʲɪsʲɪstaˈtʲiːtʲɪ]
sich waschen	praùstis	[ˈpraʊstʲɪs]
sitzen (vi)	sėdėti	[sʲeːˈdʲeːtʲɪ]

| spielen (Ball ~) | žaĩsti | [ˈʒʌɪstʲɪ] |
| spielen (eine Rolle ~) | vaidìnti | [vʌɪˈdʲɪntʲɪ] |

spotten (vi)	týčiotis	['tʲiːtsʲotʲɪs]
sprechen mit ...	kalbéti su ...	[kalʲ'bʲeːtʲɪ 'sʊ ...]
spucken (vi)	spjáudyti	['spjaʊdʲiːtʲɪ]
starten (Flugzeug)	kìlti	['kʲɪlʲtʲɪ]
stehlen (vt)	võgti	['voːktʲɪ]
stellen (ins Regal ~)	išdéstyti	[ɪʃ'dʲeːstʲiːtʲɪ]
stimmen (vi)	balsúoti	[balʲ'sʊɑtʲɪ]
stoppen (haltmachen)	sustóti	[sʊs'totʲɪ]
stören (nicht ~!)	trukdýti	[trʊk'dʲiːtʲɪ]
streicheln (vt)	glóstyti	['glʲostʲiːtʲɪ]
suchen (vt)	ieškóti	[ɪɛʃ'kotʲɪ]
sündigen (vi)	nusidéti	[nʊsʲɪ'dʲeːtʲɪ]
tauchen (vi)	nárdyti	['nardʲiːtʲɪ]
tauschen (vt)	keĩsti	['kʲɛɪstʲɪ]
täuschen (vt)	apgáuti	[ap'gaʊtʲɪ]
teilnehmen (vi)	dalyváuti	[dalʲiː'vaʊtʲɪ]
trainieren (vi)	treniruõtis	[trʲɛnʲɪ'rʊɑtʲɪs]
trainieren (vt)	treniruóti	[trʲɛnʲɪ'rʊɑtʲɪ]
transformieren (vt)	transformúoti	[transfor'mʊɑtʲɪ]
träumen (im Schlaf)	sapnúoti	[sap'nʊɑtʲɪ]
träumen (wünschen)	svajóti	[sva'jotʲɪ]
trinken (vt)	gérti	['gʲɛrtʲɪ]
trocknen (vt)	džiovìnti	[dʒʲo'vʲɪntʲɪ]
überragen (Schloss, Berg)	kýšoti	['kʲiːʃotʲɪ]
überrascht sein	stebétis	[ste'bʲeːtʲɪs]
überschätzen (vt)	pérvertinti	['pʲɛrvʲɛrtʲɪntʲɪ]
übersetzen (Buch usw.)	veřsti	['vʲɛrstʲɪ]
überwiegen (vi)	turéti pranašùmą	[tʊ'rʲeːtʲɪ prana'ʃʊmaː]
überzeugen (vt)	įtìkinti	[iː'tʲɪːkʲɪntʲɪ]
umarmen (vt)	apkabìnti	[apka'bʲɪntʲɪ]
umdrehen (vt)	apveřsti	[ap'vʲɛrstʲɪ]
unternehmen (vt)	im̃tis	['ɪmtʲɪs]
unterschätzen (vt)	nejvértinti	[nʲɛɪː'vʲɛrtʲɪntʲɪ]
unterschreiben (vt)	pasirašýti	[pasʲɪra'ʃɪːtʲɪ]
unterstreichen (vt)	pabréžti	[pa'brʲeːʒtʲɪ]
unterstützen (vt)	palaikýti	[palʲʌɪ'kʲiːtʲɪ]

256. Verben V-Z

verachten (vt)	niẽkinti	['nʲɛkʲɪntʲɪ]
veranstalten (vt)	surengti	[sʊ'rʲɛŋktʲɪ]
verbieten (vt)	draũsti	['draʊstʲɪ]
verblüfft sein	nenumanýti	[nʲɛnʊma'nʲiːtʲɪ]
verbreiten (Broschüren usw.)	plãtinti	['pʲlʲaːtʲɪntʲɪ]
verbreiten (Geruch)	skleĩsti	['sklʲɛɪstʲɪ]

verbrennen (vt)	dėginti	[dʲæɡʲɪntʲɪ]
verdächtigen (vt)	įtarti	[iː'tartʲɪ]
verdienen (Lob ~)	užtarnáuti	[ʊʒtar'nɑʊtʲɪ]
verdoppeln (vt)	dvìgubinti	['dvʲɪɡʊbʲɪntʲɪ]
vereinfachen (vt)	leñgvinti	['lʲɛŋɡvʲɪntʲɪ]
vereinigen (vt)	apjùngti	[a'pjʊŋktʲɪ]
vergessen (vt)	užmir̃šti	[ʊʒ'mʲɪrʃtʲɪ]
vergießen (vt)	išpìlti	[ɪʃ'pʲɪlʲtʲɪ]
vergleichen (vt)	lýginti	['lʲiːɡʲɪntʲɪ]
vergrößern (vt)	dìdinti	['dʲɪdʲɪntʲɪ]
verhandeln (vi)	vèsti derýbas	['vʲɛstʲɪ dʲɛ'rʲiːbas]
verjagen (vt)	nuvýti	[nʊ'vʲiːtʲɪ]
verkaufen (vt)	pardavinėti	[pardavʲɪ'nʲeːtʲɪ]
verlangen (vt)	reikaláuti	[rʲɛɪkaˈlʲɑʊtʲɪ]
verlassen (vt)	palìkti	[pa'lʲɪktʲɪ]
verlassen (vt)	palìkti	[pa'lʲɪktʲɪ]
verlieren (Regenschirm usw.)	pamèsti	[pa'mʲɛstʲɪ]
vermeiden (vt)	veñgti	['vʲɛŋktʲɪ]
vermuten (vt)	manýti	[ma'nʲiːtʲɪ]
verneinen (vt)	neigtì	[nʲɛɪk'tʲɪ]
vernichten (Dokumente usw.)	naikìnti	[nʌɪ'kʲɪntʲɪ]
verringern (vt)	mãžinti	['maːʒʲɪntʲɪ]
versäumen (vt)	pralėisti	[pra'lʲɛɪstʲɪ]
verschieben (Möbel usw.)	pérstumti	['pʲɛrstʊmtʲɪ]
verschütten (vt)	išbìrti	[ɪʃ'bʲɪrtʲɪ]
verschwinden (vi)	diñgti	['dʲɪŋktʲɪ]
versprechen (vt)	žadėti	[ʒa'dʲeːtʲɪ]
verstecken (vt)	slėpti	['slʲeːptʲɪ]
verstehen (vt)	suprãsti	[sʊp'rastʲɪ]
verstummen (vi)	nutìlti	[nʊ'tʲɪlʲtʲɪ]
versuchen (vt)	bandýti	[ban'dʲiːtʲɪ]
verteidigen (vt)	giñti	['ɡʲɪntʲɪ]
vertrauen (vt)	pasitikėti	[pasʲɪtʲɪ'kʲeːtʲɪ]
verursachen (vt)	bū́ti ... priežastimì	['buːtʲɪ ... prʲɪɛʒastʲɪ'mʲɪ]
verurteilen (vt)	nutèisti	[nʊ'tʲɛɪstʲɪ]
vervielfältigen (vt)	dáuginti	['dɑʊɡʲɪntʲɪ]
verwechseln (vt)	suklýsti	[sʊk'lʲiːstʲɪ]
verwirklichen (vt)	įgyvéndinti	[iːɡʲɪː'vʲɛndʲɪntʲɪ]
verzeihen (vt)	atlèisti	[at'lʲɛɪstʲɪ]
vorankommen	kìlti	['kʲɪlʲtʲɪ]
voraussehen (vt)	numatýti	[nʊma'tʲiːtʲɪ]
vorbeifahren (vi)	pravažiúoti	[prava'ʒʲʊɑtʲɪ]
vorbereiten (vt)	paruõšti	[pa'rʊɑʃtʲɪ]
vorschlagen (vt)	siū́lyti	['sʲuːlʲiːtʲɪ]
vorstellen (vt)	atstováuti	[atsto'vɑʊtʲɪ]
vorwerfen (vt)	priekaištáuti	[prʲɪɛkʌɪʃ'tɑʊtʲɪ]

T&P Books. Wortschatz Deutsch-Litauisch für das Selbststudium - 9000 Wörter

vorziehen (vt)	labiaũ vértinti	[lʲa'bʲɛʊ 'vʲɛrtʲɪntʲɪ]
wagen (vt)	išdr̃sti	[ɪʃ'drʲɪːstʲɪ]
wählen (vt)	išsiriñkti	[ɪʃsʲɪ'rʲɪŋktʲɪ]
wärmen (vt)	šíldyti	[ˈʃɪlʲdʲiːtʲɪ]
warnen (vt)	pérspėti	[ˈpʲɛrspʲeːtʲɪ]
warten (vi)	láukti	[ˈlʲauktʲɪ]
waschen (das Auto ~)	pláuti, praũsti	[ˈplʲautʲɪ], [ˈpraustʲɪ]
waschen (Wäsche ~)	skalbti	[ˈskalʲptʲɪ]
wechseln (vt)	keĩstis	[ˈkʲɛɪstʲɪs]
wecken (vt)	žádinti	[ˈʒaːdʲɪntʲɪ]
wegfahren (vi)	išvažiúoti	[ɪʃvaˈʒʲuatʲɪ]
weglassen (Wörter usw.)	nulèisti	[nʊˈlʲɛɪstʲɪ]
weglegen (vt)	paslḗpti	[pasˈlʲeːptʲɪ]
wehen (vi)	pũsti	[ˈpuːstʲɪ]
weinen (vi)	ver̃kti	[ˈvʲɛrktʲɪ]
werben (Reklame machen)	reklamúoti	[rʲɛklʲaˈmuatʲɪ]
werden (vi)	tàpti	[ˈtaptʲɪ]
werfen (vt)	mèsti	[ˈmʲɛstʲɪ]
widmen (vt)	skìrti	[ˈskʲɪrtʲɪ]
wiegen (vi)	sver̃ti	[ˈsvʲɛrtʲɪ]
winken (mit der Hand)	mojúoti	[moːjuatʲɪ]
wissen (vt)	žinóti	[ʒʲɪˈnotʲɪ]
Witz machen	juokáuti	[jʊɑˈkautʲɪ]
wohnen (vi)	gyvénti	[gʲiːˈvʲɛntʲɪ]
wollen (vt)	norḗti	[noˈrʲætʲɪ]
wünschen (vt)	norḗti	[noˈrʲeːtʲɪ]
zahlen (vt)	mokḗti	[moˈkʲeːtʲɪ]
zeigen (den Weg ~)	nuródyti	[nʊˈrodʲiːtʲɪ]
zeigen (jemandem etwas ~)	ródyti	[ˈrodʲiːtʲɪ]
zerreißen (vt)	plýšti	[ˈplʲiːʃtʲɪ]
zertreten (vt)	sutráiškyti	[sʊtˈrʌɪʃkʲiːtʲɪ]
ziehen (Seil usw.)	tem̃pti	[ˈtʲɛmptʲɪ]
zielen auf ...	táikytis į̃ ...	[ˈtʌɪkʲiːtʲɪs iː ..]
zitieren (vt)	citúoti	[tsʲɪˈtʊatʲɪ]
zittern (vi)	drebḗti	[drɛˈbʲeːtʲɪ]
zu Abend essen	vakarieniáuti	[vakarʲɪɛˈnʲæutʲɪ]
zu Mittag essen	pietáuti	[pʲɪɛˈtautʲɪ]
zubereiten (vt)	gamìnti	[gaˈmʲɪntʲɪ]
züchten (Pflanzen)	augìnti	[auˈgʲɪntʲɪ]
zugeben (eingestehen)	pripažìnti	[prʲɪpaˈʒʲɪntʲɪ]
zur Eile antreiben	skubìnti	[ˈskʊbʲɪntʲɪ]
zurückdenken (vi)	prisimìnti	[prʲɪsʲɪˈmʲɪntʲɪ]
zurückhalten (vt)	sulaikýti	[sʊlʲʌɪˈkʲiːtʲɪ]
zurückkehren (vi)	gr̃žti	[ˈgrʲɪːʒtʲɪ]
zurückschicken (vt)	grąžìnti	[graːˈʒʲɪntʲɪ]

zurückziehen (vt)	atšaũkti	[atˈʃɑʊktʲɪ]
zusammenarbeiten (vi)	bendradarbiáuti	[bʲɛndradarˈbʲæʊtʲɪ]
zusammenzucken (vi)	krũpčioti	[ˈkruːptʂʲotʲɪ]
zustimmen (vi)	sutìkti	[sʊˈtʲɪktʲɪ]
zweifeln (vi)	abejóti	[abʲɛˈjotʲɪ]
zwingen (vt)	ver̃sti	[ˈvʲɛrstʲɪ]

www.ingramcontent.com/pod-product-compliance
Lightning Source LLC
Chambersburg PA
CBHW071954100426
42738CB00043B/2836